KB187415

스피노자 서간집

대우고전총서
Daewoo Classical Library
048

스피노자 서간집

SPINOZA OPERA IV. EPISTOLAE

스피노자 | 이근세 옮김

아카넷

차례

○ 서신1. 헨리 올덴부르크가 스피노자에게

친애하고 존경하는 벗에게[1]

최근 레인스뷔르흐의 선생님 댁에 머문 후 떠나오기가 너무 힘들어서 영국에 돌아오자마자 곧바로 선생님과 교류하고픈 열렬한 욕구만 남아 있을 정도입니다. 선생님을 볼 수 없어서 이처럼 편지를 씁니다. 근본적인 것들에 대한 지식은 (선생님께서 천부적으로 또 노력을 통하여 맘껏 누리는 그 모든 자질과 같은) 품행의 온화함 및 예의와 결합되었을 때, 자유로운 교육을 받은 모든 교양인에게 사랑받을 만한 매력을 그 자체로 지니고 있습니다. 그러하니 선생님, 진실한 우정으로 선생님과 교류하고 공동 탐구와 모든 종류의 훌륭한 의무로써 우정을 키울 수 있도록 해주십시오. 미약하게나마

---

[1] (역주) 번역 대본으로 삼은 편집본은 모든 편지에서 인사말 직전에 서신 발신자와 수신자의 이름을 기록해놓았는데, 우리의 서신 방식에 맞지 않아서 제목으로 처리했다.

제가 이룰 수 있는 것이 무엇인지 판단하는 것은 선생님의 몫입니다. 다만, 저로서도 선생님의 천부적인 재능을 부분적으로나마 제 것으로 만들 권리를 허용해주십시오. 선생님께 아무런 폐도 끼치지 않고 그렇게 할 수 있다면 말입니다.

레인스뷔르흐에서 저희의 대화 주제는 신, 무한한 연장(延長)[2]과 사유, 이 두 속성의 구분과 합치(convenientia), 인간의 영혼과 신체의 결합, 끝으로 데카르트 및 베이컨 철학의 원리들이었습니다. 그렇지만 저희가 이런 심각한 주제들을 쫓기듯 이야기했을 뿐이고 때때로 이 모든 문제가 제 정신을 괴롭히곤 하는바 저는 선생님과 더불어 우정의 권리를 사용하려고 합니다. 방금 제가 기억해낸 주제들에 대한 선생님의 생각을 좀 더 포괄적으로 설명해주시기를 정말 조심스럽게 요청합니다. 이해했으면 하는 문제가 특히 두 가지가 있습니다. 물론 선생님께서 이해시켜주시는 데 동의하신다면 말입니다. 먼저 제가 알고 싶은 것은 연장과 사유 사이에 선생님께서 확립하는 차이가 정확히 무엇인가 하는 것입니다. 다음으로 데카르트와 베이컨의 철학에서 선생님께서 주목하시는 결함이 무엇인가 하는 것입니다. 어떤 이유로 선생님께서는 그들의 철학을 무너뜨리고 더 나은 어떤 것으로 그것을 대체할 수 있다고 생각하시는지요? 선생님, 이런 문제들 및 다른 유사한 문제들

---

[2] (역주) 다음 편지에서 스피노자가 직접 설명하겠지만, 연장은 데카르트에게는 신에 의해 창조된 물질적 실체이지만, 스피노자에게는 신의 본질을 표현하는 무한한 속성이다.

에 관하여 자유롭게 저를 깨우쳐주실수록 선생님께서는 저희의 교류가 더 단단해지도록 해주시는 것이고 저도 선생님께 동일하게 행동할 엄격한 의무를 갖도록 해주시는 것이라는 점을 믿어주십시오. 물론 이런 일이 가능하다면 말입니다. 현재 대단한 지식을 갖춘 저명한 영국인이 집필한 자연과학 관련 저술[3]이 출간 중에 있습니다. 이 저작은 공기의 본성, 43개의 실험을 통해 확립된 공기의 탄성, 유체 상태, 고형 상태 및 다른 유사한 문제들을 다룹니다. 저작이 인쇄되는 대로 바다를 건너갈 친구를 통해 선생님이 저작을 받으실 수 있도록 조치를 취하겠습니다.

다시 뵐 때까지 건강하시고 열정과 온 마음을 다해 선생님께 충실하겠다고 고백하는 벗을 잊지 말아주십시오.

1661년 8월 16/26일[4]
런던에서
헨리 올덴부르크 올림

---

3) (역주) 로버트 보일(Robert Boyle, 1627-1691)의 『자연과학 시론(Certain Physiological Essays)』은 1661년에 출간되었고 이 저작의 라틴어판은 1665년 런던에서, 그리고 1667년 암스테르담에서 출간되었다. 여기서 "Physiological"이란 용어는 "생리학"이 아닌 "자연과학"을 뜻한다.

4) (역주) 두 날짜는 율리우스력(曆)과 그레고리안력(曆)에 따른 일자를 각각 나타낸 것이다. 교황 그레고리우스 13세가 선포한 그레고리안력은 현재까지 통용되는 것으로서 당시 스페인, 이탈리아, 포르투갈, 프랑스 등에 의해 곧바로 채택되었으나, 영국 및 개신교 국가들은 1752년이 되어서야 율리우스력을 폐기했다.

○ 서신2. 스피노자가 올덴부르크에게
─ 서신1에 대한 회신

친애하는 헨리 올덴부르크 선생님께,

선생님의 우정이 제게 얼마나 소중한 것인지는 선생님 스스로 판단하실 수 있을 것입니다. 이는 선생님의 겸양이 선생님을 자신의 풍성한 덕으로 재차 인도한다는 것만으로도 충분한 일입니다. 선생님의 풍성한 덕을 고려할 때 제가 선생님의 우정을 바란다는 것은 엄청난 오만을 드러내는 일이 될 것입니다. 특히 친구들이 모든 것을 공유하며 무엇보다도 정신적인 것을 공유한다는 점을 생각해본다면 더욱더 그렇습니다. 그러나 이런 공유의 모든 것을 저보다는 선생님의 겸손과 호의로 돌려야 합니다. 선생님께서는 극도의 겸손으로 스스로를 낮추시고 또 넘치는 호의로 저를 풍요롭게 해주시기 때문입니다. 따라서 선생님께서 한결같이 약속하셨고 또 제게도 그 화답으로서 요청하신 견고한 우정을 두려움 없이 나누겠습니다. 저는 선생님과의 견고한 우정을 정성 들여 가꾸어가도록 모든 힘을 다하겠습니다. 선생님께서 말씀하시는 천성적 재능이 제게 혹시 있다면 온 마음을 다해 선생님과 그것을 나누겠습니다. 비록 이런 일은 제게 큰 부담이 될 수밖에 없는 것이지만 말입니다. 그러나 이런 말이 선생님께서 우정의 권리를 사용하면서 제게 요구하시는 것을 거부하기 위한 구실로 여겨지지 않도록 저는 선생님께서 말씀하신 문제들에 대한 세 생각을 곧바로 밝히겠습니다. 비록 선생님을 만족시킬 수 있다고 자부하지 않지만 선생님께서 동의하신다면 그 문제들에 대해 이야기하겠습니다.

신에 대해 말씀 드리기 시작하겠습니다. 저는 신을 다음과 같이 정의합니다: 〈신은 각각 무한한, 즉 자신의 유(類)에서 완전한 속성들의 무한성으로 구성된 존재이다.〉[5] 저는 속성을 자신에 의해, 그리고 자신 안에서 생각되고 존재하는 것으로서 이해합니다. 따라서 한 속성의 개념은 다른 어떤 것의 개념도 포함하지 않습니다. 예를 들어 연장(延長)은 자신에 의해, 그리고 자신 안에서 생각됩니다. 그러나 운동은 그렇지 않습니다. 운동은 다른 것에 의해 생각되며 운동의 개념은 연장을 포함하기 때문입니다. 신에 대한 참된 정의(定義)가 확실한 이유는 우리 모두가 신을 최상으로 완전하고 절대적으로 무한한 존재로 이해하기 때문입니다. 이 같은 존재가 현존한다는 것은 이 정의만으로도 입증하기 쉬운 일이겠으나 여기서 증명을 제시할 필요는 없으므로 관련 증명은 보류하겠습니다. 그러나 선생님께서 제게 제기한 첫 번째 문제를 해결하기 위해서는 다음과 같은 사항들을 증명해야 하겠습니다.

첫째, 두 개의 실체가 서로 본질이 완전히 다르지 않고서는 자연에 두 개의 실체가 존재할 수 없습니다. 둘째, 한 실체는 산출될 수 없으며, 오히려 현존한다는 것이 실체의 본질입니다. 셋째,

---

5) (역주) 스피노자의 철학에서 신은 질적으로도 양적으로도 무한한 존재이다. 즉 신을 구성하는 무한히 많은 속성들 각각은 자신의 유(類)에서 무한하다. 각각의 속성들은 질적으로 무한하기 때문에 서로 구분되고 서로 제한하지도 않는다. 실재적으로 구분되는 무한히 많은 완전성들이 신의 존재를 구성하는 것이다.

모든 실체는 무한합니다. 즉 자신의 유에서 최상으로 완전합니다. 이런 점들이 증명되고 나면, 제가 말하고자 하는 것이 무엇인지 선생님께서는 쉽게 파악하실 것입니다. 동시에 선생님께서 신의 정의를 놓치지 않는다면 말입니다. 이런 점은 제가 관련 문제에 대해 더 상세히 설명하는 것이 무용할 정도로 선생님께 자명하게 나타날 것입니다. 방금 위에서 언급한 세 가지를 명확하고 간결하게 증명하기 위해서 저는 그것들을 기하학자들의 방식으로 입증하고 또 이런 시도를 선생님의 검토에 맡기는 것보다 더 나은 방안을 찾지 못했습니다. 따라서 관련 증명을 선생님께 별도로 첨부해드립니다.[6] 이에 대한 선생님의 견해를 기다리겠습니다.

---

6) (편집자주)『에티카』제1부의 처음부터 정리4까지 볼 것. (역주) 편집자 게브하르트(Carl Gebhardt)의 이 같은 참조 사항은 부정확할 가능성이 높다. 이 편지가 작성될 당시 스피노자의 체계가 구축되어 있다고 가정할 수 있을지라도 이때 그가 『에티카』를 집필하고 있지는 않았기 때문이다. 프랑스어 번역자 아퓐(Appuhn)은 스피노자가 설명한 세 명제는 오히려 초기 저작인 『소론』의 부록에서 발견된다고 적절히 지적한다. *Oeuvres/ Spinoza Baruch*, 4, Charles Appuhn 번역, Paris, Flammarion, 1966, 363쪽. 스피노자의 실체-속성 이론은 그의 철학 체계에서 가장 까다로운 동시에 핵심적인 부분이다. 그의 관점은 데카르트의 관점에 대한 극복을 시도하면서 정립된바,『소론』에서『에티카』에 이르기까지 스피노자가 데카르트 사상을 만나게 되면서 겪은 사유의 진화 과정을 간략하게나마 살펴보는 것은 유용할 것 같다. 주지하다시피 데카르트는 실체를 사유 실체와 연장 실체로 구분하는 이원론적 세계관을 구축했으며 이런 실체들의 창조자인 신을 상정했다. 그리고 창조된 세계를 철저하게 세속화시켜 보았기 때문에 결국 신의 목적과 작용에 대해서는 인식이 미치지 못한다는 불가지론적인 입장을 보였다. 우선 스피노자는 데카르트에 반대하여 사유와 연장을 유일 실체의 "양태(결과)"들로 간주했다. 이 점에서 스피노자는 범신론의 직관에서 출발했으며 어떤 값을 지르고라도 자연의 전체적 완전성과 신의 통일성을 유지하려고 했음을 알 수 있다. 데카르트가 행한 사유

다음으로 선생님께서는 데카르트와 베이컨의 철학에서 제가 발견하는 오류가 무엇인지 물으십니다. 비록 타인이 범한 오류를 찾아내는 것은 제 습관과 반대되는 일이지만 선생님의 물음에 제대로 답하고자 합니다. 제가 이 철학자들을 비난하게 되는 첫 번째이자 가장 큰 결함은 그들이 제일 원인과 만물의 기원에 대한 인식에서 너무 멀리 떨어져 있다는 것입니다. 두 번째 결함은 인간 영혼의 참된 본성을 몰랐다는 것입니다. 세 번째 결함은 오류의 참된 원인을 파악하지 못했다는 것입니다. 이 세 가지를 제대로 인식하지 못한다는 것은 연구와 학식이 완전히 결여되어 있다는 의미일 정도로 이 세 가지의 참된 인식은 필요 불가결한 것입니다.

데카르트와 베이컨이 제일 원인과 인간 정신(mens)에 대한 인식에서 길을 잃었다는 것은 위에 언급된 세 명제의 진리로부터

___

와 연장의 실재적 구분에서 자기 사상의 구축을 위해 유익한 점을 보기 시작한 것은 나중의 일이다. 스피노자의 논의는 다음과 같이 진화했다: 사유와 연장은 그 자체로 생각되며, 따라서 실체적인 어떤 것, 즉 무한성과 비인과성을 드러낸다. 그것들은 실체의 "속성"들이다. 그러나 속성들이 있는 만큼 실체들도 있다면, 신은 자신이 창조한 다른 실체들과 근원적으로 다른 실체가 될 것이며, 비인과적인 것이 원인의 작용을 받게 될 것이다. 이는 불합리할 수밖에 없다. 따라서 모든 속성이 하나의 동일한 실체에 귀속한다는 것을 받아들이는 것이 더 논리적이다. 게다가 이 속성들을 유일 실체에 통합한다고 해서 모순을 도입하는 것도 아니다. 왜냐하면 속성은 무한하므로 다른 속성을 제한하지 않기 때문이다. 속성들의 실재적 구분은 유일 실체의 긍정을 방해하기는커녕 오히려 유일 실체의 긍정을 가능케 하는 것이다. 왜냐하면 속성들의 실재적 구분은 속성들을 서로 대립할 수 없도록 하기 때문이다. 이렇게 스피노자는 데카르트를 이용하여 데카르트와 거리를 두는 결론, 그리고 그가 가졌던 최초의 범신론적 직관을 강화하게 해주는 결론을 도출해 낸 것이다.

쉽게 결론 내릴 수 있는 것입니다. 그러므로 제가 그들에게 가하는 마지막 비판이 얼마나 근거가 있는지에 대해서만 다루도록 하겠습니다. 베이컨에 대해서는 한마디만 하겠습니다. 그는 이 주제에 대해 다소 혼란스럽게 말합니다. 베이컨은 거의 아무것도 입증하지 않고 자신의 견해를 길게 이야기할 뿐입니다. 그는 다음과 같이 전제하기 때문입니다. 첫째, 감각 때문에 오류를 범하는 특성 외에도 인간의 지성은 본성상 오류를 범하도록 되어 있으며 세계와의 유비가 아닌 자기 고유의 본성과의 유비에 따라 상상한다는 것입니다. 인간의 지성이 사물들로부터 나오는 빛을 잘못 반사하고 자기 본성과 사물들의 본성을 뒤섞는 거울과 같다는 것입니다. 둘째, 베이컨은 인간의 지성이 본성적으로 추상성으로 흐르는 경향이 있고 일시적인 사물들을 불변의 것으로 상상한다는 등의 주장을 합니다. 오류의 세 번째 원인은 인간의 지성이 자신을 확대시키며 멈출 수도 없고 만족할 수도 없다는 데 있습니다.[7] 끝으로, 베이컨이 또 지목하는 오류의 다른 모든 원인은 데카르트가 인정한 다음의 원인으로 쉽게 수렴될 수 있습니다. 즉 인간의 의지는 자유로우며 지성보다 범위가 넓다는 것입니다. 또는 베룰람[8]이 보다 혼란스럽게 말하듯이(아포리즘 49), 지성의 빛이 순수하고 말라 있는(sicci) 것이 아니라, 의지에 의해 흐려져 있다는 것입

---

7) (역주) 스피노자가 지적하는 세 가지 사항은 『노붐 오르가눔』 제1권의 〈아포리즘〉 41, 51, 48에 해당된다.
8) (역주) 프랜시스 베이컨은 베룰람(Verulam)의 남작이었기 때문에 오랫동안 "베룰람"이라는 칭호로 불리기도 했다.

니다.[9] (베룰람은 지성을 자주 영혼으로 간주하는데, 이 점에서 데카르트와 차이가 있다는 점을 여기서 지적하는 것이 좋겠습니다.) 오류에 대한 이런 원인이 잘못되었다는 것을 제시하겠습니다. 다른 원인들은 가치가 없으니 제쳐둡니다. 이런 잘못은 데카르트와 베이컨이 다음과 같은 점에만 주의를 기울였다면 그들 스스로도 쉽게 파악했을 것입니다. 즉 의지가 이런저런 개별적 의지 행위와 다르다고 하는 것은 하양이 이런저런 하얀색과 다르다고 하거나, 인간이 이런저런 개별 인간과 다르다고 하는 것과 마찬가지입니다. 결과적으로 인간이 베드로나 바울의 원인일 수 없듯이 의지를 이런저런 개별적 의지 행위의 원인으로 생각하는 것은 불가능합니다.

따라서 의지는 오직 사유 안의 존재[10]일 뿐이고 의지가 이런저런 개별적 의지 행위의 원인이라고 말할 수 없습니다. 또한 개별 의지 행위들은 자유롭다고 말할 수 없습니다. 개별 의지 행위들이 존재하려면 원인이 있어야 하기 때문입니다. 반대로 개별 의지 행위들은 그것들의 원인에 의해 존재하도록 결정된 대로 필연적으로 존재합니다. 끝으로 데카르트 자신도 오류들은 개별 의지 행위들이라고 봅니다. 이로부터 필연적으로 다음의 결론이 나옵니다: 오류들, 즉 개별 의지 행위들은 자유롭지 않고 외부 원인들에 의해

---

9) (편집자주) 베룰람의 『노붐 오르가눔』 제1권 〈아포리즘〉 49를 볼 것.

10) (역주) "사유 안의 존재(ens rationis)"는 실재하는 대상을 내용으로 갖지 않는 추상적 관념이다. 스피노자에 따르면 이것 또는 저것을 향하는 개별적인 의지 행위들이 있을 뿐 그것들을 포괄하는 "의지" 능력은 "사유 안의 존재"에 불과하다.

결정되며, 결코 의지에 의해 결정되지 않습니다.[11] 이런 점이 제가 증명하겠다고 약속했던 것들에 속합니다.[12]

○ 서신3. 헨리 올덴부르크가 스피노자에게 — 서신2에 대한 회신

친애하는 벗, 스피노자 선생님께,

---

11) (역주) 이처럼 스피노자는 데카르트의 오류 이론이 그의 철학의 핵심적 결함임을 일찍부터 지적해왔다. 스피노자는 인간의 인식 행위에서 의지와 지성을 동일한 것으로 본다. 그리고 이러한 동일성을 입증하기 위해 데카르트의 오류 이론을 공격한다. 데카르트에 따르면 오류는, 의지가 지성이 포함하는 자명성을 넘어서고, 이로부터 지각에 속하지 않는 것을 지각에 첨가할 때 생겨난다. 『에티카』 2부, 정리48에서 스피노자는 정신에는 절대적인 또는 자유로운 의지가 전혀 없다는 명제를 확립한다. 증명은 존재론적 고찰을 통해 이루어진다. "정신은 이것 또는 저것을 의지하도록 어떤 원인에 의해 결정되지 않으면 안 되며, 이 원인 역시 다른 원인에 의하여 결정되고, 이 후자도 다시 다른 원인에 의하여 결정되고, 이렇게 무한히 진행된다." 스피노자는 인식론적 차원에서 긴 주석을 첨가하는데, 여기서 데카르트와의 전면적인 대결이 펼쳐진다. 스피노자에 따르면, 의지 능력의 개념은 추상 작용을 통해 획득된 일반 개념이며, 실제로는 정신의 개별적인 의지 행위들로 구성될 뿐이다. 이는 능력 개념 자체에 대한 근원적 비판으로서, 능력 개념을 실재하는 지시 대상이 없는 '사유 안의 존재'로 간주하는 것이다.

12) (역주) 마무리 인사말이 없는 것은 스피노자가 관련 표현을 기록하지 않은 원본을 토대로 텍스트가 확립되었기 때문이다. 이 편지는 장소와 날짜도 기록되어 있지 않은데 1661년 9월 레인스뷔르흐에서 작성한 것으로 추정된다.

선생님의 조예 깊은 편지를 받고 매우 기쁘게 읽었습니다. 선생님께서 증명을 위해 사용하시는 기하학적 방법에 전적으로 동의합니다. 다만 선생님께서 그토록 엄정하게 설명하시는 것을 쉽사리 파악하지 못하는 제 정신의 서툶을 그만큼 비난하게 됩니다. 그러하니 선생님께 질문을 드림으로써 제 지성의 우둔함을 보여드리는 것을 허용해주시고 제 질문에 대답을 해주시기를 간청합니다.

첫 번째 질문은 다음과 같습니다. 선생님께서 신에 대해 제시하는 정의(定義)로부터만 신이 실제로 현존한다는 결론이 도출된다는 것은 명확하고 의심 없는 일인지요? 깊이 생각해보면 정의들은 우리 정신의 개념들 외의 다른 것을 포함할 수 없는 것 같습니다. 그런데 우리 정신은 현존하지 않는 많은 대상을 생각합니다. 다른 한편으로 우리 정신은 실재하는 대상들의 개념들을 늘리고 확장하는 데 매우 능합니다. 그래서 저는 신에 대해 제가 가진 개념으로부터 어떻게 신의 현존을 도출해낼 수 있는지 모르겠습니다. 실제로 저는 인간, 동물, 식물, 광물 등에서 발견되는 모든 완전성을 정신적으로 조합하여 그 모든 힘을 하나의 전체로서 소유한 어떤 실체의 관념을 생각하고 형성할 수 있습니다. 게다가 제 정신은 이런 완전성들을 무한히 늘리고 확장할 수 있고 이에 따라 최상으로 탁월하고 완전한 절대 존재를 생각해낼 수 있습니다. 그러나 이로부터 절대 존재가 현존한다고 결론 내릴 수 있는 것은 아닙니다.

두 번째 질문은 다음과 같습니다. 물체가 사유에 의해 한정되지 않고 사유도 물체에 의해 한정되지 않는다는 것은 선생님께 의심의 여지가 없는 일입니까? 사유의 본성은 아직 논의되고 있는 사안입니다. 사유가 물질적 운동인지 또는 육체와 완전히 구분되는 정신적 행위인지 아직도 의문시되고 있습니다.

세 번째 질문은 다음과 같습니다. 선생님께서 제게 전해주신 공리들은 자연의 빛에 의해 알려진 증명 불가능한 원리들이고 아무런 증명도 요청하지 않는 것들입니까? 아마도 첫 번째 공리는 그렇겠지만, 어떻게 나머지 세 개의 공리에 대해서도 똑같이 말할 수 있을지 저는 이해가 가지 않습니다. 실제로 두 번째 공리는 자연에는 실체들과 우유적 속성(accidentia, 偶有的 屬性)들만이 존재한다는 것입니다.[13] 그러나 시간과 장소는 실체도 아니고 우유적 속성도 아니라고 생각하는 사람들이 많습니다. 〈상이한 속성들을 가진 사물들은 서로 간에 아무 공통점도 없다.〉라는 선생님의 세 번째 공리는 명확함과는 거리가 멉니다. 오히려 그 반대를 우주의 사물들 전체가 알려주는 것 같습니다. 실제로 우리가 알고 있는 사물들은 몇몇 측면에서는 차이가 나고 다른 몇몇 측면에서는 일치합니다. 끝으로, 〈서로 아무 공통점도 없는 사물들은 서로 간의

---

13) (역주) 실체와 우연적 또는 우유적 속성은 서양 철학의 전통적 구분이지만 스피노자에서 '우유적 속성'은 '양태' 또는 '변용'이라는 위상을 갖게 된다. 즉 실체는 만물의 내재적 원인이며 양태는 실체가 변용됨으로써 나타나는 결과이다. 올덴부르크는 스피노자의 이와 같은 존재론을 아직 이해 못하고 창조론의 틀속에서 생각하고 있다. 그래서 그는 사물들을 실체들로 간주하고 이에 따라 다수의 자기 원인들이 가능하게 되면 제일 원인을 부정하게 되는 것 아니냐고 스피노자에게 반문한다.

원인이 될 수 없다.〉는 네 번째 공리는 저의 우둔한 지성으로는 그토록 명백하지 않아서 일정한 설명이 필요합니다. 실제로 신은 형상적으로(formaliter)[14] 피조물들과 아무 공통점도 없지만, 우리 대부분은 신을 피조물들의 원인으로 간주합니다.

언급된 공리들이 이처럼 의심에서 완전히 벗어나 있는 것 같지 않기 때문에 그것들에 근거하여 선생님께서 확립하시는 명제들도 확고부동해 보이지 않는다는 점을 이해하실 것입니다. 저는 이 명제들을 생각하면 할수록 더욱 의심에 휩싸입니다. 실제로 첫 번째 명제와 관련하여 저는 두 명의 사람은 두 실체이고 동일한 속성을 가지며 각각 이성에 의해 특징지어진다고 이해합니다. 이로부터 저는 동일한 속성을 지닌 두 실체가 존재할 수 있다고 결론 내립니다. 두 번째 명제와 관련해서, 그 어떤 사물도 자기 자신의 원인일 수 없기 때문에, 저는 "한 실체가 창조될 수 없으며, 심지어 다른 실체에 의해서도 창조될 수 없다."는 것이 어떻게 참인지 이해하기가 어렵다고 생각합니다. 사실상 이 명제는 모든 실체가 자기 원인임을 정립하며, 모든 실체를 상호 독립적인 것들로서 정립하고 모두 신으로 간주하는 것으로서, 결국 만물의 제일 원인의 존재를 부정하는 것입니다. 선생님께서 이토록 중요한 문제에 대한

---

14) (역주) 데카르트나 스피노자 등의 16-17세기 철학자들을 원문으로 읽을 때 formale와 objectiva 같은 용어들이 현대의 용법과 반대로 쓰인다는 것을 유념해야 한다. "형상적인(formale)" 본질은 하나의 객관적 사물이고 그에 대한 관념이 "표상적인(objectiva)" 본질이다. 'formaliter'는 'formale'의 부사형이므로 "형상적으로"로 옮겼다.

생각을 더 명확하고 포괄적으로 제게 설명해주시고 실체들의 기원과 산출 방식, 사물들의 상호 의존과 상호 종속에 대해 제게 알려주시는 데 동의하지 않으신다면, 저로서는 이런 점을 이해할 수가 없다고 기꺼이 고백하는 바입니다. 저희 사이에 확립된 우정을 토대로 저는 선생님께 솔직하고 신뢰받을 수 있는 태도를 보일 것을 약속 드리며, 선생님께서 제게 제공해주시고자 하는 모든 설명은 철저하게 비밀에 부칠 것입니다. 저의 누설로 인해 부정한 일이 발생하거나 선생님께 해가 가해질 위험은 전혀 없다는 점을 확신하셔도 된다고 분명히 말씀 드립니다.

저희의 철학 학술원[15]에서는 최대한 세심한 관찰과 실험을 실행하려고 노력하고 있습니다. 그래서 『공학 기술의 역사』를 준비하고 있습니다. 실제로 저희는 자연의 모든 결과가 운동, 모양, 구조, 그리고 이들의 다양한 조합에 의하여 산출되므로 사물들의 형태와 질이 기계적 원리들로써 완벽히 설명될 수 있다고 생각합니다. 설명 불가능한 형상과 신비의 성질, 즉 무지의 피난처에 의거할 필요가 없습니다. 약속 드린 서적은 이곳에서 사업 중인 네덜란드 파견단이 (관행대로) 헤이그로 우편물을 보낼 때나, 선생님께서 신뢰할 수 있는 벗이 그쪽으로 건너갈 때 곧바로 보내드리도록 하겠습니다. 장황하고 멋대로 말씀 드린 것 같아 죄송합니다. 격식도 형식도 없이 제기한 질문들이지만 벗들 간의 관례처럼 곱게

---

15) (역주) 과학자들의 모임으로서 나중에(1662년) 올덴부르크가 원장을 맡게 될 런던왕립학술원으로 발전했다. 서신11 참조.

봐주시고 저로서는 숨기는 것도 없고 뒷생각도 없다는 것을 믿어
주시기 바랍니다.

1661년 9월 27일
런던에서
헨리 올덴부르크 올림

○ 서신4. 스피노자가 헨리 올덴부르크에게
   ― 서신3에 대한 회신

매우 고귀하고 현명한 헨리 올덴부르크 선생님께,

선생님, 1~2주를 지내려고 암스테르담으로 가려던 참에 선생
님의 반가운 편지를 받았습니다. 제가 보내드린 세 개의 명제들에
대해 선생님께서 제시한 논박들을 보았습니다. 시간 관계상 다른
사안은 제쳐두고 오직 이 논박들에 답하도록 노력하겠습니다.

첫 번째 논박에 대하여 답하겠습니다. 아무런 사물의 정의로부
터 이 정의된 사물의 현존이 도출되는 것이 아닙니다. 이와 반대
로 사물의 현존은 (제가 세 명제에 첨부한 주석에서 증명했듯이) 오직
어떤 속성의 정의나 관념으로부터, 즉 (제가 신의 정의와 관련하여 분
명히 설명했듯이) 자신 안에서, 그리고 자신에 의해서 생각되는 사
물의 정의나 관념으로부터 나옵니다. 제가 실수한 것이 아니라면,

저는 언급된 주석에서 충분히 명확하게 이런 차이를 설명했습니다. 특히 철학에 조예가 있는 독자에게 이 차이는 명확할 것이라고 저는 생각합니다. 철학자라면 허구와 명석판명한 개념 사이에 존재하는 차이를 모르지 않을 것이고 모든 정의, 즉 모든 명석판명한 관념이 참되다는 공리의 진리 역시 모르지 않을 것이기 때문입니다.[16] 이런 점을 주목한다면 첫 번째 질문에 대한 제 답변은 더 첨가할 것이 전혀 없다고 봅니다.

---

16) (역주) 정의의 문제는 스피노자 체계의 출발점과 관련된 중요한 주제이다. 스피노자의 초기 작품인 『지성개선론』의 모든 의미는 정의된 대상의 현존을 의문시하지 않는 방식으로 정의를 구축함으로써 『에티카』 체계의 시작을 견고히 하려는 데 있다. 진정한 정의는 인과적 또는 발생학적 정의여야 한다. 개별 존재들의 경우에는 인과적 정의는 그것들을 근접 원인들을 통해 설명하여 그 특성들을 도출해내야 한다. 왜냐하면 결과의 인식은 원인의 인식에 의존되기 때문이다. 절대 존재의 경우에는 대상의 정의로부터 그 모든 특성이 도출될 수 있어야 한다는 조건 이외에도 한 가지 덧붙여야 할 것이 있다. 절대 존재와 관련해서는 원인을 요청하는 개별 존재의 정의가 아니라, 유일하고 무한한 존재, 즉 그 존재의 외부에는 아무것도 존재할 수 없는 즉자적으로 존재하는 대상, 즉 자기 원인(Causa sui)의 정의가 관건이기 때문이다. 따라서 절대 존재는 그 본질만을 통해 이해되어야 한다. 이를 위해서 두 가지 조건이 충족되어야 한다: "I. 정의는 모든 원인을 배제한다. 즉 설명되기 위해 자신의 고유한 존재 이외에 다른 어떤 것도 필요로 하지 않아야 한다. II. 정의가 주어지면, '정의 대상에 대해 그것이 현존하는가?'라는 질문의 여지가 없어야 한다." 『지성개선론』 97절. 실제로 스피노자는 그가 "나의 철학(mea Philosophia)"이라 명명한 『에티카』를 자기 원인의 정의로 시작한다: "나는 자기 원인이란 그것의 본질이 현존을 포함하는 것, 또는 그것의 본성이 현존한다고 생각할 수밖에 없는 것으로 이해한다.(Per causam sui intelligo id, cujus essentia involvit existentiam; sive id, cujus natura non potest concipi nisi existens.)" 제1부, 정의1.

그러하니 두 번째 문제로 넘어가겠습니다. 사유가 연장의 본성에 속하지 않는다면 연장이 사유에 의해 한정되지 않는다는 점은 선생님께서도 인정하시는 것 같습니다. 선생님의 의문은 오직 이 예와 관련된다는 것이 분명하기 때문입니다.[17] 그러나 청컨대 다음과 같은 점을 주목해주십시오. 연장이 연장에 의해서가 아니라 사유에 의해서 한정된다고 말한다면 이는 연장이 절대적으로 무한한 것이 아니라 단지 연장으로서, 즉 자기의 유(類)에서 무한하다고 말하는 것이 아니겠습니까? 따라서 이는 연장이 절대적으로 무한한 것이 아니라 단지 연장으로서, 즉 자기의 유에서 무한하다고 하는 제 말을 인정하는 셈입니다. 그러나 선생님께서는 사유가 어쩌면 육체의 행위라고 말씀하십니다. 저는 그렇게 생각하지 않지만 그렇다고 가정해봅시다. 그래도 연장이 연장인 한에서는 그것이 사유가 아니라는 점은 선생님께서 적어도 부정하지 않을 것입니다. 이 점으로도 저의 정의를 설명하고 세 번째 명제를 증명하는 데 충분합니다.

선생님께서는 이 세 번째 명제에 대하여 저의 공리들은 제일 진리들에 속할 수 없다고 논박하면서 논의를 이어가십니다. 이 부분에 대해서는 논하지 않겠습니다. 그러나 선생님께서는 그 공리들의 진리를 의심하며, 심지어 그것들의 반대가 더 참되다고 제시하시려는 것 같습니다. 청컨대 실체와 우유적 속성[18]에 대해

---

17) (역주) 스피노자는 인간의 육체와 정신에 관한 문제를 더 포괄적인 차원에서, 즉 연장과 사유의 구분 문제로 고찰하고 있다.

제가 내린 정의에 주의를 기울이시기 바랍니다. 이 정의로부터 저의 모든 증명이 도출됩니다. 실제로 저는 실체를 자신에 의해서, 그리고 자신 안에서 생각되는 것으로서, 즉 그것의 개념이 다른 어떤 것의 개념도 포함하지 않는 것으로서 이해하고, 변용(modificationem) 또는 우유적 속성은 다른 것 안에 존재하고 그 다른 것에 의해 생각되는 것으로 이해하기 때문에 다음과 같은 점은 명백합니다.

첫째, 실체는 본성상 자신의 우유적 속성들에 앞섭니다. 우유적 속성들은 실체 없이는 현존할 수도 없고 생각될 수도 없기 때문입니다.

둘째, 실재 안에, 즉 지성 밖에는 실체들과 우유적 속성들 외에 아무것도 주어진 것이 없습니다. 주어진 모든 것은 자신에 의해서 생각되거나 아니면 다른 것에 의해서 생각됩니다. 그리고 그것의 개념은 다른 것의 개념을 포함하거나 아니면 포함하지 않습니다.

셋째, 다른 속성[19]들을 가진 사물들은 서로 간에 아무 공통점도 없습니다. 실제로 저는 속성을 그 개념이 다른 것의 개념을 포함하지 않는 것으로 정의했습니다. 끝으로 넷째, 서로 간에 아무 공통점도 없는 두 사물 중 하나는 다른 것의 원인이 될 수 없습니다. 이 경우 결과는 원인과 공통되는 것이 아무것도 없을 것이기 때문

---

18) (역주) 앞에서 살펴보았듯이 "양태" 또는 "변용"을 의미한다.

19) (역주) 여기서 '속성'은 당연히 '우유적 속성'에서의 '속성'과 관련이 없다. 실체의 본질을 표현하는 속성을 의미한다.

에, 이런 결과는 무(無)에서 자기 존재의 모든 것을 도출해내야 할 것입니다. 신은 피조물들과 형상적으로 아무 공통점도 갖지 않을 것이라는 선생님의 지적 등과 관련하여 저는 그 반대를 제 정의에서 정립했습니다. 실제로 저는 신이 각각 자기 유(類)에서 무한하거나 또는 전적으로 완전한 속성들의 무한성으로 구성된 존재라고 말했습니다. 저의 첫 번째 명제에 대한 선생님의 지적에 대해 말하자면, 친애하는 선생님, 인간들은 창조되는 것이 아니라 단지 발생된다(generari)는 것, 그리고 그들의 육체는 비록 전에는 다른 형태였을지라도 이미 현존했었다는 점을 부디 고찰하시기 바랍니다.[20] 우리가 진정 결론 내릴 수 있는 것이자 저로서도 기꺼이 인정하는 것은 만일 물질의 단 한 부분이 완전히 소멸된다면(annihilaretur, 無化) 연장 전체가 사라질 것이라는 점입니다. 두 번째 명제는 다수의 신들이 아니라, 이미 말한 것과 같이 속성들의 무한성에 의해 구성된 유일 존재를 정립합니다.[21]

---

20) (역주) 여기서 스피노자는 '무로부터의 창조(creation ex nihilo)' 개념을 부정하고 자신의 자연주의적 존재론을 명시한다. 인간의 육체는 속성으로서의 연장의 변용이므로 한 인간의 육체라는 특정 개체로 현존하기 전에 이미 연장의 다른 형태의 변용으로서 현존한 것이다.

21) (역주) 스피노자는 의례적인 안부 인사를 할 경우, "기타 등등(et cetera)"으로 편지를 시작하거나 끝낼 때가 많다. 이 점에 대해서는 정식으로 송부한 편지가 아니라 초벌이기 때문이라는 견해도 있다. 이 편지에서도 그는 그런 표현을 쓰고 있다. 우리말의 편지 어법에는 어울리지 않아 삭제했다. 또한 편지의 날짜가 명시되지 않고 있는데, 1661년 9월 27일(서신3)과 1661년 10월 21일(서신5) 사이에 작성된 것으로 보아야 한다.

○ 서신5. 헨리 올덴부르크가 스피노자에게
— 서신4에 대한 회신

존경스러운 벗에게

약속 드렸던 작은 책을 보내드립니다. 책을 받아주시고 선생님의 평가를, 특히 이 책이 니트로, 고형 상태, 그리고 유체 상태에 대해 제시하는 견해에 관한 평가를 보내주십시오.

선생님의 매우 조예 깊은 두 번째 편지를 어제 받았습니다. 선생님께 깊은 감사의 뜻을 표합니다. 다만 선생님께서 암스테르담에 다녀오시느라 저의 모든 의문에 답을 해주시지 못하게 된 것이 매우 안타깝습니다. 여유가 생기시는 대로 이번 편지에서 말씀해주시지 못한 부분을 제게 보내주시기를 부탁 드립니다. 물론 선생님께서는 두 번째 편지로 저를 빛으로 채워주셨지만 모든 어둠이 걷힐 정도는 아니었습니다. 선생님께서 사물들의 참된 최초의 기원을 명석판명하게 제게 알려주신다면 모든 어둠이 걷힐 것입니다. 실제로 어떤 원인에 의해서 어떤 방식으로 사물들이 존재하기 시작했고, 또 만일 제일 원인이 존재한다면, 어떤 결합에 의해 사물들이 제일 원인에 의존되는지를 아주 명확히 파악하지 못한다면, 제가 이해하는 모든 것과 제가 읽는 모든 것은 흩어진 잔가지들과도 같습니다. 선생님, 그러하니 부디 저를 깨우쳐주십시오. 선생님께 헌신적인 저이 충심과 사의를 의심치 말아주십시오.

1661년 10월 11-21일
런던에서
헨리 올덴부르크 올림

ㅇ 서신6. 스피노자가 헨리 올덴부르크에게

니트로, 유체(流體) 상태, 고형 상태에 관한 로버트 보일의 책에 대한 평가를 포함

매우 고귀하고 현명한 헨리 올덴부르크 선생님께

매우 재능이 뛰어난 보일 선생님의 책을 받았고 시간이 되는대로 책의 내용을 살펴보았습니다. 제게 이 책을 선물해주셔서 깊이 감사 드립니다. 선생님께서 이 책에 대해 약속하셨을 때 저는 선생님이 아주 중요한 일에 종사한다고 생각했었는데, 제 생각이 틀리지 않음을 확인하게 됩니다. 그러나 선생님께서는 보일 선생님의 저작에 대한 제 견해를 받아보기를 원하십니다. 제 부족한 능력이 허용하는 만큼 그렇게 해보겠습니다. 제가 보기에 모호하거나 근거가 부족한 점을 선생님께 알려드리겠습니다. 바쁜 일 때문에 현재로서는 이 책을 다 읽을 시간이 없었고 책의 내용을 모두 검토할 시간은 더더욱 없었습니다. 그래서 현재까지 제가 니트로 및 다른 것들에 관해 평가해야 할 부분은 다음과 같습니다.[22]

니트로에 관하여

우선 저자는 니트로[23]의 재조합(redintegratione)에 대한 실험을 통해 이 물체는 고정적 부분들과 기화하기 쉬운 부분들로 구성된 이질적 물체라고 결론짓는다. 이 물체는 오직 그것의 부분들이 혼합됨으로써 생겨나지만, 그럼에도 불구하고 이 물체의 본성은 그것을 구성하는 부분들의 본성과 (적어도 외형적으로는) 매우 다르다는 것이다. 이 결론이 타당하려면 이 단계에서 새로운 실험이 필요해 보인다. 즉 니트로 액(液)이 실제로 니트로에 속하지 않으며 재(灰)에서 추출된 염(鹽)의 도움 없이는 고형화될 수 없고 결정(結晶)이 될 수도 없다는 것을 보여주는 실험이 필요해 보인다. 적어도 도가니에 남은 고형 염의 양이 니트로의 동일한 양에 대해 항상 같은지를 조사해야 하고, 또는 더 많은 양을 넣을 때 그와 비례한 만큼의 결과가 얻어지는지를 조사해야 할 것이다. 다음으로는, 이 저명한 저자가 니트로 액과 관련한 현상들이 니트로 자체와 관련한 현상들과 그 정도로 다르다는 사실로서 (9절에서) 저울을 사용하여 발견했다고 주장하는 것은 적어도 내 생각으로는 전혀 그의

---

22) (역주) 이어지는 부분은 보일의 저작에 대한 분석 및 평가이므로 존칭 어법으로 옮기지 않았다.

23) (역주) 니트로는 '초석(硝石, saltpetre)'이라고도 불리며, 현대어로 말하자면 질산칼륨이다. 보일에 따르면 니트로는 고체 부분과 증발성이 있는 부분으로 이루어진 복합물이다. 몇 줄 아래의 '액(液)'은 'spiritus'의 번역이이다. 액체, 승기 등을 포함하는 의미이기 때문에 '정(精)', '정기(精氣)' 등으로 옮기기도 하는데, 여기서는 맥락상 니트로의 고형 부분과 다른 증발성 있는 액체에 해당된다.

결론을 확증해주는 것이 아니다.

이 점을 밝히기 위해 나는 내가 볼 때 니트로의 재조합을 설명하기에 가장 단순한 것을 간략하게 제시하겠다. 그리고 이 설명을 이런저런 방식으로 확증해주는 꽤 쉬운 두 가지 내지 세 가지 실험을 첨가하겠다. 따라서 이 같은 현상을 매우 단순하게 설명하기 위해 나는 꽤 명백한 차이의 경우가 아니라면 니트로 액과 니트로 자체 사이의 어떤 차이도 상정하지 않을 것이다. 즉 니트로 자체의 입자들이 정지 상태에 있는 반면 운동 상태의 니트로 액의 입자들은 서로 충격을 가한다는 차이 말이다. 고형 염과 관련해서 나는 그것이 니트로의 본질을 형성하는 데 아무런 기여도 하지 않는다고 가정할 것이다. 이와 반대로 나는 고형 염이 (내가 확인했다고 생각하는 바대로) 니트로 액이 완전히 빠져나가지 않은 니트로의 불순물[24]이라고 간주할 것이다. 이 불순물이 극도로 미세한 형태이긴 하겠지만 계속해서 고형 염에 풍부하게 섞여 있기 때문이다. 이 염 또는 불순물에는 미세 구멍들 또는 니트로 입자들 크기의 구멍들이 있다. 그러나 불의 작용을 받으면 니트로 입자들은 밀려나게 된다. 그러면 몇몇 구멍들은 작아지고 그 결과로 다른 구멍들은 넓어지게 된다. 물체 자체, 즉 이 구멍들의 내벽들은 뻣뻣해지고 동시에 매우 약해진다. 그렇기 때문에 여기에 니트로 액이 방울져서 주입되면 몇몇 입자들은 축소된 구멍을 통해 들어가

---

24) (역주) faeces. 니트로로부터 배출된 찌꺼기를 의미하는데, 스피노자는 이것을 니트로에 섞여 들어간 불순물로 본다.

기 시작할 수밖에 없고, (데카르트가 매우 정확히 증명했듯이)[25] 그 입자들의 부피가 서로 다르므로, 뻣뻣해진 내벽들이 부수어지기 전에 우선 그것들을 활처럼 굽어지게 한다. 그런데 이 입자들은 이 내벽들을 부수면서 그 조각들을 서로 분리되도록 한다. 또한 이 입자들은 그들이 가졌던 운동을 유지하면서는 이전과 마찬가지로 고형화되고 정형화될 수 없다. 더 넓은 구멍들에 스며드는 니트로 액 입자들에 대해 말하자면 그것들은 이 구멍들의 내벽들을 접촉하지 않기 때문에 매우 미세한 물질에 둘러싸일 수밖에 없고 불이나 열기에 의해 나무 조각들이 위쪽으로 밀려가듯이 이 물질에 의해 위쪽으로 밀려가게 된다. 즉 연기가 되어 날아가게 되는 것이다. 그리고 니트로 액 입자들이 상당한 수이거나 내벽들의 조각들 및 축소된 구멍들에 스며든 입자들과 합쳐질 경우, 위쪽으로 올라가는 미세한 방울들을 형성하게 된다. 그러나 고형 염이 물이나 공기와 섞여서[26] 물러지면 니트로 입자들의 운동을 억제할 수 있고 이 입자들이 운동을 잃게 된 후에는 그것들을 응고시킬 수 있다. 이는 포탄이 모래나 진흙 더미에 부딪쳤을 때와 같다. 니트로의 재조합은 오직 니트로 액 입자들이 이처럼 응결된 것에 불과하다. 그리고 이와 같은 설명의 귀결은 고형 염이 니트로의 재조합을 위해 단지 도구의 역할을 한다는 것이다. 이 점이 니트로의 재조합

---

25) (역주) 데카르트, 『철학의 원리』, 4부, 110절 참조.
26) (원주) 무슨 이유로 니트로 액이 물에 녹은 고형 염에 퍼질 때 비등(沸騰) 현상이 나타나는지에 대해서는 25절에 대한 설명 참조.

에 관한 것이다.

이제 다음과 같은 점을 살펴보자.[27] 첫째, 왜 니트로 액과 니트로 자체는 향에 따라 서로 차이가 나는 것인가? 둘째, 왜 니트로는 인화성이 있지만 니트로 액은 전혀 그렇지 않은가? 첫 번째 점을 이해하려면, 운동 중의 물체들은 결코 가장 넓은 표면을 통해 다른 물체들과 접촉하게 되지 않는 반면 정지해 있는 물체들은 가장 넓은 표면을 통해 다른 물체들에 기대어 있다는 것을 생각해야 한다. 그렇기 때문에 니트로 입자들이 정지된 상태로 혀에 놓여 있으면, 가장 넓은 표면 위에 펼쳐지고 미세 구멍들을 막으며, 이는 한기(寒氣)의 원인이 된다. 침은 불이 그렇게 하는 만큼으로 니트로를 작은 부분들로 용해할 수 없다는 점도 덧붙여 생각해야 한다. 반대로 이 입자들이 빠른 운동으로 활발해질 때 혀에 놓이면 가장 뾰족한 표면을 통해 혀와 접촉하고 그 미세 구멍들로 파고들게 된다. 이 입자들이 더 활발하게 운동할수록 혀를 더 강하게 찌르게 된다. 이와 같은 방식으로 바늘이 혀에 침으로 닿는지 또는 옆면으로 놓이는지에 따라 다른 감각들을 생겨나게 한다.

니트로는 인화성이 있고 니트로 액은 그렇지 않은 이유는 다음과 같다. 니트로 입자들이 정지해 있을 때는, 그들 고유의 운동으로 모든 방향으로 나아갈 때보다 불에 의해 위쪽으로 움직이기가

---

27) (역주) 편지이기 때문에 스피노자가 "원하신다면 이제 다음과 같은 점을 살펴보겠습니다."라고 썼지만, 보일의 저작을 평가하는 부분이기 때문에 "원하신다면"은 본문에 옮기지 않았다.

더 어렵다. 그래서 니트로 입자들이 정지해 있을 때는 불이 그들을 분리하고 전체적으로 덮을 때까지 불을 견디게 될 것이다. 불은 니트로 입자들을 그들이 고유의 운동을 획득하고 연기로 날아갈 때까지 휩쓸어간다. 반대로 니트로 액 입자들이 이미 운동 중이고 서로 분리되어 있을 때는 약한 불에 의해서도 즉시 모든 방향으로 확산된다. 그래서 몇몇 입자들은 연기가 되어 날아가고 다른 입자들은 불에 의해 전면적으로 뒤덮이기 전에, 불을 활성화하는 물질로 스며든다. 결과적으로 이 입자들로 인해 불은 더 세지기보다는 오히려 연소된다.

나는 이제 이런 설명을 확증하는 것으로 보이는 실험들을 논하겠다. 1. 나는 폭연(爆煙)하며 연기가 되어 사라지는 니트로 입자들이 순수한 니트로에 속한다는 것을 확인했다. 실제로 니트로가 상당히 백열할 때까지 그것을 도가니에 여러 차례 녹임으로써 나는 차가운 유리병이 연기로 가득할 때까지 연기를 그 안에 담아놓고 내 입김으로 이 유리병을 다시 적신 후에 마지막으로 그것을 말리기 위해 차가운 공기에 노출했다.[28] 이런 과정 후에 니트로의 작은 결정(結晶)들이 유리병에 나타났다. 이런 결정들이 단지 증발성 입자들로부터 나타난 것은 아닌지에 대한 의심을 제거해야 했다. (저명한 보일의 견해에 내 어법을 맞추어 말하자면) 어쩌면 불이 니트로의 온전한 부분들을 휩쓸어간 것은 아닌가? 불이 고형의 부분들을 그것들이 용해되기 전에 증발성 부분들과 함께 밀어낸 것은 아

---

28) (원주) 내가 이 실험을 했을 때 대기는 매우 화창했다.

닌가? 요컨대 이런 의심을 제거하기 위해 나는 굴뚝을 통해서처럼 1피트가 넘는 길이의 튜브 A를 통해 연기를 빠져나가게 했다.

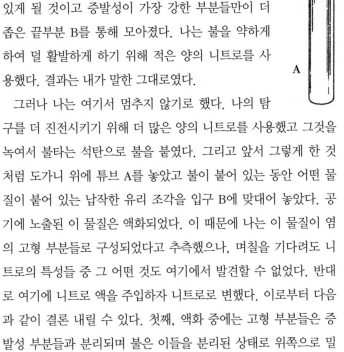

이런 방식으로, 가장 무거운 부분들은 튜브에 붙어 있게 될 것이고 증발성이 가장 강한 부분들만이 더 좁은 끝부분 B를 통해 모아졌다. 나는 불을 약하게 하여 덜 활발하게 하기 위해 적은 양의 니트로를 사용했다. 결과는 내가 말한 그대로였다.

그러나 나는 여기서 멈추지 않기로 했다. 나의 탐구를 더 진전시키기 위해 더 많은 양의 니트로를 사용했고 그것을 녹여서 불타는 석탄으로 불을 붙였다. 그리고 앞서 그렇게 한 것처럼 도가니 위에 튜브 A를 놓았고 불이 붙어 있는 동안 어떤 물질이 붙어 있는 납작한 유리 조각을 입구 B에 맞대어 놓았다. 공기에 노출된 이 물질은 액화되었다. 이 때문에 나는 이 물질이 염의 고형 부분들로 구성되었다고 추측했으나, 며칠을 기다려도 니트로의 특성들 중 그 어떤 것도 여기에서 발견할 수 없었다. 반대로 여기에 니트로 액을 주입하자 니트로로 변했다. 이로부터 다음과 같이 결론 내릴 수 있다. 첫째, 액화 중에는 고형 부분들은 증발성 부분들과 분리되며 불은 이들을 분리된 상태로 위쪽으로 밀어 올린다. 둘째, 고형 부분들이 증발성 부분들과 분리되는 폭연 후에 이들은 다시 합쳐질 수 없다. 셋째, 이로부터 유리병에 붙어 작은 결정들을 형성한 부분들은 고형 부분들이 아니라 단지 증발성 부분들이었다는 것이 도출된다.

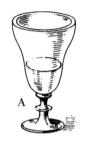

두 번째 실험(나는 이 실험을 통해 고형 부분들이 니트로의 불순물에 불과하다는 것을 제시할 수 있다고 생각한다.)은 내가 확인한 사실로서, 니트로의 정제(精製)가 더 완전할수록 니트로는 증발성이 더 강해지고 결정(結晶)화될 가능성도 더 커진다. 정제된 또는 걸러진 니트로의 결정들을 유리잔 A에 넣고 약간의 차가운 물을 부었을 때, 니트로는 찬물과 함께 부분적으로 증발되었고 입자들은 유리잔 아래 가장자리에 붙어 있었으며 결정들을 형성했다.

니트로 액 입자들이 운동을 잃었을 때 인화성이 있게 됨을 나타내는 것으로 보이는 세 번째 실험은 다음과 같다. 나는 니트로 액 몇 방울을 축축한 종이봉투에 부었고 그 다음에는 니트로 액이 모래알 사이에 스며들도록 모래를 그 안에 넣었다. 모래가 니트로 액 전부 또는 대부분을 흡수한 후에 나는 그 봉투를 불 위에 놓고 모래를 말렸다. 그 후에는 모래를 제거하고 종이를 불타는 석탄에 놓았다. 석탄은 불이 붙자마자, 니트로를 태울 때 늘 그렇게 하듯이, 불꽃이 탁탁 소리를 내며 튀었다.

나는 이와 같은 확인에 다른 실험들을 첨가할 수도 있었고, 이들은 만일 내가 새로운 실험을 위한 더 용이한 수단이 있었다면 아마도 이 현상을 더 명확히 설명해주었을 것이다. 그러나 나는 다른 일에 몰두하고 있는바,[29] 다음 기회로 그 설명을 미룰 것이다. 이제 다른 설명으로 넘어가겠다.

5절. 저명한 저자가 지나가는 말로써 니트로 입자들의 형태를 다루면서 그것을 그릇되게 표상한 최근의 저자들을 비판하는 구절에서 그들 가운데 데카르트를 포함시킨 것인지 나는 알 수가 없다. 만일 그렇다면, 아마도 그는 다른 저자들이 말한 것을 가지고 데카르트를 비판하는 것으로 보인다. 왜냐하면 데카르트는 육안으로 보이는 입자들을 말하지 않기 때문이다. 나는 저명한 저자가 니트로의 작은 결정들이 평행육면체나 어떤 다른 도형의 형태를 취할 때까지 잘라졌을 경우 더 이상 니트로를 이루는 것이 아님을 주장하고자 했다고 생각하지 않는다. 그러나 필경 그는 눈으로 볼 수 있고 손으로 만질 수 있는 것 외에는 아무것도 인정하지 않는 다른 화학자들을 지목했을 것이다.

9절. 이 실험이 엄밀하게 이루어질 수 있다면 그것은 위에 언급된 첫 번째 실험으로부터 내가 결론 내리고자 한 점을 전적으로 확증해줄 것이다.

13~18절. 저명한 저자는 만질 수 있는 모든 질(質)은 오직 운동, 형태, 그리고 다른 기계적 변용들에 달려 있다는 점을 제시하려 노력한다. 그럼에도 불구하고 그가 이 증명들을 수학적인 것으로서 제안하지 않은바, 그것들이 전적으로 설득력이 있는지 여부를 검토할 필요가 없다. 그러나 베룰람과 그 다음으로 데카르트가 이 점을 충분함이 넘치도록 증명했음에도 불구하고 무슨 이유로 그가 자신의 실험을 통해 그 점을 연역해내려 그토록 애쓰는지 알지

---

29) (역주) 스피노자는 "선생님께서 허락하신다면"이라는 구절을 넣었으나 본문에 옮기지 않았다.

못하겠다. 나는 그의 실험이 다른 매우 평범한 실험들보다 더 명확한 증거를 우리에게 제공한다고 보지도 않는다. 왜냐하면 열기와 관련해서 말하자면 이는 나무 조각들이 아무리 차갑더라도 그것들을 서로 마찰하면 단지 운동만으로도 불이 생겨난다는 사실로부터 명백하게 나타나는 것 아닌가? 석회도 물을 적시면 뜨거워지지 않는가? 소리에 대해 말하자면 나는 보일의 실험에 통상적인 물의 비등 및 다른 여러 사례에서보다 더 주목할 만한 것이 있다고 보지 않는다. 니트로 액을 부으면 변하는 색에 대해서 나는 입증될 수 있는 것만을 말하기 위해 다음과 같은 점만을 말하겠다. 즉 우리는 모든 식물이 수없이 많은 방식으로 색을 바꾼다는 것을 확인한다. 다음으로는, 악취를 내뿜는 물체들은 그것들을 흔들거나 특히 약하게 가열하면 악취가 더 심해진다. 끝으로, 순한 포도주는 식초로 변하며 이런 사례는 매우 많다. 그렇기 때문에 나는 (여기서 철학의 자유를 사용하는 것이 허용된다면) 이 모든 고찰이 불필요하다고 판단한다. ("철학의 자유를 사용하는 것이 허용된다면"이라고 말하는 이유는 저명한 저자에 대해 합당한 존중을 표하지 않는 다른 독자들이 그에 대해 잘못 판단하지 않을까 우려하기 때문이다.)[30]

24절. 나는 이 현상의 원인에 대해서 이미 말했다. 여기서 나는 고형 염의 입자들이 염분을 함유한 물방울들에 섞여 있다는 것을 실험을 통해 또한 발견했다는 점만을 첨언한다. 왜냐하면 이 입자들이 위쪽으로 빠져나갈 때 그것들을 채취하기 위해 나는 한 조각

---

30) (원주) 제가 보낸 편지에서는 괄호 안에 포함된 단어들을 일부러 삭제했습니다.

의 평평한 유리판을 갖추고서 취합된 물질에서 증발성이 있는 것이 날아가도록 그것을 덮혔는데, 다소 두터운 희끄무레한 것이 유리판의 여기저기에 붙어 있는 것을 확인했기 때문이다.[31]

25절. 이 절에서 보일은 알칼리성 부분들이 염분을 함유한 부분들에서 받은 충격으로 여기저기로 날아가는 반면, 염분을 함유한 부분들은 그들 고유의 운동을 통해 공중으로 올라간다는 점을 증명하고자 하는 것 같다. 이 현상을 설명하기 위해 나는 또한 니트로 액 입자들은 더 넓은 구멍들을 통과할 때 필연적으로 매우 미세한 물질로 주위가 덮일 것이기 때문에 더 활발한 운동을 획득하게 된다고 말했다. 불이 나무 입자들을 그렇게 하듯이 이런 미세한 물질이 니트로 액 입자들을 위쪽으로 밀어내는 것이다. 그러나 알칼리성 입자들의 운동은 좁은 구멍들을 통과한 니트로 액 입자들의 충격에서 비롯된다. 이와 관련하여 나는 순수한 물이 고형 부분들을 쉽게 용해하지도 못하고 해체시키지도 못한다는 점을 덧붙이겠다. 따라서 물에 녹인 고형 염 용액에 니트로 액을 부으면 저명한 저자가 24절에서 말하는 비등 현상이 생겨난다는 것은 놀라운 일이 아니다. 나아가 나는 이런 비등은 밀도가 높은 고형 염에 니트로 액을 부었을 때보다 더 활발하다고 생각한다. 왜냐하면 물 안에서 고형 염은 더 쉽게 분리되고 더 자유롭게 움직일 수

---

31) (역주) 보일의 실험은 니트로 액을 섞은 알칼리 액에 의해 생겨난 증기를 넓게 열린 유리그릇에 모으는 것이었다. 염분이 있는 입자들이 그릇의 내벽에 묻게 된다고 그는 말한다.

있는 미세한 부분들로 용해되기 때문이다.

26절. 나는 산성 액의 향에 대해서는 이미 말했으므로 알칼리만 검토하면 된다. 알칼리를 내 혀에 놓았을 때 나는 무엇인가에 찔릴 때와 같은 열기를 느꼈다. 이는 그것이 일종의 석회라는 점을 내게 알려준다. 실제로 석회는 이 염이 침, 땀, 니트로 액, 그리고 아마도 축축한 공기와 접촉하면서 데워지는 것처럼 물과 접촉하면서 데워진다.

27절. 물질의 어떤 입자가 다른 입자와 합쳐진다는 사실로부터 그것이 다른 모양을 갖게 된다는 사실이 직접적으로 도출되지 않는다. 단지 그것이 더 커진다는 사실이 도출될 뿐이고 이것으로도 보일이 이 절에서 연구하는 결과를 산출하기 위해, 즉 그것이 금을 부식시키는 데 충분하며 이는 그 입자에 의해 이전에는 이루어지지 않은 일이다.

33절. 이 절 및 23쪽의 머리말에서 언급된 논문을 본 후에 나는 보일의 철학하는 방식에 대한 내 견해를 말할 것이다.

유체 상태에 관하여

1절. 〈유체 상태, 고형 상태와 같은 특성들은 가장 일반적인 변용에 속해야 한다는 것은 충분히 확립되었다. (……)〉 나의 견해로는 일반 대중이 방법 없이 형성하는 개념들, 또는 자연을 그 자체가 아니라 우리의 감각과 관계하여 표상하는 개념들은 최상의 종류에 속하지 않는다. 이런 개념들은 자연이 존재하는 모습 그 자체를 설명하는 명확한 개념들과 (혼동된다고 말하지 않기 위해서) 섞여서는 안 된다. 후자에 속하는 것은 운동, 정지 및 이들의 법칙들이다. 전자에 속하는 것은 눈에 보이는 것과 보이지 않는 것, 열기, 냉기, 그리고 내가 주저하지 않고 말하는 바, 유체 상태의 것과 고형 상태의 것 등이다.

5절. 〈유체 상태의 제일 원인은 구성 부분들의 작음이다. 왜냐하면 더 큰 구성 부분들에서는 (……).〉 물체들이 극히 작을지라도 그것들은 표면들이 균등하지 않고 거칠거나 또는 그럴 수 있다. 따라서 큰 물체들이 작은 물체들의 질량과 속도의 비율과 동일한 질량과 속도의 비율로 움직인다면 이 물체들도 역시 유체 상태라고 불려야 한다. 이 '유체'라는 단어가 비본질적인 명칭이 아니라면, 그리고 이 단어가 움직이는 물체들의 작은 크기와 그들 간의 간격이 인간의 감각에 포착되지 않을 때, 단지 그 물체들을 지시하기 위해 통상적인 어법에서 차용된 것이 아니라면 말이다. 따라서 물체들을 유체 상태의 것들과 고형적인 것들로 분리하는 것은 물체들을 가시적인 것들과 비가시적인 것들로 분리하는 것과 같다.

같은 절. 〈적어도 우리가 이 점을 화학 실험을 통해 입증할 수 있다면 (……).〉 이는 결코 화학 실험이나 다른 실험을 통해 입증될 수 있는 것이 아니라 오직 이성과 계산에 의해서만 입증될 수 있다. 왜냐하면 우리가 물체들을 무한히 분할하고 결과적으로 물체들을 움직이기 위하여 필요한 힘을 분할하는 것은 이성과 계산에 의해서이기 때문이다. 그러나 우리는 결코 이런 점을 실험들을 통해 입증할 수는 없을 것이다.

6절. 〈큰 물체들은 유체 상태의 것들을 형성하기에 매우 적합하지 않다.〉유체 상태의 것을 통해 내가 위에서 말한 것으로 이해하든 그렇지 않든 간에 이는 자명하다. 그러나 어떻게 보일이 이를 6절에서 내세운 실험을 통해 입증하는지 나는 확인하지 못하겠다. 왜냐하면 (우리가 확실한 사실을 의심스럽게 보고자 한다면) 뼈들이 유미(乳糜) 및 이와 유사한 다른 유체 상태의 것들을 형성하는 데 적합하지 않다고 하더라도, 어쩌면 뼈들은 우리에게 알려지지 않은 새로운 종류의 어떤 유체 상태의 것을 형성할 수도 있기 때문이다.

10절. 〈이는 그것들을 이전보다 덜 유연성 있게 함으로써(……).〉[32] 부분들의 변화가 전혀 없이, 그러나 용기에서 빠져나간 부분들이 다른 부분들과 분리되었다는 점만으로도 그 부분들은 기름보다 더 농도가 강한 다른 물체로 응고될 수 있었다. 왜냐하면 물체들은 그것들이 담긴 유체들의 구성과 본성에 따라 더 가볍거나 더 무겁기 때문이다. 따라서 버터의 입자들은 유청(乳淸) 속에 떠다닐 때는 우유의 부분을 형성한다. 그러나 온전히 착유한 우유를 교유기에 넣어 휘저어서 우유가 그 모든 부분이 균등하게 따를 수 없는 새로운 운동을 획득하게 되면, 이것만으로도 버터의 부분들은 유청과 함께 유체를 구성하기에는 너무 가볍게 되고, 동시에 공기

---

32) (역주) 보일은 유리그릇에 넣은 올리브유를 가열했고 일종의 정제를 통해 나머지와 분리된 유체의 부분들을 추출했다. 이 부분들은 버터의 농도를 가진 물체로 응축되었다. 이로써 보일은 입자들이 서로 간의 운동을 전달할 능력을 감소시키는 형태의 변화를 겪는다는 것을 설명한다.

와 함께 (증발될 수 있는) 유체를 형성하기에는 너무 무겁게 된다. 그러나 버터의 부분들은 그들이 유청 입자들의 운동을 균등하게 따를 수 없었다는 사실로부터 나타나듯이 불규칙적인 형태를 갖는바, 역시 독자적으로는 유체를 형성할 수 없고, 서로 접촉하고 점착하게 된다. 증기들도 그것들이 공기에서 분리될 때 물로 변하며 이때 물은 공기와 비교해서는 단단하다고 말해질 수 있다.

13절. 〈내가 사례로 드는 것은 공기로 가득 찬 피막(皮膜)보다는 물로 부풀어진 피막이다.〉 물의 입자들은 끊임없이 모든 방향으로 움직이므로, 그것들을 둘러싼 물체들에 의해 압축되지 않을 경우 물이 모든 방향으로 퍼져나간다는 점은 명백하다.(또는  마찬가지 말이겠지만, 탄력을 갖게 된다.) 그러나 어떤 점에서 물로 가득 찬 피막의 팽창이 분자들 간의 작은 공간에 대한 관념을 확증해주는가? 나는 이에 대해 전혀 파악할 수 없다고 고백한다.

실제로, 물의 입자들이 무언가에 막혀 있지 않을 때 그렇게 하듯이, 피막의 벽에 손가락으로 가한 압력을 견디는 이유는 균형, 달리 말해 어떤 물체(우리의 손가락을 생각해보자.)가 유체 또는 물에 사방이 둘러싸여 있을 때의 경우처럼 순환이 없기 때문이다. 그러나 피막이 매우 강력하게 물을 압축한다고 해도, 물의 입자들은 피막의 외부에서 그렇게 하듯이, 피막 안에 함께 담긴 돌의 운동을 따를 것이다.

같은 절. 〈물질의 일정한 부분이 존재하는가?〉[33] 그렇다고 답해야 한다. 무한정하게 역진하기를 바라거나 또는 (가장 큰 부조리인) 공백의 존재를 인정할 것이 아니라면 말이다.

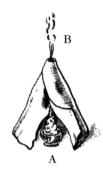

19절. 〈유체 입자들이 미세 구멍들로 들어가는 통로를 마주치고 거기서 고정되는 방식으로.(이로 인해 다음과 같은 일이……)〉[34] 이는 다른 물체들의 미세 구멍들로 들어가는 통로를 마주치는 모든 유체에 대해서 절대적으로 인정하지는 말아야 한다. 왜냐하면 니트로 액 입자들이 흰 종이의 미세 구멍들로 스며들 경우에는 이 종이를 뻣뻣하고 푸석푸석하게 만들기 때문이다.

A와 같은 가열된 철잔 위에 몇 방울을 붓고 B와 같이 접은 종이를 통해 연기가 빠져나가도록 함으로써 이에 대한 실험을 할 수 있다. 또한 니트로 액은 가죽을 부드럽게 하지만 축축하게 하지는 않는다. 반대로 니트로 액은 불처럼 가죽을 수축시킨다.

같은 절. 〈자연은 그것들이 날고 헤엄치도록 그들의 깃털을 사용법에 맞게 배치했다.〉 여기서 저자는 원인을 목적에서 찾는다.

23절. 〈(……) 비록 그 운동이 우리에게 드물게 관찰될지라도.

---

33) (역주) 보일은 극히 작고 유동적인 부분들로 구성된 물질의 특정 부분이 있는지 묻는다. 즉 그것들을 더 분할하는 외부 작용을 따르거나 압축될 경우 그 부분들은 그들 사이에 빈 공간도 없고 그들이 더 큰 공간을 차지하지도 않는 가운데 끊임없는 운동을 통해 서로 간에 이동할 수 있는 부분들로 구성된 물질의 부분이 있는지 묻는다.

34) (역주) 보일은 유체가 접촉하는 건조한 물체 속에서 나타나는 변화를 설명하고자 한다.

다음과 같이 생각할 것(……).〉 실험도 또 노력이 없이도 이 점은 겨울에 쉽게 눈에 보이는 입김이 여름철이나 더운 방에서는 그렇지 않다는 사실로부터 명확히 나타난다. 나아가 여름에 공기가 갑자기 차가워질 경우, 증기들은 이렇게 차가워지기 전처럼, 밀도가 더 높아진 공기 속에 확산될 수 있는바, 우리가 볼 수 있는 모습으로 물의 표면에서 덩어리로 응결된다. 또한 운동은 우리에게 관찰될 수 있기에는 느린 경우가 빈번하다. 이는 해시계 바늘의 그림자로부터 도출할 수 있는 결론이다. 그리고 운동이 우리에게 관찰될 수 있기에 너무 빠른 경우는 더 빈번하다. 불붙은 연료를 일정한 속도로 원 모양으로 움직일 때 이는 확인된다. 왜냐하면 우리는 불붙은 부분에 의해 그려진 원주의 모든 점에서 그것이 정지해 있다고 상상하기 때문이다. 이런 착각의 원인들을 제시하는 일이 무용하지 않다고 평가한다면 나는 그렇게 할 수 있을 것이다.

끝으로, 지나가는 말을 하건대, 유체 일반의 본성을 이해하려면 우리가 아무 저항 없이 유체 속에서 모든 방향으로 손을 이 유체와 함께 움직일 수 있다는 것을 아는 것으로 족하다. 이는 자연을 그것이 인간의 감각과 관계된 모습이 아니라 그 자체로 설명하는 개념들에 충분히 주의를 기울이는 사람들에게는 꽤 명백한 일이다. 반복해 말하건대, 이런 관찰은 유체의 본성을 온전히 인식하도록 해준다. 그러나 나는 실험에 대한 이런 담론이 무용하다고 보지 않으며 그것을 무시하지 않는다. 이와 반대로 각각의 유체에 대해 가능한 한 가장 정확하고 세심하게 실험에 대해 서술한다면 나는 이런 관찰이 유체들의 특수한 차이를 이해하는 데 매우 유용하다고 생각하며, 이는 모든 철학자의 욕구에 부합하는 일이다.

고형 상태에 대하여

7절. 〈자연의 일반 법칙들에 대하여.〉[35] 데카르트의 증명이 있는데, 저명한 저자는 그의 실험이나 관찰에서 그 어떤 참된 증명도 이끌어내는 것을 나는 볼 수 없다. 나는 여기 아래의 절들에서 많은 부분을 지적했는데, 이후 저자가 수정한 것을 확인했다.

16절. 〈한번은 132온스에 이르렀다.〉[36] 이것을 튜브 안에 담긴 수은의 무게와 비교해보면 실제 무게와 매우 근접해진다. 그러나 내 견해로는 중요한 작업은 수평의 대기 압력과 수직의 대기 압력의 관계를 파악하는 방식으로 이 점을 더 정확히 검토하는 것이다.

---

35) (역주) 서로 접촉하여 정지 상태에 있는 두 물체는 그들의 저항을 이길 수 있는 힘이 그들에게 작용하기 전까지 정지 상태에 있을 것이다. 이 점이 자연의 일반 법칙들과 부합한다고 보일이 말하는 것이다.

36) (역주) 게브하르트 판본에는 '432'이지만 보일의 텍스트에서는 132온스이다. 보일이 전하는 실험은 다음과 같다. 각기둥 모양이고 밑변이 동일한 대리석 조각 두 개를 가지고 알칼리성 주정을 각각의 밑변 표면에 칠한다. 그중 하나를 저울판 위에 놓고 다른 하나는 그 위에 포갠다. 두 대리석 조각은 서로 잘 붙어서 위의 조각을 들어 올리면 다른 하나가 같이 움직이고 저울판도 같이 따라 올라온다. 추가된 무게가 100온스 정도까지 이르렀고 한번은 132온스까지 이르렀다. 스피노자는 이 실험에서 대기의 압력을 고려해야 한다고 생각한다. 그래서 그는 튜브(토리첼리의 튜브) 안에 포함된 수은의 무게에 대해 말하고, 수직 견인력 또는 수평 견인력에 따른 대기의 압력의 효과를 알려주는 실험을 묘사한다.

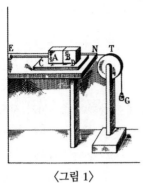

〈그림 1〉

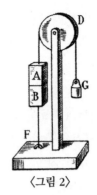

〈그림 2〉

나는 다음과 같은 방식으로 이 작업을 수행할 수 있다고 생각한다.

그림 1에서처럼, 아주 매끈하게 다듬은 평평한 판 CD 위에 두 대리석 조각 AB를 서로 맞대어 놓는다. 대리석 A는 중앙의 고리에 묶고 B는 줄로 묶는다. T는 도르래이고 G는 수평선에 따라 대리석 A와 B를 떼어놓기 위해 필요한 힘을 가리키는 저울추이다.

그림 2에서는 대리석 B를 바닥에 묶어놓기에 충분히 강한 명주실 F가 있다. G는 수직선에 따라 대리석 A와 B를 떼어놓는 데 필요한 힘을 가리키는 저울추이다.

친애하는 선생님,[37] 이 정도가 보일 선생님의 실험에 대해 제가 제시해야 한다고 생각하는 견해입니다. 선생님의 첫 번째 질문들과 관련해서는, 그것들에 대해 제가 답변한 것을 살펴보니 빠뜨린

---

37) (역주) 스피노자가 보일의 저작에 대한 평가를 마무리하고 이어가는 글이므로 다시 존칭 어법으로 옮겼다.

것이 전혀 없음을 확인했습니다. 혹시라도 (언어의 빈약함 때문에 제게 발생할 수 있듯이) 제가 어떤 모호한 명제를 제시했다면, 제게 알려주실 것을 부탁 드리겠습니다. 제 생각을 더 명확하게 설명하겠습니다.

선생님의 새로운 질문, 즉 어떻게 사물들이 존재하기 시작했고 어떤 결합을 통해 그것들이 제일 원인에 의존되는지에 대해서 저는 온전한 저작 한 편을 집필했고 그것은 지성의 개선에 대한 것이기도 합니다.[38] 저는 그것을 다시 옮겨 쓰고 교정하는 데 집중하고 있습니다. 그러나 이 작업을 때때로 그만두게 됩니다. 왜냐하면 이 저작의 출간에 대해 확실성이 없기 때문입니다. 물론 오늘날의 신학자들이 제 저작으로 불쾌해하고 그들의 습관적인 적개심으로 저를 비난할까 걱정이 됩니다. 저는 논쟁을 매우 싫어합니다. 그러나 이 문제에 대한 선생님의 견해를 고려해보겠습니다. 이 저작이 설교자들을 다소 불쾌하게 할 수 있는 내용을 선생님께 알려드린다면 다음과 같습니다. 저는 그들이 신에게 귀속시키는 신의 여러 속성들을 피조물들로서 간주하며, 그들이 편견 때문에 피조물로 간주하는 다른 것들을 신의 속성들로 간주합니다. 저는 그들이 신의 속성들을 제대로 이해하고 있지 못하다는 것을 제시하려고 합니다. 나아가 저는 제가 알고 있는 저자들이 그렇게 하듯이 신과

---

38) (역주) 스피노자가 암시하는 저작은 『소론』으로 추정된다. 이 저작의 1부에서는 신과 자연의 관계를 다루고 2부에서는 일종의 '정신의 의학'을 다루는데, 이 점에 '지성의 개선'은 적용될 수 있다. 추후에 『지성개선론』이 별도의 저작으로 집필되었음은 물론이다.

자연을 분리하지 않습니다. 그래서 저는 선생님의 견해를 기다립니다. 저는 선생님을 진실한 벗이자 그 진실성을 의심할 수 없는 분이라고 생각하기 때문입니다. 건강하시고, 선생님께서 늘 그렇게 해주셨듯이 저를 아껴주십시오. 선생님의 충실한 벗.

베네딕투스 스피노자[39]

○ 서신7. 헨리 올덴부르크가 스피노자에게

매우 저명한 스피노자 선생님께

선생님, 보일 선생님의 저작에 대한 학식 있는 견해로 가득한 선생님의 편지를 기쁘게 받아본 지 이미 여러 주가 지났습니다. 저자는 저를 찾아오셔서 선생님의 고찰에 대해 감사의 뜻을 표하셨습니다. 그가 떠맡은 많은 업무를 이 짧은 기간 동안 처리할 희망에 매이지 않았더라면 더 일찍 선생님께 감사의 뜻을 전하셨을 것입니다. 그리고 그런 기회가 있었더라면 감사의 뜻과 함께 선생님께 답신을 보내셨을 것입니다. 그러나 그런 희망은 지금까지 빗나갔습니다. 그는 공적이고 사적인 업무들로 여러 곳에 매여 있어서 현재로서는 선생님께 감사의 뜻만을 표할 수 있을 따름이고 선

---

39) (역주) 1661년 12월, 레인스뷔르흐에서 보낸 편지로 추정된다.

생님의 견해에 대한 그의 의견을 제시하기 위한 다른 기회를 기다릴 수밖에 없습니다. 게다가 두 적대자가 그의 저작 출간 이후에 그를 공격했습니다. 그래서 우선 그들에게 답을 해야 한다고 판단하고 계십니다. 그러나 그들은 『니트로에 대한 논고』가 아니라 기체 관련 실험을 담고 있고 공기의 팽창[40]을 입증하는 다른 작은 저작을 겨냥하고 있습니다. 이와 같은 작업을 마치는 대로 그는 선생님의 견해에 대한 그의 생각을 선생님께 알려드릴 것입니다. 그는 그때까지 선생님께서 이와 같은 지체에 대해 불만스럽게 생각하지 않아주실 것을 바라십니다.

제가 선생님께 말씀 드린 철학 학술원은 저희 국왕님의 배려 덕분에 왕립학술원으로 바뀌었고 큰 혜택을 부여하고 재정적 지원을 희망할 수 있도록 해주는 법이 공표되어 공식적으로 인정받았습니다.[41]

선생님께 진심으로 제 의견을 드리겠습니다. 선생님께서 철학과 신학과 관련하여 지식과 정신의 통찰로써 집필하신 글을 학자들이 접하도록 해주십시오. 그리고 하찮은 신학자들이 어떤 허튼소리를 하든지 간에 선생님의 글을 기꺼이 발표하십시오. 선생님의 국가는 매우 자유롭습니다. 그곳에서는 철학을 매우 자유롭게 합니다. 그러나 선생님의 신중함 때문에 선생님께서는 자신의 생

---

40) (역주) 1661년의 『공기의 탄력과 그 효과에 관한 새로운 물리 역학 실험(*New Experiments Physico-Mechanical Touching the Spring of Air and its Effects*)』.
41) (역주) 왕립학술원에 대한 왕의 윤허(允許)가 1662년 7월 15일 내려졌다.

각을 최대한 절제하여 발표하시는 것이며 나머지 일을 운명에 맡기시는 것입니다.

친애하는 선생님, 그러하니 행동에 옮기십시오. 우리 시대의 난쟁이들을 자극할 것이라는 불안을 버리십시오. 우리는 꽤나 오랫동안 무지와 어리석음을 따랐습니다. 진정한 학문의 돛을 펼치고 지금까지 우리가 해왔던 것보다 더 멀리 자연의 비밀을 탐색할 때입니다. 선생님의 성찰은 위험 없이 선생님의 국가에서 발표될 수 있고 선생님의 성찰 중 현명한 사람들과 충돌할 것은 아무것도 없다고 저는 생각합니다. 현명한 사람이 선생님의 옹호자와 보호자가 되어준다면 저열하게 무지한 모모스[42]를 두려워할 것이 무엇이겠습니까? 존경하는 선생님, 저는 선생님께서 제 간청을 들어주시기 전까지 선생님을 떠나지 않겠습니다. 적어도 제 능력이 닿는 만큼 저는 그토록 깊은 선생님의 사유가 영원한 침묵 속에 묻히는 데 결코 동의하지 않겠습니다. 선생님께 간곡히 요청하건대, 이 사안과 관련하여 가능한 한 신속히 선생님께서 취할 결정을 제게 알려주시기를 부탁 드립니다.

아마도 이곳에서는 선생님께 알릴 가치가 있는 일들이 생길 것입니다. 제가 이미 말씀 드린 학술원은 이제 계획을 매우 활발하게 실행에 옮길 것이고, 평화가 유지되는 한, 문인 집단을 위해 도움이 될 것입니다. 탁월한 선생님, 건강하십시오. 선생님께 충실

---

42) (역주) Momos. 그리스 신화에서 '비난', '폄훼'의 신이다. 악의를 가지고 남을 비난하고 풍자하며 조롱하는 것에 대한 의인화이다.

한 저의 각별한 우정을 믿어주십시오.

헨리 올덴부르크[43]

○ 서신8. 시몬 데 브리스가 스피노자에게

신실한 벗께

오래전부터 선생님을 방문하고 싶었지만 시간의 부족과 혹독한 겨울 날씨 때문에 그렇게 할 수가 없었습니다. 때때로 저는 먼 거리 때문에 선생님과 이토록 긴 시간 동안 떨어져 있어야 하는 제 운명을 탓하기도 합니다. 선생님과 한 지붕 아래 머물고 있는 선생님의 동반자 카세아리우스[44]는 행복한, 정말 행복한 사람입니다. 식사를 하거나 산책을 하면서 가장 중대한 주제들에 관하여 선생님과 대화를 나눌 수 있으니 말입니다. 그러나 저희의 몸은

---

43) (역주) 런던, 1662년 7월 추정.

44) (역주) 카세아리우스(Johannes Casearius, 1642-1677)는 한때 스피노자의 선생이었던 판 덴 엔덴(Franciscus Van den Enden)의 수업에서 스피노자를 알게 된 것으로 추정된다. 1661년 레이던 대학의 신학과에 등록했고 1663년에 데카르트 철학에 대한 개인 수업을 받기 위해 스피노자의 집에 머물렀었다. 시몬 데 브리스는 카세아리우스의 이름을 'Casuarius'로 잘못 적고 있는데 이 단어가 하급 라틴어로 '비참한'이라는 뜻임을 볼 때 모욕을 주려는 의도로 보인다.

비록 떨어져 있지만 선생님은 제 정신 속에 무척 자주 모습을 드러내십니다. 특히 제가 선생님의 글을 읽고 공부할 때면 더욱 그러합니다. 그러나 저희 모임으로서는 모든 것이 충분히 명확하지가 않고(이 때문에 저희가 연구회를 다시 만든 것입니다.) 또 제가 선생님을 잊은 것으로 생각하시지 않기를 바라기 때문에 이렇게 선생님께 편지를 쓰기로 결심했습니다.

저희의 연구회와 관련하여 말씀 드리자면 다음과 같이 구성되었습니다. 저희 중 한 명이 (역할 분담에 따라) 한 구절 전체를 읽고 해당 구절을 어떻게 이해하는지 설명합니다. 그리고 선생님의 명제들의 순서와 연쇄에 따라 그 구절 전체를 증명합니다. 저희가 서로 합의에 이를 수 없는 일이 생기면, 혹시라도 해당 문제를 더 명료하게 하기 위해서 저희는 그 문제를 적어서 선생님께 보낼 필요가 있다고 판단했습니다. 그렇게 해서 선생님의 지도하에 저희는 단지 미신의 방식으로 종교적이고 기독교적인 사람들에 반대하여 진리를 옹호할 수 있을 것이고 또한 세상 전체의 공격에 맞설 수 있을 것입니다.[45)]

45) (역주) 당시 네덜란드의 분위기를 엿볼 수 있다. 보수적인 종교계에 대한 반동이 드물지 않던 시기였다. 이미 데카르트가 네덜란드에서 머물 때 개방적인 지식인들의 열성적인 지지를 경험했다. 위트레흐트 대학의 레기우스가 열렬한 지지자였고 대학 학장이었던 보에티우스 목사는 데카르트를 무신론자로 간주하기까지 했다. 데카르트는 판관들 앞에 소환당하기도 했고 프랑스 대사의 개입으로 어렵게 문제를 해결했다. 가장 자유로운 국가들 중 하나인 네덜란드에서도 종교와 관련하여 갈등적 상황이 빈번했기 때문에 스피노자도 『에티카』의 출간을 포기했다.

우선 모든 정의(定義)가 독서와 설명 후에도 저희에게 완전히 명확하지 않아 보였기 때문에 결국 저희는 모두가 정의의 본성을 동일한 방식으로 이해하지 못하고 말았습니다. 선생님이 안 계셨기 때문에 저희는 보렐리[46]라는 수학자를 참조했습니다. 보렐리는 정의, 공리, 공준의 본성을 다룰 때 다른 저술가들의 견해도 언급합니다. 그러나 보렐리 자신의 견해는 다음과 같습니다. "정의는 증명에서 전제로서 사용된다. 그렇기 때문에 정의는 자명하게 알려져야 하며, 그렇지 않을 경우 정의를 통해 과학적 인식, 즉 그 자체로 완벽하게 자명한 인식을 얻을 수 없게 될 것이다." 다른 곳에서는 다음처럼 말합니다: "한 대상의 작도 방식 또는 제일의 본질적이고 가장 잘 알려진 특성을 선택할 때는 우연에 의해서가 아니라 최고로 주의를 기울여서 해야 한다. 만일 작도나 언술된 특성이 불가능할 경우 과학적 정의는 결코 없을 것이기 때문이다. 예를 들어 한 공간을 포함하는 두 직선이 도형을 형성하는 직선들이라고 말한다면, 이는 존재하지 않으며 불가능한 사물의 정의가 될 것이다. 이런 말에서 도출될 수 있는 것은 지식이라기보다는 무지일 것이다. 다른 한편, 작도나 언술된 특성이 가능하고 참되지만 우리에게 알려지지 않거나 의심스럽다면, 정의는 좋은 정의가 아닐 것이다. 왜냐하면 알려지지 않고 의심스러운 출발점에서 도출되는 결론도 역시 불확실하고 의심스러우며, 따라서 확실한 지식

---

46) (역주) 보렐리(Giovanni Alfonso Borelli, 1608-1679)는 수학자, 천문학자, 자연학자로서 유클리드의 『원론』을 편집·주해했고 여러 수학 저작을 집필했다.

이 아닌 의혹이나 억견을 가져오게 된다." 타케[47]는 이와 견해를 달리하는 것 같습니다. 선생님께서도 아시는 바와 같이 그는 잘못된 명제로부터 참된 결론에 이르는 것이 가능하다고 생각하기 때문입니다. 보렐리는 클라비우스[48]의 학설 역시 언급하는데, 클라비우스는 다음과 같이 생각합니다. "정의들은 구성 작업(artis)[49]을 표현하는 용어들이다. 한 사물이 이런 방식으로 또는 저런 방식으로 정의되는 이유를 제시할 필요가 없다. 정의된 사물이 어떤 대상과 일치한다는 사실을 실제로 그 정의가 그 대상과 일치하는지 증명하기 전에 인정하지만 않으면 된다."

그러므로 한 대상의 정의는 속성 또는 우리에게 알려진 제일의 본질적인 구조로 조합되어야 한다고 보렐리는 생각하는 것입니다. 클라비우스는 다르게 생각합니다. 속성이 제일이거나 알려지거나 참되거나 하는 것은 중요하지 않습니다. 주어진 정의가 어떤 대상과 일치하는지를 증명하기 전에 그 정의가 그 대상과 일치한다고 인정하지만 않으면 되기 때문입니다. 저희는 클라비우스보다는 보렐리의 생각이 맞다고 봅니다. 선생님께서 둘 가운데 누구에 동의하시는지 저희는 모르며 또 둘 가운데 어느 한 명에 동의

---

47) (역주) 안드레아스 타케(Andréas Tacquet, 1612-1660)는 수학 교수로서 『평면과 입체에 대한 기하학 원론』의 저자이다.

48) (역주) 크리스토포루스 클라비우스(Christophorus Clavius, 1537-1612)는 예수회 소속의 수학자이자 천문학자이다. 그레고리안 달력의 개정에 중요한 역할을 했다.

49) (역주) 작도(constructio)로 옮겨도 무방하다.

하시는지 여부도 모르겠습니다. 추론의 원리 중 하나인 정의의 본성에 관하여 이런 대립이 있고, 또 정의로부터 연역되는 것과 관계된 난점들을 극복하려면 정의와 관련된 난점들을 극복해야 하기 때문에, 이 점에 대해 선생님께서 저희에게 답해주신다면 무척 기쁠 것 같습니다. 과도한 요청이 아니라면 또 선생님께서 여유가 되신다면 공리와 정의 사이에 어떤 차이가 있는지도 말씀해주시기를 바랍니다. 보렐리는 아무런 실질적 구분도 인정하지 않습니다. 그에게 공리와 정의의 구분은 명목상의 구분일 뿐입니다. 하지만 저는 선생님께서는 다르게 생각하시리라고 봅니다.

또한 선생님의 세 번째 정의[50]는 저희에게 충분히 자명한 것 같지 않습니다. 선생님께서 헤이그에서 말씀하신 것을 예로 들었습니다: 〈한 사물은 두 방식으로 고찰될 수 있다. 즉 사물은 그 자체로 존재하거나 혹은 다른 사물과의 비교를 통해 존재한다. 이에 따라 지성은 사유하는 사실로서 간주되거나 관념들의 조합으로 간주될 수 있다.〉 그러나 저희는 이 구분이 무엇인지 이해하지 못하겠습니다. 저희가 보기에, 만일 사유를 정확히 파악하려면 사유를 관념들의 형태로 이해해야 합니다. 사유에서 관념들을 제거한다면 사유는 파괴될 것이기 때문입니다. 예시가 저희에게는 충분히 명확하지 않은바, 이 점은 아직 다소 모호한 채로 남아 있는 것

---

50) (역주) 『에티카』의 최초 버전에서 정의3은 실체의 정의와 속성의 정의를 모두 포함했었다. 그러나 확정본에서는 실체의 정의와 속성의 정의가 각각 정의3과 정의4로 분리되었다.

같습니다. 그래서 보충 설명이 필요합니다.

끝으로 정리8의 세 번째 주석[51] 처음 부분은 다음과 같습니다: "따라서 두 속성이 실재적으로 구분되는 것으로서(즉 하나가 다른 것의 도움 없이) 파악된다고 해도, 그렇다고 해서 두 속성이 두 개의 존재 또는 구분되는 두 개의 실체를 구성하는 것은 아니라는 점이 드러난다. 그 이유는 다음과 같다. 실체의 모든 속성, 요컨대 각각의 속성들은 모두가 실체 안에 동시적으로 있기 때문에 그 자체로 생각된다는 것은 실체의 본성에 따른 일이다."

따라서 선생님께서는 실체의 본성이 실체가 여러 속성들을 가질 수 있는 방식으로 구성된다고 전제하시는 것 같습니다. 그러나 선생님께서는 이 점을 아직 증명하지는 않으셨습니다. 다섯 번째 정의, 즉 절대적으로 무한한 실체, 달리 말해 신의 정의를 선생님께서 염두에 둔 것이 아니라면 말입니다. 달리 말해서 만일 각 실체가 단지 하나의 속성만을 가진다고 내가 말한다면, 그리고 만일 내 안에 두 속성의 관념이 있다면, 나는 두 개의 다른 속성이 있는 곳에 두 개의 다른 실체가 있다고 올바르게 결론 내릴 수 있을 것입니다. 이 점과 관련해서도 보다 명확한 설명을 선생님께 부탁드립니다.

피터르 발링이 제게 전해준 선생님의 텍스트에 대해 감사의 뜻을 전합니다. 그 텍스트는 제게 큰 기쁨을 주었고 특히 정리19의

---

51) (역주) 이 주석은 확정본에서는 정리10의 주석과 일치한다. 정리10 주석에서 시몬 데 브리스의 인용구에 대한 변형이 발견된다.

주석[52]이 그러했습니다. 제가 선생님께 도움을 드릴 수 있는 일이 있다면 저는 준비가 되어 있습니다. 선생님께서는 원하시는 것을 말씀만 해주시면 됩니다. 저는 해부학 강의를 듣기 시작했습니다. 이미 강의의 거의 절반을 마쳤습니다. 해부학 강의가 끝난 후에는 화학을 시작할 것입니다. 이처럼 선생님의 조언에 따라 의학의 전체 과정을 마치게 될 것입니다. 선생님의 답장을 기다리면서 이만 줄이겠습니다. 선생님께 충실한 제 인사를 전해드립니다.

1663년 2월 24일
암스테르담에서
시몬 데 브리스 올림

○ 서신9. 스피노자가 시몬 데 브리스에게
─서신8에 대한 회신

매우 학식 있는 청년 시몬 데 브리스 씨께,

친애하는 벗에게,

---

52) (역주) 이 주석은 『에티카』의 확정본에서 아마도 정리17의 주석일 가능성이 크다. 여기서 스피노자는 신의 자유를 자유 의지로 간주하는 저자들을 비판하고 있다. 또한 스피노자는 신의 전능 개념을 정확히 설명하고 지성의 여러 의미를 규정한다.

오래전부터 기다려온 선생님의 편지를 받았습니다. 선생님의 편지와 열의에 감사 드립니다. 선생님의 긴 부재는 선생님 못지않게 제게도 역시 힘든 일입니다. 그러나 저의 보잘것없는 글이 선생님과 저희 친구들에게 유용하다니 기쁘기도 합니다. 저 역시 선생님이 멀리 떨어져 계시더라도 소식을 전하겠습니다. 카세아리우스를 부러워할 이유는 없습니다.[53] 사실 그만큼 제게 부담이 되는 사람도 없습니다. 또 그만큼 제가 불신하는 사람도 없습니다. 그래서 카세아리우스가 더 성숙해지기 전까지는, 제 견해를 그에게 전해주지 말아야 한다는 점을 선생님과 나머지 분들 모두 알아주셨으면 합니다. 그는 아직 너무 어리고 안정적이지 못하며 참된 것보다는 새로운 것에 신경을 씁니다. 그러나 그가 수년 안에 젊은 시절의 결함으로부터 자신을 회복하리라고 기대합니다. 그의 기질에 비춰 판단해볼 때 그가 그렇게 하리라고 확신합니다. 그래서 저는 그의 성품을 고려하여 그를 아끼게 됩니다.

(상당히 현명하게 조직된) 선생님의 연구회에서 제기된 난점들을 말하자면 제가 보기에 그것들은 여러분이 정의(定義)의 종류에 대해 구분하지 않은 데서 비롯됩니다. 실제로 그 본질만을 찾아야 하고 본질만이 의문시되는 대상에 적용되는 정의와 오직 검토 대상으로서 제시된 정의 사이에 존재하는 차이를 설명해야 합

---

53) (역주) 카세아리우스에게 스피노자가 개인적으로 강의한 내용이 바로 데카르트의 『철학의 원리』에 관한 기하학적 설명이다. 데카르트의 저작을 기하학적 방식으로 변형한 이 글이 결국 초기의 저작 『데카르트의 철학의 원리』로 이어졌다.

니다.[54] 첫 번째 정의는 정해진 대상이 있기 때문에 참이어야 하지만, 두 번째 정의는 사정이 다릅니다. 예를 들어 솔로몬의 신전[55]을 묘사하도록 요구받을 경우, 장난칠 생각이 아니라면 저는 그것에 대한 참된 묘사를 해야 합니다. 그러나 제가 건립하고픈 신전의 관념을 제 정신 속에 형성할 경우, 그리고 이 신전에 대한 묘사로부터 제가 이런 기초, 이런 돌과 저런 재료의 규모가 필요하다고 결론 내릴 경우, 건전한 정신을 가진 사람이라면 제가 그릇된 정의를 사용했기 때문에 잘못 결론 내린 것이라고 말할 수 있겠습니까? 또는 제 정의를 증명하라고 요구할 사람이 있겠습니까?[56]

---

54) (역주) 첫 번째 종류의 정의는 실재로서 주어진 대상과 관련된다. 즉 이런 대상은 그것을 정의하는 사람에 의해 산출된 것이 아니기 때문에, 이 대상과 그것의 본질은 조응해야 한다. 두 번째 종류는 수학자들에 의해 발생학적 정의라고 불리는 것이다. 이런 정의는 본질과 현존을 만들어낸다. 이 경우 정의는 일관성만 있으면 타당하다. 『에티카』는 신에 대한 발생학적 정의로부터 논의를 전개하며, 현존하는 것으로 생각될 수밖에 없는 신의 정의로부터 모든 실재가 연역되도록 하는 것이 스피노자 체계의 핵심적 진행이다.

55) (역주) 스피노자는 솔로몬의 신전을 묘사하는 야콥 예후다 레온(Jacob Jehuda Leon)의 저작의 라틴어 번역본을 소장하고 있었다.(J. Leonitius, *Libellis effigiei Templi Salomonis*, Amstel Marcus, 1650)

56) (역주) 『지성개선론』의 최종적 테제에 따르면, 지성은 진리의 규범에 의하여 참된 관념, 나아가 가장 포괄적인 참된 관념, 즉 절대 존재의 관념으로부터 그 귀결을 연역해낸다. 절대 존재로부터 그 결과들을 연역하는 것이 아니라, 절대 존재의 관념으로부터 결과들의 관념들을 연역하는 것이다. 이러한 작업이 스피노자가 『지성개선론』에서 요청했던 것이다. "지성이 전혀 존재하지 않았던 하나의 새로운 대상을 지각하고 (어떤 이들은 이런 식으로 신이 사물들을 창조하기 전의 신의 지성을 구상하며, 이 경우 지각의 기원은 외부 대상이 아니다.) 이 지각으로부터 합법적으로 지성이 다른 사유들을 연역해낸다고 가정

이는 그야말로 제가 파악한 것을 제가 파악하지 않았다고 말하거나 또는 파악한 것을 파악했음을 증명하라고 요구하는 일이 될 것입니다. 이 모든 것은 진지한 일이 못됩니다.

그러므로 두 경우가 있습니다. 첫째는 정의가 사물을 지성 바깥에 있는 그대로 인식하도록 해주는 경우입니다. 이 경우 정의는 참되어야 하며 명제나 공리와 다르지 않습니다. 다만 정의가 사물들의 본질들 또는 사물들의 변용들(affectionum)[57]에 적용되고 공리는 영원한 진리들을 포함하는 더 넓은 영역에 적용된다는 점을 제외한다면 말입니다. 이와 반대로 사물이 우리에 의해 생각되고 또 그렇게 생각될 수 있는 한에서 정의가 사물을 설명하는 경우

할 때, 이렇게 연역된 다른 사유들은 모두 참된 것이고 어떠한 외부 대상에 의해서도 규정되지 않을 것이며 오로지 지성의 능력과 본성에만 의존할 것이다." 71절. 『지성개선론』의 결론 부분에서 '신전'의 예는 다시 나타난다. 지성이 진리의 규범 그 자체라면 또한 지성은 진리에 대한 최상의 규범, 즉 최상의 참된 관념을 구상할 수 있다. 이는 정신이 할 수 있는 가장 풍요로운 행위일 것이다. "관념들이 표현하는 대상의 완전성이 더욱 클수록 그것을 표현하는 관념들도 더욱 완전하다. 우리는 웅장한 신전을 구상한 설계자에게 감탄하는 것만큼 작은 예배당의 설계자에게 감탄하지는 않는다." 108절. '웅장한 신전'과 같은 최상의 체계가 바로 자기 원인-실체-신의 관념으로부터 모든 실재의 구조가 연역되는 『에티카』의 체계이다.

57) (역주) 여기서 스피노자는 더 이상 "우연적 속성"이나 "우유적 속성"으로 번역되는 Accidentia를 사용하지 않고, 그의 고유 개념인 "변용(affectio, affectiones)"을 사용하고 있다. 스피노자는 『에티카』에서 "자연에는 실체와 그 변용들만이 존재한다."고 여러 번 강조하는데, 실체와 변용들은 사물들 간의 관계를 나타내는 법칙이나 영원한 진리들과 달리 실재하는 대상들을 말한다. 그것들은 단지 관념 속에 존재하는 것이 아니라 실재로서 존재한다.

가 있습니다. 이런 경우 정의는 명제 및 공리와 다릅니다. 이때 정의는 단지 절대적으로 생각되기만을 요청하고 공리처럼 진리로서 생각되기를 요청하지 않습니다. 그렇기 때문에 나쁜 정의란 생각될 수 없는 정의를 말합니다.

설명을 위해 보렐리의 예를 살펴보겠습니다: 〈공간을 포함하는 두 직선은 도형이다.〉 우리가 여기서 직선을 모두가 곡선으로 알고 있는 것으로서 이해하고 그 후에는 네모나 다른 유사한 도형들을 "직선"이라고 부르지 않는다는 조건이 갖추어질 경우, 이 정의는 올바릅니다.(이런 정의를 통해 우리는 A와 같은 도형(Ⓐ)이나 다른 유사한 도형들을 이해할 것입니다.)[58] 그러나 우리가 직선을 통상적으로 이해하는 것으로 간주한다면, 이는 완전히 생각 불가능한 것이며 정의도 아무 의미가 없는 것입니다. 이 모든 점에 대해 보렐리는 완전히 혼동하고 있지만 선생님께서는 그의 견해를 받아들이려는 것 같습니다.

이제 선생님께서 편지 말미에 제시한 다른 예에 관해 첨언하겠습니다. 만일 제가 각각의 실체는 단 하나의 속성만을 갖는다고 말한다면, 이는 단지 명제에 불과하며 증명이 필요합니다. 그러나 제가 각각의 실체를 유일의 속성으로 구성된 것으로 이해한다고 말하고, 그 후에 여러 속성들로 구성된 존재들은 항상 실체와는 다른 이름으로 가리킨다는 조건이 갖추어질 경우 이 정의는 올바릅니다.

---

58) (역주) 두 개의 반원이 합쳐진 원을 의미한다.

선생님께서는 제가 실체(또는 존재)는 여러 속성들을 가질 수 있다는 점을 증명하지 않았다고 할 때, 아마도 제 증명에 주의를 기울이지 않으신 것 같습니다. 사실 저는 두 개의 증명을 제시했습니다. 첫 번째 증명은 우리에게 다음의 사실보다 더 자명한 것은 없다는 점입니다: 〈각각의 존재는 어떤 속성에 의해 생각되며, 한 존재가 더 많은 실재성이나 존재를 가질수록 더 많은 속성을 이 존재에게 귀속시켜야 한다.〉 이로부터 절대적으로 무한한 존재가 그런 식으로 정의되어야 한다는 사실이 도출됩니다. 두 번째 증명이 저는 더 낫다고 생각하는데 그것은 다음과 같습니다: 한 존재에 많은 속성들을 귀속시킬수록, 나는 그 존재에 현존을 귀속시켜야 하며 이런 식으로 나는 그 존재를 더욱더 참으로서 파악하게 됩니다. 키메라나 그와 같은 종류의 것을 상상한다면 완전히 반대의 경우가 될 것입니다.[59]

관념들을 제거하면 사유를 제거하는 것이므로 선생님께서 사유

---

59) (역주) 이 문단의 논의는 스피노자 체계의 결정체인 『에티카』에서 그대로 강조된다. 특히 제1부 정리9는 이 서신의 문장을 거의 그대로 재현하고 있다. "각각의 사물이 실재성이나 존재를 더 많이 가질수록 더 많은 속성이 이 사물에 귀속된다." 정리9의 주석에서도 유사한 논의가 전개된다. 정리10의 주석도 별다른 증명 없이 다음과 같이 선언한다: "각각의 존재자가 더 많은 실재성 또는 존재를 가지면 가질수록 각각의 존재자가 필연성이나 영원성, 그리고 무한성을 표현하는 더 많은 속성을 소유한다는 것보다 더 명백한 것은 자연 안에 없다." 『소론』(1장, 1)에서도 역시 이 명제는 공리처럼 제시된다. 즉 스피노자는 무가 아무런 속성도 갖지 않는다면, 어떤 존재는 속성들을 가질 것이며, 더 나아가 신은 완전하고 무한한 속성들을 모두 가져야 한다고 설명한다.

를 오직 관념들의 형태 아래서만 파악한다고 말하신다면, 제가 보기에 이는 선생님께서 다음과 같이 생각하시기 때문입니다. 즉 사유하는 존재로서 선생님께서는 자신의 모든 사유와 개념을 사유하는 존재와 분리시키고 계십니다. 그러하니 선생님의 모든 사유를 제외시켜놓고 나서는 그 후에 사유할 수 있는 것이 아무것도 없다는 점은 놀랍지 않은 일입니다. 이 문제 자체에 관해서 저는 지성이 비록 무한하다고 해도 능산적 자연이 아닌 소산적 자연에 속한다는 점을 충분히 명료하고 자명하게 증명했다고 생각합니다.[60] 나아가 이 점이 세 번째 정의의 이해와 무슨 관련이 있는지, 그리고 왜 이 정의가 선생님께 문제가 되는지 모르겠습니다. 실제로 제가 선생님께 제시한 그대로의 정의는 다음과 같습니다: 〈나는 실체를 자신 안에 존재하고 자신에 의해 생각되는 것으로 이해한다. 즉 그것의 개념이 다른 것의 개념을 포함하지 않는 것으로 이해한다. 나는 속성이라는 용어가 실체에 특정한 본성을 귀속시키는 지성과 관련하여 사용된다는 점만 정확히 한다면 속성도 동일한 것으로 이해한다.〉 요컨대 이 같은 정의는 제가 실체나 속성을 어떻게 이해하는지 충분히 명확하게 설명해줍니다.

어떻게 하나의 동일한 것을 두 개의 이름으로 가리키는 일이 가능한지 예를 통해 제시하는 것은 그리 유용하지는 않으나 선생님

---

60) (역주) 스피노자의 존재론 체계에서 신이 원인으로서 고찰된 능산적 자연(Natura naturans)에 속하는 것은 실체와 속성들뿐이다. 신의 무한한 지성(Intellectus infinitus)과 같은 무한 양태들조차도 신의 결과로서 소산적 자연(Natura naturata)에 속한다.

께서는 제가 그렇게 하기를 원하십니다. 길게 말하지 않기 위해서 두 개의 예만을 제시하겠습니다. 첫째, 저는 이스라엘을 세 번째 부족장으로 이해하며 야곱을 동일한 존재로 이해합니다. 야곱의 이름은 그가 자기 형의 발꿈치를 잡았다는 데서 붙여진 것이기 때문입니다.[61] 둘째, 저는 평면을 모든 광선을 변형 없이 반사하는 것으로 이해합니다. 다만 이런 평면을 바라보는 사람의 관점에서 그것이 흰 것이라고 불린다는 점을 정확히 할 때 저는 흰 것을 동일한 것으로 이해합니다.[62]

위와 같이 선생님의 모든 질문에 대해 답을 드렸다고 생각합니다. 이제 선생님의 의견을 기다리도록 하겠습니다. 혹시라도 증명이 안 되었거나 명확하지 않아 보이는 것이 있다고 생각하시면 주저하지 말고 제게 알려주시기 바랍니다.[63]

---

61) (역주) "후에 나온 아우는 손으로 에서의 발꿈치를 잡았으므로 그 이름을 야곱이라 하였으며……." 『창세기』 25: 26. 발꿈치를 뜻하는 히브리어 'aqeb'은 '야곱'의 어원이다. "그에게 이르시되 네 이름이 야곱이다마는 네 이름을 다시는 야곱이라 부르지 않겠고 이스라엘이 네 이름이 되리라 하시고 그가 그의 이름을 이스라엘이라 부르시고." 『창세기』 35: 10.

62) (역주) 이 두 번째 예는 아리스토텔레스가 인용한 데모크리토스에게서 차용되었다.

63) (역주) 스피노자의 자필로 보관된 서신으로서 날짜가 기록되어 있지 않다. 정황상 레인스뷔르흐에서 작성된 1663년 2월의 서신으로 추정된다.

○ 서신10. 스피노자가 시몬 데 브리스에게

매우 박식한 젊은 청년 시몬 데 브리스 씨께

소중한 벗에게

선생님께서는 속성의 정의가 참된지를 알기 위해서 경험이 필요한지 제게 물으십니다. 이 점에 대해 저는 정의로부터 도출될 수 없는 것들, 예를 들어 사물들의 정의로부터 결론지어질 수 없는 양태들의 현존과 관련한 것이 아니라면 경험이 필요하지 않다고 답하겠습니다. 그러나 현존이 본질과 구분되지 않는 존재에 대해서는 경험이 필요하지 않습니다. 이런 사실로부터 그것의 현존은 자신의 정의로부터 결론지어집니다. 나아가 어떤 경험도 우리에게 이런 점을 알려줄 수가 없습니다. 경험은 사물의 본질을 가르쳐주지 않습니다. 경험에서 기대할 수 있는 최선은 경험이 우리의 정신으로 하여금 사물들의 몇몇 본질만을 사유하도록 인도하는 일입니다. 따라서 속성들의 현존은 그들의 본질과 다르지 않으므로 어떤 경험도 속성들의 본질을 파악하도록 해줄 수 없습니다.

선생님께서는 실재적 사물들과 그 변용들이 영원한 진리인지를 또한 제게 물으십니다. 전적으로 그러하다고 답하겠습니다. 무슨 이유로 제가 그것들을 영원한 진리로 명명하지 않느냐고 다시 물으신다면, 모두가 통상적으로 그렇게 하듯이, 사물들도 설명하지 못하고 그 변용들도 설명하지 못하는 진리와 구분하기 위해서라고 답하겠습니다. 예를 들어 〈아무것도 아닌 것에서 아무것도 아닌 것이 나온다.〉와 같은 명제입니다. 이런 종류의 명제들은 용어의 절대적인 의미에 따라 영원한 진리로 불립니다. 이런 명제들을 통해 나타낼 수 있는 의미는 그 같은 영원한 진리는 오직 정신 속에만 존재한다는 사실뿐입니다.[64]

○ 서신11. 헨리 올덴부르크가 스피노자에게
—서신6에 대한 회신

긴 시간 동안 선생님께 연락을 드리지 못한 많은 이유가 있지만 두 가지 중요한 이유만을 언급하는 데 그치겠습니다.[65] 보일 선생님의 건강이 안 좋았고 또 제 업무가 많았습니다. 보일 선생님의 건강이 안 좋았던 이유로 니트로에 관한 선생님의 평가에 신속하게 답할 수가 없었습니다. 또 수개월 동안 제 업무가 너무 많아서 저의 시간을 가질 수 없었고, 선생님께 약속 드린 의무를 수행할 수가 없었습니다. 저는 (시간을 두고) 이 두 장애물이 걷히고 선생님과 같은 벗과의 서신 교환이 다시 이루어지도록 하겠습니다. 이에 대해 저는 가장 큰 기쁨을 누릴 것이고 (신의 도움과 더불어)

---

64) (역주) 서신의 형식에 맞는 인사말이나 날짜가 없는 것은 앞서 언급했듯이 역시 해당 텍스트가 스피노자의 초벌에 의거한 것이기 때문이다. 레인스뷔르흐에서 1663년 3월 작성된 것으로 추정된다.
65) (역주) 1년여 간 서신 교환이 중단되었었다.

모든 수단을 통해 저희의 서신 교환이 다시는 이토록 긴 시간 동안 중단되지 않도록 주의할 것입니다.

저희 둘하고만 관련된 이야기를 하기 전에 보일 선생님이 자신의 명의로 선생님께 전해드리라고 제게 맡긴 사안을 전달해야 할 것 같습니다. 보일 선생님은 선생님께서 그의 물리 화학 논고에 대해 평가해주신 것을 그의 한결같은 예의를 갖춰 받았고 선생님께서 기꺼이 검토해주신 것에 대해 큰 사의를 표했습니다. 그러나 그는 선생님께 다음과 같은 점을 알리기를 원합니다. 즉 그의 목표는 니트로에 관한 철학적이고 완전한 분석을 제시하는 데 있지 않고, 실체적 형상 및 질(質)에 대해 스콜라학파에서 인정하는 통상적인 학설이 그리 견고하지 않은 근거에 기초해 있고 관습적으로 사물들 사이의 특유하다고 하는 모든 차이는 부분들의 크기, 운동, 정지, 위치로 환원된다는 점을 밝히는 데 있었습니다.

이에 따라 저자가 기술한 실험은 니트로가 서로 다르고 또 전체와도 다른 부분들로 화학적 분석을 통해 해체된다는 점을 충분히 입증한다고 말합니다. 또한 물체는 이 부분들의 조합을 통해 재구성되었고 그 결과로 획득된 무게는 처음의 무게와 거의 다르지 않음이 입증된다는 것입니다. 저자는 덧붙이기를, 실험이 이처럼 진행되었음을 온전하게 보여줬다고 합니다. 어떻게 이것이 산출되는지(선생님의 가설은 바로 이 점과 관련되는 것으로 보입니다.)에 대해서 저자는 다루지 않습니다. 이 주제는 저자의 계획 밖에 있었기 때문에 그는 이에 관해 판단을 내리지 않았습니다. 그럼에도 불구하고 니트로의 고형 상태는 니트로에 섞인 불순물의 결과라는 선생님의 설명 및 다른 모든 관련 평가는 보일 선생님에 따르면 입증 없는 주장일 뿐이라고 합니다. 이런 불순물, 즉 고형 염(鹽)은 미세 구멍들이 있고 그 열린 부분들이 니트로의 입자들의 크기에 조응한다는 선생님의 주장에 대해 보일 선생님은 다음을 주목하라고 하십니다. 즉 (통상적으로 포타슘[66]이라고 불리는) 태우고 남은 재에서 추출된 염은 니트로 액(液)과 섞여서, 니트로 액이 그 자체의 고형 염과 섞여서 형성하는 것과 동일한 니트로를 형성한다는 것입니다. 따라서 저자에 의하면, 이런 종류의 물체들에는 니트로의 증발성 있는 입자들이 배출되지 않는 유사한 미세 구멍들이 발견된다는 점은 명확하다는 것입니다. 또한 저자는 선생님께서 가정하시는 매우 가벼운 물질의 필요성이 어떤 관찰된 현상에 의해서 입증되었음을 확인하지 못하겠다고 합니다. 그것은 공백의 불가능성 가설에 의거한 가정일 뿐이라는 것입니다.

니트로 액과 니트로 자체 사이에 존재하는 맛의 차이의 원인에 관해 선생님께서 주장하시는 점에 대해 저자는 그것이 전혀 문제가 되지 않는다고 답합니다. 저자는 니트로의 가연성과 니트로 액의 불연성에 대한 선생님의 설명은 그가 보기에 불충분하게 확립된 데카르트의 불 이론[67]을 가정하고 있다고 말합니다.

---

66) (역주) potassium. 식물을 태우고 남은 재에 포함된 원소인 칼륨이다. 포타슘 양이온과 질산칼륨(질산염) 음이온이 결합된 광석 형태가 니트로 또는 초석이다.

67) (역주) 『철학의 원리』 4부, 80-119절 참조. 데카르트에 따르면 물체들은 그 부분들이 분리되어 개별적으로 제1원소의 운동을 따를 때 불의 형상을 띤다. 80절 참조.

선생님께서 현상의 설명을 확증했다고 생각하시는 실험과 관련해서 저자는 다음과 같이 답합니다: 첫째, 니트로 액은 질료의 차원에서 니트로에 속하는 것이지 형상의 차원에서 니트로에 속하는 것이 아닙니다. 니트로 자체와 니트로 액은 맛, 향, 기화성, 광물을 용해하는 힘, 식물 색을 변화시키는 힘 등에 의해서 서로 가능한 만큼의 차이가 납니다. 둘째, 위쪽으로 상승한 몇몇 입자들은 니트로의 결정물(結晶物)로 모인다고 선생님께서는 말씀하십니다. 그러나 저자에 따르면 이런 현상은 연기에서 일어나는 일과 같이 니트로 입자들이 불에 의해 니트로 기화물과 함께 밀려났기 때문입니다. 배출의 결과와 관계된 선생님의 주장에 대해 말하자면 니트로는 일반적인 염과 매우 유사한 어떤 염에서 특히 빠져나온 것이며 그 상승 운동과 결정(結晶) 형태의 축적은 그 염 자체 및 다른 염들에 공통된 것입니다. 그것은 공기의 압력 및 다른 원인들에 달려 있는 것입니다. 이와 같은 원인들은 다른 부분에서 논의할 수 있겠지만 현재의 문제와는 아무 관련이 없습니다. 넷째, 끝으로 선생님의 세 번째 실험과 관련해서 역시 몇몇 다른 염들로 해봐도 동일한 사태가 발생합니다. 저자는 말하기를, 왜냐하면 종이가 불이 붙었을 때 그것은 염을 구성하는 거칠고 딱딱한 입자들을 진동시키고 이에 따라 그것들을 반짝거리게 만들기 때문이라고 합니다.

선생님께서는 5절에서 저자가 저명한 데카르트에게 현재 문제가 되는 오류를 돌린다고 생각하십니다. 그러나 저자는 선생님께서 잘못 생각하신 것이라고 봅니다. 저자는 결코 데카르트를 겨냥하지 않았고 가상디 및 니트로의 입자들이 실제로는 각기둥 모양임에도 불구하고 원기둥 모양을 니트로에 귀속시키는 다른 사람들을 겨냥했다고 주장합니다. 나아가 그는 가시적인 형태들만을 말하고자 했습니다.

13~18절에 대한 선생님의 평가와 관련하여 저자는 철학의 기계론적 원리들을 확증하기 위하여 화학에서 어떤 입장을 취할 수 있는지를 근거에 입각하여 밝히려고 그의 저작을 집필했다는 점만을 말하고자 합니다. 그는 덧붙이기를, 다른 저자들이 이 문제를 이처럼 명확하게 다루고 설명한 것을 보지 못했다고 합니다. 보일 선생님은 자신들의 이성에 대한 신뢰로 인해 현상과 이성의 일치에 관심을 두지 않은 데까지 가지 않는 사람들에 속합니다. 그에 따르면, 자연의 역할이 무엇이고 어떤 상황이 개입되는지 우리가 모르는 일상의 경험과 어떤 요인들이 관련되어 있는지 우리가 확실히 아는 방식으로 조정된 경험[68] 사이에 큰 차이가 있다고 합니다. 나무는 저자가 다루는 물체들보다 훨씬 복잡한 물체입니다. 통상적으로 물이 끓을 때는 불이 외부에서 개입되지만, 이때 발생하는 소리의 경우는 그렇지 않습니다. 식물들의 극히 다양한 색깔 변화에 대해 말하자면, 그 원인은 아직 알려져 있지 않습니다. 그러나 이 실험에서 색의 변화가 부분들의 변화에 의해 일어난다는 것은 명확합니다. 왜냐하면 색깔은 니트로 기화물의 주입으로 변했기 때문입니다. 저자는 말하기를, 니트로의 향은 좋지도

---

68) (역주) 이 문장 두 번째 구문의 '경험'은 실험으로 이해하는 것이 좋다.

나쁘지도 않지만, 녹았을 때만 나쁜 향을 내고 다시 고형이 되었을 때는 나쁜 향이 없어진다고 합니다.

25절에 대한 선생님의 평가에 관해서(나머지 부분에 대해서 저자는 개의치 않는다고 말합니다.) 저자가 대답하기를, 그는 입자들 고유의 운동을 입자들에 귀속시키는 에피쿠로스에 의해 정립된 원리들을 사용했다고 합니다. 실제로 그에게는 현상을 설명하기 위한 특정 가설을 인정할 필요가 있었습니다. 그러나 그는 이 가설을 자기 것으로서 취하지 않고 단지 화학자들 및 스콜라학파에 반대하여 자신의 견해를 옹호하려고 그것을 사용할 뿐입니다. 그로서는 가설의 도움으로 사태를 설명할 수 있는 것으로 족합니다. 고체를 용해할 수 없는 순수한 물에 대해 선생님께서 같은 곳에서 말씀하신 것에 대해 보일 선생님은 화학자들이 순수한 물은 다른 물체들보다 알칼리염을 더 빠르게 용해시킨다는 점을 여러 방향에서 견지한다고 답합니다.

저자는 선생님께서 물체들의 액체 상태와 고체 상태에 대해 평가하신 부분에 대해 검토할 여유가 현재로서는 없습니다. 제가 앞의 검토 부분을 선생님께 보내드리는 것은 선생님과의 관계와 서신 교환을 더 오랫동안 멀리하지 않기 위해서입니다. 매우 엉성하고 파편적인 방식으로 선생님께 보내드리는 것을 나쁘게 받아들이지 말아주십시오. 결함은 제가 서둘러 쓴 탓이고 저명한 보일 선생님의 재능이 그 이유가 아닙니다. 형식과 방법을 갖춘 답변을 재현한다기보다는 보일 선생님과 나눈 대화를 요약했기 때문입니다. 이 때문에 누락은 너무 많고 논증은 덜 선명하고 덜 엄밀합니다.

잘못은 제게 있고 저자는 전적으로 잘못이 없습니다.

이제 저희하고만 관련된 것을 이야기하겠습니다. 우선 저는 선생님께서 사물들의 기원, 제일 원인에 대한 사물들의 의존성, 그리고 지성의 개선을 다루는 매우 흥미로운 저작을 완성하셨는지 여쭤봅니다. 친애하는 선생님, 진실로 이와 같은 저작의 출간만큼 진정한 학자들과 명민한 정신의 소유자들에게 기쁨을 주고 또 그들에게 더 적절히 수용될 수 있는 것은 없다고 생각합니다. 이런 것이야말로 진리보다 자기들의 이익에 더 관심이 큰 우리 시대 신학자들의 평가가 아니라 선생님과 같은 성품과 정신을 가진 사람에게 중요한 일임이 틀림없습니다. 그러므로 저희의 우정 및 저희 모두가 참된 인식의 증대와 유포를 위해 복무할 권리의 이름으로 간청하건대, 부디 저희가 관련 문제에 대한 선생님의 글을 놓치지 않도록 해주십시오. 만일 제가 예상하는 것보다 더 중대한 일로 선생님께서 저작을 출간하는 데 방해되는 것이 있다면 그 개요라도 기꺼이 전해주시고 이와 같은 벗의 도움에 대한 제 사의를 생각해주시기를 간청합니다.

곧 출간될 매우 박식한 보일 선생님의 다른 저작들[69]을 선생님께 감사의 표시로서 전해드리겠습니다. 그리고 저희 왕립학술원의 조직 전체를 알 수 있는 문헌을 첨부해드리겠습니다. 저는 왕립학술원의 위원회에 다른 20명의 회원과 함께 속해 있고 다른

---

69) (역주) 『실험적 자연철학의 유용성에 관한 고찰』(1663), 『색채에 관한 실험과 고찰』(1664).

한두 명[70]과 함께 왕립학술원의 사무총장직을 맡고 있습니다. 현재 저는 다른 업무를 수행하기에는 시간이 너무 부족합니다. 올바른 영혼에게서 기대할 수 있는 모든 충실성과 부족한 제 힘으로라도 선생님께 어떤 도움이든 드리고자 하는 열의를 믿어주십시오. 친애하는 선생님, 진심을 다하는 올덴부르크입니다.

1663년 4월 3일
런던에서
헨리 올덴부르크 올림

○ 서신12.[71] 스피노자가 뤼도웨이크 메이어르에게

무한의 본성에 관하여[72]

매우 박식하고 현명한 뤼도웨이크 메이어르 씨께

---

70) (역주) 아마도 올덴부르크가 암시하고 있는 인물은 박물학자 로버트 후크(Robert Hooke, 1635-1703)이다. 왕립학술원에서 후크의 정확한 직명은 '실험 학예사(Curator of Experiments)'였다. 그는 올덴부르크의 사망 후에 사무총장이 된다.

71) (역주) 이 서신의 원본은 소실되었고 라이프니츠의 사필로 남긴 것을 통해 편집되었다.

72) (역주) 스피노자 스스로 이 서신을 "무한에 관한 편지"로 곳곳에서(서신80, 81) 명명했기 때문에 위와 같은 제목이 붙는다.

탁월한 벗에게,

 선생님의 편지 두 통을 받았습니다. 한 통은 1월 11일 우리의 친구인 ***[73])가 제게 전해주었고 다른 한 통은 3월 26일 누군지 모르는 다른 친구가 레이던으로부터 보내왔습니다. 두 편지 모두 제게 큰 기쁨을 주었습니다. 선생님께서 모든 일이 평안하시고 또 저를 자주 생각하고 계심을 알게 되었습니다. 선생님께서 제게 보여주시는 호의와 관심에 감사 드립니다. 선생님에 비해 제가 충실치 못하다고 생각하지는 말아주십시오. 기회가 주어지면 제 부족함이 허락하는 만큼 선생님께 충실함을 보여드리겠습니다. 우선 선생님께서 제게 제기한 문제들에 대해 답변하겠습니다. 선생님께서는 무한에 관하여 제가 어떻게 생각하는지 말해달라고 요청하십니다. 기꺼이 말씀 드리겠습니다.

 무한의 문제는 항상 가장 어려운 문제로 보였습니다. 심지어 무한의 문제는 해결 불가능한 것으로 생각되었습니다. 그 이유는 자기 본성의 귀결에 의해 또는 자기 정의(定義)의 힘에 의해 무한한 것과, 자기 본질의 힘이 아니라 다른 원인의 힘에 의해 한계가 없는 것을 구분하지 않았기 때문입니다. 또한 그 이유는 한계가 없기 때문에 무한한 것과, 비록 우리가 최대치와 최소치를 알지만

---

73) (역주) 스피노자는 그가 이름을 모르는 사람이기 때문에 'N.N.' 즉 "내가 이름을 모르는 사람(nomen nescio)"으로 표기했다. 시몬 데 브리스의 친구 중 한 명이자 스피노자와의 또 다른 서신 교환자인 피터르 발링(Pieter Balling)으로 추정되고 있다.

어떤 수(數)에 의해서도 그 부분들을 표상할 수 없고 설명할 수도 없는 것을 구분하지 않았기 때문입니다. 마지막으로 그 이유는 우리가 오직 이해(intelligere)할 수는 있지만 상상할 수 없는 것과 이해할 수도 있고 상상할 수도 있는 것을 구분하지 않았기 때문입니다. 이런 구분들을 고려했다면 사람들은 그토록 많은 어려움으로 곤경을 겪지 않았을 것입니다. 또한 어떤 무한이 부분들로 분할될 수 없는지(부분들이 없는지), 반대로 어떤 무한이 분할 가능하며 그것도 모순 없이 분할이 가능한지를 사람들은 이해했을 것입니다. 나아가 어떤 무한이 다른 무한보다 더 크다는 것이 모순 없이 생각될 수 있고 또 반대로 그럴 수 없는지를 사람들은 이해했을 것입니다. 이런 점을 제가 명확히 제시하겠습니다.

그러나 다음의 네 가지 용어에 대해 먼저 몇 마디 말해야 하겠습니다. 네 가지는 실체, 양태(Modum), 영원, 지속입니다. 실체에 관해서는 다음과 같은 점이 숙지되었으면 합니다. 첫째, 실체의 본질에는 존재가 속합니다. 즉 실체의 본질과 정의로부터 실체가 존재한다는 결론이 나옵니다. 제 기억이 맞다면, 저는 다른 명제에 의거하지 않고 이 점을 선생님께 증명했습니다. 둘째, 첫 번째 사항으로부터 다음의 사실이 도출됩니다. 즉 실체는 그것이 동일한 본성을 갖는 한에서 여럿이 아니라 유일합니다. 마지막 셋째, 모든 실체는 무한한 것으로밖에 생각될 수 없습니다.

실체의 변용들(affectiones)에 관해 말하자면 저는 그것들을 양태라고 명명합니다.[74] 변용들의 정의는 그것이 실체의 정의가 아닌 한 결코 현존을 함축할 수 없습니다. 그렇기 때문에 양태들이 현존한다고 해도 우리는 그것들을 현존하지 않는 것으로 생각할 수 있습니다. 이로부터 다음과 같은 결론이 도출됩니다: 우리가 자연 전체의 실제 질서[75]가 아니라 양태들의 본질만을 생각할 때, 우리는 양태들이 지금 현존한다는 사실로부터 그것들이 현존해야 한다거나 또는 현존하지 않아야 한다는 점, 혹은 그것들이 현존했어야 한다거나 현존하지 않았어야 한다는 점을 결론 내릴 수 없습니다. 따라서 실체의 현존은 양태들의 현존과 완전히 다른 방식으로 생각된다는 점이 명확히 드러납니다. 이로부터 영원과 지속의 차이가 나옵니다. 지속을 통해서 우리는 양태들의 현존만을 설명할 수 있지만, 실체의 현존은 영원에 의해서, 즉 현존의 무한한 향유, 또는 불가피하게 라틴어로 말하자면 존재의 무한한 향유(infinitam essendi fruitionem)에 의해서 설명됩니다.

이 모든 점으로부터 다음의 사실이 명확히 도출됩니다: 자주 그렇듯이 우리가 자연의 실제 질서가 아니라 양태들과 지속의 본질만을 고찰할 때, 우리는 이들에 대해 우리가 갖는 개념을 파괴하지는 않는 가운데 양태들의 현존과 지속을 규정할 수 있고 이런 현존과 지속을 더 크거나 더 작은 것으로서 생각할 수 있으며 그것들을 부분들로 분할할 수 있습니다. 그러나 영원과 실체는 무한한 것으로밖에는 생각될 수 없기 때문에 이들의 개념이 함께 파괴

---

74) (역주) 여기서 스피노자는 "양태"와 "변용"의 동일성을 명시한다.
75) (역주) 스피노자의 체계에서 "간접 무한 양태"라고 불리는 개별 존재들의 무한정한 인과 체제를 의미한다. 이 같은 인과 체제에 따르면 현존하는 개별 존재들의 연쇄가 끝없이 이어진다.

되지 않고서는 그런 조작의 대상이 될 수 없습니다.

그러므로 연장 실체가 부분들로, 즉 실재적으로 서로 구분되는 물체들로 조합되어 있다고 생각하는 이들은 이성을 상실한 것은 아닐지라도 농담을 하는 것과 같습니다. 이런 일은 여러 개의 원을 연결하고 모아서 사각형, 삼각형, 또는 원의 본질과는 근원적으로 다른 본질의 어떤 다른 대상을 만들려는 것과 같습니다. 그렇기 때문에 철학자들로 하여금 연장 실체가 유한하다는 것을 습관적으로 제시하게 만드는 그 모든 지리멸렬한 논변들은 그 자체로 무너지는 것들입니다. 그들은 모두 부분들로 조합된 물체적 실체를 가정합니다. 마찬가지 방식으로 다른 저술가들은 선이 점들로 조합되었다고 확신했기 때문에, 선이 무한히 분할되지 않는다는 점을 제시하기 위해 여러 논변을 만들어낼 수 있었습니다.

그러나 왜 우리는 연장 실체를 분할하려는 경향을 자연적으로 갖는지 선생님께서 물으신다면, 저는 우리가 양(量, quantitas)[76]을 두 가지 방식으로 생각하기 때문이라고 답하겠습니다. 첫 번째 방식은 감각의 도움과 더불어 상상에 의해 연장 실체가 우리에게 제시되는 것처럼 추상적으로 또는 피상적으로 생각하는 것입니다. 두 번째 방식은 연장 실체를 실체로서 생각하는 것인데 이는 오직

---

76) (역주) '연장'을 의미한다. 때때로 스피노자는 연장 실체를 '양'으로 명명한다. 『지성개선론』에서 스피노자는 연장을 '양'으로 표현하면서 다음과 같이 말한다: "지성은 절대적인 방식으로, 그리고 다른 사유들에 의거하지 않고서 양의 관념을 형성한다. 그러나 지성은 양의 관념에 의거함으로써 비로소 운동의 관념들을 형성할 수 있다." 108절.

지성을 통해서만 가능합니다. 그렇기 때문에 가장 자주, 그리고 가장 쉽게 그렇게 하듯이 양을 상상에 주어진 그대로 고찰한다면, 우리는 그것을 분할 가능하고 유한하며 부분들로 조합된 다수적인 것으로 생각할 것입니다. 반대로 우리가 그것을 지성에 주어진 그대로 고찰한다면, 그리고 그렇게 하기는 어렵지만, 그 자체로 존재하는 그대로 지각한다면, 이전에 제가 선생님께 충분히 증명했듯이, 그것은 무한하고 불가분적이며 유일한 것으로 간주될 것입니다.

다음으로 우리는 실체를 염두에 두지 않고서 양을 생각하고 지속은 그것이 영원한 사물들로부터 나오는 방식과 분리시킴으로써 지속과 양을 우리가 원하는 방식대로 규정할 수 있습니다. 이로부터 시간과 척도의 관념이 나오는 것입니다. 시간은 지속을 규정하는 데 쓰이고 척도는 양을 규정하는 데 쓰입니다. 이는 우리가 지속과 양을 가능한 만큼 쉽게 상상할 수 있기 위해서입니다.

그리고 우리가 실체 자체와 실체의 변용들을 분리하고 이 변용들을 가능한 만큼 쉽게 상상하기 위하여 그것들을 등급을 매겨 분류하면 이로부터 수가 도출됩니다. 이렇게 도출된 수를 통해 우리는 변용들을 규정하는 것입니다. 이로부터 척도, 시간, 수는 사유의 방식, 더 정확히는 상상의 방식일 뿐이라는 결론이 명확히 도출됩니다.[77] 따라서 자연의 진행 과정(progressum)을 이처럼 그 자체

---

77) (역주) '사유의 방식', '상상의 방식'은 '사유 안의 존재'처럼 실재 대상을 관념의 내용으로 갖지 않는 것을 말한다.

로 잘못 이해된 개념들을 통해 이해하려고 노력한 모든 사람이 불가해한 난점에 빠져버린 것은 놀라운 일이 아닙니다. 그들은 모든 것을 무너뜨리거나 최악의 부조리들을 받아들일 때야 비로소 이런 난점에서 빠져나올 수 있었습니다. 실제로 실체나 영원 등과 같이 그 어떤 방식으로도 상상에 의해서는 생각될 수 없고 오직 지성에 의해서만 생각될 수 있는 것들이 여럿 있는 만큼, 단지 상상의 보조물에 불과한 시간이나 척도 등과 같은 개념들에 의해 실체나 영원 등의 개념들을 설명하려고 한다면, 이는 그야말로 상상을 통해 헛소리를 지껄이는 것과 같습니다. 나아가 실체의 양태들조차도 이런 사유 안의 존재들 또는 상상의 보조물들과 혼동하면 올바르게 인식될 수 없습니다. 우리가 이런 혼동을 할 경우, 우리는 양태들을 실체와 분리시키고 그것들이 영원에서 도출되는 방식을 분리시키게 됩니다. 이에 따라 양태들이 올바르게(recte) 인식될 수 있도록 해주는 것을 도외시하게 되는 것입니다.

이 점을 더 명확히 살펴보기 위하여 예를 들어보겠습니다. 지속을 추상적으로 파악하여 시간과 혼동함으로써 부분들로 분할하기 시작한다면, 예를 들어 어떻게 한 시간이 지나가는지 이해하는 것이 불가능해집니다. 실제로 한 시간이 지나가려면 우선 그 절반이 지나가야 하고, 나머지 절반이 또 지나가야 하고, 또 그 나머지의 절반이 지나가야 합니다. 이런 식으로 나머지의 절반을 무한히 빼나간다면 우리는 결코 한 시간의 끝에 도달할 수가 없습니다. 그렇기 때문에 사유 안의 존재들과 실재적 사물들을 구분하는 습관이 없는 많은 사람들은 지속이 순간들로 조합되어 있다고 감히 주장함으로써 카리브디스를 피하려다 스킬라에 빠지는 것입니다.[78] 지속을 순간들로 조합하려는 것은 실제로는 어떤 수를 0들로 조합하려는 것과 같습니다.

게다가 방금까지 언급된 바에 따르면 수, 척도, 시간은 상상의 보조물들에 불과하기 때문에 그것들이 무한할 수 없다는 점은 충분히 드러납니다. 그렇지 않다면 수는 더 이상 수가 아닐 것이고 척도도 척도가 아닐 것이며 시간도 시간이 아닐 것이기 때문입니다. 그렇기 때문에 실재적 존재들의 본성을 모르는 채 이런 세 가지 사유 안의 존재들을 실재적 존재들과 혼동함으로써 현실적 무한을 도외시하는 일이 빈번히 발생함을 명확히 알 수 있습니다. 그러나 이 같은 추론의 취약성을 헤아리기 위하여 수학자들을 참조하겠습니다. 수학자들은 그들이 명석판명하게 지각하는 것들을 위하여 결코 그런 종류의 논변들로 방해받지 않기 때문입니다. 실제로 그들은 어떤 수로도 표현될 수 없는 많은 크기들을 찾아냈습니다. 이런 점만으로도 모든 것을 수에 의해 규정하는 것이 불가능하다는 것을 제시하기에 충분합니다만, 그들은 또한 어떤 수와도 일치할 수 없지만 설정 가능한 모든 수를 넘어서는 크기들을 알고 있습니다. 그렇다고 해서 수학자들은 그런 크기들이 그 부분들의 다수성 때문에 모든 수를 넘어선다고 결론 내리지 않습니다. 이는 그들이 보기에 이런 크기들은 명백한 모순 없이도 어떤 수적 규정으로 처리되지 않는 데서 기인합니다.

---

78) (역주) 진퇴양난의 상태에 빠짐을 의미한다.

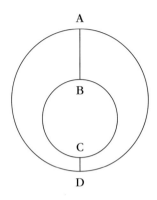

예를 들어 두 개의 원 안에 포함된 동일하지 않은 거리들 AB와 CD의 합과 움직인 물체(materia)[79]가 이 한정된 공간 내에서 가질 수 있는 변동 폭들의 합은 가능한 모든 수를 넘어섭니다. 이 공간의 크기가 너무 커서 그런 것이 아닙니다. 우리가 이 공간을 아무리 작은 것으로 가정한다고 해도, 동일하지 않은 거리들의 합은 주어진 수를 항상 넘어설 것이기 때문입니다. 또한 다른 경우에 그러하듯이, 이들 거리들이 최대치와 최소치가 없어서 그런 것도 아닙니다. 최대치 AB와 최소치 CD가 두 원의 예에 존재하기 때문입니다. 동심원이 아닌 두 원 사이에 포함된 공간의 본성이 동일하지 않은 거리들에 대한 규정된 수를 받아들이지 못한다는 것이 그 이유입니다. 따라서 이 동일하지 않은 모든 거리의 합을 수로

---

79) (역주) 원문대로라면 '물질'이 더 적합하겠으나, 여기서는 큰 원 안에서 움직이는 작은 원을 의미하므로 '물체'로 옮겼다.

써 규정하고자 한다면, 동시에 원이 원이 아닌 것이 되도록 해야 할 것입니다.

우리의 주제로 다시 돌아오겠습니다. 마찬가지로 현 순간까지 존재했던 물질의 모든 운동과 이 운동들의 지속을 특정한 수와 시간으로 환원시키고자 한다면, 이는 현존하는 것으로밖에는 생각될 수 없는 물질적 실체로부터 그 변용들을 제거하는 일이 될 것이고 물질적 실체로 하여금 그것이 지닌 본성을 지니지 않도록 하는 일이 될 것입니다. 이 편지에서 제가 다룬 여러 문제들과 마찬가지로 저는 이 모든 점을 명확히 증명할 수 있습니다. 그렇게 하는 것이 무용하지 않다면 말입니다.

앞선 모든 내용으로부터 다음과 같은 결론이 명확히 도출됩니다. 즉 자기 본성에 의해 무한하며 그 어떤 방식으로도 유한한 것으로서 생각될 수 없는 것들이 있습니다. 또한 자신들의 존재를 포함하는 원인의 힘에 의해 무한한 것들이 있습니다. 그러나 이런 것들은 추상적으로 생각될 경우 부분들로 분할될 수 있고 유한한 것으로서 생각될 수 있습니다. 끝으로 무한하다고, 또는 더 정확히는 무한정하다고 말할 수 있는 것들이 있습니다. 이런 것들이 무한하거나 무한정한 것은 비록 더 크거나 더 작은 것으로 생각할 수 있음에도 불구하고, 그 어떤 수와도 일치할 수 없기 때문입니다. 그렇기 때문에 어떤 수와 일치시킬 수 없는 것들은 앞의 예뿐 아니라 다른 많은 예를 통해서도 드러나듯이 서로 동일할 필요가 없는 것입니다.

따라서 저는 무한과 관련하여 발생하는 오류와 혼동의 원인을 간략하게 밝혔고 이들 오류와 혼동은 모두 설명되었다고 생각합니다. 그래서 이 편지에서 무한에 관하여 제가 다루지 않았거나 제가 말한 점을 토대로 쉽게 해결될 수 없는 문제는 단 하나도 없습니다. 그렇기 때문에 이 주제에 관해 선생님께 더 길게 말할 필요는 없다고 생각합니다.

그러나 제가 보기에 최근의 견유학파 학자들은 고대의 견유학파 학자들이 신의 현존을 확립하려고 제시한 증명을 잘못 이해했다는 점은 지적하고 싶습니다.[80] 유대인 랍비 카스다이 크레스카스[81]에게서 제가 발견하는 증명 자체는 다음처럼 언술하고 있기 때문입니다: 〈자연에 원인들의 진행이 무한히 이루어진다면, 존재하는 모든 것은 원인에 의존할 것이다. 그러나 원인에 의존하는 그 어떤 존재도 자기 본성의 힘에 의해 필연적으로 현존하지 않는다. 그러므로 자연에는 필연적으로 현존하는 본질을 갖는 것은 아무것도 없다. 그러나 이는 부조리하며, 따라서 전제도 부조리하다.〉 논증의 힘은 현실적 무한 또는 원인들의 무한한 진행이 주어졌다는 것이 불가능하다는 데 있는 것이 아니라, 자기 본성에 의해 필연적으로 현존하지 않는 것들이 자기 본성에 의해 필연적으로 현존

---

80) (역주) 아리스토텔레스에 의한 원동자의 필연성에 대한 증명과 이에 대한 토마스 아퀴나스, 그리고 그 계승자들의 적용을 암시하고 있다. 마이모니데스도 이 같은 증명을 제안했다.

81) (역주) 카스다이 크레스카스(Chasdai Crescas, 1340-1410)는 랍비이자 철학자, 신학자였다. 그는 아리스토텔레스와 토마스 아퀴나스의 논변이 신의 존재와 양립될 수 없다는 점을 제시하려고 했다.

하는 것에 의해 현존하도록 결정되지 않는다는 전제에 있을 뿐입니다.

시간이 촉박하여 이제 선생님의 두 번째 편지에 답해야 하겠지만, 이 편지가 포함하는 질문들에는 선생님께서 저를 방문하셨을 때 답하는 것이 더 쉬울 것입니다. 그러하니 아무쪼록 빠른 시일 내에 와주십시오. 제가 집을 옮길 시간이 다가오고 있기 때문입니다. 건강하시고 저를 기억해주시기 바랍니다.

1663년 4월 20일[82)
레인스뷔르흐에서

○ 서신13. 스피노자가 헨리 올덴부르크에게
―서신11에 대한 회신

오래 기다렸던 선생님의 편지를 받았습니다. 이제 저도 답을 할 수가 있겠습니다. 하지만 이야기를 시작하기 전에 선생님께 더 일찍 편지를 쓸 수 없었던 이유를 간단히 설명하겠습니다. 4월에 이곳에 정착한 후 저는 암스테르담으로 떠났었습니다. 그곳에서 몇몇 친구들은 데카르트의 『철학의 원리』 2부에 대한 기하학적

---

82) (역주) 원본이 아닌 사필에 따라 편집된 서신이기 때문에 스피노자의 이름이 누락되어 있다.

형식의 설명을 포함한『논고』[83]의 사본 및 형이상학의 핵심 문제들
에 대한 요약을 요청했습니다. 얼마 전에 저는 제 사유를 터놓고
는 전하고 싶지 않은 젊은이[84]에게 이『논고』를 불러준 적이 있습
니다. 암스테르담의 친구들은 빠른 시일 내에『철학의 원리』1부도
역시 기하학적인 방식으로 전개해달라고 요청했습니다. 친구들을
실망시키지 않으려고 저는 작업에 들어갔고 2주일 만에 1부를 끝
냈습니다. 제가 그것을 친구들에게 전했을 때 그들은 전체의 출간
을 허용해달라고 요청했습니다. 저는 다음의 조건하에 기꺼이 그
들의 요구를 받아들였습니다. 즉 그들 중 한 명[85]이 저와 함께 그
논고의 문체를 손보고 작은 서문을 첨가하기로 했습니다. 이 서문
에서 그는 제가 이 논고의 내용 전체를 인정하는 것과 거리가 멀
고 여러 부분에서 완전히 대립되는 견해를 지닌다는 점을 한두 가
지 사례를 통해 독자에게 알리기로 했습니다. 출간을 맡은 한 친
구가 이 모든 일을 맡아주기로 약속했습니다. 이와 같은 일로 한
동안 암스테르담에 머물렀습니다. 제가 거주하는 마을로 돌아와
서는 방문이 너무 많아 여유를 가질 수 없었습니다.

친애하는 선생님, 이제야 선생님께 글을 쓰고 그 논고의 출간을
받아들인 이유를 설명할 조금의 시간을 갖게 되었습니다. 그 이유
는 다음과 같습니다. 이 논고 덕분에 제가 저 자신의 주장을 제시

---

83) (역주)『데카르트의 철학의 원리』를 말한다.
84) (역주) 서신 8에서 언급된 요하네스 카세아리우스를 암시하고 있다.
85) (역주) 뤼도웨이크 메이어르를 암시한다.

하는 다른 글을 읽고자 하는 몇몇 적합한 사람이 나타날지 모르기 때문입니다. 어쩌면 그들은 제 글이 위험 없이 출간될 수 있도록 해줄지 모릅니다.[86) 상황이 이처럼 진행된다면 주저 없이 대중에 게 무언가를 내놓도록 하겠습니다. 그렇지 않다면 저는 제 동포들의 뜻에 반하여 제 견해를 받아들이도록 하고 적대적인 사람이 되기보다는 침묵을 지킬 것입니다. 존경하는 선생님, 사정이 이러하니 아직 기다려주십시오. 인쇄된 논고나 요청하신 개요를 받으시 게 될 것입니다. 기다리시는 동안 인쇄 중인 논고를 1~2권 원하신다면 기꺼이 전해드리겠습니다. 선생님 뜻을 미리 알려주시고 보내드릴 적절한 방편을 일러주시는 대로 그렇게 하겠습니다.

이제 선생님의 편지에 대해 이야기하겠습니다. 제게 보여주신 선의와 특별한 호의에 대해 선생님과 보일 선생님께 정말 감사 드립니다. 선생님께서 맡으신 다수의 중요한 업무에도 불구하고 선생님의 벗을 잊지 않으셨으니 말입니다. 나아가 저희의 서신 교환이 앞으로 이토록 오랫동안 중단되지 않도록 모든 조치를 취하겠다는 약속을 해주셨습니다. 비록 부수적으로 또 다른 업무를 수행하시면서 그렇게 해주셨겠지만, 보일 선생님께서 제 평가에 답을 해주신 점에 대해서도 무척 감사하게 생각합니다. 고백건대 제 평가는 매우 학식 있는 보일 선생님께서 더 높은 수준의 사유

---

86) (역주) 앞서 언급했듯이 당시 유럽에서 기독교적 내용과 차이가 있는 학설을 발표하는 것은 결코 자연스러운 일이 아니었다. 스피노자는 다른 여러 서신들 에서도 자신의 글을 출간하는 일과 관련하여 경계의 태도를 보인다.

를 위해 사용할 수 있는 시간을 낭비하며 답할 만큼 중요한 것이 아닙니다. 저는 이 학식 있는 분이『니트로에 관한 논고』에서 오직 실체적 형상과 질 등에 대한 유치하고 어리석은 학설의 취약성만을 밝히고자 했다고는 전혀 생각하지 않았으며 진실로 그렇게 믿는다는 것은 저로서는 불가능한 일입니다. 이와 반대로 그는 니트로, 즉 그가 고체 부분들과 증발성이 있는 부분들로 조합된 이질적 물체라고 보는 니트로의 본성을 설명하고자 한 것임을 저는 확신합니다. 제가 저의 설명을 통해 밝히고자 한 것은(저는 넘칠 정도로 그것을 밝혔다고 생각합니다.) 니트로의 모든 현상, 적어도 제가 알고 있는 현상은 니트로를 이질적인 것이 아닌 동질적인 것으로 본다고 해도 매우 쉽게 설명될 수 있다는 것입니다. 이를 위해서 저는 고형 염이 니트로의 불순물이 침전된 것이라는 것을 제시할 필요 없이 단지 그것을 가정하면 되었습니다. 이는 고형 염이 니트로의 불순물이 침전된 것이 아니라는 점, 그러나 그것은 니트로의 본질에 절대적으로 필요한 구성물, 즉 그것 없이는 니트로가 생각될 수 없는 것이라는 점을 보일 선생님께서 어떻게 제시할 수 있는지를 확인하기 위해서였습니다. 실제로 저는 보일 선생님께서 증명하시고자 한 것이 그 점이라고 생각했습니다.

고형 염에 니트로 입자들의 크기에 맞게 파인 구멍들이 있다고 제가 말했을 때 이는 니트로의 재조합을 설명하기 위해 필요한 것은 아니었습니다. 니트로의 재조합은 단지 니트로 액이 고형화된 것이라고 저는 말했기 때문입니다. 따라서 니트로 입자들을 담기에는 너무 좁고 또 그 내벽이 약한 모든 석회는 니트로 입자들의 운동을 멈출 수 있고 결과적으로 제 가설에 따라 니트로 자체를 재조합할 수 있다는 점이 명확히 도출됩니다. 그러므로 니트로를 재조합할 수 있는 주석 염이나 포타슘 염과 같은 다른 염들이 발견된다는 것은 놀라운 일이 아닙니다. 따라서 제가 니트로의 고형 염에 니트로 입자들의 크기에 맞게 파인 구멍들이 있다고 말했을 때 이는 니트로의 고형 염이 이전 무게와 전혀 다르지 않거나 거의 다르지 않은 가운데 니트로를 재조합할 수 있게 하는 원인을 지적한 것입니다. 더 정확히 말하자면, 니트로의 재조합에 기여하는 다른 염들이 발견된다는 사실로부터 저는 니트로의 석회가 니트로의 본질을 구성하기 위해 필요하지 않다는 점이 드러난다고 생각했습니다. 그러나 저명한 보일 선생님께서는 니트로에 관해 말씀하시기를, 그 어떤 염도 니트로보다 더 전반적으로 퍼져 있지 않으며 결과적으로 주석과 포타슘에는 그렇지 않은 것이 발견될 수 있다고 하셨습니다.

다음으로 제가 니트로 입자들이 더 넓은 구멍 안에서 더 미세한 물질에 둘러싸여 있다고 말했을 때 저는 저명한 보일 선생님께서 지적하시듯이 이 점을 공백의 불가능성으로부터 결론 내린 것입니다. 하지만 저는 왜 그가 이것을 가설이라고 명명하는지 모르겠습니다. 공백의 불가능성은 무(無)가 아무 속성도 없다는 원리로부터 도출되는 것인데 말입니다. 그가 실재적인 우연은 없다고 말하는 것으로 보이는데 이 점에 대해서 의심한다는 사실이 저는 놀랍습니다. 실체가 없는 양이 있다면 실재적인 우연이 있는 것인지 의문이 듭니다.

니트로 액의 맛과 니트로 자체의 맛 사이의 차이에 대한 원인들과 관련해서 제가 그 원인들을 가정해야 했던 것은 다음과 같은 이유였습니다. 즉 고형 염과의 관계를 고려하지 않고 단지 니트로 액과 니트로 자체 사이에 존재한다고 제가 인정하는 차이만으로써 어떻게 그런 현상을 매우 쉽게 설명할 수 있는지를 밝히기 위해서였습니다.

다음으로 제가 니트로의 가연성과 니트로 액의 불연성에 대해 제시한 것은 다음과 같은 점만을 가정합니다. 즉 어떤 물체에 불을 일으키기 위해서는 한 물질이 이 물체의 부분들을 분리시키고 동요시키는 것이 필수 불가결합니다. 이성과 함께 일상 경험은 이런 조건이 실제로 요청된다는 점을 충분히 보여준다고 저는 생각합니다.

이제 제가 강조했듯이 제 설명을 절대적으로가 아니라 **일정한 방식으로** 확증하기 위하여 이야기한 실험들을 논하겠습니다. 제가 언급한 첫 번째 실험에 대해서 저명한 보일 선생님께서는 제가 명시적으로 지적한 부분에 대하여 아무것도 첨언하지 않으셨습니다. 나머지 부분에 관해 말하자면, 그것은 보일 선생님과 제가 공유하는 주장에 대한 저의 의문을 없애기 위한 것으로서 그는 이에 대해 역시 아무 언급도 안 하십니다.

다음으로 두 번째 실험에 관해 보일 선생님께서는 니트로가 정제를 통해 대부분의 경우 일반적인 염과 유사한 염에서 빠져나온다고 논박하는데, 그는 이 점을 주장할 뿐 입증하지는 않습니다. 반복하건대 저로서는 이 실험들을 보고한 것은 제 설명의 진리를 전적으로 확립하기 위해서가 아니라 그것들이 제가 말하고 제시한 것을 이성에 부합하는 것으로서 일정한 방식으로 확증해주는 것 같았기 때문입니다. 그가 다른 염들과 함께 관찰되는 니트로의 작은 결정체들의 형성을 언급하는데, 그 점이 저희의 논의와 무슨 관계가 있는지 모르겠습니다. 왜냐하면 저는 다른 염들도 불순한 것의 침전물이 있고 그것은 배출될 때 기화된다는 것을 인정하기 때문입니다.

세 번째 실험과 관련해서도 저와 관계된 지적이 무엇인지 알지 못하겠습니다. 이 저명한 저자가 다른 곳에서도 그렇게 하듯이 5절에서 데카르트를 공격한 것은 모두에게 인정된 철학의 자유에 의한 것이고 이 때문에 그의 명예와 데카르트의 명예가 전혀 침해되는 것이 아니라고 저는 생각했습니다. 아마도 보일 선생님의 글과 데카르트의 『철학의 원리』의 다른 독자들 역시 마찬가지로 판단할 것입니다. 적어도 보일 선생님께서 그들에게 다른 반대되는 의견을 알리지 않았다면 말입니다. 제가 보기에 보일 선생님께서는 자신의 사유를 터놓고 설명하는 것 같지 않습니다. 그가 유일하게 고찰 대상으로 삼는다고 하는 니트로의 가시적인 작은 결정체들이 평행육면체나 다른 모양의 형태로 변화될 정도로 다듬어지는 경우 니트로가 더 이상 니트로가 아니게 되는지를 그는 어디에서도 말하지 않기 때문입니다.

그러나 이 모든 것은 접어두고 보일 선생님께서 13~18절에서 논의된 주제들에 대해 설명하는 부분으로 넘어가겠습니다. 우리가 철학의 기계론적 원리를 이미 알고 있고 또 물체들의 모든 변화가 기계적 법칙에 따라 일어난다는 것을 안다고 할 때, 니트로의 그런 재조합은 니트로의 본성 자체를 탐구하기 위해 주목할 만한 실험이라는 점을 저는 기꺼이 인정합니다. 그러나 저는 다른 많은 평범한, 그러나 기계론적 원리를 결정적으로 확립하는 데 기여할 수는 없는 경험들보다 이 실험 덕분에 기계론적 원리가 더 명확하고 더 자명하게 도출될 수 있다는 것은 부정합니다. 보일 선생님 께서 말씀하시기를, 이 문제들에 대해 다른 저자들이 이처럼 명확하게 집필하고 다룬 적은 없다고 합니다. 필경 그는 자신이 베룰람과 데카르트의 논변을 논박할 수 있을 만한 제가 모르는 논증을 갖추고 계실 것입니다. 저는 여기서 베룰람과 데카르트의 논변을 언급하지 않겠습니다. 저명한 보일 선생님께서 그것을 모르시지 않을 것이라고 생각하기 때문입니다. 다만 저는 이 저자들이 현상은 이성과 일치한다는 점을 주장했다고 말하겠습니다. 그래도 그들이 몇몇 오류를 범했다면, 요컨대 그들도 사람이고 인간적인 그 무엇도 그들에게 낯선 것이 아니라고[87] 저는 생각합니다.

다음으로 보일 선생님께서는 제가 언급한 평범하고 의심스러운 경험들, 즉 어떤 조건들이 자연적으로 충족되어 있고 또 어떤 상황이 거기에 첨가되는지를 우리가 모르는 경험들과 이와 반대

---

87) (역주) 스피노자는 고대 로마 시대의 희극 작가이자 시인 푸블리우스 테렌티우스 아페르(Publius Terentius Afer, 기원전 195년 또는 185년–기원전 159년)의 경구를 활용하고 있다. 그의 희곡 「고행자(Heauton Timorumenos)」에 나오는 경구 "Homo sum, humani nil a me alienum puto"는 "나는 인간이다, 나는 인간에 대한 것은 그 어떤 것도 남의 일로 보지 않는다."는 뜻이다.

로 그 조건들이 우리에게 확실하게 알려져 있는 경험[88]들 사이에는 큰 차이가 있다고 말합니다. 그러나 제가 보기에 보일 선생님께서는 자신이 실험에서 사용하는 물체들의 본성, 즉 니트로 석회의 본성과 니트로 액의 본성을 전혀 설명하지 않았습니다. 그래서 이 두 물질은 제가 이야기한 것들, 즉 일반적인 석회와 물보다 덜 모호한 것이 아닙니다. 나무에 대해 말하자면, 저는 그것이 니트로보다 더 복잡한 물체라는 점을 인정합니다. 하지만 제가 둘 각각의 본성을 모르고 또 어떤 방식으로 이들 각각에서 열이 발생하는지를 모르는 한 그 점이 저희의 문제에 무슨 역할을 하는지 의문입니다. 게다가 무슨 이유로 보일 선생님께서 니트로의 문제와 관련하여 충족된 조건들을 안다고 단언할 권리가 있다고 말씀하시는지 저는 모르겠습니다. 어떤 추론을 통해 그가 이와 같은 열이 매우 미세한 특정 물질에서 생겨난다고 제시할 수 있는지 저는 묻습니다. 이는 이전의 무게가 매우 조금 줄었을 뿐이기 때문입니까? 그러나 제가 보기에는 그렇다고 해서 결론 내려질 수 있는 것은 아무것도 없습니다. 사물들은 우리의 감각에 더 무겁거나 더 가볍게 나타남 없이 매우 적은 양의 물질의 첨가로도 색이 변할 수 있다는 것을 우리는 확인하기 때문입니다. 그렇다면 우리의 감각이 포착 못하는 몇몇 요소들이 첨가된 것은 아닌지 의문이 생길 수 있습니다. 특히 보일 선생님께서 그의 실험에서 관찰한 모든 변형이 어떻게 물체들 자체에서 비롯될 수 있는지 우리가 모르

---

88) (역주) 앞서 언급했듯이, 두 번째 '경험'의 경우 '실험'으로 이해하는 것이 좋다.

니 말입니다. 심지어 저는 보일 선생님께서 언급하시는 열과 비등(沸騰)은 특정한 외부 물질의 개입 때문임이 확실하다고 봅니다. 또한 제가 생각하기에 소리의 원인을 공기의 운동에서 찾아야 한다는 것을 제시하는 것이 관건일 경우, 이는 우리가 어떤 요인들이 개입되었는지도 모르고 또 그 이유와 방식도 모르는 열이 관찰되는 실험보다는 물의 비등(물의 동요를 말하는 것이 아닙니다.)에 의해 더 쉽게 설명될 수 있다고 생각합니다. 끝으로 말하자면, 아무 향도 발산하지 않지만 그 부분들이 동요되고 덥혀지면 곧바로 향이 나는 많은 물체들이 있습니다. 이와 같은 향은 열이 식으면 완전히 없어집니다.(적어도 우리 인간의 후각에는 그렇습니다.) 예를 들어 호박의 경우가 그렇고 또 다른 물체들도 마찬가지입니다. 그것들이 니트로보다 더 복잡한지 저는 모르겠습니다.

24절에 관한 저의 평가는 니트로의 액이 순수한 액체가 아니라 니트로 석회 및 다른 물질들을 포함한다는 것을 제시합니다. 보일 선생님께서 자신이 주입한 니트로 액체 방울들의 무게가 폭연(爆煙)에 의해 사라진 무게와 거의 동일하다는 점을 저울을 사용하여 발견했다고 말하실 때, 결과적으로 저는 그의 관찰이 주의 깊게 이루어졌는지 의문이 듭니다.

마지막으로, 우리의 눈으로 보고 판단할 때 순수한 물은 알칼리 염을 공기보다 더 빨리 해체할 수 있습니다. 그러나 순수한 물은 공기보다 더 동질적인 물체인바, 모든 종류의 석회의 미세 구멍들로 들어갈 수 있는 입자들을 공기의 경우만큼 가질 수가 없습니다. 따라서 물은 특히 석회를 특정한 수준에 이를 때까지 해체할 수 있는 단일 종류의 입자들로 조합되지만 공기는 그렇지 않습니다. 결과적으로 물은 그 수준에 이를 때까지 석회를 공기보다 더 빨리 해체할 것이라는 점이 도출됩니다. 이와 반대로 공기는 어떤 것들은 더 두껍고 어떤 것들은 더 미세한 입자들로, 그래서 모든 종류의 입자들로 조합되어 있어서 물의 입자들이 들어갈 수 있는 미세 구멍들보다 훨씬 더 좁은 구멍들로 여러 방식으로 들어갈 수 있습니다. 따라서 공기는 같은 양의 동일한 종류의 입자들을 포함할 수 없기 때문에 비록 니트로 석회를 공기가 하는 만큼 빨리 해체할 수는 없겠지만, 그렇다고 해도 그것을 더 미세한 부분들로 해체하고 더 약화시키며 이에 따라 니트로 액의 입자들의 운동을 멈출 능력이 더 강해지게 합니다. 왜냐하면 실험을 통해 저는 니트로 액과 니트로 자체 사이에 다음과 같은 차이만을 인정할 수밖에 없기 때문입니다. 즉 니트로의 입자들은 정지 상태이고 니트로 액의 입자들은 서로 충돌하면서 매우 강한 운동성을 띤다는 것입니다. 이는 얼음과 물의 차이와 같은 것입니다.

그러나 이 모든 것으로 선생님을 더 오래 성가시게 하는 것은 마땅치 않습니다. 가능한 한 간략하게 말하고자 했지만 너무 장황했던 것은 아닌지 걱정입니다. 그럼에도 불구하고 제가 선생님을 괴롭혀드렸다면 부디 용서해주시고 벗이 진솔하고 자유롭게 행한 평가를 좋은 의미로 해석해주십시오. 선생님께 답신을 드리면서 이 문제에 대해 아무 말도 하지 않는 것은 타당하지 않다고 생각했습니다. 그러나 제가 전적으로 수긍하지 않는 것을 선생님 앞에서 칭찬하는 것은 단지 아첨에 불과할 것입니다. 제가 보기에 우정을 위해 이보다 유해하고 비난받을 만한 일은 없습니다. 그래서 저는 터놓고 제 생각을 설명하기로 결심했고 이와 같은 솔직함은 철학을 하는 사람들에게 가장 유쾌한 일일 것이라고 생각했습니다. 그러나 선생님께서 제 생각을 매우 학식 있는 보일 선생님께 전하기보다 폐기하는 것이 낫다고 판단하실 경우, 선생님과 보일 선생님에 대한 저의 온전한 애정을 의심치 않으신다면 재량대로 처분하셔도 무방합니다. 제가 가진 것이 미약하여 단지 말로써만 이런 점을 표현할 수 있다는 것이 안타깝습니다. 그러나…….[89]

1663년 7월 17~27일[90]

보르뷔르흐에서

스피노자 올림

○ 서신14. 헨리 올덴부르크가 스피노자에게
─ 서신13에 대한 회신

매우 저명한 스피노자 선생님께

---

89) (역주) 예의나 날짜와 관련된 짧은 문구가 부재한 것은 편집 때문이 아니라 스피노자가 적어놓지 않은 원본을 토대로 편집되었기 때문이다.

90) (역주) 다음 편지(서신14)에서 올덴부르크가 스피노자 편지의 날짜를 명시했다.

매우 탁월한 벗, 스피노자 선생님

다시 시작된 저희의 서신 교환에서 저는 제 행복의 큰 부분을 발견합니다. 선생님의 7월 17~27일자 편지를 두 가지 점에서 큰 기쁨으로 받았다는 것을 알아주십시오. 우선 이 편지는 선생님이 건강하시다는 것을 알려주었고, 다음으로는 저에 대한 선생님의 한결같은 우정을 확신시켜주었습니다. 나아가 선생님께서는 『기하학자들의 방법대로 증명된 데카르트의 철학의 원리』1부와 2부를 출간하도록 하시고 매우 관대하게도 제게 한 부나 두 부를 주시겠다고 알려주셨습니다. 열렬한 마음으로 선물을 받겠습니다. 그리고 아직 출간 중인 그 논고를 암스테르담에 거주하는 페트루스 세라리우스[91]에게 넘겨주시기를 부탁 드립니다. 그에게 우편물을 받아서 바다를 건너오는 벗을 통해 보내달라고 요청했습니다.

또한 선생님께서 선생님 자신의 것[92]으로 인정하시는 글의 출간을 아직도 보류하신다는 것에 대해 제가 유감을 표현하는 것을 허락해주십시오. 특히 각자 원하는 것을 생각하고 각자가 생각하는 것을 말할 권리가 있을 정도로 자유로운 국가에서 말입니다. 선생님께서 성함을 밝히지 않으셔도 되고 그렇게 해서 모든 위험에서

---

91) (역주) 페트루스 세라리우스(Petrus Serrarius, 1600-1669)는 런던에서 태어나 암스테르담에 정착한 상인이었다. 그는 영국 쪽 사람들과 왕성히 교류했기 때문에 스피노자와 올덴부르크의 중개 역할을 맡았다.
92) (역주) 『데카르트의 철학의 원리』처럼 타인의 사상이 아닌 스피노자 자신의 사상이 담긴 저작을 의미한다.

벗어날 수 있는 만큼 그런 불안을 떨쳐버리시기를 바랍니다.

보일 선생님께서는 현재 여행 중입니다. 그가 돌아오는 대로 저는 선생님의 학식 있는 편지에서 그와 관련 있는 부분을 전하겠습니다. 그리고 선생님의 개념들에 대한 그의 의견을 받는 대로 선생님께 보내드리겠습니다. 이미 오래전에 라틴어로 출간되어 해외에 널리 알려진 보일 선생님의 『회의적 화학자』[93]를 선생님께서 벌써 보셨을 것으로 생각됩니다. 이 저작은 화학 및 물리학과 관련된 많은 주제를 담고 있으며 이른바 스파기리쿠스주의자[94]들의 근본적 원리들을 엄정하게 검토합니다.

최근에 보일 선생님께서 다른 저작을 출간했습니다. 이 책은 아마도 아직 그쪽의 서점들에서 발표되지는 않았을 것입니다. 그래서 이번에 함께 보내드립니다. 작은 선물이니 반갑게 받아주십시오. 직접 확인하시겠지만, 이 작은 저작은 프란시스쿠스 리누스라는 사람에 반대하여 공기의 탄력을 옹호하는 내용을 담고 있습니다. 리누스는 보일 선생님의 『새로운 물리 역학 실험』[95]에서

---

93) (역주) 보일의 이 저작은 1661년 런던에서 영문과 라틴어로 출간되었다.

94) (역주) 독일 태생의 의사 파라켈수스(Paracelsus, 1493-1541)의 추종자들을 뜻한다. 파라켈수스는 독물학(毒物學)의 기초를 세웠으나 그의 원리는 연금술과 관련이 있다. 그는 엠페도클레스와 아리스토텔레스의 4원소(흙, 물, 공기, 불)를 그에게 세 가지 근본 원리인 염, 황, 수은으로 대체했다.

95) (역주) 앞에서 언급된 『공기의 탄력과 그 효과에 관한 새로운 물리 역학 실험』이다. 예수회 회원 프란시스쿠스 리누스(1595-1675)는 보일의 이 저작을 비판했고 보일은 다시 이에 대해 반박했다. 이 반박이 저작(*Defensio doctrinae de elater et gravitate aeris, adversus Fran. Lini objectiones*)으로 1663년 출간되

기술된 현상들을 지성 및 감각의 모든 여건과 대립되는 연관성에 따라 설명하고자 합니다. 이 책을 검토해보신 후에 선생님께서 어떻게 생각하시는지 말씀해주십시오.

저희 왕립학술원의 계획은 여력이 되는 만큼 열정적으로 추진되고 있고, 실험과 관찰에 한정함으로써 논쟁으로 인한 소모적인 일을 피하고 있습니다.

최근에 주목할 만한 실험이 이루어졌는데 이는 공백의 신봉자들(vacuistas)을 매우 동요시키고 반대로 충만의 신봉자들(plenistis)[96]을 매우 만족시키고 있습니다. 그 실험은 다음과 같습니다.

물을 가득 채운 유리병 A를 뒤집어서 좁은 주둥이를 역시 물이 담긴 유리그릇 B에 놓습니다. 이 모두를 보일 선생님의 새로운 증기 수집 장치에 넣습니다. 그리고 이 장치에서 공기를 뺍니다. 곧 많은 양의 기포가 유리병 A로 물을 올리고 물 전체를 그릇 B로 아래로 밀어냅니다. 두 용기를 이런 상태에 하루 이틀 그대로 두면서 장치에 있는 공기를 빼기 위해 자주 펌프질을 합니다. 그 다음에 이 용기들

었고, 올덴부르크가 스피노자에게 보낸 것이 이 저작이다.

96) (역주) 말 그대로 충만의 신봉자는 공간이 물질로 꽉 차 있다는 것을 믿는 측이고 공백의 신봉자는 그 반대 측이다.

을 장치에서 빼내고 공기가 빠진 물로 채운 유리병 A를 다시 뒤집어서 그릇 B에 놓습니다. 그 후에 장치를 전체 위에 놓고 다시 펌프질을 통해 공기를 뺍니다. 이제 유리병 A의 가는 입구로부터 작은 기포가 올라가는 것이 발견됩니다. 이 기포가 위까지 올라가고 그 다음에 펌프질이 계속되면 이 기포가 확산되면서 다시 유리병의 물 전체를 밀어냅니다. 이제 다시 시작합니다. 즉 장치를 걷어내고, 공기가 빠진 물을 유리병 끝까지 채운 다음 이전처럼 뒤집고 장치 안에 넣습니다. 이제 장치에서 공기를 빼면 물은 유리병 안에서 공중에 떠 있는 것처럼 되고 아래로 내려오지 않습니다. 보일 선생님에 의하면 토리첼리[97]의 실험(즉 그릇 B에 담긴 물에 대한 공기의 압력)에서 물이 떠 있게 되는 원인은 이 실험에서 전적으로 제거되지만, 그럼에도 불구하고 물은 유리병에서 내려오지 않습니다.

이와 관련하여 선생님께 여러 설명을 제시할 수 있지만 벗들과 업무가 저를 놓아주지 않습니다. 〈출간 중에 있는 것을 제게 보내주시기를 바라신다면, 선생님의 편지를 우편물과 함께 다음의 주소로 보내주십시오.〉[98]

---

97) (역주) 토리첼리(Evangelista Torricelli, 1608-1647)는 갈릴레이의 협력자로서 1644년 자신의 이름을 딴 실험에서, 용기에 거꾸로 놓인 관에 담긴 액체의 수준이 공기의 압력에 따라 변동한다는 것을 제시했다. 이 실험은 주변의 압력을 측정하도록 해준다. 수은을 가지고 행해진 실험은 온도계의 탄생을 알리는 것이다.

98) (역주) 괄호 안의 문장은 네덜란드어로 되어 있다.

선생님 고유의 성찰을 출간하시도록 계속하여 당부하지 않고서는 이 편지를 마무리할 수가 없습니다. 선생님께서 제 요청을 들어주시지 않는 한 저는 선생님을 설득하는 일을 포기하지 않을 것입니다. 이를 기다리면서, 만일 선생님의 성찰의 핵심을 제게 알려주고자 하신다면 선생님에 대한 제 감사의 마음은 이루 말할 수 없을 것입니다. 선생님께서 건강하시기를 바라며 계속해서 저를 아껴주십시오.

1663년 7월 31일
런던에서
선생님의 충실한 벗 헨리 올덴부르크 올림

○ 서신15. 스피노자가 뤼도웨이크 메이어르에게

정중한 인사와 함께

친애하는 벗에게

저희의 벗 데 브리스 씨를 통해 선생님께서 제게 보내주신 서문을 다시 데 브리스 씨를 통해 보내드립니다. 선생님께서 직접 확인하시겠지만, 저는 여백에 약간의 글을 적어놓았습니다. 그러나 제가 이 편지를 통해 선생님께 알려드릴 만하다고 생각하는 몇몇 설명이 남아 있습니다. 다음과 같습니다.

1. 4쪽에서 선생님께서는 제가 1부를 집필하게 된 배경을 독자에게 알리십니다. 저는 그 부분이나 선생님께서 원하시는 다른 곳에서 이 작업이 두 주 만에 이루어졌다는 것을 선생님께서 또한 알려주시기를 바랍니다. 이처럼 알리면, 그 누구도 제가 더 명확히 해명할 수 없을 정도의 설명을 제시했다고 생각하지 않을 것입니다. 그 결과로 사람들은 모호해 보이는 한두 용어들로 막히지 않을 것입니다.

2. 저는 선생님께서 제가 많은 명제들을 데카르트가 증명한 것과 다른 방식으로 증명했다는 점을 알려주시기를 바랍니다. 이는 제가 데카르트를 교정한다는 의미가 아닙니다. 이는 단지 제가 채택한 순서를 더 잘 유지하고 공리의 수를 늘리는 것을 피하고자 함입니다. 같은 이유로 저는 데카르트가 증명 없이 단순히 제시한 명제들을 증명해야 했고 그가 빠뜨린 것들을 첨가해야 했습니다.

친애하는 선생님, 끝으로 저는 선생님께서 끝부분에 미숙아 (homunculus)[99]에 관해 쓰신 구절을 철회해주시고, 따라서 삭제해

---

99) (역주) 이 표현이 겨냥하는 것은 플로렌티우스 슐(Florentius Shuyl)이라는 사람으로 추정된다. 슐은 데카르트의 『인간론』 라틴어 번역본을 출간했고 그 서문에서 스피노자가 데카르트 사상을 왜곡했다고 비난했다. 기독교 신앙과 양립 가능한 데카르트 사상의 열렬한 옹호자인 슐은 데카르트주의자들 사이에 퍼진 스피노자의 높은 평판을 시기하기도 했다. 스피노자에 대한 슐의 비난은 그가 자리를 잡고 싶었던 레이던 대학에 파문을 일으켰다. 레이던 대학에 있던 뤼도웨이크는 슐의 외모에 대해 "작고 뚱뚱한 사람"이라고 표현하고 그를 비난함으로써 친구인 스피노자를 대신해 복수해주려고 했던 것 같다.

주시기를 간청합니다. 선생님께 이런 요청을 하는 이유가 여럿 있지만 한 가지만 말씀 드리겠습니다. 제가 바라는 것은 다음과 같습니다. 제가 이 글을 출간하는 것은 모두의 이익을 위해서이며 선생님께서 이 작은 책을 편집하시는 것도 오직 진리를 널리 전파하려는 욕구에 의해서라는 점을 모두가 쉽게 확신했으면 합니다. 그 결과로서 이 논고가 모두에게 이익이 되고 선생님께서 호의적이고 유익한 방식으로 사람들을 참된 철학을 연구하도록 이끌며 모두의 유용성을 배려하게 되는 것입니다. 이 저작에서 그 누구도 공격받지 않고 그 누구라도 해를 입을 수 있는 내용이 전혀 언급되지 않는다는 것을 본다면 모든 사람은 그런 점을 쉽게 믿게 될 것입니다. 그러나 만일 그런 사람이나 다른 사람이 적의를 드러낸다면, 선생님께서는 그의 삶과 품행을 서술해도 될 것이며 사람들은 이에 동의할 것입니다.

이에 선생님께서 그때까지 기다려주실 수 있다면 끝부분을 삭제해주시기를 부탁 드립니다. 제 요청을 들어주시고 선생님에 대한 제 충심을 믿어주십시오.

1663년 8월 3일
보르뷔르흐에서
베네딕투스 데 스피노자 올림

저희의 벗 데 브리스 씨가 이 편지를 가지고 가기로 약속했습니다. 그러나 그가 언제쯤 선생님께 갈지 몰라서 다른 사람을 통해 보내드립니다. 이와 함께 15쪽이 시작되는 곳에 있는 제2부 정리 27 주석 부분을 보내드립니다. 이를 인쇄인에게 주셔서 인쇄되도록 해주십시오. 제가 첨가한 부분은 반드시 인쇄되어야 하며 규칙 14나 15에 첨가되어야 합니다. 이 같은 삽입은 어려움 없이 할 수 있을 것입니다.

○ 서신16. 헨리 올덴부르크가 스피노자에게

저명한 스피노자 선생님께

존경스러운 벗, 탁월한 스피노자 선생님께

제가 선생님께 올리는 편지를 통상적인 우편 담당자에게 보낸 지 갓 3~4일이 지났습니다. 그 편지에서 저는 보일 선생님께서 집필한 작은 저작을 언급했고 선생님께 그것을 보내드려야 한다고 판단했습니다. 그때만 해도 편지를 가져갈 벗을 훨씬 일찍 찾을 수 있다는 희망이 없었습니다. 그 이후로 생각했던 것보다 더 빨리 다른 사람을 만났습니다. 그러니 제 편지와 함께 보내드릴 수 없었던 책을 받아주십시오. 그리고 이제 돌아오신 보일 선생님의 안부 인사도 함께 전해드립니다. 보일 선생님께서는 니트로 실험에 대해 그가 쓴 서문을 선생님께서 참조하실 것을 청합니다. 그 서문을 통해 보일 선생님께서 그의 저작에서 제안한 실제 목적이 무엇인지 아시게 될 것입니다. 관건은 최근의 더 견고한 철학에 의해 참된 것으로 간주된 명제들을 명확한 실험을 통해 예시할수 있고 그런 명제들을 스콜라학파의 형상들 또 그런 종류의 성질이나 부조리 없이 가장 잘 설명할 수 있다는 것을 제시하는 데있습니다. 그러나 그 어떤 방식으로도 보일 선생님께서는 니트로의 본성을 알려주거나 또 각각의 사람들이 물질의 동질성과 오직운동, 형태 등의 사실만으로 물체들 사이에 생기는 차이에 대해서 언급할 수 있었던 것을 부정하려는 계획도 없습니다. 그는 단지 물체들의 구조의 다양성이 물체들 사이에 다양한 차이를 만들어내며 이로부터 극도로 다양한 결과들이 나타난다는 점을 제시하고자 했을 뿐이라고 말씀하십니다. 또한 제일 질료로의 환원이이루어지지 않는 한, 철학자들 및 다른 사람들은 일정한 이질성을인정할 수 있을 것입니다. 저는 이 주제의 본질에 있어서는 선생님과 보일 선생님 사이에 차이가 없다고 생각하게 됩니다.

선생님께서는 니트로 입자들을 담을 정도로 구멍이 좁고 내벽이 약한 모든 석회는 니트로 입자들의 운동을 멈추게 할 수 있고결과적으로 니트로 자체를 재조합할 수 있다고 말씀하십니다. 이에 대해 보일 선생님께서는 니트로 액을 다른 석회들과 섞을 경우이때 얻어진 물체는 진짜 니트로는 아닐 것이라고 답하십니다.

선생님께서 공백의 가설을 배제하기 위하여 사용하시는 논변과관련하여 보일 선생님께서는 그것을 알고 있고 또 이미 들었었지만, 그것에 대해 전혀 동의하지 않는다고 말씀하십니다. 그는 다른 기회에 그 문제에 대해 말할 것이라고 하십니다.

보일 선생님께서는 향이 나는 두 개의 물체가 하나로 합쳐져 (니트로처럼) 향이 전혀 나지 않는 예를 선생님께서 제시해주실 수 있는지 물으십니다. 그는 니트로의 부분들이 그렇다고 말씀하십니다. 니트로 액은 쏘는 듯한 향을 내고 고형 염은 향이 없지 않기 때문입니다.

또한 보일 선생님께서는 얼음과 물을 니트로 및 그 액과 정확히 비교하신 것인지 세심하게 고찰해주실 것을 선생님께 요청하십니다. 실제로 얼음 전체는 오직 물로만 용해되며 향이 없는 얼음은 다시 물이 될 때 향이 없는 채로 남아 있습니다. 이와 반대로 니트로 액과 니트로의 고형 염 사이에는 인쇄된 논고에서 풍부하게 제시하듯이 차이가 발견됩니다.

이것이 제가 저희의 저명한 저자와 대화하면서 다른 유사한 견해들과 더불어 이 주제에 대해 기록한 견해들입니다. 그러나 제 기억이 부실한 이유로 이 견해들을 다시 전하면서 그 힘을 강화하기보다는 약화하리라는 것을 확신합니다. 핵심적인 점에 대해 두 분 모두 동의하시기 때문에 저는 대립을 강조하고 싶지 않습니다. 오히려 저는 두 분께서 참되고 견고히 확립된 철학을 키우실 수 있도록 두 분의 정신을 합치는 데 노력하고자 합니다. 선생님의 수학적 정신의 예리함에 부합하는 방식으로 사물들의 원리를 계속해서 견고히 확립하시기를 권고하도록 허용해주십시오. 다른 한편으로 저는 제 고귀한 벗인 보일 선생님께서 그런 원리를 지체없이 확증하고 세심하게 반복해서 수행한 실험과 관찰을 통해 그것을 명확히 하시도록 촉구하겠습니다.[100]

친애하는 선생님, 제 의도가 무엇이고 제가 나아가고자 하는 방향이 무엇인지 선생님께서는 이해하실 것입니다. 저는 저희 왕국의 철학자들이 결코 실험에 대한 그들의 의무를 저버리지 않으리라는 것을 압니다. 또한 저는 선생님의 국가에서 철학자들이나 신학자들이 불평과 비난을 늘어놓을 수는 있을지라도 선생님께서 자신의 의무를 열정적으로 완수하시리라고 역시 확신하고 있습니다. 이미 이전 편지들에서 제가 여러 차례 선생님께 권고했기 때문에, 선생님을 불편하게 할 걱정으로 여기서는 같은 말을 피하도록 하겠습니다. 다만 다음과 같은 요청을 첨가하겠습니다. 데카르트에 대한 주석이든 선생님 자신의 극히 풍부한 지성이 산출한 것이든, 선생님께서 이미 출간하도록 맡기신 것을 세라리우스 씨를 통해 가능한 한 일찍 제게 보내주시면 감사하겠습니다. 그렇게 해주신다면 선생님께서는 제게 은혜를 베풀어주시는 것입니다. 또한 언제나 제가 선생님께 전적으로 충실한 사람이라는 것을 알아주십시오.

1663년 8월 4일
런던에서
헨리 올덴부르크 올림

---

100) (역주) 수학적 이성적 측면과 실험적 경험적 측면을 종합하려는 올덴부르크의 관심이 엿보인다.

○ 서신17. 스피노자가 피터르 발링에게

매우 현명하고 신중한 피터르 발링 선생님께

친애하는 벗에게

(제 기억이 틀리지 않다면) 선생님의 지난달 26일자 편지를 잘 받았습니다. 선생님의 편지는 제게 큰 슬픔과 근심을 불러일으켰습니다. 그러나 선생님의 신중함과 정신력을 생각하는 것으로 큰 위안이 됩니다. 선생님은 신중함과 정신력 덕분에 운 또는 더 정확히는 억견으로 인한 불편(incommoda)을 무시하는 법을 익히셨습니다. 그런 불편이 가장 강력하게 선생님을 공격할 때도 말입니다. 그러나 저로서는 근심이 날마다 늘어납니다. 그러하니 저희의 우정을 걸고 부탁하고 요청하건대, 제게 긴 편지를 쓰는 일을 귀찮게 여기지 말아주시기 바랍니다.

선생님께서는 전조에 대해 언급하십니다. 즉 선생님께서는 자제분이 병이 들었을 때, 그리고 사망하기 얼마 전에 냈던 것과 유사한 신음 소리를 그가 아직 건강하고 활력이 있었을 때 들었다는 것입니다. 이 점에 대해 저로서는 그것이 진짜 신음 소리가 아니라 선생님의 상상에 다름 아니라고 믿고 싶습니다. 선생님께서 말씀하시기를, 잠에서 깨어나 신음 소리를 듣기 위해 주의를 기울였을 때는 이전만큼, 그리고 잠시 후 다시 잠이 든 후만큼 그것을 선명하게 듣지 못했다고 하시니 말입니다. 이는 그 신음 소리가 순수한 상상에 불과하다는 것을 보여줍니다. 자유롭게 풀려난 상상은 선생님께서 청각을 특정한 지점에 집중시키려고 깨어 있을 때보다 더 강렬하고 더 생생하게 선명한 신음 소리를 상상해낼 수 있습니다.

저는 제가 말하는 것을 지난 겨울[101]에 레인스뷔르흐에서 제게 발생한 다른 사례를 통해 확증하고 설명할 수 있습니다. 어느 날 아침은 이미 밝았고 저는 무척 힘겨운 꿈에서 깨어났는데, 꿈속에서 제게 나타난 이미지는 마치 실제 대상만큼이나 생생하게 제 눈에 들어왔습니다. 이전에 전혀 본 적이 없는 검은 피부의 지저분한 브라질 사람의 이미지가 특히 들어왔습니다. 이 이미지는 제가 다른 대상을 통해 주의를 돌리려고 책이나 다른 물건에 시선을 고정시켰을 때 대부분 사라졌습니다. 그러나 이것들로부터 주의를 돌리고 아무것에도 집중하지 않자마자 동일한 에티오피아 사람의 동일한 이미지가 점차 제 생각에서 사라질 때까지 똑같은 생생함과 함께 여러 차례 나타났습니다.

저의 내적 감각에는 시각에 의해, 선생님에게는 청각에 의해 동일한 종류의 것이 나타난 것이라고 봅니다. 하지만 그 원인들이 다르기 때문에, 선생님의 사례는 전조이고 저의 사례는 전조가 아닙니다. 이 점은 이제 제가 말씀 드릴 내용에 의해 명확하게 이해될 것입니다. 상상의 결과는 육체의 상태나 정신의 상태에서 비롯됩니다. 길게 설명하지 않기 위해서 오직 경험에 의거하여 이 점을

---

101) (역주) 1662-1663년의 일이다. 스피노자는 이후 보르뷔르흐로 이사했다.

입증해보겠습니다. 육체의 열이나 다른 변형은 환각의 원인이며, 농도가 진한 피를 가진 사람들은 주먹다짐, 상처, 살상 및 이와 유사한 것들만을 상상한다는 점을 우리는 경험을 통해 알고 있습니다. 또한 우리는 상상이 오직 영혼의 상태를 통해서만 결정된다는 점도 알고 있습니다. 우리가 경험하는 바와 같이, 상상은 모든 점에서 지성의 흔적을 따라갑니다. 상상은 이미지들과 단어들을 연결시키고, 지성이 증명들의 연쇄를 만들 듯이, 이미지들과 단어들의 연쇄를 만듭니다. 결과적으로 우리는 상상이 일종의 흔적으로부터 어떤 이미지를 형성하는 것이 아니면 거의 아무것도 이해하지 못하게 되는 것입니다.

따라서 육체적 원인에서 비롯되는 상상의 결과는 결코 미래 사건의 전조가 될 수 없습니다. 이런 결과의 원인은 그 어떤 미래 사태의 관념도 내포하지 않기 때문입니다. 이와 반대로 정신의 상태에 기원을 둔 상상의 결과 또는 이미지는 어떤 미래 사건의 전조가 될 수 있습니다. 정신은 일어날 일을 혼란스럽게 예감할 수 있기 때문입니다. 그렇기 때문에 정신은 미래 사건을 마치 동일한 종류의 대상들이 앞에 있는 것처럼 선명하고 생생하게 상상할 수 있습니다.

예를 들어 선생님의 사례와 유사한 경우를 생각해보자면 아버지는 자신과 사랑하는 아들이 거의 하나의 동일한 존재일 정도로 아들을 사랑합니다. 다른 곳에서 제가 증명했듯이[102] 아버지의

---

102) (역주) 『형이상학적 사유』, II, 10.

사유에는 아들의 본질의 변용 및 변용의 결과에 대한 어떤 관념이 필연적으로 주어져야 합니다. 그런데 아버지는 그가 아들과 맺는 결합에 의해 아들의 한 부분인바, 아버지의 정신은 아들, 아들의 변용 및 변용의 결과에 대한 관념적 본질을 필연적으로 나누어 갖게 됩니다. 이 점도 역시 제가 다른 곳에서 더 온전하게 증명한 바 있습니다. 나아가 아버지의 정신은 아들의 본질로부터 귀결되는 것을 관념적으로 나누어 갖기 때문에, 앞서 말한 것처럼, 아버지는 아들의 본질에서 귀결되는 것들 중 하나를 아들이 그의 앞에 있는 것처럼 때때로 생생하게 상상할 수가 있습니다. 다만 이를 위해서는 다음과 같은 조건이 충족되어야 합니다. 1. 아들에게 그의 삶에서 일어나는 사건이 중요성이 있어야 합니다. 2. 이 사건은 매우 쉽게 상상할 수 있는 것이어야 합니다. 3. 이 사건의 발생 시간이 너무 지나서는 안 됩니다. 4. 끝으로, 육체가 단지 건강의 차원에서 온전한 상태에 있을 뿐 아니라, 자유롭고 모든 근심에서 벗어나 있으며 외부로부터 감각이 교란당할 수 있는 모든 일에서 벗어나 있어야 합니다.

이런 현상은 유사한 관념들을 자주 야기하는 대상을 우리가 생각할 때 또한 촉진됩니다. 예를 들어 우리가 이런저런 사람과 이야기하면서 신음 소리를 듣는다면, 우리가 나중에 그 사람을 다시 생각할 때, 그와 말하면서 들었던 신음 소리가 기억에 다시 나타나는 일이 일반적으로 발생할 것입니다. 이 정도가 선생님의 질문에 대한 제 의견입니다. 제 의견이 매우 간략했다는 것을 인정합니다. 그러나 선생님께서 기회가 닿는 대로 제게 편지를 쓰실 수 있도록 주제를 제공하려고 일부러 그렇게 한 것입니다.

1664년 7월 20일[103]
레인스뷔르흐에서

○ 서신18. 블리엔베르그가 스피노자에게

미지의 벗께

선생님, 영광스럽게도 최근 출간된 선생님의 작은 논고와 그 부록[104]을 세심하게 여러 번 훑어보았습니다. 선생님 정신의 높은 경지가 너무도 존경스러워서 상기한 논고 및 부록에서 제가 발견한 깊은 연대감과 그것들을 읽으며 느낀 기쁨에 관해 길게 이야기하게 될 뿐입니다. 그러나 선생님의 저작을 다시 읽을수록 기쁘고 또 이 저작에서 이전에는 느끼지 못했던 새로운 통찰을 더욱더 판별해내게 됩니다. 아첨하는 모습으로 보이지 않기 위해, 얼마나 선생님을 경탄해 마지않는지는 더 이상 말씀 드리지 않겠습니다. 자신들이 제공하는 것을 위해 신들이 얼마나 많은 노력을 들여야

103) (역주) 원본이 아닌 사필 또는 라틴어 번역본에 따라 편집된 것이기 때문에 스피노자의 이름이 누락되어 있다.
104) (역주) 각각 『데카르트의 철학의 원리』와 『형이상학적 사유』를 지시한다.

하는지 잘 알고 있습니다!

하지만 미지의 사람이 어떻게 이토록 멋대로 선생님께 편지를 쓰는 일이 가능한지 궁금증을 덜어드리도록 하겠습니다. 이 미지의 사람[105]은 오직 순수한 진리에 대한 애정만으로 편지를 쓰게 되었음을 믿으셔도 됩니다. 그토록 짧고 죽음의 운명을 지닌 이 삶에서 그는 인식의 길을 향해 인간 지성이 허용하는 만큼 멀리 나아가려고 노력합니다. 그의 진리 탐구는 진리 외의 아무런 다른 목적도 없으며, 그는 지식을 통해 명예나 이익을 획득하기를 바라지 않고, 진리에서 비롯되는 내적 평화와 더불어 오직 진리에 도달하기만을 소망합니다. 그런데 모든 진리와 지식 가운데 형이상학 또는 적어도 형이상학의 몇몇 부분보다 더 그를 만족시키는 것은 없습니다. 또한 그의 삶에서 가장 큰 기쁨은 그가 가질 수 있는 여유 시간을 형이상학에 할애하는 것입니다. 제 생각에 선생님만큼 성공적이고 열정적으로 형이상학을 논한 사상가는 없어 보입니다. 그래서 사상가들 중 소수만이 제가 선생님의 저작에서 발견하는 완전성의 수준에 도달했습니다. 지금까지 간략히 저를 소개했습니다. 선생님께서 너무도 혼란한 제 사유의 발전을 도와주시기를 거부하지 않으신다면 저에 대해서는 더 잘 아시게 될 것입니다.

선생님의 논고에 대해 이야기하겠습니다. 선생님의 논변들 중 몇몇을 제가 무척 높이 평가합니다만 반대로 제가 보기에는 꽤

---

105) (역주) 블리엔베르그는 편지의 끝에 가서야 자신의 이름을 밝힌다.

불충분한 다른 논변들도 있습니다. 하지만 제가 선생님께서 모르는 사람인지라 제 반론을 들어주실 준비가 되어 있는지는 모르겠습니다. 그렇기 때문에 저는 혹시라도 선생님께서 겨울 저녁에 여유 시간이 있으시고 또 답변을 주시는 데 동의하신다면, 제가 선생님의 책에서 아직 발견하는 난점들을 언급해도 될지 선생님께 먼저 여쭈면서 이야기를 시작하고자 합니다. 이제 제가 그런 난점들 중 몇몇을 제시하겠지만, 그 때문에 선생님께서 더 시급하고 더 유쾌한 일을 놓지 않으신다는 조건하에 그렇게 하는 것입니다. 저의 열정적인 욕구는 선생님의 저작에서 제시된 약속에 따라 선생님의 사유에 대한 더 상세한 설명을 얻는 것임을 알아주십시오. 선생님을 직접 뵙고 모든 것을 말씀 드리고 싶었지만, 선생님의 거주지도 모르고 전염병[106]도 돌며 또 제 직업상의 의무 때문에 그렇게 하지 못했습니다. 그래서 제 방문은 나중에나 이루어질 수 있을 것 같습니다.

그러나 이 첫 번째 편지가 아무 내용도 없지 않도록 하기 위해서 또 제 견해가 선생님을 불쾌하게 하지는 않으리라는 바람으로 하나의 의견만을 제시하도록 하겠습니다. 선생님께서는 『데카르트의 철학의 원리』[107] 및 『형이상학적 사유』[108]에서 선생님 자신의 이름으로 또는 선생님께서 그 학설을 설명하시는 데카르트의 이름으

---

106) (역주) 1663-1664년 사이 네덜란드를 휩쓴 전염병으로 3만 5000명이 사망했다. 이 전염병으로 피터르 발링은 아들을 잃었고 자신도 희생자가 되었다. 스피노자는 시몬 데 브리스와 함께 전염병을 피해 한동안 스키담에 가서 머물렀다.

로 창조와 보존 사이에는 아무 차이도 없다고 주장하십니다. (사실 이 테제는 조금만 깊이 생각해보면 제일 개념으로 간주될 수 있을 정도로 명확합니다.) 선생님께서는 신이 실체들을 창조했을 뿐 아니라 그들의 운동까지 창조했다고 첨언하십니다. 즉 신은 계속적 창조를 통해 실체들을 그들의 상태대로 보존할 뿐 아니라 그들의 운동 및 노력(conatum)까지 보존한다는 것입니다. 예를 들어 신은 그의 의지나 (선생님께서 다음과 같이 명명하기를 원하신다면) 직접적 작용에 의해 영혼을 현존하도록 하고 영혼을 그 상태대로 지속시킬 뿐 아니라, 영혼의 운동에 의해 취해진 정확한 방향의 원인이라는 것입니다. 달리 말하면 사물들의 현존을 보존하는 신의 계속적 창조는 동시에 사물들의 노력 및 운동을 보존합니다. 왜냐하면 신 이외에는 어떤 운동의 원인도 없기 때문입니다. 결과적으로 신은 정신적 실체의 원인일 뿐 아니라 정신의 노력이나 운동의 원인이기도 한 것입니다. 이런 점이 선생님께서 여러 차례 일반적으로 인정하시는 것입니다.

이런 주장으로부터 영혼의 운동이나 의지에 악이 없거나 아니면 신 자신이 악을 직접 행한다는 결론이 필연적으로 도출되는 것으로 보입니다. 왜냐하면 우리가 악한 행동이라고 부르는 행동도 영혼에 의해, 결과적으로 신의 직접적 영향과 협력에 의해 발생하기 때문입니다. 예를 들어 아담의 영혼은 금지된 과일을 먹기를

---

107) (역주) 1부, 정리12 참조.
108) (역주) 2부, 7, 10, 11장.

원합니다. 따라서 방금까지 말한 바에 의하면, 금지된 과일을 먹으려는 아담의 의지는 신의 영향을 받아 생겨난다는 귀결이 도출됩니다. 즉 아담이 의지를 갖는다는 것뿐 아니라, 제가 곧 제시할 것처럼, 그가 금지된 과일을 먹으려는 바로 그 의지를 가지게 된다는 귀결이 도출됩니다. 그래서 다음과 같은 양자택일 앞에 우리는 놓이게 됩니다: 신이 아담의 의지를 움직일 뿐 아니라 그의 의지에 바로 그 운동을 주었다는 점에서, 아담의 금지된 행동은 그 자체로 전혀 악하지 않거나 아니면 신 스스로 우리가 악이라고 명명하는 행위를 행한 것으로 보입니다.

제가 보기에는 선생님께서도 또 데카르트도 악은 신이 협력하지 않는 〈비존재〉라고 말함으로써는 이 문제를 해결하지 못하는 것 같습니다. 그렇다면 아담의 먹으려는 의지나 오만을 과시하려는 악마들의 의지는 어디서 오는 것일까요? (선생님께서 정확히 지적하셨듯이) 의지는 영혼에 다름 아니고 영혼의 이런저런 운동 또는 노력이므로, 이런저런 모습을 가지려면 신의 협력을 필요로 합니다. 그런데 제가 선생님의 저작에서 이해한 바에 따르면, 신의 협력은 의지를 수단으로 하여 어떤 것을 이런저런 방식으로 결정하는 행위에 다름 아닙니다. 이로부터 신은 선한 의지에 협력하는 만큼, 의지가 악할 경우는 의지를 그렇게 결정함으로써 악한 의지에 협력한다는 결론이 도출됩니다. 달리 말하면 신은 악과 마찬가지로 선도 결정한다는 것입니다. 신의 의지는 현존하는 만물의 절대적 원인, 즉 만물의 실체뿐 아니라 만물의 노력의 절대적 원인인바, 의지가 악할 때 또한 그런 악한 의지의 제일 원인으로 보이기 때문입니다.

더구나 의지의 어떤 결정도 신이 그것을 영원으로부터 알았다는 사실 없이는 우리에게 이루어지지 않습니다. 만일 이런 점을 인정하지 않는다면 이는 신에게 불완전성을 귀속시키는 일이 될 것입니다. 그러나 자기 자신의 결정에 의해서가 아니라면 신이 어떻게 그것을 알겠습니까? 그러므로 신의 결정은 우리의 결심의 원인인 것입니다. 달리 말하면 다음과 같은 결론에 다시 도달하는 것 같습니다: 악은 악이 아니거나 신이 직접적으로 이 악을 일으킨다는 것입니다. 그런데 이 지점에서 신학자들이 행동과 행동에 내재한 악 사이에 확립하는 구분이 적용될 수 없게 됩니다.[109] 왜냐하면 신은 행동을 행동의 양상으로서 결정했기 때문입니다. 즉 신은 금지된 과일을 아담이 먹도록 결정했을 뿐 아니라, 또한 그가 금지에도 불구하고 과일을 필연적으로 먹도록 결정했습니다. 따라서 다시 한 번 우리는 동일한 방식으로 다음처럼 결론짓게 되는 것 같습니다: 금지에도 불구하고 아담이 과일을 먹은 사실이 악이 아니거나 신 자신이 그런 악을 일으킨 것입니다.

존경해 마지않는 선생님, 이 정도가 바로 제가 선생님의 논고에서 제대로 파악하지 못하고 있는 점입니다. 이런 귀결들 각각은 그 자체로는 수용하기가 매우 어려워 보입니다. 선생님의 깊은

---

109) (역주) 토마스 아퀴나스, 신학대전, I-II, 문제18 참조. 토마스 아퀴나스는 행동 자체와 행동의 양상들(대상, 상황, 목적성 등)에 관련된 악을 분리하기를 제안한다.

판단과 통찰에서 나오는 만족스러운 답변을 받아보기를 기대하며 선생님께 미리 감사의 뜻을 전하고자 합니다. 선생님, 제 질문은 오직 진리를 찾으려는 제 갈망에서 비롯된 것임을 믿어주십시오. 저는 어떤 학설에도 개인적으로 매여 있지 않으며 자유로운 사람입니다. 저는 어떤 방식으로도 종교적 직무를 맡고 있지 않고 정직한 상업 활동으로 생활하고 있습니다. 제게 주어진 여유 시간을 학문에 할애하고 있습니다. 제가 제기한 난점을 불편하게 생각하지 말아주시기를 겸허히 부탁 드립니다. 제가 열정적으로 바라는 바대로 선생님께서 답장을 주시고자 하신다면 빌럼 판 블리엔베르그(Willem Van Blyenbergh)라는 이름으로 답장을 주시면 됩니다. 답장을 기다리겠습니다.

1664년 12월 12일
도르드레흐트에서
빌럼 판 블리엔베르그 올림

○ 서신19. 스피노자가 블리엔베르그에게
— 서신18에 대한 회신

매우 학식 있고 현명한 빌럼 판 블리엔베르그 씨께

미지의 벗께

12월 21일의 다른 편지에 포함된 선생님의 12일자 편지를 26일에 이곳 스키담(Schiedam)[110]에서 결국 받았습니다. 이 편지로 인해 저는 선생님의 탐구의 유일한 목적인 진리에 대해 선생님께서 지닌 열정적인 애정을 확신하게 되었습니다. 저 또한 선생님과 같은 열정을 공유하고 있는바, 지금까지 제기된 질문뿐 아니라 선생님께서 이후에 보내주실 질문에 대해 제 지성으로 가능한 데까지 기꺼이 답변을 드리기로 하겠습니다. 나아가 우리가 서로를 더 잘 아는 법을 배우고 신실한 우정으로 연결될 수 있도록 제 힘이 미치는 모든 것을 다하고자 합니다.

사실 제가 혼자서 할 수 없는 모든 것 가운데 진리를 진심으로 사랑하는 사람들 간의 우정 관계보다 더 큰 가치를 지닌 것은 제게 없습니다. 우리의 능력에 달려 있지 않은 것들 가운데 평정하게 사랑할 수 있는 것은 세상 전체에서 진리를 진심으로 사랑하는 사람들밖에 없다고 저는 믿습니다. 실제로 그들이 진리를 향해 공동으로 갖는 사랑에 근거하여 서로에게 갖는 사랑이 사라진다는 것은 한 번 이해된 진리 자체를 부정할 수 없는 것과 마찬가지로 불가능한 일입니다. 나아가 그런 사랑은 우리의 결정에 달려 있지 않은 것들에서 찾을 수 있는 가장 고결하고 유쾌한 사랑입니다. 진리가 아니라면 그 어떤 것도 다양한 의견과 느낌을 충만하게 결합시켜줄 수 없기 때문입니다.[111] 분명히 선생님께서도 잘 알고

---

110) (역주) 네덜란드의 작은 도시.
111) (역주) 처음 접하는 블리엔베르그에게 전하는 인사말이기도 하지만 여기서

계시는 것들로 선생님을 오래 붙들지 않기 위해서 저는 진리로부터 도출되는 막대한 이익에 대해서는 아무 말도 하지 않겠습니다. 그럼에도 불구하고 제가 여태껏 그런 말을 했다면, 이는 제가 선생님께 도움이 될 기회를 가진다는 것이 제게 얼마나 유쾌한 일이고 또 앞으로도 그럴 것이라는 점을 더 제대로 보여드리기 위해서였습니다.

이제 그와 같은 기회를 갖기 위해 선생님의 질문에 답하도록 하겠습니다. 어떤 문제가 관건인지는 다음과 같습니다: 신의 의지에 다름 아닌 신의 섭리, 신이 세계에 제공하는 협력, 그리고 신에 의한 사물들의 계속적 창조로부터, 죄, 달리 말해 악이 존재하지 않거나 아니면 죄와 악을 행하는 것은 신이라는 결론이 명확하게 도출되는 것 같습니다. 그러나 선생님께서는 악을 어떻게 이해하는지 설명하지 않으십니다. 아담의 결정된 의지라는 예에 따라 악을 파악해볼 수는 있을 것 같습니다. 이를 통해 선생님께서는 의지가 정확한 방식으로 결정되거나 또는 신의 명령에 대립되는 것으로 생각된다고 할 때 악을 바로 그런 의지로 이해하시는 것 같습니다. 이런

진리와 우정에 대한 스피노자의 개념이 드러난다. 비록 스피노자는 인간관계에서 극히 신중했지만 고대 희랍인들이 동경했던 진리나 지혜로 맺어진 우정을 기꺼이 받아들였다. 이런 점은 그의 윤리학과 일치한다. 이성적 능력을 전개하는 인간들은 서로의 본질적 공통점을 최대로 공유하게 되고 지성을 통해 만물의 원리인 신을 인식하면서 정신적 공동체를 형성하게 된다. 그러나 길게 이어진 블리엔베르그와의 서신 교환에서 나타나듯이 스피노자는 블리엔베르그와 진리 탐구 정신을 공유할 수 없음을 깨닫고 그와의 관계를 차갑게 끊는다.

이유 때문에 (실제로 이와 같다면 저도 선생님처럼 말하겠지만) 선생님께서는 신이 자신의 의지에 반하는 것을 행한다거나 아니면 행동이 신의 의지에 대립될지라도 선하다는 것 중 어느 것을 주장하는 것도 대단히 부조리하다고 말씀하십니다. 저로서는 죄와 악이 실재적인 어떤 것[112]이라는 점을 인정할 수 없으며, 나아가 특정 사물이 신의 의지에 반하여 존재하거나 발생할 수 있다는 점은 더더욱 인정할 수 없습니다. 이와 반대로 저는 죄가 전혀 실재적인 것이 아니라고 말할 뿐 아니라, 사람들이 신에게 죄를 짓는다고 말하는 것은 그들이 신에게 위협이 된다고 말하는 것처럼 단지 부적합하게, 달리 말하면 인간적인 방식으로 말하는 것일 뿐이라고까지 단언하겠습니다.

첫째 부분과 관련해서, 존재하는 모든 것은 그것이 다른 어떤 것과도 관계없이 그 자체로 고찰되었을 때는 완전성을 포함한다는 것을 우리는 알고 있습니다. 어떤 사물에 있어서 완전성은 이 사물의 본질 자체의 범위만큼 미칩니다. 정확히 말해 완전성은 본질과 구별되지 않기 때문입니다. 아담이 금지된 과일을 먹으려는 결심이나 그렇게 하려고 결정한 의지를 예로 들어봅시다. 그 자체로 고찰된 이 결심이나 의지는 실재성을 표현하는 만큼 완전성을 포함합니다. 이런 점은 우리가 사물들에서 더 큰 실재성을 가진 다른 사물들과 비교하지 않는 한 어떠한 불완전성도 생각할 수 없다는 점으로부터 이해될 수 있습니다. 이런 이유로 우리는 아담의

---

112) (역주) quid positivum. '적극적인 어떤 것'으로 번역해도 무방하다. 실재적인 본질이 있는 것을 의미한다.

결정을 더 완전한 다른 것, 즉 완전성의 더 높은 상태를 보여주는 다른 것과 비교하지 않고 그 자체로 고찰할 경우, 그의 결정에서 아무런 불완전성도 발견할 수 없는 것입니다. 나아가 돌이나 나무처럼 아담의 결정에 비해 훨씬 불완전한 무한히 많은 다른 것들과 그의 결정을 비교할 수도 있습니다. 이는 모두가 인정할 것입니다. 인간들에게서 혐오되고 역겹게 바라보는 대상이 되는 모든 것을 우리는 동물들에서는 감탄과 더불어 관찰하기 때문입니다. 벌들의 전쟁, 비둘기들의 질투 등이 그렇습니다. 우리는 이 모든 것을 인간과 관련해서는 혐오하지만, 그런 것이 동물들을 더 완전하게 해준다고 기꺼이 판단합니다. 사정이 이와 같기 때문에, **불완전성만을 나타내는 죄는 아무런 실재성도 표현할 수 없다**는 사실이 명확하게 도출됩니다. 아담이 내린 결정과 그가 행동으로 옮긴 일이 바로 그런 예입니다.

나아가 우리는 아담의 의지가 신법에 대립된다고 말해서는 안 되며, 그것이 신을 불쾌하게 하기 때문에 악이라고 말해서도 안 됩니다. 신의 의지에 반하여 어떤 일이 발생한다거나, 신이 어떤 것을 바라면서 그것을 얻지 못한다거나, 신이 마치 피조물들처럼 어떤 것에 대해서는 공감하고 다른 것에 대해서는 적대감을 갖는 방식으로 신의 본성이 결정된다면, 이는 신에게 커다란 불완전성을 들여놓는 것입니다. 특히 이런 일은 신의 의지의 본성에 전적으로 위배되는 것입니다. 실제로 신의 의지는 신의 지성과 다르지 않기 때문에, 어떤 일이 신의 의지에 반하여 발생하는 일도 불가능하고 그것이 신의 지성에 반하여 발생하는 일도 불가능합니다.

요컨대 신의 의지에 반하여 발생하는 일이라는 것은 또한 신의 지성에 반하는 성격의 일이 될 것입니다. 이는 동그란 네모를 말하는 것과도 같습니다.

따라서 아담의 의지나 결정은 그 자체로 고찰될 경우는 악이 아니고 엄밀히 말해 신의 의지에 대립될 수도 없기 때문에, 신은 이와 같은 악의 원인일 수 있고, 나아가 선생님께서 제시하는 추론에 따르면 신이 그 악의 원인이어야 한다는 결론이 도출됩니다. 그러나 아담의 결정에 대해서 신은 그것이 악한 한에서의 원인이 아닙니다. 아담의 결정은 아담이 자신의 행위로 인해 저버리게 된 더 완전한 상태의 결핍이라는 악만을 함축하기 때문입니다. 그런데 결핍은 실재하는 어떤 것이 아니며, 그것은 우리의 지성의 관점에서 결핍으로 불리는 것이지 신의 지성의 관점에서 그런 것이 아닙니다. 실제로 결핍은 우리가 동일한 한 종(種)의 모든 개체, 예를 들어 인간의 외형을 지닌 모든 개체를 하나의 동일한 정의를 통해 표현하고 결과적으로 그들 모두가 그런 정의로부터 연역될 수 있는 가장 큰 완전성을 지닐 수 있다고 판단 내릴 때 생겨납니다. 그중 한 개체의 행위가 그런 완전성에 대립된다는 것을 발견할 때 우리는 그 개체가 그 완전성이 결핍되어 있고 자기 고유의 본성에서 멀어진다고 판단합니다. 만일 우리가 그런 정의를 기준으로 삼지 않고 또 그 개체를 그 정의를 통해 규정하지 않는다면 우리는 그처럼 판단하지 않을 것입니다. 그러나 신은 사물들을 추상적인 방식으로 인식하지 않으며 일반적 정의를 형성하지 않습니다. 신은 사물들에 자신의 능력과 지성이 부여하고 귀속시킨 실재성보다 더 큰 실재성을 그것들에게 주지 않습니다. 따라서 오직 우리의 지성의 관점에서 결핍을 말할 수 있는 것이지 신의 지성의 관점에서 그렇게 할 수 있는 것이 아니라는 결론이 명백하게 도출됩니다.

선생님께서 제기하신 난점은 이처럼 완전히 해소되었다고 생각합니다. 그러나 선생님의 어려움을 더 줄이고 모든 주저함을 일소하기 위해서는 다음과 같은 두 문제에 대한 답을 또한 제시할 필요가 있다고 생각합니다. 첫째, 왜 성서는 신이 불경한 사람들이 회심하기를 바란다고 말하며, 왜 신은 아담이 금지된 과일을 먹도록 결정했으면서도 그 과일을 먹는 것을 금지했던 것입니까? 둘째, 제가 제시한 명제들로부터 나타나듯이, 정의로운 사람들이 관대함, 인내, 사랑 등을 통해 신을 섬기는 것과 마찬가지로 불경한 사람들은 오만, 탐욕, 절망 등을 통해 신을 섬기는 것입니까? 그들 모두가 신의 의지를 따르니 말입니다.

첫 번째 문제와 관련해서 저는 성서가 특히 일반 대중을 대상으로 하기 때문에 계속적으로 인간적인 방식으로 말한다고 답하겠습니다.[113] 대중은 다소 높은 수준의 진리를 파악할 능력이 없습니다. 그렇기 때문에 확신컨대 신이 구원을 위해 필수 불가결한 것으로서 선지

---

113) (역주) 『신학정치론』의 핵심 개념이 이 문단에 개진되어 있다. 스피노자에 따르면 성서는 이성보다 상위의 지식이 아니다. 예언은 상상적인 방식으로 표현되고, 유대 민족의 특수한 율법은 그들의 세속적 생존에만 관련되며 기적은 대중적인 표현 방식에 속한다. 성서는 이론적인 내용을 담고 있지 않고 실천을 위한 책이다. 성서의 본질은 실천적 차원의 교훈을 전하는 데 있다. 즉 성서는 무지한 대중을 구원으로 이끄는 올바른 태도를 정의하며, 그런 식으로 이론적 이성이 설명할 수 있는 것을 넘어서는 확실성을 제시한다.

자들에게 계시한 명령은 법의 형태로 기록된 것입니다. 그렇기 때문에 또한 선지자들은 모든 종류의 우화를 고안해낸 것입니다. 그래서 우선 그들은 신을 군주나 입법자로 표현했습니다. 신은 자신이 원인이기도 한 구원과 타락의 수단을 선지자들에게 계시했기 때문입니다. 실제로는 원인[114]일 뿐인 수단을 그들은 법으로 명명했고 그것을 법의 형태로 기록한 것입니다. 구원과 타락은 이런 수단에서 즉각적으로 귀결되는 결과에 다름 아닌 것인데 선지자들은 그것을 보상과 징벌로 제시한 것입니다. 그리고 진리에 근거해서라기보다는 이와 같은 우화에 따라서 선지자들은 그들의 언어를 조정한 것입니다. 그들은 자주 신을 인간과 같이 정념에 찬 것처럼 제시합니다. 그들은 신에 대해 때로는 분노의 감정을, 때로는 자비의 감정을 지니고 종종 미래 사건에 대한 질투와 의혹을 지니며, 심지어 악마에게 속는 것처럼 표상합니다. 결과적으로 철학자들, 그리고 법을 넘어선, 즉 법이 덕을 명령하기 때문이 아니라 덕이 최선의 것이기 때문에 덕에 대한 사랑으로 덕을 실천하는 모든 이들은 그런 인간적 방식의 언어로 인해 혼란스러워하지 않습니다.

따라서 아담에게 명한 **금지**는 다음과 같은 의미입니다. 즉 아담이 과일을 먹으면 죽을 것이라는 신의 계시가 그 금지의 의미입니다. 이는 우리의 자연적인 이해력이 독은 치명적이라는 것을 알려주는 것과 같습니다. 이런 계시의 목적이 무엇인지 선생님께서는

---

114) (역주) 구원이나 타락의 원인.

의문이 드실 것입니다. 저는 그것이 인식과 관련하여 아담의 완전성을 높여준다고 답하겠습니다. 결과적으로 왜 신이 아담에게 더 큰 완전성을 부여하지 않았느냐고 묻는 것은 왜 원이 구의 모든 속성을 갖추고 있지 않은지 묻는 것과 마찬가지로 부조리한 것입니다. 이 점은 앞의 내용 및 『기하학적으로 증명된 데카르트의 철학의 원리』 1부, 정리15의 주석에서 증명된 것으로부터 명백하게 도출됩니다.

두 번째 난점과 관련해서는 불경한 사람들이 그들의 방식대로 신의 의지를 표현한다는 것이 맞습니다. 그렇다고 해서 그들이 정의로운 사람들과 견줄 만하다는 것은 결코 아닙니다. 왜냐하면 한 사물이 더 큰 완전성을 가질수록 그것은 또한 더더욱 신성을 분유(分有)하고 또 신의 완전성을 더 잘 표현하기 때문입니다. 따라서 정의로운 사람들은 불경한 사람들보다 비교할 수 없을 정도로 더 큰 완전성을 갖는다고 할 때 정의로운 사람들의 덕은 불경한 사람들의 덕과 비교될 수 없는 것입니다. 불경한 사람들은 신의 인식에서 비롯되는 신의 사랑, 즉 오직 그것을 통해 우리가 인간적 지성의 관점에서 신의 종이라고 말해질 수 있는 그런 사랑이 부족한 것입니다. 나아가 그들은 신을 인식하지 못하기 때문에 단지 장인의 손에 있는 도구로서 자신도 모르게 사용되고 또 사용되면서 파괴되는 도구일 뿐인 반면, 정의로운 사람들은 자신들이 사용된다는 것을 알면서 사용되며 또 그렇게 하면서 더욱 완전해지는 것입니다.[115]

선생님, 바로 이런 점이 오늘 제가 선생님의 질문에 대한 답으로서 보내드릴 수 있는 모든 것입니다. 선생님을 만족시켜드릴 수 있기를 바랄 뿐입니다. 선생님께서 아직도 어떤 난점을 발견하신다면 제가 그것을 해소할 수 있는지 확인하도록 부디 알려주십시오. 선생님께서 만족스럽지 못하다고 판단하신다면 결코 저를 성가시게 하는 것이라고 생각하지 말아주십시오. 진리가 선생님께 더 잘 나타날 수 있도록 저는 선생님의 의문의 근거를 알게 된다면 더없이 기쁠 것입니다. 제가 자라면서 배운 언어[116]로 선생님께 편지를 썼다면 제 생각을 아마도 더 적절히 표현했을 것 같습니다. 그러하니 이 점을 양해해주시고 선생님께서 직접 오류를 교정해주시면 감사하겠습니다. 저를 선생님의 충실한 벗으로 생각해주십시오.

1665년 1월 5일
랑게 보가르트[117]에서
베네딕투스 데 스피노자 올림

이곳 랑게 보가르트에 3~4주 머물 것 같습니다. 이후 레인스

---

115) (역주) 『에티카』에서 스피노자는 지성을 통해 신과 자신을 인식하는 사람과 그렇지 못한 사람은 존재와 비존재의 차이와도 같다고 강조한다. 2부, 정리 43, 주석.

116) (역주) 스피노자의 모국어는 히브리어 외에 포르투갈어와 스페인어이다. 네덜란드어로 쓴 편지이기 때문에 스피노자가 오류의 가능성을 알려주고 있다.

117) (역주) 랑게 보가르트(Lange Bogart)는 스피노자가 전염병을 피해 시몬 데 브리스의 도움으로 머물렀던 작은 마을이다.

뷔르흐로 돌아갈 예정입니다. 선생님의 답장을 이곳에서 받을 것 같습니다만, 만일 여건이 허락지 않으시다면 레인스뷔르흐의 다음 주소로 보내주시면 됩니다: 교회 거리, 화가 다니엘 티데만 (Daniel Tydeman) 댁.

○ 서신20. 블리엔베르그가 스피노자에게 — 서신19에 대한 회신

저명한 스피노자 선생님께

존경하고 친애하는 벗께

선생님의 편지를 받고 서둘러 읽은 후 곧바로 답을 드리려 했을 뿐 아니라 편지의 많은 논변에 반론을 제기하려고까지 했었습니다. 그러나 선생님의 편지 내용을 살펴볼수록 논박할 것을 덜 발견하게 되었습니다. 선생님의 답장을 받아보기를 몹시 기다렸던 만큼 기쁘게 읽었습니다. 그러나 몇몇 난점의 해결을 선생님께 요청하기 전에 저는 철학을 계속하기 위하여 제가 지키는 두 규칙을 선생님께 언급하려고 합니다. 한편으로 저는 제 지성의 명석판명한 개념을, 다른 한편으로는 신의 계시된 말씀, 즉 신의 의지를 고려합니다. 첫 번째 규칙에 근거하여 저는 진정성 있게 진리를 사랑하려고 하며 두 번째 규칙에 근거해서는 기독교 철학자이고

·

자 합니다. 그래서 만일 세심한 검토 후에 저의 자연적 인식이 신의 말씀과 모순되거나 일치할 수 없는 경우, 신의 말씀은 제게 다음과 같은 방식의 권위를 지닙니다. 즉 제가 명확하다고 생각하는 개념들을 성서에서 제게 명령되었다고 제가 믿는 진리를 넘어서고 거스르는 것으로서 확립하기보다는 그것들을 의심해보기를 선호한다는 것입니다. 무엇이 놀랍겠습니까? 저는 성서의 말씀이 신의 말씀이라는 것, 즉 그것이 제 이해력을 넘어서는 큰 완전성을 포함하는 최상이자 전적으로 완전한 신으로부터 나온 것이라는 사실을 계속해서 굳게 믿고 싶기 때문입니다. 아마도 신은 자신과 자신의 작품에 대해 제가 적어도 제 유한한 지성을 통해 현재로서는 이해할 수 없는 완전성을 인정하기를 바라지 않았겠습니까? 실제로 저 자신의 행동으로 인해 더 큰 완전성이 제게 결핍되는 일이 가능할 것입니다. 그래서 혹시라도 제가 저 자신의 행위로 인해 결핍되었던 완전성을 갖춘다면 신의 말씀이 우리에게 진술하고 가르쳐준 모든 것이 제 정신의 가장 성스러운 개념들과 일치한다는 것을 파악할 수 있을 것입니다. 그러나 제 경우를 볼 때 저는 계속된 오류로 인해 더 나은 정신적 상태를 결여하고 있다고 추측하며, 선생님께서도 『기하학적으로 증명된 데카르트의 철학의 원리』(1부, 정리15)에서 말씀하시듯이, 우리의 가장 명확한 인식도 불완전하므로, 저는 비록 자의적 결심에 의해서일지라도 신의 말씀에 의거하기를 선호하는 것입니다. 이 점에서 저는 신의 말씀이 가장 완전한 존재에서 나오며(이에 대한 증명은 너무 길어질 것이기 때문에 여기서는 증명 없이 제가 가정하는 바입니다.), 따라서 신의 말씀을 믿어야 한다는 유일한 원리에 의거합니다.

제가 선생님의 편지 내용을 두 번째 규칙에 대해 아무것도 모르는 것처럼 또는 그것이 존재하지 않는 것처럼 오직 첫 번째 규칙에 따라서만 판단한다면 저는 편지 내용의 대부분을 받아들여야 할 것이고 실제로 그렇게 인정합니다. 그리고 저는 선생님의 정밀한 개념들을 경탄해야 할 것입니다. 그러나 제 두 번째 규칙으로 인해 저는 선생님에 대해 동의하지 않습니다. 따라서 두 규칙에 의거하면서 저는 이 편지가 허용하는 한도 내에서 선생님의 주장을 좀 더 세밀하게 검토해보겠습니다.

우선 첫 번째 규칙에 따라 저는 다음과 같은 질문을 제기했습니다: 선생님의 관점에서 창조와 보존은 동일하며 또 신은 사물들 및 그 운동과 양상을 그들의 상태대로 유지하도록 하기 때문에, 즉 신이 그들에게 협력을 제공하기 때문에, **악은 존재하지 않거나 신이 악의 주체**라는 결론이 도출되지 않겠습니까? 이는 아무것도 신의 의지에 반하여 발생할 수 없다는 원리, 그 반대의 경우 신에게 불완전성이 있다는 원리에 의거할 때 도출되는 결론입니다. 달리 말하면 신의 행동은 때때로 악해야 한다는 것입니다. (우리가 악하다고 명명하는 것들 역시 신의 행동에 포함시켜야 할 것이기 때문입니다.) 그러나 이런 주장 역시 모순을 내포하며 저는 이런저런 방식으로 이 문제를 살펴봐도 모순에서 빠져나올 수가 없어서 결국 선생님 자신의 개념들에 대한 최선의 해설가이신 선생님께 여쭤보기로 한 것입니다.

선생님의 답변에서 선생님은 첫 번째 가정, 즉 아무것도 신의 의지에 반하여 일어나지 않으며 그럴 수도 없다는 점을 고수하십니다. 그러나 선생님께서는 신이 악을 행하는 것은 아니냐는 난점에 대해 다음과 같이 말하십니다. 즉 죄는 실재적인 것이 아니며 또한 우리가 신에게 죄를 짓는다고 말하는 것은 전적으로 부적절하게 말할 때나 가능하다는 것입니다. 부록의 제1부 6장에서 선생님께서는 다음과 같이 말씀하십니다: 〈절대적 악이 존재하지 않는다는 것은 그 자체로 명백하다. 존재하는 모든 것은 다른 어떤 것과 비교 없이 그 자체로 생각될 경우 완전성을 내포하기 때문이다. 완전성이란 어떤 사물에서 그 사물의 본질 자체가 미치는 범위만큼 미친다. 따라서 죄는 불완전성만을 나타내기 때문에 결코 어떤 본질을 표현하는 것일 수 없다는 결론이 명백히 도출된다.〉[118] 죄, 악, 오류를 어떤 명칭으로 부르든 간에 그것들이 완전성의 상태를 상실하거나 완전성의 상태가 결여되어 있는 것에 불과하다면, 존재한다는 것은 결코 악도 아니고 불완전성도 아니라는 점이 도출될 수 있을 것입니다. 다만 어떤 악이 이미 존재하는 사물에 발생할 수 있다고 할 것입니다. 왜냐하면 완전한 것은 마찬가지로 완전한 행동에 의해 더 큰 완전성의 상태를 결여할 수는 없기 때문입니다. 그러나 우리에게는 어느 정도의 불완전성에 대한 경향이 있습니다. 우리는 우리에게 주어진 힘을 충분히 제대로 사용하지

---

118) (역주) 일반적으로 블리엔베르그는 『데카르트의 철학의 원리』와 『형이상학적 사유』를 그대로 인용하기보다는 자신의 방식대로 요약하거나 풀어서 표현하는 경우가 대부분이다.

않기 때문입니다.

선생님께서는 그런 것을 〈악이 아니라 단지 더 적은 선〉으로 명명하시는 것 같습니다. 〈왜냐하면 그 자체로 사물들은 완전성을 내포하기 때문〉이라는 것입니다. 이어서 선생님은 말씀하십니다. 〈또한 사물들은 신의 능력과 지성에 의해 실질적으로 부여받은 본질만을 가지기 때문이다. 결과적으로 그것들은 행동에 있어서도 그들이 부여받은 본질 이상의 현존을 나타낼 수 없다.〉 실제로 제가 부여받은 본질 이상이나 이하의 행동을 할 수 없다면 저는 더 완전한 상태의 결여를 전혀 생각할 수 없을 것입니다. 왜냐하면 그 무엇도 신의 의지에 반하여 일어나지 않고 또 주어진 본질만큼의 일만 발생한다면, 어떤 존재 방식이 더 좋은 상태의 결핍이라고 선생님께서 명명하시는 악의 방식보다 좋을 수 있겠습니까? 어떻게 한 사람이 그토록 자기 자신의 상태에 달려 있는 행위를 통해 더 완전한 상태를 잃을 수 있겠습니까? 그래서 제 생각에 선생님께서는 다음의 두 주장 가운데 선택하셔야 할 것 같습니다: 악이 존재하거나, 아니면 악이 존재하지 않는다는 것, 즉 더 좋은 상태의 그 어떤 결핍도 발생하지 않는다는 것입니다. 제가 보기에 두 주장은 서로 양립 불가능하기 때문입니다.

더 완전한 상태의 결핍으로 인해 우리는 더 적은 선의 상태에 처하는 것이지 절대적 악에 빠지는 것은 아니라고 선생님께서는 말씀하실지 모르겠습니다. 그러나 저는 단어를 가지고 논쟁을 하지 말라는 선생님의 가르침을 받았습니다.(부록, 제1부, 3장) 그렇기 때문에 저는 여기서 악이 절대적인지 아닌지 여부를 논하지 않겠습니다. 다만 우리가 더 좋은 상태에서 덜 좋은 상태로 이행할 때 더 나쁜 상태 또는 악한 상태에 빠진다고 말하는지 또 그렇게 말하는 것이 일리가 있는 것인지 선생님께 여쭙고자 합니다. 그러나 선생님께서는 이런 악한 상태가 아직 선한 것을 많이 포함한다고 반박하실 것입니다. 저는 자기 자신의 무분별(imprudentiam)로 인해 더 좋은 상태를 잃고 결과적으로 현재는 과거의 상태보다 더 안 좋은 상태에 처한 사람을 악하다고 불러야 하지 않는지 선생님께 여쭙고 싶습니다.

이런 논변에는 몇몇 난점이 있는바 선생님께서는 그로부터 벗어나기 위하여 다음과 같이 주장하십니다: 〈물론 악은 존재하고 아담은 악했다. 그러나 악은 실재적인 것이 아니며 이에 대한 우리의 판단은 인간 지성의 관점에서 이루어지는 것이지 신의 지성의 관점에서 이루어지는 것이 아니다. 우리와 관련해서(그러나 우리가 우리의 본성과 관계가 있고 우리의 능력에 달려 있는 최상의 자유를 우리 스스로 박탈하는 한에서) 결핍인 것은 신의 관점에서는 부정(Negationem)일 뿐이다.〉 그러면 선생님께서 악이라고 명명하시는 것을 조금 살펴보겠습니다. 비록 우리와 관련해서만 악일지라도 그것은 진정한 악이 아니겠습니까? 다른 한편으로 선생님께서 이해하시는 바대로의 악은 신의 관점에서 단지 부정으로 불러야 합니까?

앞서 저는 첫 번째 문제에 대해 부분적으로 답을 했다고 생각합니다. 다른 존재에 비해 더 적은 제 완전성이 제 안에 악을 들여놓는 것이 아니라는 것을 저는 인정합니다. 피조물에 대해 더 좋은 상태를 요청할 수는 없기 때문입니다. 다만 그것은 수준의 차이만을 나타냅니다. 그러나 제 잘못으로 인해 제가 더 불완전해진다고 해도 저는 완전성을 잃는 만큼 더 악해진다고 하는 점에 대해 저는 동의하지 않습니다. 제가 더 완전한 다른 존재들과 비교하여 저의 타락 이전의 저를 고찰한다면, 저의 더 적은 완전성은 악이 아니라 더 낮은 수준의 선이라는 점은 선생님과 함께 저도 인정합니다. 그러나 저 자신의 무분별로 인해 결여하게 된 더 큰 완전성과 제 타락 이후의 저를 비교한다면, 제가 창조자의 손에서 벗어났을 때 제가 가진 첫 번째 모습과 저를 비교한다면, 저는 저 자신을 이전보다 못한 상태라고 판단해야 합니다. 창조자는 이 일에 아무 관련도 없고 이런 상황에 저를 처하게 한 것은 저 자신이기 때문입니다. 우리가 오류에서 벗어날 수 있는 힘을 가진다는 것은 선생님 스스로 인정하신 것 아닙니까?

두 번째 문제에 대해 말하자면 다음과 같습니다. 선생님께서 인정하시는 것처럼, 악은 아담뿐 아니라 우리 모두가 사려 없는 흐트러진 행위로 인해 상실한 더 좋은 상태의 결핍인바, 악이 신의 관점에서 단지 **부정**인지 알 필요가 있습니다. 그러나 이 점을 올바르게 검토하려면 선생님께서 어떤 방식으로 인간을 파악하시고 오류가 전혀 없을 때의 인간을 어떻게 신에게 의존되게 하시는지를, 그리고 어떤 방식으로 오류를 저지른 이후의 동일한 그 인간을 파악하시는지를 살펴볼 필요가 있습니다. 선생님께서 묘사하시는 바대로의 오류 이전의 그 인간은 신의 능력과 지성을 통해 부여받고 귀속된 것 이상의 본질을 가지고 있지 않습니다. 즉 (제가 선생님의 사유를 제대로 이해한다면) 인간은 신이 그에게 준 본질 이상도 이하도 가질 수 없습니다. 따라서 인간은 원소, 광물, 식물 등의 방식으로 신에게 의존되어 있습니다. 그러나 선생님의 관점이 바로 이러하다면 『데카르트의 철학의 원리』 제1부 정리15의 표현이 무엇을 의미하는지 저는 이해할 수가 없습니다. 선생님은 다음과 같이 말씀하십니다: 〈의지는 자신을 결정하는 데 자유롭기 때문에 우리는 동의하는 우리의 능력을 우리의 지성의 한계 내에 두도록 절제할 수 있고, 따라서 오류를 피할 수 있다는 결론이 도출된다.〉 의지가 오류를 피할 수 있을 정도로 의지에 자유를 부여하는 것과 의지가 신에게 부여받은 본질 이상이나 이하의 완전성을 나타낼 수 없을 정도로 의지가 신에 의존된다고 하는 것에는 모순이 있는 것 같지 않습니까?

두 번째 문제, 즉 오류 이후의 인간을 선생님께서 어떻게 파악하시는지에 대해 살펴보자면, 인간은 전적으로 무분별한 행동에 의해, 달리 말하면 자신의 의지를 지성의 한계 내에 두도록 절제하지 않음으로써 더 완전한 상태를 스스로 결여하게 된다고 선생님께서는 말씀하십니다. 그러나 지난번 편지와 『데카르트의 철학의 원리』에서 선생님께서는 그런 결핍의 두 경우를 더 정확히 설명하셨어야 했던 것 같습니다. 결핍 이전에 인간은 무엇을 소유하고 있으며, (선생님께서 명명하시는 바대로) 더 완전한 상태의 상실 이후에 그는 무엇을 보존하는지 말입니다. 『데카르트의 철학의 원리』 제1부 정리15에서는 우리가 잃은 것만 언급되고 우리가 간직한 것은 언급되지 않기 때문입니다. 〈따라서 오류의 모든 불완전성은 오직 최상의 자유의 결핍에 있으며 이것이 오류라고 불리는 것이다.〉 선생님께서 주장하시는 관점에서 두 경우를 각각 검토해 보겠습니다.

선생님께서는 우리에게 매우 다양한 사유 양태들이 있어서 어떤 것들은 의지의 양태로 불리고 다른 것들은 이해의 양태로 불린다고 주장하십니다. 그뿐 아니라 이들 사이에는 질서[119]가 있어서 우리는 어떤 것을 명확히 이해하기 전에는 그것을 원할 수가 없다고 주장하십니다. 만일 우리가 우리의 의지를 지성의 한계 내에 두도록 한다면 우리는 결코 오류를 범하지 않을 것이라고도 선생님께서는 주장하십니다. 끝으로, 선생님께서는 우리가 의지를 지성의 한계 내에 있도록 할 수 있다고 주장하십니다. 저는 이 여러 주장들을 성찰할 때 심각한 양자택일 앞에 놓이게 됩니다. 즉 정립된 사실이라고 우리가 간주하는 모든 것은 허구에 불과하거나 아니면 신이 그런 질서를 우리에게 새겨놓았다는 것입니다. 만일 신이 그것을 우리에게 새겨놓았다면, 이것이 아무 목적 없이 이루어졌다거나 우리가 그 질서를 준수하고 따르기를 신이 요청하지 않는다고 인정한다는 것은 부조리한 일이 아니겠습니까? 실제로 이는 신에게서 모순을 인정하는 일이 될 것입니다. 우리가 우리 안에 확립된 질서를 준수해야 한다면, 어떻게 우리는 선생님이 말씀하시는 정도로 신에게 의존될 수 있겠습니까?

---

119) (역주) 인간의 내면에 나타나는 정신적 양태들의 순서 또는 질서를 의미하며, 나아가 '명령'을 의미할 수 있다. 맥락에 따라 때로는 '질서'나 '순서'가, 때로는 '명령'이 문장에 어울릴 수 있으므로 앞으로도 문맥에 맞춰 옮긴다.

실제로 그 누구도 자기가 부여받은 본질 이상이나 이하의 완전성을 갖지 못한다면, 그리고 이런 완전성의 힘이 결과를 통해 드러나야 한다면, 자신의 의지를 자신의 지성을 넘어서도록 놔두는 사람은 신으로부터 충분한 힘을 받지 못한 것입니다. 그렇지 않다면 그는 자신의 힘을 결과로 나타나도록 전개했을 것입니다. 따라서 오류를 범하는 자는 신으로부터 오류를 범하지 않을 수 있는 완전성을 받지 못한 것입니다. 그런 완전성을 받았다면 그는 결코 오류를 범하지 않을 것입니다. 왜냐하면 선생님에 따르면 항상 본질은 결과로 실현된 완전성과 정확히 일치하는 비율로 주어졌기 때문입니다.

두 번째로는, 만일 신이 우리가 우리 안에 확립된 질서를 준수할 수 있을 정도로 (선생님께서는 우리가 그것을 완벽하게 준수할 수 있다고 말씀하십니다.) 충분한 본질을 우리에게 부여했다면, 그리고 우리의 완전성이 항상 우리의 본질과 일치한다면, 어떻게 우리가 그 질서를 위반하는 일이 가능합니까? 어떻게 우리는 그것을 위반할 수 있고 의지를 항상 지성의 한계 내에 두지 않는 것입니까?

세 번째로는, 제가 위에서 선생님의 주장으로서 제시한 것처럼, 제가 신이 부여한 본질과 일치하는 정도가 아니고서는 또 신의 의지가 제가 할 일을 결정하지 않고서는 지성의 한계 이상으로도 또 그 이하로도 의지 행위를 할 수 없을 정도로 신에게 의존된다면, 이 점을 그 극단까지 생각해볼 때 어떻게 제가 혹시라도 의지의 자유를 사용할 수 있는 것입니까? 우리에게 의지를 지성의 한계 내에 두라는 명령을 내리고 동시에 그것을 준수할 수 있을 만큼의 본질이나 완전성을 우리에게 제공하지 않는다는 것은 신에게 모순을 들여놓는 것으로 보이지 않겠습니까? 선생님의 견해에 따르면, 신이 우리에게 충분한 완전성을 부여했다면, 우리는 절대로 오류를 범하지 않을 것이니 말입니다. 언제나 우리는 우리의 본질과 일치하는 완전성을 실행하고 우리에게 주어진 힘을 항상 우리의 활동에서 드러내야 할 것이기 때문입니다. 그러나 선생님의 주장에도 불구하고 우리가 신의 의존하에서도 그런 힘을 갖지 못한다는 증거가 바로 우리의 오류입니다. 따라서 우리는 다음의 결론들 중 하나에 동의해야 할 것입니다. 즉 우리는 신에게 전적으로 의존되어 있거나 아니면 우리는 오류를 범하지 않을 능력이 없다는 것입니다. 그러나 선생님에 따르면 우리는 오류를 범하지 않을 능력이 있습니다. 그러므로 우리는 신에게 전적으로 의존되어 있지 않은 것입니다.

제가 보기에 앞의 논의로부터 악 또는 더 좋은 상태의 결핍은 신의 관점에서 단지 부정일 수 없다는 점이 명확히 도출되는 것 같습니다. 왜냐하면 결핍을 겪거나 더 좋은 상태를 상실한다고 말하는 것은 더 큰 완전성에서 더 작은 완전성으로, 다시 말해 상위의 본질에서 하위의 본질로 이행하는 것을 말하지 않겠습니까? 아니면 만일 우리가 신에 의해 일정한 수준의 완전성과 본질을 가진다면, 이는 신의 결정과 의지가 다른 방식으로 이루어지지 않는 한, 신이 완전하게 알고 있는 상태와 다른 상태에 이른다는 것이 불가능함을 주장하는 것 아니겠습니까? 일정한 본질을 영속적으로 보존하도록 전지하고 최상으로 완전한 신에 의해 산출된 피조물, 요컨대 그 본질을 보존하도록 신으로부터 협력을 받은 피조물의 본질이나 완전성이 신이 그에 대해 아는 것과 반대로 축소되는 일이 가능하겠습니까? 이런 가설은 부조리하다는 것이 제 생각입니다. 아담이 더 완전한 상태를 상실했고 결과적으로 신이 그의 영혼에 각인한 명령을 준수할 수 없었으며, 또한 이런 상실과 불완전성, 달리 말해 신이 아담에게 부여한 완전성의 질과 양에 대해 전혀 모른다고 말하는 것은 부조리하지 않겠습니까? 신이 자신에게 의존된 한 존재가 결정된 행위만을 행하도록 그 존재를 형성한다고 하면, (신이 피조물의 행동에 대한 절대적 원인이어야 함에도 불구하고) 신이 전혀 모르는 가운데 이 존재가 그 행위 때문에 더 완전한 상태를 상실한다는 것이 이해 가능한 일이겠습니까?

행위와 행위에 결부된 악 사이에 차이가 있다는 것을 저는 인정합니다. 그러나 저는 "신의 관점에서 악은 부정"이라는 점을 이해할 수 없습니다. 신이 행위를 알고 행위를 결정하고 거기에 협력함에도 불구하고 이 행위의 악과 그 결과를 모른다는 것은 제가 보기에 신과 관련하여 불가능한 일입니다.

예를 들어 신은 제가 제 아내와 행하는 번식 행위에 협력합니다. 이 행위는 실재적인 것인바 신은 이에 대한 명확한 인식을 지닙니다. 그러나 제가 이 행위를 좋지 않게 사용하고 저 자신의 엄숙한 맹세에도 불구하고 그것을 다른 사람의 아내와 행한다면, 제 서약 위반은 악을 나타낼 것입니다. 그렇다면 신의 관점에서 무엇이 부정적인 것일까요? 물론 번식 행위 자체를 행하는 것이 부정적인 것은 아닙니다. 신은 이 행위가 실재적인 한에서 그것에 협력하기 때문입니다. 제 행위에 결부된 악은 저 자신의 약속과 신의 금지에 반하여 제가 관계해서는 안 될 여인과 그 행위를 행하는 데 있을 것입니다. 그러나 신이 제 행위를 인식하고 그것에 협력하되 제가 누구와 그것을 행하는지 모른다는 것이 생각 가능한 일이겠습니까? 신은 저와 동침한 여인의 행동에도 협력하니 말입니다. 신에 대해 이런 생각을 하기는 어려워 보입니다.

다음으로는 살인을 어떻게 해석해야 하는지 살펴보겠습니다. 살인이 실재적 행위인 한에서 신은 그것에 협력합니다. 그러나 결과, 즉 한 존재의 파괴와 신의 피조물들 중 하나의 해체를 신이 모를 수 있겠습니까? 이는 신이 자신의 결과물을 모른다는 것과 같습니다.(이 점에 대해 저는 선생님의 사유를 제대로 파악하지 못하는 것은 아닐지 걱정됩니다. 선생님의 개념들은 선생님이 이토록 경솔한 오류를 범한다고 하기에는 당연히 너무 정교하기 때문입니다.) 어쩌면 제가 방금 가정한 행위들이 단지 선할 뿐이고 어떠한 악도 야기하지 않는다고 선생님께서 반박하실지도 모르겠습니다. 그러나 이 경우 저는 더 완전한 상태의 결핍, 즉 선생님께서 악이라고 명명하는 것이 무엇인지 파악하지 못하겠습니다. 나아가 이 경우 세상은 영원하고 중단 없는 혼돈에 진입할 것이고 우리 인간들은 짐승과 비슷해질 것입니다. 선생님께 여쭙고자 합니다. 이런 견해는 세상을 위해 어떤 유용성이 있겠습니까?

선생님께서는 인간에 대한 통상적인 묘사를 배척하십니다. 선생님께서는 각 인간에게 그가 신으로부터 행동을 위해 실질적으로 부여받은 만큼의 완전성만을 귀속시키고자 하십니다. 이 경우 저는 악인들도 의인들과 마찬가지로 그들의 행동을 통해 신을 섬기는 것이라고 결론 내리지 않을 수 없습니다. 무슨 이유 때문일까요? 그들 모두가 각각 부여받고 결과를 통해 나타난 본질보다 더 완전한 행동을 할 수는 없기 때문입니다. 제 생각에 선생님께서는 선생님의 두 번째 답변에서도 제 질문에 답하지 않으십니다. 이 답변에서 선생님께서는 다음과 같이 주장하십니다: 〈한 사물이 더 큰 완전성을 가질수록 그것은 또한 더더욱 신성을 분유하고 또 신의 완전성을 더 잘 표현하기 때문이다. 따라서 정의로운 사람들은 불경한 사람들보다 비교할 수 없을 정도로 더 큰 완전성을 갖는다고 할 때 정의로운 사람들의 덕은 불경한 사람들의 덕과 비교될 수 없다. 불경한 사람들은 장인의 손에 있는 도구로서 자신도 모르게 사용되고 또 사용되면서 파괴되는 도구인 반면, 정의로운 사람들은 자신들이 사용된다는 것을 알면서 사용되며 또 그렇게 하면서 더욱 완전해지는 것이다.〉 그러나 정의로운 사람들이나 불경한 사람들이나 모두 더 많은 것을 할 수는 없다는 것이 사실입니다. 왜냐하면 어떤 사람은 다른 사람보다 더 큰 본질을 받은 만큼 그 사람보다 더 큰 완전성을 활용하기 때문입니다. 불경한 사람들은 그들의 적은 완전성으로도 정의로운 사람들만큼 신을 섬기지 않겠습니까? 사실 선생님의 견해에 따르면, 신은 불경한 사람들에게 더 많은 것을 요구하지 않기 때문입니다. 그렇지 않다면 신은 그들에게 더 큰 본질을 부여했을 것입니다. 그러나 그들의 행위에서 드러나듯이 신은 그들에게 더 큰 본질을 부여하지 않았습니다. 따라서 신은 그들에게 더 이상을 요구하지 않습니다.

그러나 만일 각자가 정확히 신이 원하는 것만을 자기의 방식으로 행한다면, 정의로운 사람보다 덜 행하지만 신에게 요구받은 것을 행하는 사람은 정의로운 사람만큼 신의 마음에 들지 않겠습니까?

게다가 선생님의 견해에 따르면, 선생님께서는 우리가 행위에 결부된 악으로 인한 무분별 때문에 더 완전한 상태를 상실하는 것과 마찬가지로, 의지를 지성의 한계 내에 두도록 함으로써 우리는 과거만큼 완전한 상태로 있을 뿐만 아니라 (신을) 섬김으로써 더 완전해진다고까지 주장하시는 것으로 보입니다. 확신컨대 이 점은 모순을 내포합니다. 우리가 부여받은 본질 이상도 이하도 아닌 만큼의 완전성만을 행할 정도로 우리가 신에게 의존되어 있다면, 달리 말해 우리가 신이 정확히 원하는 만큼의 완전성만을 가질 수 있다면, 어떻게 우리가 무분별로 인해 더 나빠지거나 혹은 신중함으로 인해 더 좋아질 수 있겠습니까? 만일 인간이 선생님께서 말씀하시는 바대로라면, 악인들은 정의로운 사람들이 그들의 행동으로 신을 섬기는 것과 마찬가지로 자신들의 행동을 통해 신을 섬긴다고 저는 결론 내릴 수밖에 없습니다. 이런 사실로 인해 우리는 광물, 풀, 돌 등만큼 신에게 엄격하게 의존되는 것입니다. 그렇다면 우리의 지성은 무슨 소용이 있겠습니까? 우리의 사유가 따라야 하는 질서는 무슨 이유로 우리에게 각인되었던 것입니까?

다른 한편으로는, 청컨대 우리가 잃게 되는 것을 보십시오. 신의 완전성의 규범과 신이 우리에게 각인한 질서에 따라 우리를 완전하게 하기 위한 세심하고 진지한 성찰을 잃게 됩니다. 우리는 신을 향한 기도와 갈망을 잃게 되는 것입니다. 우리가 놀라운 위안을 받게 된다는 점을 그토록 자주 파악하게 해주는 기도와 갈망 말입니다. 우리는 모든 종교, 그리고 우리가 기도와 종교에서 기다리는 모든 희망과 기쁨을 잃게 되는 것입니다. 끝으로 만일 신이 악에 대한 인식이 전혀 없다면, 신이 악을 처벌하리라는 것은 그리 믿을 만한 일이 아닙니다. 법관의 판결을 피할 수 있다면 가능한 모든 범죄를 집요하게 저지르지 않을 이유가 제게 남아 있겠습니까? 혐오스러운 방법으로 부를 획득하지 말아야 할 이유가 무엇이겠습니까? 정욕의 충동에 따라 제가 욕구하는 모든 것을 가리지 않고 행하지 말아야 할 이유가 무엇이겠습니까? 우리는 덕 자체를 위해 덕을 사랑해야 하기 때문이라고 선생님께서는 말씀하실 것입니다. 그러나 어떻게 제가 덕을 사랑할 수 있습니까? 저는 그만큼의 본질과 완전성을 부여받지 않았으니 말입니다. 이것이나 저것에서 동일한 만족을 얻을 수 있다면 무슨 이유로 의지를 지성의 한계 내에 두도록 제 힘을 쏟아야 합니까? 무슨 이유로 정념이 저를 이끄는 대로 행하지 말아야 합니까? 무슨 이유로 제 길에 방해가 되는 사람을 아무도 모르게 죽이지 말아야 합니까? 이런 점을 볼 때 우리는 모든 불경한 사람들과 불경에 대해 구실을 제공하게 될 것입니다. 우리는 식물같이 될 것이고 우리의 모든 행동은 시계의 움직임에 불과할 것입니다.

지금까지 언급된 이유에 따르면, 신에게 죄를 짓는다고 하는 것이 단지 우리가 부적합한 방식으로 말하는 것일 뿐이라고 인정하기는 매우 어려워 보입니다. 실제로 우리가 의지를 지성의 한계 내에 두도록 우리에게 주어진 힘을 넘어설 때 질서에 반하는 죄를 짓는 것이라면, 그런 힘은 무엇을 의미하겠습니까? 아마도 선생님께서는 그것은 신에게 죄를 짓는 것이 아니라 우리 자신에게 죄를 짓는 것이라고 답변하실 것입니다. 만일 신에게 죄를 짓는다고 말하는 것이 적합하다면, 어떤 일이 신의 의지에 반하여 일어난다고 또한 말해야 하는데, 이는 선생님에 따르면 불가능한 일이기 때문입니다. 그러므로 죄도 불가능한 것입니다. 그러나 진리는 둘 중 하나여야 합니다. 즉 신은 그런 일을 원하거나 아니면 원하지 않거나 둘 중 하나인 것입니다. 신이 그것을 원한다면 우리와 관련하여 어떤 악이 있을 수 있겠습니까? 신이 그것을 원하지 않는다면, 선생님의 견해에 따라 그 일은 발생하지 말아야 합니다. 그러나 선생님의 견해에 따르면 단지 이 두 번째 가설이 부조리를 내포한다고 해도, 제가 앞서 제시했듯이 첫 번째 가설에서 도출되는 부조리들을 인정하는 것은 매우 위험해 보입니다. 제가 부단한 성찰을 통해서 이 모든 것을 일정한 방식으로 해소할 방안을 찾을 수 있을지 누가 알겠습니까?

저의 첫 번째 일반적 규칙에 따른 선생님의 서신 검토를 이 정도로 마치겠습니다. 그러나 저의 두 번째 규칙에 따라 검토를 시작하기 전에 다시 선생님의 서신과 관련된 두 가지 점과 함께 『데카르트의 철학의 원리』 제1부 정리15에서 선생님께서 쓰신 구절을 강조하고자 합니다. 우선 선생님께서는 다음과 같이 주장하십니다: 〈우리는 지성의 한계 내에서 원하고 판단할 능력을 제어할 수 있다.〉 저는 이것을 절대로 받아들일 수 없습니다. 이와 같은 주장이 맞다면, 분명 무수히 많은 사람들 가운데 자신의 행위를 통해 그런 능력을 갖추었음을 보여주는 사람이 적어도 한 명은 있을지 모릅니다. 그런데 각각의 사람은 이런 목표를 위해 사용하는 힘이 아무리 크다고 할지라도 그 목표에 이를 수 없다는 것을 스스로에 대한 경험을 통해 명료하게 확인할 수 있습니다. 누군가가 이 점에 대해 의문이 든다면, 모든 힘을 통해 자신의 정념에 맞설 때조차도 정념은 자신의 이성에 승리하는 적이 매우 많다는 점을 자신의 내면에 대한 검토를 통해 알게 될 것입니다.

우리가 의지를 지성의 한계 내에 두는 데 실패하는 것은 그것이 불가능해서가 아니라 우리의 열의가 충분치 않기 때문이라고 선생님께서는 논박하실 것입니다. 만일 그것이 가능하다면 수많은 사람들 중 적어도 한 사람은 그렇게 할 수 있다고 저는 답하겠습니다. 그러나 오류에 결코 빠진 적이 없다고 자부하거나 자부할 사람은 단 한 명도 없습니다. 이 문제와 관련하여 제시할 수 있는 논거 중 진정 이런 예보다 더 확실한 것이 있겠습니까? 오류에 빠지지 않는 몇몇 사람이 있다면 그런 사람이 한 명은 있을 것입니다. 또는 그런 사람이 전혀 없다고 해도 이에 대한 증거 역시 없습니다.

그러나 선생님께서 제기하실 수 있는 문제가 있습니다. 그것은 다음과 같을 것입니다: 단 한 번이라도 내 판단의 중지를 통해 지성의 한계 내에 의지를 유지함으로써 오류를 범하지 않도록 할 수 있다면, 동일한 노력을 가함으로써 항상 동일한 결과를 얻을 수 있지 않겠느냐는 것입니다. 우리는 그렇게 항상 계속할 수 있을 정도의 힘이 현재 없다고 저는 답하겠습니다. 저는 온 힘을 다하면

한 시간 안에 5킬로미터 이상을 주파할 수 있지만, 항상 그 속도를 유지할 수는 없습니다. 마찬가지로 저는 예외적으로 지속적인 열의를 가지고서 오류를 한 번은 피할 수 있지만, 항상 오류를 피할 수 있을 정도의 충분한 정신력을 가지고 있지 않습니다. 물론 완전한 제작자의 손에서 바로 나온 최초의 인간은 오류를 저지르지 않을 만큼의 충분한 힘이 있었다고 저는 생각합니다. 그러나 (이 점에서 저는 선생님께 동의합니다.) 그는 그 힘을 충분히 사용하지 않았거나 잘못 사용함으로써 이전에 자신이 가졌던 행동 능력의 완전한 상태를 상실한 것입니다. 이 점을 확증하기 위해 저는 다양한 근거들을 덧붙일 수 있지만 그렇게 하면 너무 장황해질 것입니다. 바로 이 점에 성서의 모든 본질이 있다고 저는 평가합니다. 이와 관련하여 성서의 가르침은 우리의 자연적 지성에 의해서 명확하게 확증되는 만큼 우리는 더욱더 성서를 존중해야 할 것입니다. 즉 우리의 최초의 완전성의 실추는 우리 자신의 무분별의 결과이자 귀결에 불과하다는 것입니다. 그렇다면 이런 실추를 가능한 만큼 교정하는 것보다 더 필요한 것이 무엇이겠습니까? 타락한 인간을 신에게 다시 인도하는 것이야말로 성서의 유일한 목적입니다.

『데카르트의 철학의 원리』 제1부 정리15와 관련한 다른 문제는 다음과 같습니다. 선생님께서는 〈사물들을 명석판명하게 이해하는 것은 인간의 본성에 반하는 일이다.〉라고 주장하십니다. 그리고 이로부터, 〈혼란한 지각일지라도 그것에 동의하고 자신의 자유를 사용하는 것이 무차별의 상태, 즉 자유의 가장 낮은 수준에 항상 머물러 있는 것보다 훨씬 낫다.〉고 결론 내리십니다. 제가 보기에 이런 결론은 전혀 명확하지 않습니다. 판단의 보류를 통해 우리는 창조자에 의해 창조되었던 상태에 있는 반면, 혼란한 지각에 동의할 경우 우리는 이해하지 못하는 것에 대해 판단을 내리고 참과 마찬가지로 거짓에도 동의할 위험을 무릅쓰게 되기 때문입니다. (데카르트가 어딘가에서 주장하듯이)[120] 만일 우리가 판단을 내리기 위해서 우리의 지성과 의지 사이에 신이 확립해놓은 질서(즉 우리의 명확한 이해에 대한 판단의 종속)를 따르지 않는다면, 우리는 진리를 오직 우발적으로만 접할 수 있게 될 것입니다. 그러나 이 경우도 우리는 죄를 짓는 것입니다. 우리는 신이 확립한 질서에 따라 진리를 맞이한 것이 아니기 때문입니다. 결과적으로 우리의 절제 있는 판단이 우리를 신이 원한 상태에 있게 해주는 것과 마찬가지로, 혼란한 판단은 우리를 더 악한 상태로 이끌고 가는 것입니다. 혼란한 판단은 오류의 근거이고 우리는 이런 오류로 인해 이후 완전성의 상태를 잃게 되기 때문입니다.

그러나 저는 선생님께서 다음과 같이 말씀하실 것을 예상합니다. 혼란한 지각에 동의하지 않고 항상 완전성과 자유의 가장 낮은 수준에 머무는 것보다는 심지어 혼란한 지각에 동의함으로써 우리를 더 완전하게 만드는 것이 낫지 않겠는가 하는 말씀 말입니다. 그러나 우리는 선생님의 전제를 부정했을 뿐 아니라, 그런 행동은 우리를 더 완전하게 하는 것이 아니라 더 안 좋게 만든다는

---

120) (역주) 『철학의 원리』, 제1부, 31절 및 그 이후 참조.

점을 일정한 방식으로 제시했습니다. 나아가 제가 보기에 신이 자신에 의해 결정된 사물들의 인식을 그가 그것에 대해 우리에게 부여한 것 이상으로 확대한다는 것은 불가능하며 또 거의 모순됩니다. 이는 신이 우리의 오류에 대한 절대적 원인이라는 점을 함축하기 때문입니다. 신이 우리에게 준 것 이상을 주지 않았다고 해서 우리가 신을 비난할 수 없다는 것은 그리 중요하지 않습니다. 물론 신은 우리에게 더 이상을 주어야 할 아무 의무도 없습니다. 그러나 신의 최상의 완전성은 그가 산출한 피조물이 선생님의 주장으로부터 도출되는 것으로 보이는 모순과 같은 그 어떤 모순도 포함하지 않는다는 사실을 내포합니다. 창조된 자연 안에서 실제로 우리의 지성이 아니라면 그 어디에서도 인식은 찾을 수 없습니다. 그렇다면 신의 작품을 확인하고 이해하기 위해서가 아니라면 무슨 이유로 그런 인식이 우리에게 주어졌겠습니까? 또한 인식 대상들과 우리의 지성 간의 일치가 존재해야 한다는 것은 자명하게 도출될 수밖에 없습니다.

그러나 저희가 방금까지 이야기한 점에 관해 선생님의 편지를 저의 두 번째 일반적 규칙에 따라 검토해보면, 저희 둘의 견해는 첫 번째 규칙과 관련한 경우에 비해 차이가 더 커집니다. 실제로 제가 보기에(만일 제가 실수를 한다면 교정해주십시오.) 선생님께서는 성서에 담겨 있다고 제가 믿는 무오류의 신적 진리의 특성을 성서에 귀속시키지 않으십니다. 물론 선생님께서는 신이 성서의 내용을 선지자들에게 계시했다는 것을 믿는다고 말씀하십니다. 그러나 선생님께서 믿는다고 하시는 그 계시는 매우 불완전한 방식으로 이루어지기 때문에, 만일 그런 방식으로 계시가 일어난다면 그것은 신 안에 모순을 포함할 정도입니다. 왜냐하면 신이 인간에게 자신의 말씀과 의지를 드러냈다면 이는 정확한 목적이 있는 것이기 때문입니다. 선지자들이 그들이 부여받은 말씀에 따라 우화를 만들어냈다면, 신이 그것을 원했거나 아니면 그것을 원하지 않았다는 것은 분명합니다. 신이 선지자들이 자신의 말씀으로부터 우화를 만들어내기를 원했다면, 즉 자신의 사유와 멀어지기를 원했다면, 신은 항상 이런 오류의 원인이 될 것이고 자신과 모순이 되는 어떤 것을 원하게 될 것입니다. 그러나 신이 그런 것을 원하지 않았다면 선지자들은 우화를 만들어낼 수 없었을 것입니다.

　나아가 신이 선지자들에게 자신의 말씀을 선물해주었다고 가정한다면, 우리는 그들이 그 말씀을 부여받으면서 오류를 범하지 않는 방식으로 신이 그들에게 말씀을 부여했다고 생각할 수 있습니다. 왜냐하면 신은 자신의 말씀을 계시할 때 정확한 목적을 가져야 하기 때문이며 인간들을 오류에 빠지도록 하는 목적을 스스로에게 제안할 수 없기 때문입니다. 만일 신이 스스로에게 그런 목적을 제안한다면 신 안에 모순이 있게 될 것입니다. 다른 한편으로 인간은 신의 의지에 반하여 오류를 범할 수 없었습니다. 선생님의 견해에 따르면 이는 불가능하기 때문입니다. 이와 같은 고찰 외에도, 최상으로 완전한 신이 자신의 말씀을 선지자들이 일반 대중에게 설명하도록 하기 위하여 그들에게 선물로 주고서는 그들이 이 말씀의 의미를 자신이 원한 의미와 다른 의미로 해석하는 것을 허용한다는 것은 믿어지지 않는 일입니다. 신이 선지자들에게 자신의 말씀을 부여했다고 우리가 주장한다면, 동시에 우리는 통상적이지 않은 방식으로 신이 그들에게 나타나고 또 그들과 이야기했다고 인정하는 것입니다. 따라서 만일 선지자들이 그들이 받은 말씀을 바탕으로 우화를 만들어냈다면, 즉 그 말씀에 신이 그들이 전달하기를 원한 의미와 다른 의미를 부여했다면, 이 역시 신의 가르침에 따른 것이어야 합니다. 그러므로 신이 선지자들이 갖기를 원했던 의미와 다른 의미를 그들이 구상할 수 있었다고 하는 것은 그들에게 불가능하며 신에게는 모순되는 일인 것입니다.

또한 제가 보기에 선생님께서는 신의 계시 방식과 관련해서 선생님이 주장하시는 것을 제대로 증명하지 않으십니다. 즉 신은 오직 구원과 타락을 계시했고 구원과 타락에 이르는 데 필요한 정확한 수단을 결정했으며 구원과 타락이 이와 같이 결정된 수단의 결과일 뿐이라는 점을 선생님께서는 제대로 증명하지 않으십니다. 정말로 선지자들이 이런 의미로 신의 말씀을 받았다면 그들이 이와 다른 의미를 신의 말씀에 부여할 이유가 무엇이겠습니까? 그러나 제가 보기에 선생님께서는 선지자들의 의미보다 그런 의미를 인정해야 한다는 점을 설득하기 위한 어떤 증명도 첨가하지 않으십니다. 선생님께서 이 점이 증명되었다고 평가하시는 이유가, 반대의 경우 신의 말씀은 많은 불완전성과 모순을 내포하게 되기 때문이라면, 저는 그것이 단지 주장일 뿐 증명이 아니라고 말씀 드리겠습니다. 두 의미를 대조할 때 어느 것이 불완전성을 덜 내포하는지를 누가 알겠습니까? 끝으로, 최상으로 완전한 존재는 일반 대중이 이해할 수 있었던 것과 그들에게 가르침을 주어야 할 최선의 수단이 무엇인지 잘 알고 있었습니다.

선생님의 질문의 두 번째 부분과 관련해서 선생님께서는 왜 신은 아담이 나무의 과일을 먹을 것을 결정했으면서 그에게 그것을 먹지 말 것을 명령했는지 물으십니다. 선생님께서 답하시기를, 아담에게 명령된 금지는 단지 신이 과일을 먹는 사태는 죽음의 원인이라는 점을 그에게 계시한 데 있고 이는 독이 치명적이라는 점을 신이 자연적인 이유에 따라 우리에게 계시한 것과 같은 방식이라고 하십니다. 신이 아담에게 어떤 것을 금지했다는 사실이 견고하게 확립되었다면, 무슨 이유로 제가 신에게 금지의 방식을 계시받은 선지자들이 전하는 방식보다 선생님께서 제시하시는 금지의 방식을 믿어야 하겠습니까? 선생님께서는 다음과 같이 말씀하실 것입니다. 〈그런 금지를 이해하는 나의 방식은 더 자연적이고 그렇기 때문에 진리에 더 가까우며 신의 본성에 더 잘 부합한다.〉 그러나 저는 이 모든 점을 부정합니다. 저는 독이 치명적이라는 것을 신이 자연적 방식으로 지성을 통해 우리에게 계시했다는 것을 받아들이지 않습니다. 저는 독성이 있는 어떤 것과 관련하여 그것에 대해 들었거나 또는 독이 다른 사람들에게 미친 나쁜 결과를 관찰하지 않았다면 그것이 독성이 있다는 것을 알 아무 근거가 없습니다. 일상의 경험은 독을 모르는 많은 사람이 독에 대해 모른 채 그것을 먹고 죽는다는 것을 우리에게 알려줍니다. 그러나 선생님께서는 만일 그들이 그것이 독이라는 것을 알았다면 그것이 나쁘다는 것을 알았을 것이라고 말씀하실 것입니다. 저는 어떤 사람이 독을 먹고서 유해하게 작용한 것을 보거나 그런 점에 대해 말하는 것을 듣지 않았다면 누구도 독을 모르며 또 알 수도 없다고 답하겠습니다. 지금까지 우리가 어떤 사람이 독을 먹고서 유해하게 작용한 것을 보거나 그런 점에 대해 말하는 것을 듣지 않았다고 가정한다면, 우리는 독에 대해 아무것도 모를 뿐 아니라 심지어 아무 걱정 없이 독을 취함으로써 스스로에게 유해하게 작용하도록 할 것입니다. 이 같은 진리들은 우리가 일상적으로 경험해서 아는 것입니다.

현세에서 신실하고 고귀한 영혼에게 완전한 신성에 대한 관조보다 더 큰 기쁨을 제공하는 것이 무엇이겠습니까? 우리가 가장 완전한 것을 고찰할 경우 그것은 우리의 유한한 지성이 포착할 수 있는 가장 큰 완전성을 그 자체로 포함해야 합니다. 저는 제 삶에서 이런 기쁨과 맞바꾸고픈 것은 아무것도 없습니다. 저는 천상의 욕구로써 이런 기쁨을 누리는 데 많은 시간을 보낼 수 있습니다. 동시에 저는 제 지성이 포착하지 못하는 모든 것을 보면서 진실로 슬픔을 느낍니다. 그러나 저는 이런 슬픔을 제 삶보다 더 소중한 다음과 같은 희망으로써 진정시킵니다. 추후에 제가 존재할 것이고 계속해서 존재하면서 결국 지금 제가 할 수 있는 것보다 더 완전한 방식으로 신성을 보게 될 것이라는 희망 말입니다. 매 순간 죽음을 기다리는 짧고 덧없는 삶을 생각할 때, 제 삶이 끝나야 하고 제가 그런 성스럽고 숭고한 관조에 이르지 못한다고 믿어야 한다면 분명 저는 자신들의 끝을 모르는 피조물들 가운데 가장 비참한 피조물일 것입니다. 저 자신의 죽음 이전에 죽음에 대한 저의 공포는 저를 불행하게 만들 것입니다. 죽음 후에 제가 더 이상 존재하지 않는다면, 제 불행은 신에 대한 관조를 더 이상 하지 못하게 된다는 데 있을 것입니다. 그런데 제가 보기에 선생님의 견해는 바로 다음과 같은 생각으로 귀결되는 것 같습니다. 이 세상에서 제 삶이 끝나면 저는 영원히 사라질 것이라는 생각 말입니다.

그러나 선생님의 이런 견해에 반대되게 신의 말씀과 의지는 제가 현세 이후에 더 완전한 상태에서 최상으로 완전한 신성의 관조를 향유하리라는 것을 내적으로 증언해줌으로써 제게 위안을 제공합니다. 진정으로 말하자면, 만일 이런 희망이 전적으로 잘못된 것으로 드러난다고 해도, 그것은 제 희망이 지속되는 동안은 저를 행복하게 해줄 것입니다. 이것이야말로 제 목숨이 붙어 있는 한 제가 기도, 간청, 간절한 소원을 통해 신에게 요청하고 또 앞으로도 요청할 유일한 것입니다.(제가 신에게 저를 더 봉헌할 수 있다면 말입니다!) 신은 제 육신이 해체되어도 제가 완전한 신성을 볼 수 있는 지성적 존재로 머물기에 충분한 정신적 행복을 자신의 선을 통해 기꺼이 제게 부여해줍니다. 이와 같은 행복이 제게 주어진다면 이 세상에 대한 믿음이 어떻게 이루어지는지 또 사람들끼리 서로 설득하려는 바가 무엇인지는 그리 중요하지 않습니다. 어떤 것이 자연적 지성에 의해 확립될 수 있거나 지각될 수 있는지 여부를 아는 문제에 대해 저는 개의치 않는다는 것입니다. 저의 유일한 소원, 저의 욕망, 저의 계속적인 기도는 신이 이런 확실성을 제 영혼 속에 굳건하게 해주는 것 외에 그야말로 아무것도 아닙니다. 만일 제가 이런 확실성을 갖게 된다면(이것을 갖지 못한다면 저는 얼마나 불행하겠습니까?) 마치 사슴이 신선한 냇물을 갈망하듯이 제 영혼은 살아 있는 신을 갈구하며 외칠 것입니다. '제가 당신 곁에 있으면서 당신을 바라볼 날이 언제나 올까요?'[121]라고 말입니다. 제가 이와 같은 기쁨을 누리게 된다면 저는 제 영혼이 바라는 목적과 대상에 이르게 될 것입니다. 그러나 선생님의 개념들에는 이토록 훌륭한 희망을 위한 여지가 없어 보입니다. 선생님에 따르면 우리가 신을 섬기는 일은 신을 기쁘게 하지 않기 때문입니다. 또한 (신에 대해 인간적 방식으로 말하는 것을 허용해주십시오.) 저는 신이 우리의 섬김과 찬양을 기뻐하지 않는데도 우리를 만들고 보존한다는 점을 이해하지 못하겠습니다. 다만 제가 선생님의 견해에 대해 잘못 이해하고 있는 것이라면 선생님의 설명을 기다리겠습니다.

그러나 제가 이 모든 사안에 대해 너무 길게 말했고 아마도 선생님의 시간을 빼앗았을 것입니다. 시간과 편지지가 모자라기 때문에 이만 줄이려고 합니다. 제가 선생님의 편지에서 해결되기를 바라는 것들이 바로 이와 같은 문제들입니다. 선생님의 글로부터 제가 선생님의 견해가 아닌 결론을 여기저기서 끌어냈는지도 모르겠습니다. 그런 부분에 대해 선생님의 설명을 듣기를 바랍니다.

최근에 저는 신의 몇몇 속성들에 관해 성찰하고 있는데, 이와 관련하여 선생님의 〈부록〉이 적지 않은 도움을 주고 있습니다. 제가 보기에 선생님께서 간단한 증명만을 제시하시는 주장을 제가 더 길게 전개했습니다. 이와 관련하여 저는 이 저작이 선생님 자신의 사유를 표명하지 않는다는 것을 메이어르의 서문에서 읽고서

---

121) (역주)『잠언』 42: 1-2.

매우 놀랐습니다. 선생님께서 신, 영혼, 그리고 특히 의지에 대해 데카르트와 매우 다른 학설을 구상하심에도 불구하고 데카르트의 철학을 선생님의 학생들 중 한 명에게 가르치기로 약속했다는 것을 그의 서문에서 읽고서 저는 놀랐습니다. 이 서문에서 저는 선생님께서 곧 『형이상학적 사유』의 증보판을 내시겠다고 하신 것을 또한 보았습니다. 두 사안에 대한 정보가 모두 정확한 것이기를 고대합니다. 선생님께서 새로운 점을 제공해주시기를 저는 많이 기다리고 있기 때문입니다. 그러나 저는 사람들을 칭찬으로써 자극하는 습관을 갖고 있지 않습니다.

저는 선생님께서 요구하시는 바로 그런 진실한 우정으로 이 편지를 씁니다. 저는 진리를 발견하려는 생각밖에 없습니다. 제 의도를 넘어서서 장황했던 점을 용서해주십시오. 제게 답장을 주신다면 매우 감사하겠습니다. 선생님께서 늘 사용하시던 언어로 편지를 쓰시고 싶고 그것이 라틴어나 프랑스어라면 저는 개의치 않겠습니다. 그러나 선생님의 다음번 답장은 네덜란드어로 써주셨으면 합니다. 저로서는 선생님께서 네덜란드어로 써주실 때 선생님을 잘 이해했습니다. 아마도 라틴어로 써주실 경우 그렇지는 못할 것 같습니다. 미리 선생님께 감사의 말씀을 올립니다.

1665년 1월 16일
도르드레흐트에서
빌럼 판 블리엔베르그 올림

* 추신: 신에게 있어서 부정(否定)을 선생님께서 어떻게 이해하시는 지 답장에서 더 상세하게 알게 되기를 바랍니다.

○ 서신21. 스피노자가 블리엔베르그에게
─ 서신20에 대한 회신

매우 학식 있고 교양 있는 빌럼 판 블리엔베르그 씨께

벗에게

선생님, 제가 선생님의 첫 번째 편지를 읽었을 때는 선생님의 견해와 제 견해가 어느 정도 일치한다고 생각했습니다. 그러나 이번 달 21일에 제게 도착한 선생님의 두 번째 편지를 읽고 사정이 전혀 다르다는 것을 알게 되었습니다. 저는 저희의 다른 생각이 제일 원리들로부터 여러 단계에 걸쳐 도출되는 결과들뿐 아니라 원리들 자체와 관련된다는 것을 확인하게 됩니다. 그래서 제가 보기에는 저희가 서신 교환을 통해 서로 배울 수 있는 것이 없는 것 같습니다. 실제로 증명이 증명의 규칙에 따라 아무리 견고할지라도 그것이 선생님 또는 선생님께서 알고 계시는 듯한 신학자들이 성서에 귀속시키는 설명과 일치하지 않을 경우 그 증명은 선생님께 아무 효력이 없는 것 같습니다. 그러나 선생님께서 신이 성서를 통해 말하는 방식이 지성의 자연적 빛에 의해서보다 (지성 역시 신이 우리에게 부여한 것이고 그의 신적 지혜를 통해 계속적으로 견고하고 변질 불가능하게 보존해주는 것입니다.) 더 명확하고 더 효과적이라고 생각하신다면, 선생님께서 성서에 귀속시키는 견해에 선생님의 지성을 종속시키는 것은 타당한 근거가 있습니다. 저라도 역시 그렇게 할 수밖에 없을 것입니다.

그러나 모호함 없이 전적으로 고백하건대 저는 비록 수년간 성서 연구를 진행했지만 성서에 대해 명확하게 이해를 못합니다. 저는 견고한 증명을 발견했을 경우 그것을 의심케 하는 생각에 빠질 수 없다는 것을 알고 있습니다. 그렇기 때문에 저는 제 지성이 실재에 대해 저를 속인다는 의혹이나, 비록 제가 성서를 검토하지 않는다고 해도 성서가 제 지성과 어긋난다는 의혹 없이 저의 지성이 제게 제시하는 것을 전적으로 받아들이는 것입니다. 실제로 제가 『데카르트의 철학의 원리』 부록에서 명확히 밝혔듯이(제가 지방에 머무르라 책을 가지고 있지 않아서 어느 장인지 알려드릴 수 없습니다.)[122] 진리는 진리에 대립되지 않습니다. 제가 단 한 번도 결함을 발견하지 못한 자연적인 이해 능력에서 획득한 결실은 저를 행복한 사람으로 만들어주었습니다. 여기에 제 즐거움이 있고 저는 불평과 탄식이 아닌 평온, 기쁨, 웃음 속에서 제 삶을 살아가려고 노력하며 어김없이 새로운 단계를 넘어섭니다. 나아가 저는 모든 것이 최상으로 완전한 존재의 능력을 통해 이루어진다는 것을 인정하며

---

122) (역주) 스피노자는 전염병을 피해 스키담 근처의 랑게 보가르트에 있는 시몬 데 브리스의 사촌 집에 아직도 머물던 중이다.

저의 가장 큰 만족과 영혼의 평정을 바로 그런 인식을 통해 얻습니다.

선생님의 편지에 대해 말하자면, 선생님의 철학하는 방식을 열린 태도로 적시에 알려주신 점에 깊이 감사한다는 점을 말씀 드립니다. 그러나 제 편지로부터 선생님께서 도출해낼 수 있다고 생각하시는 결과들과 관련해서 저는 선생님께 감사할 수가 없습니다. 제 편지에서 무엇을 가지고 선생님께서는 인간이 짐승과 유사하다거나 짐승의 방식으로 죽어 사라진다거나 우리의 행동이 신을 불쾌하게 한다는 등의 견해를 제 견해로 생각하십니까? (마지막 문제와 관련하여 저희가 사물을 보는 방식은 완전히 달라야 합니다. 그렇지 않다면 선생님께서 신이 마치 자신의 목적에 도달한 어떤 사람이 자기 기대대로 상황이 진행되었기 때문에 기뻐하듯이 우리의 행동에 대해 기뻐한다고 말씀하실 때, 저는 선생님이 어떤 생각을 가지고 계신지 파악할 수가 없을 것이기 때문입니다.) 정의로운 사람들은 신을 영광스럽게 하며, 그렇게 함으로써 그들은 더욱 완전해지고 신을 사랑한다는 점을 저는 매우 명확하게 말했습니다. 과연 이런 것이 그들을 짐승과 유사하게 만들고 짐승처럼 소멸하게 하고, 또 그들의 행동을 신에게 불쾌한 것으로 만드는 일입니까?

선생님께서 제 편지를 조금 더 주의 깊게 읽으셨다면 저희의 대립은 다음의 유일한 문제에서 비롯된다는 것을 명확히 파악하실 것입니다: 〈정의로운 사람들이 갖는 완전성은 신에게 인간적 속성을 귀속시키는 일 없이 절대적으로 말해서 신에 의해 전해진 것인가(이것이 제가 이해하는 방식입니다.) 아니면 판관처럼 생각된

신으로부터 비롯된 것인가?(이것이 선생님께서 결정적으로 주장하시는 것입니다.)〉 이런 점으로부터 출발하여 선생님께서는 불경한 사람들이 신의 결정에 따라 그들이 할 수 있는 것을 행하기 때문에 그들은 정의로운 사람들만큼 신을 섬긴다고 주장하시는 것입니다. 그러나 진정 이런 점은 제 주장으로부터 도출되는 것이 전혀 아닙니다. 저는 신을 판관으로서 간주하지 않기 때문입니다. 결과적으로 저는 행동을 그것의 질에 따라 평가하지 그것을 행하는 사람의 능력에 의해 평가하지 않습니다. 또한 행동을 따르는 보상은 삼각형의 본성으로부터 그 세 각이 두 직각과 동일하다는 것이 도출되듯이 필연적으로 따라 나오는 것입니다. 이런 점은 각자가 우리의 모든 행복이 신에 대한 사랑에 있고 이 사랑은 우리에게 위대한 가치인 신에 대한 인식으로부터 필연적으로 도출된다는 것을 고찰하기만 한다면 이해될 것입니다. 제가 『데카르트의 철학의 원리』 부록에서 설명했듯이, 이 점은 우리가 신의 결정의 본성에 주의를 기울이기만 한다면 일반적인 방식으로 매우 쉽게 증명될 수 있습니다. 그러나 신의 본성과 인간의 본성을 혼동하는 모든 사람은 이 점을 전혀 이해하지 못하리라는 것을 저는 인정합니다.

(선생님의 편지 말미에서 첨가된 종교적 항변에서 잘 드러나듯이) 아무에게도 도움이 되지 않고 단지 조롱과 야유의 빌미가 될 뿐인 근거들로 선생님을 귀찮게 하지 않기 위해서 저는 이 정도에서 편지를 마무리하려고 했었습니다. 그러나 선생님의 요청을 완전히 무시하지 않기 위해서 부정(negatio)과 결핍(privatio)이라는 용어들을 설명하고 간단하게나마 제 이전 편지의 의미를 밝히기 위해

필요한 점을 전개하고자 합니다.

첫째로 저는 결핍이 박탈하는 행위가 아니라, 어떤 사물에게 없는 것, 즉 그 자체로는 아무것도 아닌 것에 불과하다고 말하겠습니다. 물론 그것은 단지 사유 안의 존재, 달리 말해 우리가 사물들을 서로 비교할 때 형성하는 사유 양태에 지나지 않는 것입니다. 예를 들어 우리는 맹인이 시력이 결핍되어 있다고 말하는데, 이는 우리가 다른 사람들과 그를 비교하거나 또는 그의 현재 상태와 시력이 있던 과거 상태를 비교함으로써 그가 시력이 있다고 쉽게 상상하기 때문입니다. 이 맹인의 본성을 다른 개체들의 본성이나 그의 과거 본성과 비교함으로써 그를 고찰할 경우 우리는 시력이 그의 본성에 속한다고 인정하게 되고, 따라서 그가 시력이 결핍되었다고 말합니다. 그러나 신의 결정과 이 결정의 본성을 고찰할 경우 우리는 돌멩이가 시력을 상실했다고 말할 수 없는 것과 마찬가지로 그 사람이 시력을 상실했다고 말할 수 없습니다. 왜냐하면 바로 이 순간 시력이 돌멩이에게 속하는 것이 모순인 것처럼 그에게 시력이 속한다는 것도 역시 모순일 것이기 때문입니다. 그에게는 신의 의지와 지성이 그에게 귀속시킨 것만이 속하는 것이며 그것만이 그의 것입니다. 이런 이유로 신은 돌멩이가 보지 못하는 사실에 대한 원인이 아닌 것만큼 그 사람이 보지 못하는 사실에 대한 원인이 아닌 것입니다. 이런 것이 바로 순수한 부정입니다. 마찬가지로 우리가 저열한 육욕에 지배된 사람의 본성을 고찰하고 그가 현재 지닌 그런 욕구와 정의로운 사람들에게 있는 욕구를, 또는 다른 때에 그가 지닌 욕구를 비교할 경우, 우리는 이 사람이 더 좋은 욕구가 결핍되어 있다고 인정합니다. 왜냐하면 우리는 그에게 덕에 대한 욕구가 속해 있다고 판단하기 때문입니다. 그러나 신의 결정 및 지성과 관련시켜 볼 경우 우리는 그렇게 할 수가 없습니다. 왜냐하면 이 경우 그런 더 좋은 욕구는 지금 이 순간 악마나 돌멩이의 본성에 속해 있지 않은 것과 마찬가지로 그 사람의 본성에도 속해 있지 않기 때문입니다. 따라서 이런 관점에서 볼 때 더 좋은 욕구의 결핍이 아니라 단지 부정이 있을 뿐인 것입니다. 결과적으로 결핍은 한 사물에 대해 우리가 그것의 본성에 속해 있다고 판단하는 속성을 부정하는 데 있고 부정은 그 사물에 그런 속성이 속해 있지 않기 때문에 그 사물에 대해 그런 속성을 부정하는 데 있습니다.

이로부터 무슨 이유로 지상의 것들에 대한 아담의 욕구가 단지 우리에게만 악일 뿐 신의 지성에게는 악이 아닌지 명확히 알 수 있습니다. 신이 아담의 과거 상태와 현재 상태를 안다고 하더라도, 그 때문에 신은 아담에게 자신의 과거 상태가 결핍되어 있다고, 달리 말해 그의 과거 상태가 그의 현재의 본성에 속한다고 이해하지 않습니다. 이 경우 신은 어떤 것을 자신의 의지에 반하여, 즉 자신의 지성에 반하여 이해하게 될 것입니다. 선생님께서 이 점을 제대로 파악하셨고, 또한 뤼도웨이크 메이어르가 서문에서 제 이름으로 언급한 것처럼 데카르트가 정신에 귀속시키는 자유를 제가 정신에 부여하지 않는다는 사실을 제대로 파악하셨다면 저의 주장에서 일말의 모순도 발견하지 않으셨을 것입니다. 그러나 제가 보기에 저의 첫 번째 편지에서 제가 데카르트의 용어로 답을 했다면 훨씬더 정확했을 것입니다. 달리 말해 『데카르트의 철학의 원리』 부록의 여러 곳에서 제가 그렇게 했듯이)[123] 우리의 자유와 그것에 달려 있는 모든 것이 신의 섭리 및 자유와 일치한다는 것을 우리는 알 수 없다고 말했다면 말입니다. 그래서 우리는 어떻게 신이 사물을 창조했는지, 그리고 (마찬가지 일이겠지만) 어떤 방식으로 사물을 유지하는지를 파악할 수 없기 때문에 우리는 신의 창조와 우리의 자유 사이에 아무런 모순도 발견할 수 없다고 말입니다. 그러나 저는 선생님께서 뤼도웨이크 씨의 서문을 읽으셨다고 생각했고 또 저의 개인적 의견에 따라 답을 하지 않는다면 진실하게 제안된 우정을 저버리는 일이 될 것이라고 생각했습니다. 그러나 이는 그리 중요한 일이 아닙니다.

그러나 선생님께서 데카르트의 사유를 아직 제대로 파악하지 못하고 계신 것을 볼 때 저는 두 가지 문제에 대해 선생님이 주의를 기울이셨으면 합니다. 첫째, 저와 데카르트 모두 우리의 의지를 지성의 한계 내에 두는 것이 우리의 본성에 속한다고 결코 말한 적이 없습니다. 단지 신이 결정된 지성과 결정되지 않은 의지를 우리에게 부여했다고 말했을 뿐입니다. 따라서 신이 어떤 목적으로 우리를 창조했는지 우리는 알지 못하는 것입니다. 나아가 이처럼 결정되지 않은 의지, 달리 말해 완전한 의지는 우리를 더 완전하게 할 뿐 아니라, 제가 곧 선생님께 말씀 드릴 것처럼 우리에게 전적으로 필요합니다.

둘째, 우리의 자유는 어떤 우연성이나 무차별성(indifferentia)[124]

---

123) (역주) 『형이상학적 사유』, 1부 3장, 2부 8장 참조.

에 있는 것이 아니라 긍정하거나 부정하는 방식에 있습니다. 따라서 우리가 긍정하거나 부정하는 데 덜 무차별적일수록 우리는 더 자유롭습니다. 예를 들어 우리가 신의 본성을 안다면 신이 존재한다는 사실은 삼각형의 본성에서 세 각의 합이 두 직각과 같다는 것처럼 우리의 본성으로부터 필연적으로 도출됩니다. 그럼에도 불구하고 결코 우리는 어떤 것을 이런 방식으로 긍정할 때보다 더 자유롭지 않습니다. 그런데 제가 『데카르트의 철학의 원리』 부록에서 명확히 밝혔듯이[125] 이와 같은 필연성은 신의 결정과 다르지 않습니다. 이에 따라 우리가 필연적으로 또 신의 결정에 따라 행동한다고 해도 어떤 의미에서 우리가 자유롭게 행위를 하고 어

---

124) (역주) 근대 철학에서 자유와 관련하여 자주 사용하는 용어이므로 약간의 설명이 필요하다. 이 용어는 '무관심', '비결정성', '평형 상태', '무구별' 등으로 번역되기도 한다. '무관심'은 선택 대상들과 무관하다는 의미로서 지나치게 심리적 차원의 용어로 이해될 수 있지만 문맥에 따라 매우 자연스러운 표현이 될 수는 있다. 데카르트 철학에서 어떤 선택 대상에 필연적으로 결정되지 않은 느낌의 상태를 말한다. 참고로 라이프니츠는 '무차별성'이 있으나 두 선택 대상에 대한 경향의 정도가 동일한 상태, '평형 상태의 무차별성'은 불가능하다고 본다. 라이프니츠의 관점에서는 데카르트적 의미의 '무차별성'은 기본적으로 필연성과 대립되는 우연의 상태이며 최선의 것에 동의하는 참된 자유를 위한 예비 단계라고 볼 수 있다. 데카르트의 자유 개념은 라이프니츠의 자유 개념에 근접하지만, 근원적으로 데카르트가 신과 인간의 무차별적 자유를 인정한다는 점에서 라이프니츠의 개념과 근본적인 차이가 있다. 반면 스피노자는 의지와 지성을 동일시함으로써 자유 개념을 원초적으로 제거한다. 스피노자에 의하면 무차별성의 느낌에 따른 자유는 무지인의 착각일 뿐이다.

125) (역주) 『형이상학적 사유』, 2부 11, 12장. 여기서 스피노자는 데카르트의 사유를 제시하고 있다.

떻게 우리가 그런 행위의 원인인지 이해하는 것은 일정한 방식으로 가능합니다. 요컨대 이와 같은 것은 우리가 명석판명하게 지각하는 어떤 것을 긍정할 때 일정한 방식으로 이해할 수 있는 일입니다. 이와 반대로 우리가 명석판명하게 파악하지 못하는 것을 옹호할 때, 즉 우리의 의지가 우리의 지성의 한계를 넘어서는 일을 우리가 겪을 때는 그와 같은 필연성도 또 신의 결정도 지각할 수 없게 됩니다. 그러나 우리는 항상 우리의 의지가 포함하는 자유를 지각합니다.(오직 이런 의미에서 우리의 행동은 선하거나 악하다고 불립니다.) 그런데 이런 맥락에서 우리의 자유와 신의 결정 및 계속적 창조를 조화시키려고 할 경우 우리가 명석판명하게 이해하는 것과 우리가 지각하지 못하는 것을 우리는 혼동하게 됩니다. 이런 이유로 인해 우리의 시도는 헛된 것이 됩니다. 따라서 우리의 자유가 신의 결정에 반하지 않고 또 (행위를 악하다고 말할 수 있는 것은 오직 그것을 우리의 자유와 관련시킬 때만 가능하므로) 우리가 악의 원인이라는 점에도 반하지 않는 가운데 우리가 자유롭고 또 자유로울 수 있다는 것을 아는 것으로 충분합니다. 바로 이런 점이 데카르트와 관련된 것이며 제 언술에 아무 모순도 없다는 것을 선생님께 제시하는 것입니다.

이제 저와 관련된 것을 다루겠습니다. 첫째로 저의 견해로부터 나오는 유용한 결과를 강조하겠습니다. 그것은 핵심적으로 우리의 지성이 아무런 미신의 개입 없이 신에게 우리의 육체와 정신을 봉헌한다는 데 있습니다. 그렇다고 해서 기도가 매우 유용하다는 것을 제가 부정하는 것은 아닙니다. 실제로 저의 지성은 신이 사람들을 그에 대한 사랑으로, 즉 구원으로 인도하는 모든 수단을 결정할 수 있을 정도로 충분하지 않습니다. 따라서 저의 견해는 유해한 것과는 거리가 멉니다. 왜냐하면 그와 반대로 저의 견해는 그 어떤 편견이나 유치한 미신에 의해 지배받지 않는 사람들에게 행복의 최고 수준에 이를 유일한 수단이기 때문입니다.

선생님께서는 제가 인간을 신에게 극히 의존되도록 한 나머지 인간을 물질 덩어리, 풀, 돌과 유사한 것으로 본다고 말씀하십니다. 이런 점을 볼 때 선생님께서는 저의 견해를 완전히 왜곡된 방식으로 이해하시며 지성과 관계된 것을 상상과 혼동하십니다. 실제로 선생님께서 신에게 의존된다는 것이 무엇인지 순수 지성을 통해 지각하셨다면, 사물들이 신에게 의존되는 한에 있어서 그것들이 죽어 있고 물질적이고 불완전하다고는 생각하지 않으실 것이 분명합니다.(누가 감히 최상으로 완전한 존재에 대해 이처럼 저급하게 말했습니까?) 이와 반대로 그 사물들이 그들의 원인에 의해서 또 그들이 신에게 의존되는 한에서 완전하다고 이해하실 것입니다. 따라서 우리가 나뭇더미나 풀이 아닌 가장 지성적이고 가장 완전한 피조물들에 주의를 기울일수록 우리는 행동을 신의 결정에 연결시키는 의존성과 필연성을 더 잘 이해하는 것입니다. 이는 앞서 저희가 데카르트의 사유에 대해 두 번째로 언급했고 선생님께서 조금 더 세심하게 고찰했으면 하는 점에 의해 잘 드러나는 것입니다.

선생님께서 다음과 같은 말씀을 하신 데 대해 저는 극히 놀랐다는 점을 감출 수가 없습니다: 〈신이 잘못을 벌하지 않는다면(즉 판관의 방식으로, 그리고 잘못 자체로부터 따라 나오는 벌이 아닌 벌을 통해서 말입니다. 여기에 모든 문제가 있습니다.) 무슨 이유로 우리는 가능한 모든 범죄를 악착같이 저지르지 않겠는가?〉 오직 벌에 대한 공포로 인해 범죄를 자제하는 사람은 (저는 이것이 선생님의 경우이리라 생각하고 싶습니다.) 사랑을 통해 행동할 아무 이유도 없으며 그는 덕을 가장 적게 소유하고 있습니다. 저에 대해 말하자면, 제가 범죄를 자제하고 또 그러려고 노력하는 이유는 범죄가 제 개인적 본성으로 볼 때 명백히 혐오스럽고 또 신에 대한 사랑 및 인식에서 저를 멀어지게 하기 때문입니다.

다음으로는 선생님께서 인간의 본성에 조금 더 주의를 기울이시고, 이미 제가 언급한 부록에서 설명했듯이 신의 결정의 본성을 파악하시고, 끝으로 결론에 이르기 전에 연역하는 법을 습득하셨다면, 제 견해가 우리를 나뭇더미와 비슷하게 만든다고 그토록 성급하게 말씀하지는 않으셨을 것입니다. 또한 선생님께서 상상하시는 모든 부조리를 제게 돌리지도 않으셨을 것입니다.

선생님의 두 번째 규칙을 다루시기 전에 선생님께서는 스스로 이해하지 못한다는 두 가지 점을 언급하십니다. 이에 대해 저는 다음과 같이 답하겠습니다. 첫 번째 점에 관해 데카르트는 만족스러운 결론을 선생님께 제공합니다. 선생님의 판단을 유보할 수 있다는 경험을 오직 선생님의 본성에 주의를 기울이심으로써 하게 된다는 그런 결론 말입니다. 그러나 오늘처럼 항상 이성을 계속해서 사용할 수 있을 만큼의 힘을 갖지 못한다는 경험을 스스로 한다고 선생님께서 말씀하신다면, 데카르트에게 이는 우리가 존재하는 동안 항상 우리는 사유하는 존재라는 것, 달리 말하면 우리가 사유하는 존재의 본성을 간직한다는 것을 알 수 없다는 말이 됩니다. 이는 명백히 모순을 내포하는 일입니다.

두 번째 점에 관해서는, 의지가 매우 한정된 지성의 한계를 넘어서게 할 수 없다면 우리는 매우 불행할 것이라고 저는 데카르트와 함께 말하겠습니다. 이 경우 우리는 빵 한 조각을 먹을 능력도 없고 한 걸음을 내딛을 능력도 없으며 고정된 자세로 서 있을 능력도 없게 될 것입니다. 이 모든 행위는 불확실하고 위험으로 가득할 것이기 때문입니다.

이제 선생님의 두 번째 규칙을 다루도록 하겠습니다. 선생님께 확실하게 말씀 드리건대, 저는 선생님께서 성서에서 발견한다고 생각하시는 그런 진리를 성서에 귀속시키지 않으면서도, 성서에 대해 더 많은 권위는 아닐지라도 동일한 수준의 권위를 인정한다고 생각합니다. 저는 성서에 몇몇 유치하고 부조리한 학설을 도입하지 않으려고 매우 주의합니다. 그러나 이를 위해서는 철학을 제대로 이해해야 하거나 또는 신의 계시를 통해 도움을 받아야 합니다. 그래서 저는 통상적인 신학자들이 성서에 대해 제시하는 설명으로 인해 동요되지 않습니다. 특히 그들의 설명이 성서를 항상 문자 그대로 또 외적인 의미로 보는 것일 경우에 그렇습니다. 저는 성서가 무척 자주 인간의 방식으로 이야기하고 그 의미는 우화를 통해 표현된다는 점을 파악하지 못할 정도로 어리석은 신학자는 소치니주의자[126]들을 제외하고는 결코 본 적이 없습니다. 선생님께서 제시하려고 (적어도 제가 보기에는) 헛되이 노력하시는 모순에 대해서 말하자면 저는 선생님께서 우화에 대해 통상적으로 이해되는 것과 완전히 다른 것으로 이해하신다고 생각합니다. 실제로 누가 우화를 통하여 자신의 생각을 표현하는 것이 그 의미와 멀어지게 하는 것이라고 말한 것을 들었겠습니까? 미가가 왕좌에 신이 앉아 있고 천상의 군대가 좌우로 서 있는 것을 보았고 또 신이 군사들 가운데 누가 아하브를 속였는지 물었다고 말할 때 이것이 분명 우화라는 것은 확실한 일입니다. 이런 우화를 통해 선지자는 특히 (신학의 정화된 교리들을 설파할 순간이 아닌) 이런 기회에 그가 신의 이름으로 나타내야 했던 것을 꽤 잘 표현했습니다. 그래서 그는 결코 자신의 생각에서 벗어난 것이 아닙니다.[127] 마찬가지로 다른 선지자들도 신의 명령에 따라 대중에게 신의 말씀을 나타낸 것이었고, 이는 그것이 신이 원한 수단이었기 때문이 아니라 그것이 성서의 첫째 목표에 따라 대중을 인도할 최선의 수단이었기 때문입니다. 여기서 성서의 첫째 목표는 그리스도가 말하는

---

126) (역주) 소치니주의자들은 루터와 칼뱅의 숙명론에 매우 대립되는 반삼위일체론적 이단의 창시자들인 렐리우스 소치니(Lelius Sozzini, 1525-1562)와 그의 사촌 파우스테 소치니(Fauste Sozzini, 1539-1604)의 추종자들을 말한다. 이들은 신약 성서의 가르침을 윤리, 경건, 이론의 영역에서 진리를 표현하는 것으로서 문자 그대로 받아들여야 한다고 주장한다.

127) (역주) 이스라엘의 왕 아하브는 시리아를 치려는 전쟁을 위해 유대 왕과 연합하고자 했다. 이들은 선지자 미가를 불렀고 미가는 스피노자가 인용한 우화를 통해 대답했다. 이 우화의 목적은 아하브왕에게 공격을 자제시키고 전투를 선동하는 선지자들을 고발하려는 것이었다. 『열왕기』 22: 19, 『연대기』 18: 18.

바에 따르면 무엇보다도 신을 사랑하고 이웃을 자기처럼 사랑하는 일인 것입니다.[128] 저는 성서가 정화된 사변에 그리 관심을 두지 않는다고 생각합니다. 저와 관련하여 말하자면 저는 성서에서 신의 영원한 속성들 중 아무것도 배울 수가 없었습니다.[129]

제 다섯 번째 주장, 즉 진리는 진리에 대립되지 않기 때문에 선지자들은 신의 말씀을 명백하게 드러냈다는 점과 관련해서 저로서는 (누구든지 증명의 방법을 이해하는 사람이라면 판단할 수 있을 것처럼) 성서가 그 자체로 신의 계시된 말씀임을 증명하는 일만 남았습니다. 그런데 이에 대해 저는 수학적 증명을 제시할 수는 없고 오직 신의 계시를 통해서만 알 수 있습니다. 그래서 저는 〈신이 선지자들에게 계시한 모든 것 등〉에 대해 〈그렇게 믿는다.〉고 말하고 〈수학적 확실성으로써 안다.〉고 말하지 않습니다. 선지자들은 신의 심의회에 속한 내밀한 구성원들(Dei intimos Consiliarios)이고 신의 충실한 사자(使者)들임을 저는 수학적으로는 알 수 없지만 그것을 굳게 믿습니다. 따라서 저의 주장에는 어떤 모순도 없습니다. 반면 제 주장과 반대되는 주장에는 많은 모순이 발견됩니다.

선생님께서 "끝으로 최상으로 완전한 존재는……알았다."라고 말씀하신 편지 나머지 부분, 선생님께서 독의 예에 반대하시는 부분, 마지막으로 〈부록〉과 관련된 것 및 그 다음 부분과 관련해서

---

128) (역주) 『마태복음』 22: 37.
129) (역주) 앞서 언급했듯이 스피노자에게 성서는 형이상학적 진리를 담고 있지 않고 윤리적 차원의 실천을 제시하려는 목적을 갖는다.

저는 이것들이 지금의 주제와 아무 관계가 없다고 답하겠습니다.

뤼도웨이크 메이어르의 서문과 관련해 말하자면, 여기에는 데카르트가 자유 의지에 대해 견고한 증명을 제시하기 위해 입증해야 할 것이 나타나 있고 동시에 제가 반대되는 견해를 옹호한다는 것과 어떻게 그것을 옹호하는지가 나타나 있습니다. 어쩌면 적절한 때에 제가 이 점을 설명하겠지만 지금은 그럴 의향이 없습니다.

끝으로 데카르트에 관한 저의 책이 네덜란드어로 출간된 이후로 저는 제 책을 더 이상 손보지 않고 있습니다. 이에 대한 이유가 물론 있지만 여기서 이야기하기에는 너무 깁니다. 그러하니 이 정도로 글을 마무리합니다.

1665년 1월 28일
스키담에서
스피노자 올림

○ 서신22. 블리엔베르그가 스피노자에게
ㅡ서신21에 대한 회신

저명한 스피노자 선생님께

친애하는 벗, 스피노자 선생님께

선생님의 1월 28일자 편지는 제때에 도착했으나 공부와 무관한 다른 일들 때문에 더 일찍 답할 수 없었습니다. 선생님의 편지가 곳곳에서 매서운 질책을 담고 있어서 저로서는 어떻게 생각해야 할지 몰랐습니다. 실제로 선생님의 1월 15일자 첫 번째 편지에서 선생님께서는 진심 어린 우정을 기꺼이 베풀어주셨습니다. 당시의 제 편지뿐 아니라 다음번 편지들도 선생님께서 기뻐하실 것이라고 안심시켜주시면서 말입니다. 선생님께서는 제게 의문이 드는 모든 난점과 논박을 제기할 것을 친절하게 권유해주셨습니다. 그래서 1월 16일자 편지에서 저는 제 논변을 꽤 길게 전개했던 것입니다. 선생님의 요청과 약속에 따라 저는 친절하고 교훈적인 답변을 기대했습니다. 제 기대와 반대로 제가 받은 편지는 다음과 같이 열정적인 우정의 분위기와는 거리가 멀었습니다. "증명이 아무리 견고할지라도 (제게) 아무 효력이 없다." "(저는) 데카르트의 사유를 이해하지 못한다." "(저는) 물질적인 것과 정신적인 것을 지나치게 혼동한다." 등등. 그래서 "저희가 서신 교환을 통해 더 이상 서로 배울 수가 없다."

이 점에 대해 저는 관건이 되는 문제들을 선생님께서 저보다 잘 이해하시고 물질적인 것과 정신적인 것을 구별하는 데 더 능숙하시다는 점을 굳게 믿는다고 답하겠습니다. 맞습니다. 제가 초심자로 머물러 있는 형이상학과 관련하여 선생님께서는 최상의 수준에 도달하셨습니다. 그렇기 때문에 저는 배움을 위하여 선생님께 호의를 요청했던 것입니다. 그러나 정말 솔직하게 제기한 논박으로 인해 선생님께 무례를 범하리라고는 전혀 생각하지 못했습니다. 선생님께서 이 두 편지를, 특히 두 번째 편지를 쓰시느라 노고를 기울여주신 점에 대해 온 마음으로 감사 드립니다. 첫 번째 편지보다는 두 번째 편지 덕분에 저는 선생님의 사유를 보다 명확히 파악했습니다. 그러나 저는 이 편지에서 아직도 발견되는 난점을 해소하지 않고서는 선생님의 사유에 동의할 수가 없습니다. 이는 선생님께 무례함의 원인이 될 수는 없을 것입니다. 타당한 근거 없이 진리를 인정하는 것은 지성에 위배되는 일이기 때문입니다. 선생님의 개념들이 참되다고 할지라도 제게 일정한 모호함이나 달리 말해 의심의 근거가 남아 있는 한 제가 그것들에 동의한다는 것은 적절하지 않습니다. 그런 의심의 근거가 선생님께서 제시하신 점에서 비롯되든 또는 제 지성의 불완전성에서 비롯되든 말입니다. 선생님께서 이 모든 점에 대해 주지하고 계신바, 제가 다시 몇몇 논박을 제시한다고 해도 선생님께서는 나쁘게 받아들이시지 않을 것임이 틀림없습니다. 저는 문제를 명확하게 파악할 수 없는 한 논박을 제시할 수밖에 없습니다. 이는 오직 진리를 발견하려는 목적이며 결코 선생님의 의도에 반대하는 방식으로 선생님의 사유를 왜곡하려는 목적이 아닙니다. 그렇기 때문에 몇몇 고찰에 대해 친절하게 답해주시기를 요청합니다.

선생님께서는 다음과 같이 말씀하십니다: 〈한 사물의 본질에는 신의 의지와 능력이 실재적으로 그것에 대해 인정하고 부여하는 것만이 귀속된다. 우리가 저열한 육욕에 지배된 사람의 본성을 고찰하고 그가 현재 지닌 그런 욕구와 정의로운 사람들에게 있는 욕구를, 또는 다른 때에 그가 지닌 욕구를 비교할 경우, 우리는 이 사람이 더 좋은 욕구가 결핍되어 있다고 인정한다. 왜냐하면 우리는 그에게 덕에 대한 욕구가 속해 있다고 판단하기 때문이다. 그러나 신의 결정 및 지성과 관련시켜 볼 경우 우리는 그렇게 할 수가 없다. 왜냐하면 이 경우 그와 같은 더 좋은 욕구는 지금 이 순간 악마나 돌멩이의 본성에 속해 있지 않은 것과 마찬가지로 그 사람의 본성에도 속해 있지 않기 때문이다. 신은 아담의 과거 상태와 현재 상태를 알지만 그렇다고 해서 마치 과거가 그의 현재 본성에 속하듯이 아담을 그의 과거 상태가 결핍된 것으로 파악하지 않기 때문이다.〉 이런 주장으로부터 명확히 도출되는 것은 선생님의 견해에 따르면 한 존재에는 그것이 고찰된 바로 그 순간에 그것이 지닌 것만이 속한다는 점입니다. 즉 만일 제가 육욕에 휩싸인다면 바로 그 순간에 이런 욕망이 제 본질에 속하고, 그렇지 않은 경우는 제가 그런 욕망이 없는 순간에 그런 비(非)욕망이 제 본질에 속하는 것입니다. 이로부터 신과 관련해서 볼 때 저는 육욕에 휩싸였을 때나 그렇지 않을 때나 제 행위에 있어서 완전하다는 사실(두 경우 제 행위는 정도의 차이만 있습니다.)이 틀림없이 도출됩니다. 제가 모든 종류의 범죄를 저지를 때나 제가 덕과 정의를 실행할 때도 마찬가지입니다. 그 순간의 제 본질에는 실제로 제가 행하는 것만이 속하게 됩니다. 선생님의 주장에 따르면 저는 제가 실제로 부여받은 완전성 이상도 이하도 행할 수 없습니다. 육욕과 범죄 욕망은 제가 그것들에 빠져 있는 그 순간의 제 본질에 속하고 제가 신의 능력으로부터 부여받은 본질은 바로 그 순간의 본질이지 더 고귀한 본질이 아니기 때문입니다. 따라서 신의 능력은 제게 항상 그런 종류의 행위만을 요청하는 것입니다. 이처럼 신은 범죄와 마찬가지로 선생님께서 덕이라고 명명하는 것을 하나의 동일한 방식으로 원한다는 사실이 선생님의 주장으로부터 명확히 도출되는 것 같습니다.

그렇다면 신이 판관이 아닌 신으로서 정의로운 사람과 불경한 사람에게 그들의 행동을 위하여 신이 원하는 본질의 특성과 양을 갖추도록 한다고 해보겠습니다. 무슨 이유로 신은 그들 각각의 행동을 동일한 방식으로 원하지 않는 것입니까? 왜냐하면 신이 각각의 사람에게 그들의 행동에 맞는 본질을 부여했으므로 이로부터 신은 가장 덜 혜택을 받은 자에게나 가장 많은 혜택을 받은 자에게나 동일한 정도의 요구를 한다는 결론이 도출되기 때문입니다. 결과적으로 신은 우리의 행동과 관련하여 더 큰 완전성과 더 작은 완전성을, 또 육욕과 덕의 욕망을 동일한 방식으로 요청한다는 것입니다. 그래서 범죄를 저지르는 자들은 그 순간에 다른 그 무엇도 그들의 본질에 속하지 않기 때문에 필연적으로 범죄를 저지르게 됩니다. 마찬가지로 덕을 실행하는 자들은 바로 그 순간에 덕이 그들의 본질에 속하기를 신의 능력이 원했기 때문에 덕을 실행하는 것입니다. 따라서 또다시 다음과 같은 결론이 나올 수밖에 없는 것 같습니다. 즉 신은 범죄와 덕을 동등하게 또 동일한 방식으로 원한다는 것입니다. 그러나 신은 범죄와 덕을 원하므로 둘 모두의 원인이며, 이런 의미에서 범죄와 덕 모두 신의 마음에 드는 일이어야 합니다. 저로서는 신에 대해 이런 식으로 생각하기가 어렵습니다.

선생님께서 정의로운 사람들이 신을 섬긴다고 말씀하신다는 점을 저는 잘 알고 있습니다. 그러나 선생님의 글을 통해서 제가 이해할 수 있는 바는 신을 섬긴다는 것이 그가 원한 모습 그대로의 행동을 산출하는 것일 뿐이라는 점입니다. 그런데 선생님의 견해에 따르면 이런 원리는 불경한 자와 음탕한 자에게 동일하게 적용됩니다. 그렇다면 신의 관점에서 정의로운 자의 믿음과 불경한 자의 믿음 사이에 어떤 차이가 있는 것입니까? 선생님께서는 정의로운 자가 신을 섬김으로써 항상 더 완전해진다고 분명히 말씀하십니다. 그러나 더 완전해진다는 것이나 계속적으로 더 완전해진다는 것에 대해 선생님께서 무슨 의미를 부여하시는지 저는 이해하지 못하겠습니다. 경건한 자와 불경한 자의 본질과 보존(또는 계속적 창조)은 판관이 아닌 그 자체로 또 절대적으로 고찰된 신에게서 비롯하는 것이며, 그들 모두 동일한 방식으로 신의 결정에 따라 신의 의지를 수행하는 것이기 때문입니다. 그렇다면 신의 관점에서 그들 간에 어떤 차이가 있을 수 있습니까? 왜냐하면 우리가 계속적으로 더 완전해지는 것은 우리의 행동의 결과가 아니라 신의 의지의 결과이며, 따라서 불경한 자가 그의 행동으로써 더 불완전해진다면 그것은 그의 행동이 아니라 오직 신의 의지에서 비롯되는 것이기 때문입니다. 그러나 경건한 자와 불경한 자가 신의 의지를 실행할 뿐이라면 신에게 그들 사이의 차이가 없다는 것은 가능하지 않습니다. 그렇다면 그들 중 한쪽이 행동을 통해 계속적으로 더 완전해지고 다른 쪽은 더 나빠지는 이유는 무엇입니까?

그러나 선생님께서는 어떤 행동이 다른 행동보다 더 큰 완전성을 포함한다는 점에서 경건한 자의 행동과 불경한 자의 행동 사이에 차이를 설정하시는 것으로 보입니다. 저는 바로 이 지점에 선생님 아니면 저의 오류가 숨겨져 있다고 확신합니다. 실제로 선생님의 글에서 어떤 사물이 더 크거나 더 작은 본질을 갖는 경우 외에는 그것이 더 또는 덜 완전해야 한다는 규칙을 저는 전혀 발견할 수가 없습니다. 만일 이것이 완전성의 규칙이라면 정의로운 자의 행동과 마찬가지로 범죄도 항상 신의 마음에 드는 것이 됩니다. 왜냐하면 신이 신인 한에서, 즉 자기 자신의 관점에서 볼 때신은 범죄와 좋은 행동을 동일한 방식으로 원하기 때문입니다. 이들 행동은 동일하게 신의 결정에서 비롯되며, 따라서 신의 관점에서는 모두 동등한 것입니다. 만일 단지 이런 것이 완전성의 규칙이라면 오류를 오류라고 부르는 것은 부적절할 수밖에 없습니다. 왜냐하면 이 경우 오류도 없고 범죄도 없기 때문입니다. 모든 것은 신에게 부여받은 바로 그만큼의 본질만을 포함할 뿐이고 이와 같은 본질은 그것이 무엇이 되었든지 간에 완전성을 포함합니다. 저로서는 이 점을 명확히 이해할 수 없다고 고백합니다. 자기 이웃을 죽이는 사람이나 자선을 행하는 사람이나 똑같이 신의 마음에 들 것인지 선생님께 여쭤보는 저를 이해해주십시오. 신의 관점에서는 절도 행위가 의로운 행위의 가치가 있다는 것입니까? 그렇지 않다고 대답하신다면 이에 대한 선생님의 논거는 무엇입니까? 그렇다고 대답하신다면 제가 다른 행동이 아닌, 선생님께서 덕행이라고 명명하시는 행동을 해야 할 이유를 찾을 수 있겠습니까? 어떤 법이나 규칙이 저런 행동보다 이런 행동을 금지합니까? 덕의 법이 그렇게 한다고 선생님께서 말씀하신다면 저는 덕을 인도하고 덕을 인식하도록 하는 그 어떤 것도 선생님의 주장에서 발견하지 못한다는 점을 분명히 인정할 수밖에 없습니다. 왜냐하면 모든 것은 분리 불가능한 방식으로 신의 의지에 의존하며 결과적으로 아무런 행동 방식도 다른 행동 방식만큼 덕을 갖추게 됩니다. 저는 선생님이 보시기에 덕이 무엇이고 덕의 법이 무엇인지 전혀 알지 못하겠습니다. 또한 선생님께서 우리는 덕에 대한 사랑으로 행동해야 한다고 주장하실 때 무엇을 말씀하시고자 하는지 파악할 수 없습니다. 물론 선생님께서는 범죄와 악행이 선생님의 본성과 대립되고 신에 대한 사랑 및 인식에서 선생님을 멀어지게 하기 때문에 그것들을 행하지 않는다고 말씀하십니다. 그러나 저는 선생님의 모든 글에서 이 점에 대한 규칙도 또 증거도 전혀 발견할 수 없습니다. 이렇게 말하는 것은 죄송스럽지만, 오히려 선생님의 글에서 그 반대가 도출됩니다. 악행이라 불리는 것을 선생님께서 멀리하시는 것은 그것이 선생님의 본성에 대립되기 때문이지 그것이 그 자체로 악행이기 때문이 아닙니다. 선생님께서는 우리의 본성이 혐오하는 음식을 멀리하듯이 악행을 멀리하시는 것입니다. 그러나 단지 자신의 본성이 악을 혐오하기 때문에 악을 멀리하는 이는 자신의 덕에 대해 자부할 수가 없습니다.

제가 다시 질문을 던지는 것도 바로 이 지점입니다. 어떤 사람의 개별적 본성이 육욕이나 범죄 행위를 멀리하기는커녕 그것을 추구하도록 이끈다면, 이 경우 이런 사람이 덕을 실행하고 악을 멀리하도록 결정할 수 있는 동기가 존재하겠는지 저는 묻습니다.

육욕이 그가 신으로부터 실질적으로 부여받았고 또 그가 포기할 수 없는 본질에 속할 때 어떻게 그가 그런 육욕을 멀리하는 일이 가능하겠습니까?

또한 제가 범죄 행위라고 명명하는 행동이 어떻게 신에 대한 인식 및 사랑에서 선생님을 멀어지게 하는지를 저는 선생님의 글에서 발견할 수가 없습니다. 선생님께서는 신의 의지를 수행하실 따름이며 그 이상을 하실 수가 없습니다. 특정 순간에 선생님의 본질을 구성하기 위하여 신의 의지와 능력은 그 이상의 것을 전혀 부여하지 않았기 때문입니다. 이처럼 결정되고 신에 의존된 선생님의 행동이 어떻게 선생님을 신에 대한 사랑에서 이탈하도록 하겠습니까? 이탈한다는 것은 자신이 어디 있는지도 모르는 것이고 그 무엇에도 연결되어 있지 않는 것인데 선생님에 따르면 이런 일은 불가능합니다. 실제로 우리가 무엇을 하든 간에 또 어떤 특정 수준의 완전성을 드러내든 간에 바로 그 순간 즉각적으로 우리는 우리의 존재를 구성하는 것을 신에게 받는 것입니다. 그렇다면 어떻게 이탈한다는 것이 가능하겠습니까? 혹여나 이탈의 의미가 무엇인지 제가 이해하지 못하는 것은 아닌지 모르겠습니다. 그럼에도 불구하고 바로 이 부분에 선생님의 오류 아니면 제 오류가 숨겨져 있음이 분명합니다.

아직 드릴 말씀과 여쭤볼 것이 많습니다. 1. 지성을 갖춘 실체들은 생명이 없는 실체들과 다른 방식으로 신에게 의존되어 있습니까? 지성을 갖춘 존재들이 생명이 없는 존재들보다 더 많은 본질을 포함함에도 불구하고, 양자가 모두 그들의 운동 일반과 특수한 운동을 보존하기 위하여 신 및 신의 결정을 필요로 하지 않는다는 것입니까? 결과적으로 모든 존재가 신에게 의존되는 한에 있어서 그들은 하나의 동일한 방식으로 의존되어 있는 것이 아닙니까?

2. 선생님께서는 데카르트가 영혼에 귀속시키는 자유를 인정하지 않으십니다. 그렇다면 지성을 갖춘 실체들의 의존과 영혼 없는 실체들의 의존 간의 차이는 무엇입니까? 그리고 양자 모두 의지의 자유가 없다면 선생님께서는 그들이 신에게 의존된다는 것을 어떻게 파악하십니까? 어떻게 영혼은 신에게 의존됩니까?

3. 우리의 영혼이 자유가 없다면 우리의 행동은 실질적으로 신의 행동이고 우리의 의지는 실질적으로 신의 의지가 아니겠습니까?

아직도 많은 다른 질문을 드릴 수 있지만 더 이상의 질문을 선생님께 감히 드리지는 못하겠습니다. 다만 앞선 질문들에 대한 답을 희망합니다. 이후에 저희가 생생한 목소리로 관련 주제에 대해 폭넓게 논의할 수 있도록 선생님의 답을 통해 선생님의 사유를 더 잘 이해할 수 있기를 기대합니다. 선생님의 답장을 받는다면, 몇 주 후에 제가 레이던에 가야 하므로 괜찮으시다면 가는 길에 선생님께 인사 드리겠습니다. 이와 같은 희망으로 선생님께 진실한 인사를 올립니다. 선생님께 충실한 저를 믿어주십시오.

1665년 2월 19일
도르드레흐트에서
빌럼 판 블리엔베르그 올림

*추신: 제가 서두르느라 다른 질문을 드리는 것을 잊었습니다. 우리는 신중함이 없다면 우리에게 일어날 일을 신중함을 통해 일어나지 않도록 막을 수 있습니까?

○ 서신23. 스피노자가 블리엔베르그에게
— 서신22에 대한 회신

매우 학식 있고 교양 있는 빌럼 판 블리엔베르그 선생님께

친애하는 벗께

선생님, 이번 주에 선생님의 편지 두 통을 받았습니다. 가장 최근의 3월 9일자 편지는 스키담에서 제게 보내진 2월 19일자 첫 번째 편지에 대해 알려주는 내용에 지나지 않습니다. 저는 첫 번째 편지에서 선생님께서 제가 '어떤 증명도 선생님에게는 효력을 가질 수 없다.'는 등의 말을 한 것 때문에 불만을 갖고 계심을 확인합니다. 그러나 선생님께서 생각하시는 것처럼 제 논거에 대해 곧바로 선생님이 설득되지 않아서 그런 것이 아닙니다. 이는 제 생각과 매우 거리가 멉니다. 저는 선생님 스스로 다음과 같이 말씀하신 점에 의거한 것입니다. 〈만일 세심한 검토 후에 저의 자연적 인식이 신의 말씀과 모순되거나 일치할 수 없는 경우, 신의 말씀은 제게 다음과 같은 방식의 권위를 지닙니다. 즉 저는 제가 명확하

다고 생각하는 개념들을 의심해보기를 선호한다는 것입니다.〉[130]
저는 선생님이 말씀하신 것을 축약해서 표현한 것일 뿐입니다. 따라서 관련 사안에 대해 제가 분노의 이유를 제공하지는 않았다고 생각합니다. 나아가 저와 선생님 사이의 큰 불일치에 대한 이유를 제시하고자 했던 것인 만큼 더더욱 그러합니다.

또한 선생님께서는 두 번째 편지의 끝부분에서 선생님의 유일한 소망은 신앙과 희망을 고수하는 것이고 나머지 것, 달리 말해 자연적 지성에 관해 우리가 서로 알려줄 수 있는 것에 대해서는 무관심하다고 말씀하셨습니다. 그래서 제 편지들이 선생님께 전혀 유용하지 않으며 이 경우 저로서는 아무 결실도 낼 수 없는 일을 위해 (반대의 경우 일정 시간 동안 중지해야 하는) 제 연구를 소홀히 하지 않는 편이 낫다는 생각이 들었고 계속 그런 방향으로 생각하게 됩니다. 이런 점은 제 첫 번째 편지와 전혀 대립되는 것이 아닙니다. 선생님께 편지를 쓸 때 저는 순수한 철학자로서 선생님을 대했습니다. 순수한 철학자는 (기독교인임을 자처하는 다른 많은 사람들이 인정하듯이) 진리에 대해 신학이 아닌 자연적 지성만을 기준으로 삼습니다. 그러나 이 점과 관련하여 선생님의 생각이 다르

---

130) (역주) 스피노자가 미세하게 축약한 블리엔베르크의 언술은 다음과 같다. "만일 세심한 검토 후에 저의 자연적 인식이 신의 말씀과 모순되거나 일치할 수 없는 경우, 신의 말씀은 제게 다음과 같은 방식의 권위를 지닙니다. 즉 제가 명확하다고 생각하는 개념들을 성서에서 제게 명령되었다고 제가 믿는 진리를 넘어서고 거스르는 것으로서 확립하기보다는 그것들을 의심해보기를 선호한다는 것입니다."

다는 것을 알게 되었습니다. 저로서는 저희의 우정이 쌓일 기반으로 여긴 것이 제가 생각했던 것과 다르게 놓여 있다는 것을 선생님께서 보여주셨습니다.

끝으로 나머지 부분에 대해 말하자면, 토론을 할 때 예의의 경계를 넘어서지는 않는 가운데 때때로 사용하는 표현 방식이 있습니다. 그런 이유로 저는 선생님의 두 번째 편지와 마지막 편지에서 발견되는 몇몇 표현에 대해서는 개의치 않겠습니다. 저는 선생님께서 공격을 받았다고 여길 만한 일말의 근거도 제공하지 않았다고 생각하며 나아가 제가 사람들이 제게 반대하는 것을 견디지 못한다고 여길 만한 근거는 더더욱 제공하지 않았다고 생각합니다. 이제 선생님의 논박을 다시 다루고 응답하겠습니다.

우선 저는 신이 어떤 존재들이든지 간에 본질을 인정할 수 있는 모든 것의 절대적이고 실재적인 원인임을 원리로서 정립합니다. 그러므로 선생님께서 악, 오류, 범죄 등이 본질을 표현한다는 것을 증명하실 수 있다면 저는 신이 범죄, 악, 오류 등의 원인이라는 데 주저 없이 선생님에 대해 동의하겠습니다. 그러나 악, 오류, 범죄에 고유한 형태를 부여하는 것은 본질을 표현하는 어떤 것이 아니며, 따라서 신이 그 원인이라고 말할 수 없다는 점을 저는 충분히 밝혔다고 생각합니다. 예를 들어 네로의 모친 살해는 그것이 실재적인 어떤 것을 포함하는 한에서 볼 때는 범죄가 아닙니다. 오레스테스[131]도 겉으로 볼 때 동일한 행위를 할 수 있었고 모친을 살해할 의도가 있었지만 네로만큼 비난의 대상이 되지 않았습니다. 그렇다면 네로의 범죄는 무엇이겠습니까? 그것은 네로가 살인 행위에서 배은망덕하고 무자비하며 반항적인 모습을 보인 것입니다. 네로의 이 모든 특성은 어떤 본질도 표현하지 않습니다. 따라서 비록 신은 네로의 행위와 의도의 원인이라고 해도 그런 특성들의 원인이 아닌 것입니다.

또한 제가 강조하고 싶은 것은 우리가 철학자로서 말을 할 때는 신학적 용어를 사용하지 말아야 한다는 것입니다. 실제로 신학은 신을 마치 완전한 인간처럼 빈번히 표현하는데 이는 이유가 없는 것은 아닙니다. 그래서 신학에서는 신이 무언가를 욕망하고 불경한 자들의 행동에 대해 불쾌감을 갖거나 정의로운 자들의 행동은 기쁘게 여긴다고 말할 만한 이유가 있습니다. 이와 반대로 철학에서 우리는 인간을 완전하게 하는 속성들을 신에게 부여할 수 없다는 것을 명확히 파악합니다. 이는 코끼리나 나귀에게 고유한 특성을 인간에게 귀속시킬 수 없는 것과 마찬가지입니다. 이처럼 말하는 방식 및 이와 유사한 모든 방식은 철학에서 소용이 없으며 극도의 혼란을 야기하지 않고서는 사용될 수 없습니다. 따라서 철학적으로는 신이 어떤 사람에게서 무언가를 기대한다고 말할 수 없고 누군가에 대해서 어떤 것이 신에게 유쾌하거나 불쾌하다고 말할 수도 없습니다. 이와 같은 모든 인간적 특성은 신에게는 발견될 수 없는 것입니다.

끝으로 저는 다음과 같은 점에 주목하고자 합니다. 정의로운 사

---

131) (역주) 오레스테스는 부친 아가멤논을 살해한 모친과 그 연인에게 복수하기 위해 그들을 죽였다.

람들(즉 신에 대한 명확한 관념을 갖고 이 관념에 따라 자신들의 모든 행동과 사유를 조정하는 사람들)의 행동과 불경한 사람들(즉 신에 대한 아무 관념도 없고 단지 지상의 사물들에 대한 관념만을 갖고 이 관념에 따라 그들의 모든 행위와 사유를 조정하는 사람들)의 행동, 그리고 존재하는 모든 것의 행동은 신의 영원한 법칙과 결정으로부터 필연적으로 도출되며 신에게 계속적으로 의존되지만, 그럼에도 불구하고 그것들은 수준에 있어서뿐 아니라 본질에 있어서도 서로 차이가 납니다. 쥐나 천사나 또 기쁨이나 슬픔이나 모두 신에게 의존되지만 그럼에도 불구하고 쥐가 천사의 종류일 수 없고 슬픔이 기쁨의 종류일 수 없습니다. 이로써 선생님의 논박에 답을 했다고 생각합니다.(제가 선생님의 논박을 제대로 파악했다면 말입니다. 선생님께서 도출하시는 결론은 선생님께서 증명하려고 시도하는 명제 자체와 차이가 없는 것은 아닌지 가끔 의문이 듭니다.)

그러나 제 답변은 선생님께서 스스로의 원칙 때문에 제기하게 되는 문제에 제가 답할 때 더 명확해집니다. 첫 번째 문제는 다음과 같습니다: 〈신은 살인과 자선을 똑같이 승인하는가?〉 두 번째 문제는 다음과 같습니다: 〈절도는 신의 관점에서 정의의 실행과 마찬가지로 좋은 것인가?〉 끝으로 세 번째 문제는 다음과 같습니다: 〈육욕이나 범죄에 자기를 내맡기는 일을 혐오스럽지 않고 적합하게 받아들이는 개별적 본성을 가진 사람이 존재하는가? 이 사람을 설득하여 악 대신에 선을 행하도록 할 수 있는 덕을 위한 논변이 가능한가?〉

첫 번째 문제에 대해 저는 '신이 승인한다.'[132]라는 표현으로 선생님께서 무엇을 의미하시고자 하는지 철학적으로 볼 때 이해하지 못한다고 답하겠습니다. 신이 어떤 사람은 미워하고 다른 사람은 사랑하는지를 묻는 것입니까? 또는 어떤 사람은 신을 모독하는 것이고 다른 사람은 신에게 호의를 베푸는 것입니까? 그렇지 않다고 저는 답하겠습니다. 만일 사람들을 살해하는 자들과 자선을 행하는 자들이 동일하게 정의롭고 완전한가라는 것이 질문이라면 이에 대해서도 저는 그렇지 않다고 답하겠습니다.

다음으로 두 번째 문제와 관련하여 말하자면, 만일 '신의 관점에서 좋다는 것'이 정의로운 사람은 신에게 선한 것을 제공하고 도둑은 악한 것을 제공한다는 것을 함축한다면 저는 정의로운 사람도 도둑도 신에게 기쁨이나 슬픔의 원인이 될 수 없다고 답하겠습니다. 그러나 만일 각각의 행동, 즉 정의로운 사람의 행동과 도둑의 행동이 신을 원인으로 갖는 실재적인 어떤 것인 한에서 동일하게 완전한가라는 것이 질문이라면, 저는 다음처럼 답하겠습니다. 만약 우리가 특정 양태로서 각각의 행동만을 고찰한다면 두 행동 모두 완전할 수 있다고 말하겠습니다. 도둑과 정의로운 사람이 동일하게 완전하고 동일한 행복을 누리는지 물으신다면 그렇지 않다고 답하겠습니다. 실제로 저는 정의로운 사람에 대해 각자가 자신의 것을 가지기를 한결같이 욕망하는 사람으로 이해합니다. (아직 출간되지 않은) 제 『에티카』에서[133] 저는 바른 사람들에게 이런 욕망은 그들이 자신들

---

132) (역주) 블리엔베르그의 앞선 편지에서는 '신의 마음에 들다.' 정도의 표현이 사용되었다.

과 신에 대해 갖는 명확한 인식에서 비롯된다는 점을 증명합니다. 따라서 이와 같은 종류의 욕망이 전혀 없는 도둑은 신과 자기 자신에 대한 인식, 즉 우리를 인간으로 규정해주는 핵심적인 것을 결여한 것입니다. 그럼에도 불구하고 선생님께서는 다른 행동보다 제가 덕이라고 명명하는 행동을 하도록 이끌 수 있는 것이 무엇인지 이어서 물으십니다. 선생님으로 하여금 이런 행동을 하도록 신이 무한히 많은 방식 가운데 어떤 방식을 취하는지 저는 알 수 없다고 답하겠습니다. 선생님께서 신에 대한 사랑으로 세상을 잊고 다른 사람들을 선생님 자신처럼 사랑하도록 신이 선생님께 그에 대한 관념을 명확하게 각인해놓았을 수 있습니다. 이런 종류의 정신적 경향이 악하다고 불리는 다른 모든 경향에 대립된다는 점은 명백합니다. 그렇기 때문에 이들 경향이 동일한 주체에 함께 있을 수는 없는 것입니다. 그러나 여기서 윤리의 기초를 설명하진 않겠고 또 제가 제안하는 모든 명제를 증명하지도 않겠습니다. 현재 제가 할 일은 선생님의 질문에 답하는 것이고 선생님의 논박을 물리치는 것이기 때문입니다.

끝으로 세 번째 문제와 관련하여 보자면 이 문제는 모순을 내포하며, 이 문제를 제기하는 것은 마치 어떤 존재의 본성에 그가 목을 매 죽는 것이 적합한지 또는 그가 목을 매 죽지 않을 이유가 있는지 묻는 것과도 같아 보입니다. 그럼에도 이와 같은 본성이

---

133) (역주) 1665년에 스피노자는 아직 『에티카』를 완성하지는 않았지만, 위의 주장은 『에티카』 4부 정리37 주석 및 4부 정리72와 비교하여 이해할 수 있다.

가능하다고 인정하겠다면, (제가 자유 의지를 인정하든 그렇지 않든 중요치 않습니다만) 만일 어떤 사람이 식탁에 앉아 있는 것보다 사냥에 매달려 더 편하게 살 수 있다고 생각한다면 목을 매고 죽지 않는 것이 무분별한 일일 것이라고 답하겠습니다. 마찬가지로 어떤 사람이 덕을 실행할 때보다 범죄를 저지를 때 더 좋은 삶이나 본질을 누릴 수 있음을 명확하게 확인한다면 그 역시 범죄를 저지르는 데 주저하는 것은 무분별한 일일 것입니다. 이 정도로 부패한 인간 본성의 관점에서 범죄는 덕일 것이기 때문입니다.

선생님 편지의 끝부분에 첨가된 마지막 질문으로 넘어가겠습니다. 이와 같은 문제는 단 하나의 답도 구하지 못한 채 한 시간 안에 적어도 백 개를 제기할 수 있습니다. 그러하니 그런 문제에 대해 제게 답을 구하지 마십시오. 저는 그에 대해 답을 하지 않을 것입니다. 현재로서는 정해주신 날짜 즈음의 선생님 방문을 기다리겠다고만 말씀 드립니다. 선생님의 방문을 환영합니다. 다만 좀더 이른 날짜였으면 합니다. 1~2주 동안 암스테르담에 갈 예정이기 때문입니다. 방문을 기다리겠습니다. 제 우정 어린 인사를 받아주시기를 청합니다.

1665년 3월 13일
레인스뷔르흐에서
스피노자 올림

○ 서신24. 블리엔베르그가 스피노자에게
─서신23에 대한 회신

친애하는 선생님께

선생님을 뵐 영광을 누렸을 때 대화를 계속할 시간이 부족했고 저희가 나눈 이야기를 모두 간직할 만큼 제 기억도 충분치 않았습니다. 그러나 선생님 댁을 떠나고 나서 바로 제가 들은 것을 기억해내기 위하여 제 정신의 모든 힘을 모았습니다. 그래서 가장 가까운 곳에 도착해서 저는 선생님의 견해를 적어놓으려고 노력했습니다. 하지만 실제로 제가 기억하는 것은 선생님 생각의 4분의 1밖에 안 된다는 것을 알게 되었습니다. 그렇기 때문에 선생님의 사유에 관해 제가 명확히 이해하지 못한 것이나 기억하지 못한 것에 대한 질문으로 다시 한 번 선생님을 귀찮게 해드리는 점을 용서해주십시오. 저로 인한 선생님의 수고에 보답할 수 있는 능력을 가졌으면 하는 바람입니다.

첫째, 제가 『데카르트의 철학의 원리』와 『형이상학적 사유』를 읽을 때 선생님 고유의 견해와 데카르트의 견해를 구분할 수 있는 방법은 무엇입니까?

둘째, 엄밀히 말해 오류는 존재하는 것입니까? 오류는 무엇입니까?

셋째, 어떤 이유를 근거로 선생님께서는 의지가 자유롭지 않다고 판단하십니까?

넷째, 어떤 의미로 선생님께서는 뤼도웨이크 메이어르 씨가 서문에서 다음과 같은 점을 주장하도록 하셨습니까? 〈저자는 자연에는 사유하는 실체가 있음을 인정하지만 이 실체가 인간 영혼의 본질을 구성한다는 것은 부정한다. 연장이 한계가 없는 것과 마찬가지로 사유도 한계가 없다고 저자는 생각한다. 따라서 인간 육체가 절대적 의미의 연장이 아니고 연장의 본성의 법칙에 부합하게 운동과 정지에 의해 특정 양태로 결정된 연장일 뿐인 것과 마찬가지로, 인간 영혼도 절대적 의미의 사유가 아니라 사유의 본성의 법칙에 부합하게 관념들에 의해 특정 양태로 결정된 사유일 뿐이다. 저자는 어떤 인간의 육체가 실제로 현존하기 시작할 때 인간 영혼은 필연적으로 현존해야 한다고 결론 내린다.〉

　이로부터 다음의 결론이 나오는 것으로 보입니다: 인간 육체는 무수히 많은 연장된 부분들로 조합된바 정신 역시 같은 방식으로 무수히 많은 사유들로 조합됩니다. 인간 육체가 사라질 때는 자기를 조합했던 무수히 많은 연장 부분들로 해체되는 것과 마찬가지로 우리의 영혼도 육체와 분리될 때는 자기를 조합했던 다수의 사유들로 해체될 것입니다. 그리고 우리 인간 육체의 해체된 부분들은 결합되어 있지 않고 반대로 다른 물체들이 그 사이로 들어오므로 마찬가지로 우리의 정신이 일단 해체되면 그것을 구성했던 무수히 많은 사유들 역시 합쳐져 있지 않고 분리될 것입니다. 그러나 이처럼 분해된 육체들이 아직 육체들이라고 할지라도 그것들은 더 이상 인간 육체는 아닙니다. 마찬가지로 우리의 사유하는 실체를 해체하는 죽음 이후에 사유들 또는 사유하는 실체들은 존속하겠지만, 그들의 본질, 즉 그들이 인간 정신으로서 가지고 있던 본질은 더 이상 동일한 것이 아닐 것입니다.

제가 보기에 선생님의 주장은 결과적으로 인간의 사유하는 실체는 변화를 겪으며 육체들처럼 해체된다는 것을 옹호하는 데 이릅니다. 제 기억이 맞다면 선생님께서 불경한 자들에 대해 인정하시듯이, 심지어 몇몇 영혼들은 전적으로 사멸하며 어떤 사유도 그들에게 남지 않게 됩니다. 메이어르에 의하면 데카르트는 영혼이 절대적인 의미에서 사유하는 실체라고 전제할 뿐이라고 합니다. 그러나 이 구절에서 선생님과 메이어르는 선생님 이론의 가장 큰 부분을 단지 전제하고 있는 것으로 보입니다. 그렇기 때문에 이 문제와 관련하여 저는 선생님의 사유를 명확히 이해하지 못하겠습니다.

다섯째, 저희의 토론과 선생님의 3월 13일자 편지에서 선생님께서는 신과 우리 자신에 대한 명확한 인식은 우리로 하여금 각각의 사람이 자기에게 속한 것을 유지하기를 한결같이 욕망하도록 한다고 주장하셨습니다. 그러나 신과 우리 자신에 대한 인식이 어떤 방식으로 각각의 사람이 자기에게 속한 것을 소유하도록 할 한결같은 의지를 우리에게 산출하는지 설명할 필요가 있습니다. 즉 어떻게 이와 같은 욕망이 신에 대한 인식에서 비롯되는지 또 어떻게 이 욕망이 우리로 하여금 덕을 사랑하고 악행이라 불리는 행동을 피하도록 강제하는지, 끝으로 (선생님에 따르면, 살인과 절도가 자선을 베푸는 일과 마찬가지로 실재적인 것을 포함하기 때문에) 살인이 자선을 베푸는 일만큼의 완전성, 행복, 내적 평화를 포함하지 않는 이유가 어디서 비롯되는지를 설명해야 할 필요가 있는 것입니다. 3월 13일자 편지에서 말씀하신 대로 아마도 선생님께서는 이 문제는 윤리학과 관련된 것이고 적절한 때에 다루어질 것이라고 말씀하실 것입니다. 그러나 저로서는 이 문제 및 이전 문제들의 해명 없이는 선생님의 사유를 이해할 수가 없고 제게 떨쳐버리지 못할 부조리가 계속 남아 있는바, 더 상세하게 답변해주시기를 저희의 우정에 기대어 요청합니다. 선생님의 『에티카』의 기초가 되는 핵심적인 정의, 공준, 공리, 특히 제 질문을 해소해줄 수 있는 것들에 대해 말씀해주시고 설명해주시기를 부탁 드립니다. 이런 일의 수고로움 때문에 선생님께서 답변을 주시지 않을지도 모르겠습니다만, 부디 한 번 더 제 요청을 들어주십시오. 제 마지막 문제에 대한 답이 없으면 저는 선생님의 사유를 정확히 파악하지 못할 것이기 때문입니다. 저로 인한 선생님의 수고를 무엇으로라도 보답해드렸으면 하는 바람입니다. 감히 선생님께 1~2주의 기간 내에 답변해주시기를 요청하지는 못하겠습니다. 다만 선생님의 암스테르담 여정 전에만 제 편지에 답을 주시기를 부탁 드립니다. 선생님의 답변은 제게 큰 은혜가 될 것입니다. 선생님, 선생님께 항상 충실한 모습을 보이도록 하겠습니다.

1665년 3월 27일
도르드레흐트에서
빌럼 판 블리엔베르그 올림

○ 서신25. 헨리 올덴부르크가 스피노자에게[134]

저명한 스피노자 선생님께

친애하는 선생님,

세라리우스[135] 씨의 최근 편지를 통해 선생님께서 무사하시고 건강하시며 또 선생님의 올덴부르크를 잊지 않고 계신다는 점을 알게 되어 얼마나 기뻤는지 모릅니다. 그러나 동시에 저는 선생님과 유지해온 이 유익한 교류를 앗아간 제 운(운이라는 단어를 사용할 수 있다면 말입니다.)을 원망했습니다. 이와 같은 교류의 중단에 대해 저를 괴롭힌 많은 업무와 가정의 우환을 원망해야 합니다. 진정 선생님에 대한 저의 막대한 충심과 진실한 우정은 항상 견고할 것이고 시간이 지나도 손상되지 않을 것입니다. 보일 선생님과 제가 선생님, 그리고 선생님의 박식과 깊은 성찰에 대해 대화를 나누는 일은 드물지 않습니다. 저희는 선생님의 성찰의 결실이 빛을 보고 또 학자들이 그것을 맞이할 수 있기를 바랍니다. 저희는 이 주제와 관련하여 선생님께서 저희의 소망을 충족시켜주시리라는 것을 확신합니다.

---

134) (역주) 서신16 이후 약 2년 후에 스피노자와 올덴부르크의 서신 교환이 재개되었다.
135) (역주) 서신14 참조.

니트로, 고형 상태, 유체 상태에 대한 보일 선생님의 논고를 그곳에서 출간할 이유는 없습니다. 여기서 이미 라틴어본으로 출간되었기 때문입니다. 적절한 수단이 갖춰지는 대로 몇 부를 선생님께 보내드릴 예정입니다. 그러하니 그쪽의 어떤 출판사에 의해서도 출간되지 않도록 조치해주시기를 부탁 드립니다.

또한 보일 선생님의 주목할 만한 『색깔에 관한 논고』가 영어와 라틴어로 출간되었고, 동시에 냉기와 온도계 등에 대해 많은 주목할 만한 것들과 발견이 포함된 일련의 실험 연구도 출간되었습니다.[136] 이 책들이 선생님께 전해지는 일을 막는 것은 이 불행한 전쟁뿐입니다.[137] 현미경에 의한 60가지 관찰에 대한 꽤 주목할 만한 논고[138]도 출간되었습니다. 이 논고는 대범한, 그러나 (기계론적 원리에 부합하는) 철학적인 많은 고찰을 담고 있습니다. 저희 쪽의 서점들에서 이 모든 저작을 선생님께 보내드릴 방편을 찾기를 저는 바랍니다. 선생님의 매우 충실한 벗인 저로서는 선생님께서 최근 수행하신 작업이나 가지고 계신 저작을 선생님으로부터 직접

---

136) (역주) 『색깔에 관한 실험과 고찰(*Experiments and Considerations Touching Colours*)』(1664), 『냉기에 관한 새로운 실험과 관찰(*New Experiments and Observations upon Cold*)』(1665).

137) (역주) 1665년에 영국과 네덜란드 사이에 두 번째 전쟁이 발발했다. 식민지들에서 여러 해상 전투를 벌인 후에 찰스 2세는 1665년 3월 5일 선전 포고를 했다. 브레다 조약을 통해 1667년 7월 27일에야 종전이 이루어졌다.

138) (역주) 로버트 후크(Robert Hooke, 1635-1703)의 『마이크로그라피아 (*Micrographia*)』(1665)로서 이 저작은 런던 왕립학술원의 첫 번째 출판물들 중 하나이다.

받아보았으면 합니다.

1665년 4월 28일

런던에서

헨리 올덴부르크 올림

○ 서신26. 스피노자가 헨리 올덴부르크에게
─서신25에 대한 회신

매우 고귀하고 학식 있는 헨리 올덴부르크 선생님께

탁월한 벗께,

　며칠 전 한 벗이 암스테르담의 출판업자가 필경 세라리우스 씨를 통해 전해진 선생님의 4월 28일자 편지를 그에게 전했다고 제게 말해주었습니다. 선생님께서 건강하시고 또 저희의 우정을 간직하고 계시다는 소식을 듣게 되어 매우 기뻤습니다. 기회가 있을 때마다 저는 세라리우스 씨를 통해서, 그리고 선생님을 안다고 제게 말했던 젤렘의 크리스티안 호이겐스 선생님으로부터 선생님의 소식을 계속해서 들어왔습니다.[139] 역시 호이겐스 선생님을 통해 저는 매우 학식 있는 보일 선생님께서 무사하시고 그의 주목할 만한 『색깔에 관한 논고』 영문판을 출간했다는 것도 알게 되었습니다. 제가 영어를 알았더라면 그는 제게 그 논고를 빌려주었을 것입니다.

이 논고와 더불어, 지금까지 제가 몰랐던 냉기 및 온도계에 대한 저작이 라틴어로 번역되어 대중이 접하게 되었다는 것을 선생님을 통해 알게 되어 기쁩니다. 현미경 관찰에 대한 책은 호이겐스 선생님도 가지고 계시지만, 제가 틀리지 않다면 그것은 영문입니다. 호이겐스 선생님께서는 이 현미경들과 이탈리아에서 제작된 망원경들에 대해 놀라운 것들을 말해주었습니다.[140] 이 망원경들을 통해, 위성들 사이에 놓여서 목성에 생긴 식(蝕) 현상과 띠를 통해 토성에 생긴 일정한 그림자까지도 관찰하는 데 성공했습니다. 이번 기회를 통해 저는 데카르트의 예견에 대해 놀라움을 금할 수 없었습니다. 데카르트는 토성 주변의 행성들이 이동하지 않는다면(그는 토성의 고리들이 행성이라고 생각했는데, 이는 필경 그것들이 토성과 붙어 있다는 것을 전혀 관찰하지 못했기 때문일 것입니다.), 이는 아마도 토성이 그 고유의 축을 중심으로 회전하지 않기 때문이라고 말합니다. 그럼에도 불구하고, 이 설명은 그의 원리들과 그리 일치하지는 않습니다. 그는 자신의 원리들을 따름으로써,

---

139) (역주) 올덴부르크는 호이겐스를 만나려고 1661년에 네덜란드에 왔고, 호이겐스와의 관계를 스피노자에게 알리지 않았던 것 같다. 1663년 이후 호이겐스는 왕립학술원의 회원(fellow)이 되었다.

140) (역주) 로마에서 지우세페 콤파니(Giuseppe Compani, 1635-1715)가 만든 망원경을 가리키는 것으로 보인다. 콤파니는 천문학자이자 렌즈 제작자였다. 그의 도구들을 통해 카시니(G.D. Cassini, 1625-1712)는 여러 관찰을 실행했고 스피노자가 이에 대해 전하고 있다.

고리들의 원인을 매우 쉽게 설명할 수 있었을 것입니다. 그가 선입견 때문에 방해받지 않았다면 말입니다.[141]

○ 서신27. 스피노자가 블리엔베르그에게
─ 서신24에 대한 회신

매우 학식 있고 교양 있는 빌럼 판 블리엔베르그 씨께

친애하는 선생님,

선생님의 3월 21자 편지가 도착했을 때 저는 암스테르담으로 막 떠날 때였습니다. 그래서 나중에 돌아와서 답을 하려고 편지의 절반만 읽은 채 집에 두었습니다. 저는 선생님의 편지에 저희의 첫 번째 논의와 관계된 질문들만 있는 줄 알았습니다. 그러나 나중에 보니 『기하학적으로 증명된 데카르트의 철학의 원리』 서문에서 제시된 명제들에 대한 단순한 확인과는 매우 다른 것이 관건이라는 점을 알았습니다.(이 서문의 목표는 단지 제 견해가 무엇인지 독자에게 알리는 것이었지 그것을 확립하는 것도 또 모두가 그것을 인정

---

141) (역주) 서신2의 경우처럼 마무리 인사말이 없는 것은 스피노자가 관련 표현을 기록하지 않은 원본을 토대로 텍스트가 확립되었기 때문이다. 1665년 5월 레인스뷔르흐에서 작성된 서신으로 추정된다.

하도록 하는 것도 아니었습니다.) 선생님께서 해명을 요구하시는 것은 윤리학의 많은 부분에 관한 것입니다. 주지하다시피 윤리학은 형이상학과 물리학에 근거합니다. 그렇기 때문에 이 문제에 관해 저는 선생님의 요구를 충족시켜드리려고 마음먹을 수가 없었습니다. 저는 선생님의 요청을 철회해주실 것을 허심탄회하게 또 우정 어린 마음으로 직접 청할 기회를 기다리려고 했습니다. 동시에 제가 거부하는 이유를 선생님께 설명 드리고 선생님의 질문들은 저희의 첫 번째 논의에서 제게 제기된 난점들의 해결과 아무 관련이 없다는 것을 밝혔을 것입니다. 이 난점들의 해결에 그 질문들이 대부분 의존되어 있으니 말입니다. 따라서 필연성에 대한 제 견해가 선생님의 질문들에 대한 답이 주어지기 전에 파악될 수 없다는 것은 틀립니다. 선생님의 질문들을 이해할 수 있으려면 먼저 필연성에 대한 제 견해를 이해해야 하니 말입니다. 선생님께서도 아시다시피 사물들의 필연성은 그 인식이 나머지 모든 것에 앞서는 형이상학과 관련되기 때문입니다.[142]

말씀 드린 바와 같이 기다렸던 기회가 아직 오지 않았을 때, 저의 답이 늦었던 점에 대한 불만이 담긴 선생님의 새로운 편지를 받았었습니다. 그래서 제 뜻과 결심을 알려드리기 위해 몇 자 적어야겠다고 생각한 것입니다. 이 점에 대해 숙고해보시고 선생님

---

142) (역주) 스피노자가 블리엔베르그에게 보낸 네덜란드어 서신에 따르면 다음의 문장이 첨가되어 있다. "선생님께서도 아시다시피 사물들의 필연성은 그 인식이 나머지 모든 것에 앞서는 형이상학과 관련되기 때문입니다." 이 서신의 원본은 레이턴 대학 도서관에 소장되어 있다.

의 요청을 거두어주시기를 바라지만 그럼에도 불구하고 선생님께서 저에 대해 마음을 열어주시기를 바랍니다. 저로서도 능력이 닿는 한 항상 선생님께 충실함을 다하겠습니다.

1665년 6월 3일
레인스뷔르흐에서
스피노자 올림

○ 서신28. 스피노자가 요하네스 바우와메스테르에게

친애하는 벗

선생님께서 저를 완전히 잊으셨는지는 잘 모르겠습니다. 그러나 그렇게 믿을 만한 이유가 많이 있습니다. 우선, 떠나기 전에 제가 선생님께 인사를 드리려 했고, 선생님께 초대를 받았기 때문에 저는 선생님을 댁에서 만날 수 있다고 생각했습니다. 그때 저는 선생님께서 헤이그로 가시는 중이라는 것을 알게 되었습니다. 다음으로 적어도 보르뷔르흐에서는 선생님이 저를 방문하시리라는 것을 전혀 의심치 않고서 저는 보르뷔르흐로 돌아왔습니다. 그러나 이렇게 말해서는 안 되겠지만 선생님께서는 친구에게 아무런 인사도 하지 않고 돌아가셨습니다. 마지막으로 말하자면, 저는 3주를 기다렸습니다. 이 모든 시간 동안 저는 선생님 편지의 그림자도 보지 못했습니다. 그러하니 만일 선생님께서 제가 생각을 바꾸기를 원하신다면, 이전에 선생님 댁에서 저희가 이야기한 서신 교환을 어떻게 실행할 것인지 편지로 제게 말씀해주시면 됩니다.

기다리는 동안 한 가지 분명하게 요청할 것이 있습니다. 더 정확히는 선생님께 부탁 드리고 또 저희의 우정의 이름으로 간청합니다. 진정한 확신을 가지고 진지한 일에 임하십시오. 삶의 최선의 부분을 지성과 영혼을 양육하는 데 할애해야 할 필요가 있다는 점을 잊지 마십시오. 아직 늦지 않았기 때문에 저는 선생님께 이처럼 요청하는 것이고, 더 늦으면 선생님께서는 잃어버린 시간과 자신의 포기를 후회하게 될 것입니다.

선생님께서 제게 더 자유롭게 편지를 쓸 수 있도록 저는 우리가 확립해야 할 서신 교환에 대해 한마디 더 하고 싶습니다. 선생님께서 자신의 재능에 대해 정확한 평가보다 더 낮게 신뢰하고 있으며, 질문하는 것과 학자에 걸맞지 않은 명제를 언술하는 것을 두려워한다는 것을 얼마 전부터 저는 의심하고 있다는 점(지금은 거의 확신하고 있습니다.)을 아셨으면 합니다. 그러나 제가 선생님에 대해 이야기하고 또 선생님의 타고난 재능에 대해 터놓고 칭찬하는 식으로 강조하는 것은 적절치 않습니다. 하지만 제가 선생님의 편지들을 다른 사람들에게 전하고 그들이 선생님을 조롱할지도 모른다는 것을 걱정하신다면, 그 편지들을 제가 엄숙하게 간직하고 선생님의 허락 없이는 그 누구도 읽지 않게 하리라는 것을 약속하겠습니다. 이런 조건에서 선생님께서는 서신 교환을 하실 수 있을 것입니다. 선생님께서 제 약속을 의심하지 않으신다면 말입니다. 저는 선생님께서 제 약속을 의심하시리라고 믿지 않습니다. 그러하니 저는 이 모든 점에 대해 선생님의 첫 번째 편지를 통해 선생님의 견해를 알고 싶습니다.

그리고 저는 선생님께서 약속하신 붉은 장미 잼[143]을 기다리고 있습니다. 오래전부터 건강이 나아진 것 같기는 해도 말입니다. 그곳[144]에서 떠나온 이후로 한 번만의 각혈이 있었습니다. 하지만 열은 멈추지 않았습니다.(아마도 공기의 변화 때문인지 각혈 전보다 상태가 더 좋다고 느껴집니다.) 그러나 두세 번 미열로 고통이 있었습니다. 적절한 식이요법으로 결국 열을 배출했고 열은 어디론가 사라졌습니다. 제게 중요한 것은 더 이상 열이 없다는 것입니다.

저희의 철학[145] 제3부와 관련해서는 선생님께서 번역자가 되어 주신다면 그 일부분을 선생님께 보내드리거나 우리의 벗 데 브리스 씨께 보내겠습니다. 그것을 모두 마무리하기 전에는 아무것도 보내지 않기로 결심했지만, 제가 생각했던 것보다 더 길기 때문에 선생님을 너무 오래 기다리시게 하고 싶지는 않습니다. 대략 정리 80까지에 해당하는 부분을 선생님께 보내드립니다.[146]

---

143) (역주) 붉은 장미는 폐질환 치료제로 생각되었다. 의사였던 바우와메스테르는 스피노자에게 붉은 장미 잼을 복용하도록 조언했다. 이 서신은 스피노자의 병과 관련된 첫 번째 언급을 포함하고 있다.

144) (역주) 암스테르담.

145) (역주) 『에티카』를 뜻한다.

146) (역주) 이 서신을 통해 볼 때, 『에티카』는 우선 3부로 구성되었음을 알 수 있다. 1665-1668년 사이에 3부가 점차 확장되면서 스피노자는 3부를 세 부분으로 나누었고 전체 저작을 5부로 확정했을 것이다.

영국과 관련한 일에 대해서는 많은 이야기를 듣고 있지만 확실한 것은 아무것도 없습니다.[147] 사람들은 끊임없이 최악의 상황을 의심하고 있지만 함대가 철수하지 않는 이유는 아무도 모릅니다. 단지 결정이 아직 유예 중인 것 같습니다. 저희 쪽 지도자들이 지나치게 현명하지 않거나 용의주도하지 않을까 걱정이 됩니다. 그들이 무슨 생각을 하고 있는지 또 무엇을 준비하고 있는지 결국 알려질 것입니다. 잘 풀릴 수 있기를 바랍니다. 우리의 친구들이 이 점에 대해 어떻게 생각하는지, 그리고 그들이 확실하게 알고 있는 것이 무엇인지 알고 싶습니다. 그러나 그보다는, 그리고 그 무엇보다도 선생님께서 저를 생각해주시기를…….[148]

○ 서신29. 헨리 올덴부르크가 스피노자에게

저명한 스피노자 선생님께

매우 소중한 벗, 매우 탁월한 선생님께

선생님께서 9월 4일 제게 쓰신 마지막 편지에 따르면, 저희에

---

147) (역주) 앞서 언급했듯이 1665년 3월 영국이 네덜란드에 선전 포고를 했지만, 네덜란드 함대는 6월 13일까지도 영국 쪽에 머물러 있었다.
148) (역주) 1665년 6월 보르뷔르흐에서 작성된 서신으로 추정된다.

대한 선생님의 관심은 한결같다는 것이 분명합니다. 선생님께 감사하는 것은 저뿐이 아닙니다. 보일 선생님께서도 역시 선생님에 대한 감사의 뜻을 제게 전해주셨고 선생님의 우정 어린 행동에 대한 답으로서 기회가 되는대로 그가 할 수 있는 모든 도움을 제공하고자 하십니다. 저의 태도 역시 마찬가지라는 점을 굳게 믿어주십시오.

그러나 『색깔에 대한 논고』가 이곳에서 이미 라틴어로 번역되었음에도 불구하고 다른 번역본을 만들려고 하는 그 성급한 분에 대해 말하자면, 그 사람은 그런 시의적절하지 않은 일로 인해 좋지 않은 결정을 내린 것이라는 점을 이해하게 될 것입니다. 실제로 영국에서 준비 중인 라틴어본에 저자가 영문판에 없는 많은 실험을 첨가한다면 그 번역은 무슨 가치가 있겠습니까? 곧 유통될 저희 쪽의 번역본이 모든 점에서 그의 번역보다 선호될 것이고 학자들에게 훨씬 더 큰 권위를 갖게 되리라는 점은 자명합니다. 그러나 그 사람은 그가 원하는 것을 하면 됩니다. 저희로서는 최선이라고 생각되는 것을 행할 것입니다.

키르허[149]의 『지하세계』는 모든 교류를 가로막은 페스트 때문에 저희 영국에는 출간되지 않았습니다.[150] 또한 그토록 막대한 악을 야기하고 또 모든 인륜적 개념을 세상에서 앗아가는 이 끔찍한

---

149) (역주) 『지하세계(*Mundus Subterraneus*)』는 독일 출신의 예수회 회원 아타나시우스 키르허(Athanasius Kircher, 1602-1680)의 저작으로서 1665년에 암스테르담에서 출간되었다. 이 저작은 기계론 철학에 격렬하게 반대하는 내용을 담고 있다.

전쟁도 있습니다. 그렇기 때문에 저희의 철학회는 이 같은 위기 상황에서 공식적인 회의를 열지 않고 있습니다. 그러나 철학회 회원들 몇몇은 철학자로서의 본연의 임무를 잊지 않고 있습니다. 그들은 개별적으로 실험을 수행하고 있습니다. 몇몇 사람은 정수역학(靜水力學)에 대해, 다른 몇몇 사람은 해부학이나 공학, 그리고 다른 분야에 대해 실험을 하고 있습니다. 보일 선생님께서는 스콜라학파와 그 교수자들이 정립했던 방식 그대로의 형상과 성질의 기원을 비판적으로 검토했습니다. 그는 이 주제와 관련하여 논고[151]를 집필했습니다. 이 논고는 곧 출간될 것이고 분명 주목할 만할 것입니다.

선생님과 관련하여 말씀 드리자면, 제 생각에 선생님께서는 철학을 하신다기보다는 (이처럼 말할 수 있다면) 신학을 하시는 것 같습니다. 선생님께서는 천사, 선지자, 기적에 대한 선생님의 사유를 집필하시기 때문입니다. 그러나 선생님께서는 아마도 철학적으로 그것을 하실 것입니다. 여하튼 저는 그 저작이 선생님께 걸맞을 것이라는 점을 확신하며 그것에 대해 생생하게 알고 싶습니다. 이 어려운 시기에 교류의 자유는 한정되어 있지만, 적어도 다음 편지에서는 그 저작에서 선생님께서 어떤 주제 및 관점을 갖고 계신지 알려주시기를 부탁 드립니다.

---

150) (역주) 유럽 대륙을 휩쓴 전염병은 1664년에 영국에까지 유포되었다. 1665년 여름에 매주 700여 명이 사망했다.

151) (역주) 『미립자설에 따른 형상과 질의 기원(*Origin of Forms and Qualities according to the Corpuscular Philosophy*)』(1666).

매일 저희는 네덜란드의 함대가 다시 항구로 돌아가지 않았다면 벌어지게 될 두 번째 해전에 대한 소식을 기다리고 있습니다.[152] 선생님께서 말씀하시는 그쪽 사람들이 서로 논쟁하는 용기는 인간들이 아닌 짐승들에게 고유한 것입니다. 실제로 사람들이 이성의 지도하에 행동한다면 현재 그렇듯이 그들이 서로 상처를 입히지 않을 것입니다. 그러나 무슨 이유로 불평을 해야 합니까? 인간들이 있는 한 악덕이 있을 것입니다. 하지만 악의 지배가 영원하지는 않을 것이고 더 좋은 사람들의 개입이 악덕을 제어할 것입니다.[153]

이 편지를 쓰는 동안 단치히의 위대한 천문학자인 요하네스 헤벨리우스[154]의 편지를 전달받았습니다. 이 편지에서 그는 여러 사안들을 알려주면서 12권으로 구성된 그의 『혜성 묘사』가 1년 내내 간행 중이며 첫 번째 400쪽, 즉 9권이 이미 출간되었다고 알려주

---

152) (역주) 1665년 8월 14일 얀 데 비트(Jan De Witt)가 이끈 네덜란드 함대가 두 번째로 해상으로 출전했다. 그러나 기후 조건 때문에 전투는 벌어지지 않았다. 주지하다시피 비트는 스피노자를 후원했던 네덜란드 공화파 재상이었고 그가 암살당했을 때 스피노자가 크게 분노하여 '극악한 야만인들'이라고 쓴 푯말을 거리에 내걸려다가 집주인의 만류로 멈춘 적이 있다.

153) (역주) 타키투스의 『역사』(IV, 74장)에서 거의 그대로 인용한 구절이다. "인간들이 존재하는 한 악이 존재할 것이다. 그러나 악의 지배는 계속되지 않는다. 더 좋은 시절은 올 것이고 위로가 될 것이다."

154) (역주) 요하네스 헤벨리우스(Johannes Hévélius 또는 Hevel 또는 Höwelcke, 1611-1687)는 천문학자로서 달의 지형학을 확립한 것으로 평가받는다. 레이던에서 법학을 공부한 후 그는 초점 거리가 45미터인 망원경을 갖춘 관측소를 단치히에 세웠다. 그는 4개의 혜성을 발견했고 이 혜성들이 타원 궤도를 따른다고 예측했다.

었습니다. 또한 그는 제게 혜성들에 대한 그의 서문 몇 부를 보냈다고 합니다. 거기서 그는 가장 최근의 혜성들 중 첫 번째 것을 폭넓게 묘사했다고 합니다. 그러나 이것들은 아직 제게 도착하지 않았습니다. 게다가 그는 두 번째 혜성에 관한 다른 책을 출간하고 학자들의 평가를 받기로 했습니다.

호이겐스의 추에 대해 네덜란드에서 사람들이 생각하는 것을 알고 싶습니다. 특히 바다에서 경도(經度)를 측정하는 데 쓰일 수 있을 정도로 시간을 정확히 계량한다고 하는 추에 대해 알고 싶습니다. 그리고 저희가 그토록 오랫동안 기다려온 그의 『광학』과 『운동론』의 상황은 어떠합니까? 그가 한가로이 지내지는 않으리라고 저는 확신합니다. 그가 진행하는 작업에 대해 알고 싶습니다.[155] 건강하시고 선생님께 매우 충실한 헨리 올덴부르크를 계속하여 아껴주십시오.

1665년 9월 중순
런던에서

---

155) (역주) 호이겐스는 1656년에 최초의 추시계를 제작했다. 이는 1658년의 『시계 (Horologium)』에 묘사되어 있다. 1654년에 시작된 『광학』, 1663년에 시작된 『물체들의 운동에 관하여』는 1700년이 되어서야 유고로 출간되었다.

○ 서신30. 스피노자가 헨리 올덴부르크에게 — 서신29에 대한 회신

매우 고귀하고 학식 있는 헨리 올덴부르크 선생님께

선생님이 속하신 협회[156]의 철학자들이 그들 자신과 국가에 충실하다는 점을 알게 되어 기쁩니다. 그들의 작업을 접하려면 전쟁 중의 국가들이 이제 인간의 피에 질려서 힘을 회복하기 위해 평정을 찾을 때까지 기다려야겠습니다. 모든 것을 조롱하는 유명한 인물이 우리 시대를 살았다면 분명 죽도록 웃었을 것입니다. 그러나 저에 대해 말씀 드리자면 이런 혼란은 저로 하여금 조롱하게 하지도 않고 통탄하게 하지도 않습니다. 오히려 그것은 저로 하여금 철학하게 하고 또 인간 본성을 더 제대로 관찰하게 합니다. 저는 인간도 다른 것들처럼 자연의 한 부분일 뿐이라고 생각하며 또 저는 어떻게 자연의 각 부분이 그것의 전체와 조화를 이루고 어떻게 다른 부분들과 결합하는지 모르기 때문에, 자연적 본성을 조롱하거나 나아가 그와 관련하여 한탄하는 것은 적절치 않다고 생각합니다. 몇몇 자연적 본성들을 부분적이고 항상 단절된 방식으로 지각하게 되는 것은 이와 같은 인식의 결여 때문일 뿐입니다. 우리

---

156) (역주) 일종의 문인 협회로서 17세기에 지식인들 간의 소통과 교환을 위해 구성된 일종의 학술 공동체였다. 다음 편지에서 올덴부르크는 "철학자 협회"라고도 명명한다.

의 철학적 정신과 그리 일치하지 않는 자연적 본성들은 과거에 제게는 헛되고 무질서하고 부조리하게 나타났었습니다. 이제 저는 그와 반대로 각자가 자신의 경향에 따라 살도록 놔두며 자신들의 선이라고 믿는 것을 위해 죽고자 하는 이들은 그렇게 죽는 데 동의합니다. 저로서는 진리를 위해 사는 것이 가능하니 말입니다.

저는 현재 제가 성서를 바라보는 방식에 대한 논고를 집필 중입니다. 그 논고의 집필 동기는 다음과 같습니다. 1. 신학자들의 편견: 실제로 저는 사람들이 철학에 그들의 정신을 할애할 수 없도록 방해하는 것은 특히 신학자들의 편견이라는 것을 알고 있습니다. 그래서 저는 그런 편견을 명백하게 드러내고 가장 조예 깊은 사람들의 정신을 그 편견으로부터 보호하고자 합니다. 2. 끊임없이 저를 무신론으로 비난하는 대중이 저에 대해 갖는 견해: 이는 제가 할 수 있는 만큼 격퇴해야만 할 불행한 일입니다.[157] 3. 철학을 하고 우리의 의견을 말할 자유: 저는 모든 수단을 동원하여 이 자유를 확립하기를 원합니다. 오늘날 과도한 권력과 목사들의 무분별한 종교열은 이 자유를 앗아가려는 성향이 있습니다.

현재까지 저는 그 어떤 데카르트주의자도 데카르트의 가설들을 통해 최근의 혜성들의 현상을 설명했다고 들은 바 없습니다. 저는 그것이 그 가설로써 가능한 일인지 의심이 듭니다.[158]

---

157) (역주) 보르뷔르흐 주민들은 스피노자가 거주한 집주인이자 그를 옹호했던 티데만(Tydeman)이 주도한 진보주의자들과 보수주의자들 사이의 논쟁 동안에 스피노자를 고발한 적이 있다. 1656년의 파문 이후에 스피노자는 동시대인들에 의해 무신론자로 묘사되어왔다.

○ 서신31. 헨리 올덴부르크가 스피노자에게
─ 서신30에 대한 회신

존경스러운 벗, 선생님께

선생님께서는 관대한 사람과 철학자에 어울리는 방식으로 행동하십니다. 올바른 사람들을 사랑하시니 말입니다. 그들도 선생님을 사랑할 것이고 선생님의 덕을 높이 평가할 것이라는 점을 의심치 말아주십시오. 보일 선생님께서는 저를 찾아오셔서 선생님께 극진한 인사를 전하시고 선생님께서 활발하고 열정적으로 철학을 계속하시기를 권하십니다.

특히 저희는 선생님께서 이 어려운 문제의 답을 찾으셨는지 저희에게 알려주시기를 간청합니다. 어떻게 자연의 각 부분이 전체와 합치하고 조화를 이루는지 또 어떤 방식으로 다른 부분들과 결합되는지 말입니다. 저는 선생님께서 『성서에 대한 논고』를 집필하시게 된 이유들에 전적으로 동의하며 성서들에 대한 선생님의 해석을 보기를 갈망합니다. 세라리우스 씨가 다음번에 소포를 가져오기로 했는데, 원하신다면 이미 집필하신 것을 전적으로 안전하게 그에게 맡기셔도 됩니다. 저희 쪽에서도 신속하게 선생님께 도움을 드릴 수 있다는 점을 믿으셔도 됩니다.

키르허의 『지하세계』를 빠르게 훑어보았습니다. 그의 추론 및

---

158) (역주) 보르뷔르흐에서 1665년 10월 7일 이전에 작성된 편지로 추정된다.

이론은 그의 재능을 나타내는 것이 아니지만, 거기서 보고된 관찰과 실험은 그의 성실성과 철학계에 기여하려는 그의 의지를 높이 평가하게 합니다. 선생님께서 확인하실 수 있듯이, 저는 그에 대해 경건보다 훨씬 이상의 것을 인정하며 선생님께서는 그를 성수로 축복하는 사람들이 그에 대해 어떻게 생각하는지를 어려움 없이 분별하실 수 있을 것입니다.

선생님께서는 호이겐스의 『운동론』에 대해 말씀하실 때, 데카르트의 운동 규칙들이 거의 모두 틀리다고 보시는 것 같습니다. 현재 저는 『기하학적으로 증명된 데카르트의 철학의 원리』에 대해 선생님께서 출간하신 작은 책을 가지고 있지 않습니다. 선생님께서 이 저작에서 그 규칙들의 오류를 제시하셨는지 또는 반대로 다른 사람들을 위하여 데카르트를 단계적으로 따라가셨는지 저는 기억이 나지 않습니다.

선생님께서 당신의 재능의 결실을 전해주시고 그것을 살피고 확산하도록 철학계에 맡겨주십시오. 선생님께서는 데카르트가 인간의 능력을 넘어서는 많은 것들, 그리고 나아가 가장 고귀하고 정밀한 것들 가운데 많은 것들을 사람들이 자명하게 이해하고 매우 명확하게 설명할 수 있다고 말씀하신 것을 저는 기억합니다. 무엇을 망설이십니까? 무엇을 두려워하십니까? 그토록 중요한 작업을 시도하시고 착수하시고 마무리하십시오. 철학자들이 합심하여 선생님을 보호하리라는 것을 확인하시게 될 것입니다. 저는 감히 선생님께 약속 드리겠습니다. 제가 그 약속을 지키리라는 점을 의심했다면 약속을 하지 않았을 것입니다. 저는 선생님께서 그 어떤 경우에도 신의 현존에 반대하고 섭리를 손상시키려는 생각을 가지고 계시리라고 믿지 않습니다. 이런 기초들이 보전되는 한, 종교는 견고한 기반 위에 놓이는 것이고 모든 철학적 성찰은 옹호되거나 정당화될 수 있습니다. 그러하니 지체하지 마시고 선생님의 작업이 중단되는 일을 용인하지 말아주십시오.

제 생각에 선생님께서는 최근의 혜성과 관련하여 생각해야 하는 것을 아시게 될 것입니다. 단치히의 헤벨리우스와 프랑스의 오주(Auzout)[159] 둘 모두 과학자이자 수학자인데 관찰된 사실들에 대해 서로 동의하지 않습니다. 현재 이 사안에 대해 논쟁이 진행 중입니다. 이 논쟁에 대한 결론이 나면 저는 모든 자료를 얻게 될 것이고 선생님께 알려드리겠습니다. 이미 제가 인정할 수 있는 것은 적어도 제가 아는 모든 천문학자는 혜성이 하나가 아니라 둘이 있다고 평가한다는 것입니다. 그리고 현재까지 그들 가운데 데카르트의 가설로써 이 현상들을 설명하려고 시도한 사람을 저는 본 적이 없습니다.

호이겐스 선생님의 (추와 관련한) 연구와 성과물, 그리고 프랑스에서의 정착에 대해 새로운 소식을 알게 되셨다면 주저 마시고 가

---

159) (역주) 헤벨리우스와 프랑스 천문학자인 아드리엥 오주(Adrien Auzout, 1622-1691)는 1664년에 관찰된 혜성의 정확한 위치에 관해 서로 대립했다. 헤벨리우스는 이 혜성이 염소자리 성좌(星座)의 첫 번째 별 옆에 위치한다고 주장했고 오주는 같은 성좌 왼쪽 모서리의 가장 빛나는 별 옆에 위치한다고 주장했다. 왕립학술원은 이 논쟁을 1666년 2월 12일자 〈왕립학술원의 철학적 합의〉에서 기록했고 오주의 견해를 지지했다.

능한 한 일찍 제게 알려주시기를 부탁 드립니다. 또 부탁 드리건 대 평화조약, 독일로 이동한 스웨덴 군대, 그리고 뮝스테르 주교 의 전진[160]과 관련하여 네덜란드에서 오가는 이야기도 첨부해주십 시오. 제 생각에 내년 여름에는 유럽 전체가 전쟁에 가담하게 될 것입니다. 모든 일이 엄청난 격변을 향해 치닫는 것 같습니다.[161] 저희로서는 순수한 영혼으로 최상의 존재를 섬기고 참되고 견고 하고 유용한 철학을 발전시키는 수밖에 없습니다.

저희의 철학자들 중 몇몇은 옥스퍼드로 왕을 따라갔고 거기서 꽤 빈번하게 회합을 열고 물리학을 발전시킬 수단을 강구하고 있 습니다. 최근 그들은 다른 연구 외에 소리의 본성에 대한 연구에 착수했습니다. 그들은 줄을 당기는 무게를 어떤 비율로 늘리면 다 른 힘 없이도 이 줄이 이전 소리와 협화음의 관계에 있는 더 날카 로운 소리를 낼 수 있는지 규정할 목적의 실험을 할 것입니다. 이 주제와 관련해서는 다음번에 더 상세하게 말씀 드리겠습니다. 건 강하시고 선생님께 충실한 저를 기억해주십시오.

1665년 10월 12일

---

160) (역주) 영국과 네덜란드의 두 번째 전쟁 동안 영국은 네덜란드를 공격하도록 스웨덴을 설득하려고 시도했다. 스웨덴 정부는 동의하지 않았고, 뮝스테르의 주교인 크리스토프 베르나르 폰 갈렌(Christophe Bernard von Galen)이 네 덜란드 북부의 프리슬란트주(州)를 공격했다.
161) (역주) 천년지복설 신봉자들은 1666년에 전반적인 재앙이 닥칠 것이라고 예 고했다. 올덴부르크가 이들의 불안에 대해 신경을 쓰고 있음이 나타난다.

ㅇ 서신32. 스피노자가 헨리 올덴부르크에게 —서신31에 대한 회신

매우 고귀하고 학식 있는 헨리 올덴부르크 선생님께

매우 고귀한 선생님,

제게 철학을 하도록 애정 어린 권고를 해주신 선생님과 매우 명망 높은 보일 선생님께 큰 사의를 표합니다. 물론 저는 제 부족한 능력이 닿는 만큼 작업을 계속 해나갈 것입니다. 그동안 선생님의 지원과 호의에 대해 의심하지도 않겠습니다.

선생님께서는 〈어떻게 자연의 각 부분이 그 전체와 조화를 이루고 어떤 관계하에서 나머지와 결합을 이루는지 우리가 알 수 있는 방식〉에 대한 제 견해를 물어보십니다. 이는 이와 같은 일치와 결합을 우리가 확신하게 되는 근거를 물으시는 것이라고 저는 생각합니다. 지난번 편지에서 저는 어떤 방식으로 사물들이 서로 결합하고 그들의 전체와 일치하는지를 절대적으로 아는 것과 관련해서 저는 이에 대한 지식이 없다고 말씀 드렸습니다. 이를 위해서는 자연 전체와 그 모든 부분을 알아야 할 것입니다. 따라서 저는 이런 일치와 결합이 존재한다는 것을 인정할 수밖에 없도록 하는 이유를 밝히려고 노력합니다. 그러나 제가 자연에 미, 추, 질서, 혼란을 귀속시키지 않는다는 점을 우선 알리고 싶습니다. 왜냐하면 사물들이 아름답거나 추하고 질서가 있거나 혼란하다고 말할 수 있는 것은 오직 상상과 관련할 때뿐이기 때문입니다.

따라서 부분들의 결합과 관련하여 저는 단지 그 결합이 각 부분의 법칙들이나 본성은 다른 부분과 모순되지 않는 방식으로 이 다른 부분의 법칙들 또는 본성과 일치하는 사실이라고 이해합니다. 전체와 부분들과 관련하여 저는 각 부분이 다른 모든 부분과 가능한 만큼 모두가 일치하는 방식으로 서로 조정되어 있는 한에서 사물들을 어떤 전체의 부분들로 간주합니다. 그러나 그것들이 서로 일치하지 않는 한에서, 각각의 부분은 우리의 정신 속에서 다른 부분들과 구분되는 관념을 형성하며 결과적으로 우리는 그 부분을 하나의 전제로 간주하고 부분으로 간주하지 않습니다. 예를 들어 림프와 유미(乳糜) 등의 분자들의 운동이 서로 전적으로 일치하고 모두가 함께 단일한 액체를 구성하는 방식으로 그들의 크기와 형태의 관계하에서 서로 조정될 경우, 오직 이런 점에서 림프와 유미 등은 피의 부분들로 간주됩니다. 그러나 우리가 림프 분자들이 형태와 운동의 관계하에서 유미의 입자들과 일치하지 않는다고 파악하는 한에서, 우리는 그것들을 부분이 아닌 전체로 간주하게 되는 것입니다.

원하신다면, 혈액 속에서 살고 있는 유충을 상상해보겠습니다. 이 유충은 혈액, 림프, 유미 등의 분자들을 눈으로 분별할 수 있고 어떻게 각 분자가 다른 분자를 마주치면서 튕겨나가거나 자신의 운동의 일부분을 전달하는지 추론을 통해 파악한다고 상상해보겠습니다. 이 유충은 우리가 우주의 한 부분에서 사는 것처럼 혈액 속에서 살 것이며, 혈액의 요소들 각각을 하나의 부분이 아니라 하나의 전체로 간주할 것입니다. 이 유충은 어떻게 모든 부분이 혈액의 보편적 본성에 의하여 조정되는지, 그리고 이 본성에 의하여 일정한 법칙에 따라 서로가 조화되는 방식으로 상호 적응되는지를 알 수 없을 것입니다. 실제로 혈액에 새로운 운동을 전달할 수 있는 원인이 혈액의 외부에는 전혀 없으며 혈액의 외부에는 공간도 없고 혈액 분자들이 그들의 운동을 전할 수 있는 다른 물체들도 없다고 상상해보겠습니다. 이 경우 혈액은 항상 자기의 상태에 머물 것이고 그 분자들은 오직 혈액의 본성에 의해, 즉 림프와 유미 등의 운동이 유지하는 일정한 관계에 의해 파악될 수 있는 변화 외에 다른 어떠한 변화도 겪지 않을 것이 확실합니다. 이런 조건에서 혈액은 항상 부분이 아닌 전체로 간주되어야 할 것입니다. 그러나 혈액의 본성의 법칙들을 일정한 방식으로 결정하고 또 역으로 혈액에 의해서 결정되는 다른 많은 원인들이 있습니다. 따라서 혈액에는 단지 그 부분들 간의 상호 운동 관계뿐 아니라 동시에 하나의 전체로서의 혈액과 외부 원인들 간의 상호 운동에서 비롯되는 상호 관계의 결과인 다른 운동들 및 변화가 나타납니다. 이런 관점에서 혈액은 전체가 아닌 부분의 역할을 하게 됩니다. 이 점이 제가 전체와 부분들에 관해 말씀 드리고자 한 바입니다.

이제 자연의 모든 물체는 제가 혈액에 관해 다뤘던 것과 같은 방식으로 생각될 수 있고 그렇게 생각되어야 합니다. 실제로 모든 물체, 즉 우주 전체에서 운동과 정지의 양은 불변하지만, 모든 물체는 다른 물체들에 둘러싸여 있고 그들에 의하여 특정한 방식으로 현존하고 작동하도록 결정됩니다. 이로부터 일정한 양태에 따라 현존하는 변용으로서의 모든 물체는 우주 전체의 한 부분으로서 간주되어야 하고 자기의 전체와 합치해야 하며 나머지 물체들과 결합되어야 합니다. 우주의 본성은 혈액의 본성처럼 제한되지 않고 절대적으로 무한하기 때문에, 이와 같은 무한한 능력의 본성에 의해 우주의 부분들은 무한히 많은 양태에 따라 조정되고 무한히 많은 변화를 겪을 수밖에 없는 것입니다. 그러나 저는 실체의 관계하에서 각 부분이 그 전체와 매우 밀접한 결합을 이룬다고 생각합니다. 실제로 제가 과거에 레인스뷔르흐에 거주할 당시 제 첫 번째 편지에서 선생님께 말씀 드렸듯이, 저는 실체의 본성이 무한하다는 점으로부터 물질적 실체의 각 부분은 전적으로 이 실체에 속하며 그것 없이는 현존할 수도 없고 생각될 수도 없다는 사실이 도출된다는 점을 증명하고자 노력했습니다.

제 생각에 따르면 어떤 이유로 또 어떤 방식으로 인간의 육체가 자연의 일부분인지 선생님께서는 이제 이해하실 것입니다. 인간의 정신과 관련해서도 저는 그것이 자연의 일부분이라고 평가합니다. 실제로 저는 자연에는 역시 무한한 사유 능력[162]이 주어져

---

162) (역주) 스피노자의 존재론에서 실체의 본질을 표현하는 속성들 중 사유 속성을 의미한다. 이 문단은 지극히 난해한 『에티카』 2부의 내용을 압축하고 있다.

있다고 상정합니다. 무한한 한에서 이 사유 능력은 자신 안에 대상적으로 자연 전체를 포함하며, 따라서 이 사유 능력의 사유들은 그 관념 대상에 다름 아닌 자연과 동일하게 진행됩니다. 다음으로 저는 인간 정신이 이 무한한 사유 능력과 동일한 사유 능력이지만 이는 인간 정신이 무한하고 자연 전체를 지각하는 한에서가 아니라, 유한하고 인간 육체만을 지각하는 한에서 그러하다고 생각합니다. 그렇기 때문에 저는 인간 정신이 무한 지성의 한 부분이라고 상정합니다. 그러나 이 점 및 관련 사안들 모두를 상세히 설명하고 증명하려면 너무 길어질 것입니다. 그렇게 하는 것이 선생님께서 현재 제게 바라시는 일이 아니라고 생각합니다. 나아가 제가 선생님의 생각을 충분히 이해했는지, 그리고 선생님께서 요청하신 것과 다른 답을 드린 것은 아닌지 의문이 듭니다. 이 부분에 대해 선생님께서 말씀해주시기를 바랍니다.

선생님께서는 제가 데카르트의 운동 법칙들이 거의 모두 틀리다고 시사했을 것이라고 말씀하십니다. 제 기억이 맞다면 제가 전한 것은 호이겐스의 견해입니다. 저는 6번째 법칙을 제외하고는 데카르트의 운동 법칙 중 어떤 것의 오류도 주장하지 않았습니다. 6번째 법칙에 대해서 저는 데카르트와 마찬가지로 호이겐스도 오류를 범했다고 말했습니다. 이 기회에 저는 선생님의 왕립학술원에서 호이겐스의 가설에 따라 행한 실험에 대해 제게 알려주실 것

『에티카』 2부는 이 문단의 테제를 대대적으로 전개한 것이라고 보아도 무방하다.

을 요청했었습니다. 그러나 이 주제에 관해 선생님께서 답변을 주시지 않은 것으로 볼 때 그런 일이 가능하지 않은 것 같습니다.

언급한 호이겐스는 렌즈를 연마하느라 계속 바빴고 지금도 마찬가지입니다. 이를 위해 그는 렌즈를 돌려가며 연마할 수 있는 꽤 훌륭한 기계를 만들었습니다. 그러나 그가 어떤 결과를 얻었는지는 잘 모르겠으며 솔직히 말하자면 그 점에 대해 그리 알고 싶지 않습니다. 실제로 저는 어떤 기계보다도 손으로 둥근 렌즈를 연마하는 것이 더 낫다는 점을 실험을 통해 알게 되었습니다. 추와 그가 프랑스에 언제 정착했는지에 대해서는 현재로서는 말씀드릴 만한 확실한 것이 없습니다.[163]

이솝의 염소가 우물에 빠지듯 경솔하게 프리슬란트로 들어갔던 뮝스테르 주교는 아무 일도 할 수가 없었습니다. 겨울 날씨가 아주 늦게 닥치지 않는 한, 그는 프리슬란트에서 매우 어렵게 빠져나올 수밖에 없을 것입니다. 그가 그런 악행을 감히 기도한 것은 필경 어떤 반역자의 조언에 의한 일임이 분명합니다. 그러나 이 모든 이야기는 새로운 소식으로서 전하기에는 이미 너무 오래된 일이고 지난 몇 주 동안은 글로 전할 만한 일은 전혀 일어나지 않았습니다.

영국과의 평화에 대해서는 아무런 희망도 없습니다. 그러나 얼

---

163) (역주) 호이겐스가 프랑스에 정착한 것은 1666년이다. 그는 낭트 칙령이 철회될 때까지 프랑스에 머물렀다. 호이겐스가 스피노자의 렌즈 연마에 대해 높게 평가한 것은 그가 파리에서 그의 동생 콘스탄테인에게 보낸 편지를 통해 잘 알려져 있다.

마 전 한 소문이 돌긴 했습니다. 네덜란드 대사가 프랑스에 파견되었다고 여겨졌고, 또 오라녜 공을 위해 진력을 다하는 오베레이셀 사람들이 오라녜 공을 (많은 사람들의 생각에 이는 네덜란드 주들의 이익보다는 손해를 입히기 위해서입니다.) 영국에 중재자 자격으로 보내겠다는 생각을 품었기 때문입니다.[164] 그러나 상황은 전혀 다릅니다. 현재 네덜란드 사람들은 평화에 대한 생각이 전혀 없습니다. 단지 추후에 돈으로 평화를 살 수 있는 방식으로 상황이 돌아가기를 기다릴 뿐입니다. 스웨덴의 의도는 모호합니다. 많은 사람들은 스웨덴의 목표가 메츠라고 생각하고 다른 사람들은 네덜란드라고 생각하지만 이는 억측에 불과합니다.

저는 이 편지를 지난주에 썼지만, 악천후로 인해 헤이그로 갈 수 없어서 송부하지 못했습니다. 이런 것이 시골 마을에 사는 불편들 중 하나입니다. 편지를 늦지 않게 받는 일은 드뭅니다. 우연히 편지가 제때에 도달하는 경우를 제외하고는 편지를 받으려면 1주에서 2주가 소요됩니다. 편지를 보내려 할 때도 곤란이 많습니다. 그러니 제가 선생님께 때에 맞춰 신속하게 답을 드리지 못하는 것에 대해 이것이 제가 선생님을 잊어서 그런 것이라고 생각하지 말아주십시오.

이제 시간이 촉박하여 편지를 마무리해야 할 때입니다. 나머지

---

164) (역주) 오라녜 나사우 윌리엄 공은 영국 찰스 1세의 손자였다. 오베레이셀 주들의 파견단이 찰스 1세와 평화 협상을 하도록 오라녜 공을 보낼 생각을 했으나 이는 성사되지 않았다.

이야기는 다음 기회로 미루겠습니다. 현재로서는 매우 고귀한 보일 선생님께 제 안부 인사를 전해주시고 저를 잊지 말아주실 것을 선생님께 부탁 드린다는 말밖에 할 수가 없습니다.

1665년 11월 20일
보르뷔르흐에서
선생님의 충실한 스피노자 올림

* 혜성이 두 개가 있다는 것을 모든 천문학자가 관찰된 운동으로부터 도출하는지 아니면 케플러의 가설로부터 도출하는지 알고 싶습니다.

○ 서신33. 헨리 올덴부르크가 스피노자에게
─ 서신32에 대한 회신

존경하는 벗께

선생님, 저는 자연의 부분들과 그 전체의 조화 및 연쇄에 대한 선생님의 철학적 고찰이 매우 마음에 들었습니다. 그러나 우리가 어떻게 자연에서 질서와 대칭성을 선생님께서 그렇게 하시듯이 배제할 수 있는지 아직 충분히 이해하지 못하겠습니다. 선생님께서도 모든 물체가 서로가 서로에게 둘러싸여 있고 정확하고 한결

같은 관계에 따라 현존하고 작용하도록 서로 규정한다고 인정하지 않으십니까? 물체들 전체가 함께 고찰될 경우 운동과 정지의 한결같은 비율이 항상 동일하게 유지되면서 말입니다. 그런데 이런 것이야말로 진정한 질서의 본질적인 근거로 보입니다. 그러나 저는 필경 이 지점에서 선생님의 사유를 충분히 파악하지 못하며 나아가 데카르트의 운동 법칙에 대해 선생님께서 쓰신 점에 대해서도 충분히 파악하지 못하는 것 같습니다. 어떤 점에서 데카르트와 호이겐스가 운동 법칙에 대해 오류를 범하는 것인지 수고로우시더라도 제게 설명해주실 수 있으십니까? 그렇게 해주신다면 선생님께서는 제게 정말 큰 호의를 베풀어주시는 것이며 당연히 저는 제 힘이 닿는 만큼 그 점에 대한 사의를 표하도록 노력할 것입니다.

호이겐스 선생님께서 그의 가설을 확립하려는 실험을 런던에서 할 때 저는 그곳에 없었습니다. 그러나 이후로 저는 다음과 같은 사실을 알게 되었습니다. 즉 그의 실험들 중 하나는 500그램의 구슬을 추처럼 매달고, 그것이 같은 방식으로 매달린 250그램의 다른 구슬에 40°의 각도에서 부딪히게 하는 것입니다. 호이겐스 선생님은 매우 간단한 산술로 그 충격의 효과가 어떤 것일지 예측했으며 결과는 밀리미터의 차이로 그의 예측과 일치했습니다. 한 탁월한 학자[165]는 이와 유사한 많은 실험들을 제안했으며, 호이겐스

---

165) (역주) 윌리엄 브라운커(William Brouncker, 1620-1684) 경으로 추정된다. 브라운커는 수학자로서 왕립학술원의 창립자들 중 한 명이다.

선생님께서 그것들을 모두 해결했다고 전해집니다. 그러나 그 학자는 현재 여기에 없습니다. 그를 만나는 대로 이 모든 것을 선생님께 더 폭넓고 자세하게 전해드리겠습니다. 기다리는 동안 저는 선생님께서 이전의 제 요청을 거절하지 말아주실 것을 부탁 드리며, 망원경 렌즈 연마와 관련하여 호이겐스 선생님께서 도출해낸 결과에 대해 아시게 된 것이 있다면 제게 알려주시기를 또한 부탁 드립니다. 신의 가호로 페스트가 현저히 약화되고 있는바, 저는 저희 왕립학술원이 곧 런던에 다시 자리 잡고 주간 회의를 재개하기를 희망합니다. 알려질 가치가 있는 이곳의 모든 결과물을 제가 선생님께 전해드릴 것이라는 점에 대해 믿으셔도 됩니다.

앞서 저는 해부학적 관찰에 대해 선생님께 말씀 드렸습니다. (선생님께 매우 정중하게 안부를 전하는) 보일 선생님께서는 옥스퍼드의 저명한 해부학자들[166]로부터 그들이 풀로 가득 찬 몇몇 양들과 소들의 기관(氣管)을 발견했다는 것을 알게 되었다고 얼마 전 제게 전해주셨습니다. 몇 주 전에 이 해부학자들은 2~3일 동안 거의 계속적으로 목이 숙여지고 경직된 채 주인들이 모르는 병으로 죽은 소를 살펴보도록 요청받았습니다. 이 소를 해부하고서 그들은 소의 기관이 마치 거기에 일부러 풀을 집어넣은 듯이 풀로 구석까지 꽉 차 있는 것을 놀라움과 함께 확인했습니다. 바로 이 점은

---

166) (역주) 조시아 클라크(Josiah Clark, 1639-1714)와 리처드 로어(Richard Lower, 1631-1691)이다. 언급된 관찰은 1665년 11월 6일자 〈왕립학술원의 철학적 합의〉에 보고되었다.

한편으로는 어떤 이유로 이토록 많은 양의 풀이 그 기관에 가득 찼는지, 그리고 다른 한편으로는 어떻게 이 동물이 이 같은 풀을 담고서도 그토록 오랫동안 생존했는지에 대한 원인을 찾도록 이 끄는 것입니다.

또한 저희의 벗께서 세심한 관찰자인 옥스퍼드의 한 의사가 인간의 혈액에서 우유를 발견했다는 것을 제게 알려주었습니다. 그가 이야기하기를, 한 소녀가 많은 양의 하제(下劑) 작용제를 아침 7시에 먹고 나서 같은 날 11시에 발에서 피를 흘렸다고 합니다. 우선 대야에 담긴 피가 얼마 후에 희끄무레한 색을 띠었고, 제가 틀리지 않다면 받침 접시라고 불리는(영어로 saucer) 용기들에 속하는 더 작은 그릇에 피를 담았는데 피가 응고된 우유의 모습을 갖게 되었습니다. 대여섯 시간 후에 의사는 각각의 그릇에 담긴 피를 조사했습니다. 대야에 담긴 액체는 절반이 피로 구성되었고 절반은 우유 속의 유액(乳液)처럼 혈액 속을 떠다니는 유미(乳糜)와 유사했습니다. 받침 접시에 담긴 액체는 피의 모습을 갖지 않은 유미일 뿐이었습니다. 두 액체는 열의 작용을 받으면 응고되었습니다. 소녀에 대해 말하자면, 그녀는 최고로 건강합니다. 단지 중지되었던 생리를 다시 하게 되어 피를 흘렸지만, 안색도 좋고 건강해 보입니다.

이제 정치와 관련하여 간단히 말씀 드리겠습니다. 이천 년이 넘는 기간 이전에 흩어진 이스라엘인들이 그들의 조국으로 돌아간다는 이야기가 자주 들립니다. 이를 믿는 사람은 적지만 많은 사람들은 그런 일을 희망합니다. 선생님께서 들으신 이야기와 선생님께서 이에 대해 생각하시는 바를 제게 알려주십시오. 저는 이 문제와 가장 연관되는 도시인 콘스탄티노플로부터 믿을 만한 사람을 통해 소식을 듣기는 했지만 이 일이 믿기지는 않습니다. 암스테르담의 유대인들이 알게 된 것, 그리고 세상에 커다란 격변을 가져올 소식을 그들이 어떻게 얻었는지 알고 싶습니다.

괜찮으시다면, 스웨덴과 브란덴부르크에서 준비되고 있는 일을 설명해주십시오. 전적으로 충실한 선생님의 벗을 믿어주십시오.

1665년 12월 5일
런던에서
헨리 올덴부르크 올림

* 추신: 신의 가호가 있다면 저희 철학자들이 최근의 혜성들에 관해 생각하는 바를 곧 선생님께 알려드리겠습니다.

○ 서신34. 스피노자가 후드에게

매우 현명한 후드 선생님께

선생님,

여러 일 때문에 선생님께 신의 유일성에 대한 증명을 더 일찍 보내드릴 수 없었습니다. 이 증명은 신이 자신의 본성상 필연적으로 현존을 내포한다는 사실에 의거합니다. 이 원리는 선생님께서 저와 함께 인정하시는 원리입니다. 증명을 위해서는 다음과 같은 점을 우선 정립해야 합니다.[167]

1. 어떤 것이 되었든 한 대상의 참된 정의는 정의된 대상의 단순한 본성 외에는 아무것도 포함하지 않습니다.

2. 어떤 정의도 개체들의 다수성 또는 정해진 수를 내포하지 않습니다. 실제로 정의는 사물이 그 자체로 존재하는 것처럼 사물의 본성만을 내포하거나 표현합니다. 예를 들어 삼각형의 정의는 단지 삼각형의 단순한 본성만을 포함할 뿐 삼각형들의 정해진 수를 포함하지 않습니다. 마찬가지로 사유하는 존재로서의 정신의 정의나 완전한 존재로서의 신의 정의는 정신이나 신의 본성을 포함할 뿐 정신들이나 신들의 일정한 수를 포함하지 않습니다.

3. 현존하는 모든 존재에 대해서는 그것이 현존하도록 하는 실재적 원인이 필연적으로 주어져야 합니다.

4. (현존이 이 사물 자체의 본성에 속하거나 또는 이 본성이 현존을 필연적으로 포함하기 때문에) 이 원인은 사물 자체의 본성 또는 정의 안에 있거나 사물 외부에 있습니다.

이 원리들로부터, 자연에 정해진 수의 개체들이 현존한다면 더도 덜도 아닌 정확히 이와 같은 수의 개체들을 생겨나게 한 하나 또는 여럿의 원인이 있어야 합니다. 예를 들어 자연에 20명의 사람들

---

167) (역주) 『에티카』 1부 정리8, 주석2에서 동일한 논의가 전개된다.

(모든 혼란의 원인을 피하기 위해 이들이 자연에 한꺼번에 처음으로 존재한다고 가정하겠습니다.)이 현존한다면, 20명이 현존하는 이유를 설명하기 위해서는 인간 본성 일반의 원인을 찾는 것으로는 부족하며 더도 덜도 아닌 20명이 현존하는 이유를 또한 찾아야 합니다. 왜냐하면 (세 번째 가설에 따르면) 이 사람들 각각이 현존하도록 하는 이유와 원인을 설명해야 하기 때문입니다. 그런데 이런 원인은 (두 번째 가설과 세 번째 가설에 따르면) 인간의 본성 자체에 포함되어 있을 수 없습니다. 실제로 인간의 참된 정의는 20명의 수를 내포하지 않습니다. 따라서 (네 번째 가설에 따르면) 이 20명, 결과적으로 별도로 고찰된 이들 각각의 현존에 대한 원인은 그들 밖에 있어야 합니다. 그러므로 현존과 관련하여 수적으로 다수로서 생각된 모든 사물은 필연적으로 외부 원인에 의해 산출되는 것이지 그들 고유의 본성의 힘에 의해 산출되는 것이 아니라는 점이 절대적으로 결론 내려져야 합니다. 이와 반대로, (두 번째 가설에 따르면) 필연적 현존은 신의 본성에 속하기 때문에 신에 대한 참된 정의 역시 필연적 현존을 내포한다는 것은 필연적입니다. 이런 이유로 인해 신에 대한 참된 정의로부터 그의 필연적 현존이 결론 내려져야 합니다. 그러나 신에 대한 참된 정의로부터 (제가 두 번째 가설과 세 번째 가설에 의해 이미 증명했듯이) 여러 신의 현존의 필연성을 결론 내릴 수 없습니다. 그러므로 이로부터 유일한 신의 현존만이 도출되는 것입니다. 이것이 증명해야 할 점입니다.

  존경하는 선생님, 현재로서는 이 정도가 제가 보기에 이 명제를 증명하기 위한 최선의 방법입니다. 이전에 저는 동일한 명제를 본질과 현존의 구분에 의거하여 다른 방식으로 증명한 적이 있습니다.[168] 그러나 선생님께서 제게 요청하신 점을 고려하여 위의 증명을 보내드리는 것이 낫다고 생각했습니다. 선생님의 요청이 충족되었으면 합니다. 이 주제에 대한 선생님의 판단을 기다리겠습니다.[169]

1666년 1월 7일
보르뷔르흐에서
스피노자 올림

○ 서신35. 스피노자가 후드에게[170]

매우 현명한 후드 선생님께

선생님,

---

168) (역주) 『소론』 제1부, 1장 참조.
169) (역주) 마지막 문장이 "그동안 저는……등등"의 표현으로 미완성되어 있어서 삭제했다. 형식적인 인사말을 적어야 할 때 스피노자는 문장을 시작하고 "등등"을 첨가하며 마무리하는 경우가 많다.
170) (역주) 서신34에 대한 후드의 답신은 분실되었다. 서신35는 분실된 후드의 서신에 대한 답신이다.

2월 10일에 제게 전해진 선생님의 편지에는 다소 모호한 점이 있었으나 선생님께서 가장 최근의 3월 30일자 편지에서 매우 명료하게 밝혀주셨습니다. 이제 선생님의 견해를 정확히 알게 되었으니 문제를 선생님께서 제기하시는 방식대로 제기하겠습니다: 〈자기 고유의 자족성에 의해, 달리 말해 자기 자신의 힘에 의해 존속하는 절대 존재는 하나밖에 없는가?〉 저는 이 점을 긍정할 뿐 아니라 그 존재의 본성이 필연적인 현존을 내포한다는 사실로부터 그 점을 증명할 수 있다고 생각합니다. 이 점은 (제가 『데카르트의 철학의 원리』에서 기하학적 증명들 중 정리11에서 증명했듯이) 신의 지성으로부터 또는 신의 다른 속성들로부터 시작하여 매우 쉽게 증명할 수 있습니다. 논의를 시작하기 위하여 우선 필연적인 현존을 내포하는 존재가 어떤 특성들을 가져야 하는지 제시하겠습니다.

1. 이 존재는 영원합니다. 실제로 이 존재에 일정한 지속이 속한다면, 이런 지속 밖에서는 이 존재를 현존하지 않는 것으로 생각하거나 아니면 필연적인 현존을 내포하지 않는 것으로 생각해야 할 것입니다. 이는 이 존재의 정의와 대립됩니다.

2. 이 존재는 단순하며 부분들로 조합되어 있지 않습니다. 조합하는 부분들은 실제로 존재와 인식의 관점에서 복합물에 앞서야 할 것입니다. 이는 본성상 영원한 존재에게는 일어날 수 없는 일입니다.

3. 이 존재는 한정된 존재로서가 아니라 단지 무한한 존재로서만 생각될 수 있습니다. 실제로 만일 이 존재의 본성이 한정된 것이고 또한 그렇게 한정된 것으로 생각된다면, 이 존재는 그런 한계

밖에서는 현존하지 않는 것으로 생각되어야 합니다. 이 역시 이 존재의 정의에 대립되는 것입니다.

4. 이 존재는 분할될 수 없습니다. 실제로 만일 이 존재가 분할될 수 있다면, 자기와 동일한 본성의 부분들이나 아니면 자기와 다른 본성의 부분들로 분할될 수 있을 것입니다. 두 번째 경우 이 존재는 파괴될 것이고 결과적으로 현존하지 않게 될 것입니다. 이는 이 존재의 정의에 대립됩니다. 첫 번째 경우 어떤 부분이 되었든지 간에 한 부분은 그 자체로 필연적인 현존을 포함하게 될 것이고 결과적으로 다른 부분 없이 현존할 수 있을 것입니다. 이 점에서 이 존재의 본성은 유한한 것으로 이해될 수 있을 것입니다. 이는 앞선 논의에 따르면 이 존재의 정의에 대립될 것입니다.

이로부터 확인할 수 있는 것은 절대 존재에 어떤 불완전성을 귀속시키려 한다면 곧바로 모순에 빠지게 된다는 것입니다. 실제로 우리가 이 존재에 귀속시키고자 하는 이런 불완전성은 자기 본성의 결함 또는 한계에 있거나 아니면 자기 본성이 자기 힘의 결여로 인해 외부 원인들로부터 겪게 되는 어떤 변화에 있을 것입니다. 이로부터 항상 우리는 필연적인 현존을 내포하는 이 존재가 현존하지 않거나 아니면 필연적으로 현존하지 않는다고 말하게 됩니다. 그래서 저는 다음과 같이 결론 내립니다.

5. 필연적인 현존을 내포하는 모든 것은 자신 안에 그 어떤 불완전성도 있을 수 없고 순수한 완전성을 표현해야 합니다.

6. 한 존재가 자기 자신의 자족성과 자기 고유의 힘에 의해 현존하는 것이 오직 완전성으로부터 귀결될 수 있기 때문에, 만일 모든

완전성을 갖지 않은 존재가 현존한다고 가정된다면, 마찬가지로 모든 완전성을 자신 안에 포함하는 절대 존재 역시 현존해야 한다고 인정해야 합니다. 실제로 특정한 능력을 갖춘 한 존재가 자기 자신의 자족성으로 현존할 수 있다면, 상위의 능력을 갖춘 존재에 대해서 이는 더욱더 참될 것입니다.

끝으로 논의의 핵심을 다루기 위해 저는 자기 본성에 현존이 속할 수 있는 존재는 유일한 존재, 즉 자신 안에 모든 완전성을 지닌, 제가 신이라고 명명하는 유일한 존재일 뿐이라고 주장하겠습니다. 실제로 우리가 자기 본성이 현존을 포함하는 존재를 가정할 경우 이 존재는 자신 안에 어떤 불완전성도 포함할 수 없고 이와 반대로 모든 완전성을 표현해야 합니다.(5번 참조) 따라서 이런 존재의 본성은 (6번에 따라 우리가 그 현존을 또한 정립해야 하는) 신에게 속해야 합니다. 왜냐하면 이 존재는 그 어떤 불완전성도 없이 모든 완전성을 자신 안에 가질 것이기 때문입니다. 이런 본성은 신의 바깥에 현존할 수 없습니다. 왜냐하면 만일 그것이 신의 바깥에 현존한다면, 필연적인 현존을 내포하는 동일한 하나의 본성이 이중으로 현존하게 될 것이기 때문입니다. 이는 앞의 증명에 따라 부조리한 것입니다. 그러므로 신 이외에 그 어떤 것도 필연적인 현존을 내포하지 않습니다. 오직 신만이 필연적인 현존을 내포합니다. 이것이 증명해야 할 점이었습니다.

선생님, 현재로서는 이 정도가 증명으로서 제가 선생님께 제안할 수 있는 것입니다. 선생님께 제가 (……)을 보여드릴 수 있기를 희망합니다.[171]

1666년 4월 10일

보르뷔르흐에서

스피노자 올림

○ 서신36. 스피노자가 후드에게[172]

매우 존경스럽고 현명한 요하네스 후드 선생님께,

어떤 일 때문에 선생님의 5월 19일자 편지에 더 일찍 답할 수 없었습니다. 제 생각에 선생님께서 제 증명에서 발견하는 모호함 때문에 그것에 대해 판단을 보류하고 계신 것을 확인한바, 더 명확하게 이와 관련한 설명을 시도하겠습니다.

우선 저는 자기 자신의 힘만으로 현존하고 자족하는 존재가 가져야 하는 네 개의 속성들을 열거하겠습니다. 이 네 개의 속성들 및 다른 유사한 것들을 제 다섯 번째 주해(nota)에서 단 하나의 속성으로 압축했습니다. 다음으로 저는 오직 근원적인 전제로부터만 제 증명에 필요한 모든 것을 연역해내기 위해 여섯 번째 주해에서 신의 현존을 오직 주어진 가설로부터 증명하려고 시도했습

---

171) (역주) 마지막 문장은 의례적인 인사말인데 미완성의 문장이다. "제가 선생님께 충실하다는 것" 정도의 형식적 문구가 생략된 것으로 볼 수 있다.

172) (역주) 서신35에 대한 후드의 답신은 분실되었는데, 그의 답신에 대한 답신이 서신36이다.

니다. 마지막으로는, 이로부터 제가 확립해야 할 것을 단어들의 단순한 의미 외에는 아무것도 전제하지 않고서 결론 내렸습니다.

바로 이것이 제 의도와 목적의 개요입니다. 이제 추론의 각 단계의 의미를 각각 설명하겠습니다. 우선 속성들의 전제들로 시작하겠습니다.

첫 번째 것과 두 번째 것에서 선생님께서는 어떤 난점도 발견하지 않으십니다. 그것은 공리에 지나지 않습니다. 실제로 저는 단순한 것에 대해 조합되지 않은 것, 달리 말하면 본성상 서로 다르거나 또는 서로 일치하는 부분들에 의해 구성되지 않은 것으로 이해합니다. 이에 대한 증명은 모든 경우에 해당되는 보편적인 것입니다.

선생님께서는 세 번째 주해의 의미를 아주 제대로 이해하셨습니다. 절대 존재가 사유일 경우 그것은 사유에서 한정되지 않고, 그것이 연장일 경우 연장에서 한정되지 않으며, 오직 무한한 것으로서 생각될 수밖에 없다는 점 말입니다. 그럼에도 불구하고 선생님께서는 결론을 이해하지 못한다고 말씀하십니다. 그러나 결론은 그 정의가 현존을 포함하는 또는 (같은 말이지만) 그 현존을 긍정하는 사물이 현존하지 않는 것으로서 생각된다는 것은 모순이라는 점에 의거합니다. 한정된 것은 어떤 적극적인 것도 아니고 단지 한정된 것으로 생각된 본성에서 현존의 결핍을 나타낼 뿐인바, 이로부터 그 정의가 현존을 긍정하는 것은 한정된 것으로서 생각될 수가 없습니다. 예를 들어 연장이라는 용어가 필연적 현존을 내포한다면 현존 없는 연장을 생각하는 것이나 연장됨 없는 연장을 생각하는 것이나 모두 불가능한 일입니다. 이런 것이 인정되다면, 한정된 연장을 생각하는 것은 이런 의미에서 역시 불가능한 일인 것입니다. 왜냐하면 연장을 한정된 것으로 생각한다면, 연장은 자기 고유의 본성에 의해, 즉 연장에 의해 한정되어야 할 것이기 때문입니다. 그리고 연장을 한정하는 이 연장은 현존의 부정으로서 생각되어야 할 텐데, 이는 두 번째 가설에 따르면 명백한 모순입니다.

네 번째 주해에서 오직 제가 제시하고자 한 것은 이런 절대 존재가 같은 본성의 부분들로도 또 서로 다른 본성의 부분들로도 분할될 수 없다는 사실입니다. 서로 다른 본성의 부분들은 필연적 현존을 포함하거나 아니면 그것을 포함하지 않을 것입니다. 그런데 절대 존재가 이 경우에 있다면 그것은 파괴될 것이라고 저는 말했습니다. 왜냐하면 한 사물을 파괴한다는 것은 그것을 부분들로 해체해서 그 부분들 중 어느 것도 전체의 본성을 표현하지 않게 하는 것이기 때문입니다. 이와 반대로, 절대 존재가 첫 번째 경우에 있다면 이는 이미 언급된 세 속성들과 모순될 것입니다.

다섯 번째 주해에서 저는 완전성은 존재에, 그리고 불완전성은 존재의 결핍에 있다는 점만을 전제했습니다. 제가 결핍이라고 말하는 것은 예를 들어 연장이 자기 고유의 본성에서 사유를 배제한다고 할지라도 이 때문에 연장에 그 어떠한 불완전성이 있지는 않기 때문입니다. 이와 반대로 연장이 연장을 결핍한다면, 연장에 불완전성이 귀속할 것입니다. 연장이 한정되거나 지속, 장소 등을 결여할 경우는 실제로 연장에 불완전성이 귀속될 것입니다.

선생님께서는 여섯 번째 주해를 전적으로 인정하십니다. 그러나 문제는 그대로 남아 있다고 말씀하십니다.(이 문제는 그 자체로 현존하고 본성상 상이한 다수의 존재들이 있을 수 없다는 것, 그럼에도 불구하고 사유와 연장은 상이하며 아마도 그들의 자족성으로써 존속할 수 있다는 것입니다.) 그래서 저는 선생님께서 이 주해를 저와 매우 다른 의미로 이해하신다고 판단할 수밖에 없습니다. 선생님께서 그것을 어떤 의미로 이해하시는지 파악하고 있다고 저는 생각합니다. 그러나 시간을 허비하지 않기 위해서 그것이 제게 어떤 의미인지만을 언급하겠습니다. 따라서 저는 여섯 번째 주해와 관련하여 만일 오직 자신의 유(類)에서 한정되지 않고 완전한 것이 그 자체로 현존하는 데 충분하다는 것이 정립된다면, 역시 절대적으로 한정되지 않고 완전한 존재의 현존이 인정되어야 한다고 말하겠습니다. 저는 바로 이런 존재를 신이라고 부릅니다. 예를 들어 우리가 사유나 연장(둘 모두는 자기 유에서, 즉 특정한 존재의 유에서 완전할 수 있습니다.)이 그 자체로 현존하는 데 충분하다는 점을 정립한다면, 신의 현존, 즉 절대적으로 완전한, 다시 말해 절대적으로 한정되지 않은 존재의 현존을 역시 인정해야 할 것입니다.

이와 관련하여 저는 **불완전성**이라는 용어에 대하여 방금 제가 말씀 드린 점을 강조하고자 합니다. 이 용어가 의미하는 바는 자신의 본성에 속하는 것임에도 불구하고 그것을 어떤 사물이 결여한다는 것임이 명백합니다. 예를 들어 연장은 지속, 장소, 양과 관련해서만 불완전하다고 말해질 수 있습니다. 즉 이 사물이 일정한 지속보다 더 오래 지속하지 않는다거나, 일정한 장소에 유지되지 않는다거나, 또는 일정한 양보다 더 크지 않아야 하는 것입니다. 그것이 사유하지 않기 때문에 불완전하다고 말해서는 결코 안 될 것입니다. 그것의 본성은 그와 같은 것을 요구하지 않기 때문입니다. 그것의 본성은 오직 연장, 즉 특정한 존재의 유(類)에 있습니다. 오직 이런 점에서만 우리는 그것이 한정되거나 한정되지 않다고 또 불완전하거나 완전하다고 말해야 하는 것입니다. 그런데 신의 본성은 특정한 존재의 유에 있지 않고 절대적으로 한정되지 않은 절대 존재에 있는 한에서, 신의 본성은 존재한다는 사실을 완전하게 표현하는 모든 것을 요청합니다. 그렇지 않으면 신의 본성은 한정되고 결함이 있는 것이 될 것입니다.

사정이 이러한바, 오직 하나의 절대 존재, 즉 자기 고유의 힘으로써 현존하는 하나의 신만이 있을 수밖에 없다는 점이 도출됩니다. 예를 들어 말하자면, 만일 우리가 연장이 현존을 포함한다고 인정한다면, 연장은 영원하고 무한해야 하며, 어떤 불완전성도 없이 완전성을 표현해야 합니다. 따라서 연장은 신에게 속하거나, 일정한 양상에 따라서 신의 본성을 표현하는 어떤 무엇일 것입니다. 왜냐하면 신은 절대 존재이고 이 존재는 단지 일정한 관점에서가 아니라 본질상 절대적으로 한정되지 않고 전능하기 때문입니다. 그리고 제가 (우연히 선택한) 연장에 대해 말한 것은 우리가 그런 것으로서 정립할 모든 것에 대해서도 인정해야 할 것입니다. 그러므로 저는 앞선 편지에서처럼 다음과 같이 결론 내립니다: 신은 자기 자신에 의해 존속하는 데 충분한 유일한 존재입니다. 신 이외에 그런 것은 아무것도 없습니다. 이와 같은 고찰은 앞선 고찰들의 의미를 밝히기에 충분하다고 저는 생각합니다. 그러나 이 점에 대해서 최선의 판단을 내릴 수 있는 분은 선생님입니다.

이 정도로 편지를 마무리하려고 했지만, 렌즈를 연마하는 데 쓰이는 새로운 용기들을 제작하게 할 의향이 있어서 이 점에 대한 선생님의 견해를 듣고 싶습니다. 볼록-오목 렌즈를 회전시킬 때 얻는 장점이 무엇인지 저는 모르겠습니다. 이와 반대로 가장 유용한 것은 제 계산이 정확하다면 평요면(平凹面)인 것 같습니다. 단순화시켜 보자면, 실제로 굴절률이 $\frac{3}{2}$이고 아래 그림에서 선생님의 짧은 광학과 같은 방식으로 표기한다면, 다음과 같은 방정식을 적용할 수 있습니다.

$$NI = z = \sqrt{\frac{9}{4}z^2 - x^2 - \sqrt{1-x^2}}$$

따라서 $x=0$이면 $z=2$이고, 이는 z가 가질 수 있는 최대의 길이가 됩니다. 그리고 만일 $x=\frac{3}{5}$이면 $z=\frac{43}{25}$이나 조금 더 이상이 됩니다. 물론 우리가 반지름 BI가 렌즈에서 빠져나와 점 I로 향할 때 그것이 두 번째로 굴절되지 않는다고 가정할 때의 일입니다. 이번에는 그것이 평평한 면 BF에서 굴절되고 점 I가 아닌 점 R로 향한다고 가정해보겠습니다. 그러면 BI와 BR의 길이가 굴절률과 같은 비율, 즉 (우리의 가설에 따라) $\frac{3}{2}$이고 이런 조건에서 우리가 동일한 식을 적용한다면, 다음에 도달하게 됩니다.

$$NR = \sqrt{z^2 - x^2} - \sqrt{1-x^2}$$

그리고 앞서와 마찬가지 방식으로 $x=0$이라고 한다면, $NR=1$,

즉 지름의 절반이 될 것입니다. 그러나 $x = \frac{3}{5}$ 이라면, $NR = \frac{20}{25} + \frac{1}{50}$ 이 됩니다. 이는 이 같은 경우 초점이 광학 장치의 길이가 지름의 절반만큼 더 짧다고 하더라도 작다는 것을 보여줍니다. 결과적으로 만일 우리가 반지름을 $1\frac{1}{2}$ 로 하고 또 통로 BF는 동일하게 유지한 채 DI 길이의 망원경을 제작한다면, 초점은 훨씬 더 작아질 것입니다.

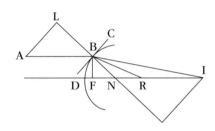

나아가 볼록-오목 렌즈들이 제 맘에 덜 드는 이유는, 그것들로 인한 비용 및 이중의 수고는 차치하더라도, 반지름들이 모두 동일한 점으로 모이지 않아서 결코 오목한 면에 수직으로 떨어지지 않기 때문입니다. 그러나 저는 선생님께서 이미 이 모든 것을 검토하셨고 관련 계산을 더 정확히 하셨으며 문제를 해결하셨다는 점을 의심치 않으므로 선생님의 의견과 조언을 부탁 드립니다.

1666년 6월 중순
보르뷔르흐에서

○ 서신37. 스피노자가 요하네스 바우와메스테르에게

매우 학식 있고 뛰어난 요하네스 바우와메스테르 씨께

친애하는 벗에게,

오래전에 받은 선생님의 편지에 좀 더 일찍 답장을 할 수 없었습니다. 그만두기 힘든 여러 가지 일과 신경 쓸 문제들 때문에 답장을 할 수가 없었습니다. 이제 어느 정도 한숨을 돌렸으니 제 의무를 게을리하고 싶지 않습니다. 특히 선생님께서 여러 행동들로 제게 자주 베푼 우정과 호의에 감사하고 싶습니다. 선생님의 편지가 바로 이런 우정과 호의에 대한 확실한 증거일 것입니다.[173)

이제 선생님의 다음과 같은 질문에 대해 이야기하겠습니다: "가장 어려운 문제들을 성찰할 때, 전적으로 안전하게 성찰을 진행하게 해주는 방법이 있거나 혹은 있을 수 있습니까? 아니면 신체와 마찬가지로 정신도 우연에 종속되고, 기술보다는 요행에 지배받는 것입니까?"[174) 명석판명한 지각들을 적절한 곳에서 연결시

---

173) (역주) 앞서 언급했듯이 스피노자는 의례적인 안부 인사를 할 경우, "기타 등등 (et cetera)"으로 끝을 내고 바로 철학적 내용으로 들어가는 습관이 있으며 이 편지에서도 그런 표현을 쓰고 있다. 역시 우리말의 편지 어법에는 어울리지 않아 삭제했다.

174) (역주) 철학의 방법론을 묻는 질문과 관련하여 스피노자는 『지성개선론』의 핵심 논의를 탁월하게 압축하고 있다. 이렇게 볼 때 서신37은 미완성작으로서 논란이 많은 『지성개선론』의 주장을 스피노자가 그대로 유지하고 있음을

킴으로써 지성이 신체처럼 우연에 종속되지 않도록 해주는 방법이 반드시 있어야 한다는 것을 제가 제시하면 만족스러운 답이 될 것 같습니다. 이는 오직 명석판명한 지각 또는 그러한 종류의 여러 지각들이, 절대적으로 말해, 동시에 다른 명석판명한 지각의 원인이 될 수 있기 때문에 가능한 일입니다. 나아가 우리가 형성하는 모든 명석판명한 지각들은 우리 자신 안에 있고 다른 어떠한 외부 원인도 받아들이지 않는 다른 명석판명한 지각들에서만 생겨날 수 있습니다. 이에 따라 우리가 형성하는 명석판명한 지각들은 오로지 우리의 본성과 우리의 본성의 정확하고 영속적인 법칙들, 즉 절대적으로 우리 자신의 것인 우리의 힘에만 의존하는 것입니다. 달리 말하면 우리가 형성하는 명석판명한 지각들은 우연, 즉 정확하고 영속적이지만 우리에게 알려지지 않고 우리의 본성과 힘의 외부에 있는 법칙들에 따라 작용하는 원인들에 전혀 의존하지 않는 것입니다. 저는 다른 종류의 지각들은 훨씬 더 우연에 의존한다고 봅니다.

이로부터 진정한 방법은 무엇이며 그 본질은 무엇이어야 하는지 명확히 드러납니다: 진정한 방법은 순수 지성, 순수 지성의 본성, 그리고 그 법칙들의 인식일 뿐입니다. 이러한 인식을 획득하기 위해서는 무엇보다도 상상과 지성을 구분해야 합니다. 달리 말하면 참된 관념들과 다른 관념들, 즉 허구 관념들, 거짓 관념들, 의심스러운 관념들, 그리고 오로지 기억에 의존하는 모든 관념을

보여주는 중요한 문헌이다.

구분해야 하는 것입니다. 이러한 점을 적어도 방법이 요청하는 정도로 이해하기 위해서는, 정신의 본성을 제일 원인을 통해서 인식할 필요는 없으며, 베이컨의 방식대로 정신이나 지각들에 대해 짧게 묘사하는 것으로 충분합니다. 이 몇 마디로 저는 진정한 방법이 무엇이며 진정한 방법에 도달하는 길이 어디에 있는지 증명하고 설명했다고 생각합니다. 그러나 이러한 종류의 모든 작업을 위해서는 부단한 성찰, 그리고 집요하고 확고부동한 결심이 필수 불가결하다는 것을 선생님께 미리 알려드리고자 합니다. 그리고 이러한 조건들을 충족시키려면, 일정한 삶의 규칙을 세우고 잘 규정된 목적을 스스로에게 부과하는 것이 필요합니다. 이 편지에서는 이 정도면 충분할 것 같습니다.

건강하시고, 선생님을 진지하게 사랑하는 이들을 사랑하시기를 바랍니다.

1666년 6월
보르뷔르흐에서
베네딕투스 데 스피노자 올림

○ 서신38. 스피노자가 요하네스 판 데르 메르에게

선생님께.

제가 고독하게 살고 있는 시골에서 저는 언젠가 선생님께서 제게 제기하신 문제에 대해 생각해봤고 이에 대한 단순한 답을 찾았습니다. 증명은 일반적인 것으로서 다음의 원리에 의거합니다. 내기는 따거나 잃을 가능성, 즉 두 참가자의 기회가 동등할 때 공평합니다. 이와 같은 공평성은 딸 기회 및 두 대항자가 건 돈에 적용됩니다. 따라서 양쪽에게 기회가 동일하다면, 내기에 건 돈도 역시 동일해야 합니다. 만일 기회가 동일하지 않다면, 한 사람이 딸 기회가 큰 만큼 위험도 커야 합니다. 그렇다면 양쪽에게 기회는 동일할 것이고 내기는 공평할 것입니다. 예를 들어 A가 B와 내기를 하는데, A가 딸 기회가 두 번이고 잃을 기회는 한 번뿐인 반면, B는 딸 기회가 한 번뿐이고 잃을 기회가 두 번이라면, A는 그의 두 번의 기회 각각에 대하여 B가 딸 유일한 기회만큼 위험이 있어야 합니다. 즉 A는 B보다 두 배를 걸어야 합니다.

이 점을 더 명료하게 제시하기 위하여 A, B, C 세 도박사가 동일한 기회를 갖고서 서로 내기를 하고 세 명 모두가 동일한 금액을 건다고 가정해보겠습니다. 내기에 건 돈이 동일하므로 각각의 사람은 판돈의 3분의 1만의 위험이 있고 3분의 2를 딸 수 있으며, 각각은 두 사람을 상대로 내기를 하기 때문에 딸 기회는 한 번뿐이고 잃을 기회는 두 번이라는 점이 명백합니다. 이제 세 명 중

한 명, 예를 들어 C가 내기의 시작 전에 내기를 포기하고자 한다고 가정해보면, 그는 자기가 건 것, 즉 판돈의 3분의 1을 회수한다는 것은 명백합니다. 그리고 B가 C의 기회를 사서 C를 대신하기를 원한다면, 그는 C가 회수한 액수를 걸어야 합니다. A는 이런 대체에 반대할 수 없습니다. 왜냐하면 그로서는 다른 두 도박사가 자기들에게 속한 두 기회로써 그에게 대항하여 내기를 하는 것이나 단 한 명의 대항자와 함께 동일한 위험을 무릅쓰는 것이나 마찬가지이기 때문입니다. 이런 상황에서 한 도박사가 두 숫자들 중 하나를 알아맞히도록 요구하고 다른 도박사가 그것을 제대로 알아맞히면 일정 액수를 따고 알아맞히지 못하면 동일한 액수를 그대로 잃게 된다고 할 때, 그것을 알아맞히도록 요구하는 사람의 기회와 그것을 알아맞히는 사람의 기회는 동일합니다. 마찬가지로 두 도박사 중 한 명이 세 개의 숫자 중에서 알아맞혀야 하고, 제대로 맞히면 일정 액수를 따고 맞히지 못하면 그 액수의 절반을 잃는다면, 둘 모두에게 운과 기회는 역시 동일할 것입니다. 또한 한 사람이 다른 사람에게 두 번을 선택하도록 하고, 두 번 중 한 번이 정확할 경우 일정한 액수를 따고, 정확하지 못할 경우는 그 액수의 두 배를 잃게 된다면, 역시 기회는 둘 모두에게 동일할 것입니다. 또한 네 개의 숫자 중 하나를 선택해야 하고 세 번의 시도를 할 수 있으며, 제대로 맞히면 일정 액수를 따고 맞히지 못하면 그 액수의 세 배를 잃게 될 경우 역시 운과 기회는 동일합니다. 또 다섯 개의 숫자가 있고 네 번의 시도를 할 수 있으며 하나를 따고 넷을 잃게 될 기회가 있을 경우도 역시 마찬가지입니다. 계속 이런 식으로 진행될 것입니다. 이로부터 도출되는 결론은 다음과 같습니다. 알아맞히도록 요구하는 사람은, 여러 숫자들 중 하나를 원할 때마다 알아맞히려 시도하고 그런 매 시도마다 그 분자(分子)가 시도 횟수가 되는 전체 판돈의 분수(分數)만큼 위험을 감수하는 사람과 동일한 조건을 갖게 됩니다.

예를 들어 다섯 개의 숫자가 제시되고 알아맞히는 시도가 단 한 번만 주어진다면, 알아맞혀야 하는 사람이 내기에 거는 돈은 $\frac{1}{5}$이고 다른 사람이 내기에 건 돈은 $\frac{4}{5}$가 됩니다. 그가 두 번의 시도를 한다면, 그가 내기에 거는 돈은 $\frac{2}{5}$가 되고 다른 사람이 내기에 거는 돈은 $\frac{3}{5}$이 됩니다. 마찬가지로 $\frac{4}{5}$라면 $\frac{1}{5}$이 되고 $\frac{5}{5}$라면 $\frac{0}{5}$이 됩니다. 결과적으로, 알아맞히도록 요구하는 사람에게는, 다섯 번의 시도를 하는 사람이나 선생님의 문제의 경우처럼 각각 한 번의 시도를 하는 다섯 사람과 내기를 하든 간에, $\frac{5}{6}$를 따기 위해 판돈의 $\frac{1}{6}$의 위험을 감수하는 것은 같은 일인 것입니다.

1666년 10월 1일
보르뷔르흐에서

○ 서신39. 스피노자가 야리그 옐레스에게

매우 정중하고 신중한 야리그 옐레스 선생님께

여러 번거로운 일들 때문에 선생님께 더 일찍 답을 드리지 못했습니다. 저는 데카르트의 광학에 대한 선생님의 견해를 확인하고 다시 읽었습니다. 데카르트는 대상의 여러 지점들로부터 비롯되고 때로는 눈의 가까이에서 때로는 눈에서 멀리서 교차할 수 있는 광선들의 교차를 제외하고는, 안저(眼底)에서 형성되는 이미지들이 더 크거나 더 작게 되는 그 어떤 원인도 고찰하지 않습니다. 따라서 그는 광선들이 눈의 표면에서 교차할 때 그것들이 형성하는 각의 크기를 고려하지 않는 것입니다. 이 원인이 망원경에서 주목해야 할 가장 중요한 원인임에도 불구하고, 그는 이 원인에 대해 전혀 언급하지 않고자 합니다. 제 추측에 따르면, 그는 여러 점들에서 여러 다른 점들로 오는 평행 광선들을 모을 수단을 전혀 파악하지 못했고, 이 때문에 이 각을 수학적으로 계산할 수 없었던 것입니다.

그가 침묵을 지킨 것은 아마도 그가 도입한 다른 도형들보다 원을 우위에 두지 않기 위해서일 것입니다. 원이 우리가 발견할 수 있는 모든 도형보다 우위에 있다는 것은 의심의 여지가 없습니다. 원은 그 모든 부분에서 균일하므로 모든 곳에

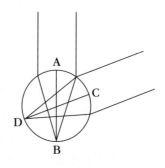

서 동일한 속성들을 갖습니다. 예를 들어 원 ABCD가 A 쪽에서 오며 축 AB와 평행이 되는 모든 선이 굴절되어 점 B로 수렴되는 속성을 갖는다면, C 쪽에서 오고 CD와 평행이 되는 모든 선도 역시

D에서 수렴되는 방식으로 표면에서 굴절될 것입니다.

쌍곡선과 타원이 무한히 많은 직경을 갖는다고 할지라도 이런 속성은 다른 어떤 도형에도 속하지 않습니다. 이는 선생님께서 말씀하시는 바와 같습니다. 만일 우리가 눈이나 망원경의 길이만을 고려한다면, 우리는 달에 있는 것을 지구에 있는 것처럼 분명하게 지각할 수 있기 전에, 극도로 긴 광학 장치를 만들어야만 할 것입니다. 그러나 제가 이미 말씀 드렸듯이, 여러 지점에서 오는 광선들이 눈의 표면에서 교차할 때 형성하는 각을 가장 중요하게 고려해야 합니다. 그리고 이 각은 장치에 포함된 렌즈의 초점과의 거리가 더 크거나 작음에 따라 더 크거나 작습니다. 선생님께서 이 점에 대한 증명을 확인하기를 원하신다면, 저는 선생님께서 원하실 때 그것을 알려드릴 준비가 되어 있습니다.

1667년 3월 3일
보르뷔르흐에서

○ 서신40. 스피노자가 야리그 옐레스에게

매우 정중하고 신중한 야리그 옐레스 선생님께

선생님의 이번 달 14일자 편지는 늦지 않게 도착했습니다만, 여러 번거로운 일로 인해 선생님께 더 일찍 답을 드리지 못했습니다. 저는 보시우스 씨께 헬베티우스[175]의 이 일에 대해 이야기했습니다. 그는 많이 웃었고(저희의 대화 전부에 대해서는 이야기하지 않도록 하겠습니다.) 이런 어리석은 주제에 대해 제가 그에게 제기한 문제들에 대해 놀라기까지 했습니다. 저로서는 그런 놀라움에 대해서 전혀 고려하지 않고, 금에 대해 실험을 한 브레흐텔트(Brechtelt)라는 금은 세공사를 찾아가 만나보았습니다. 브레흐텔트는 보시우스 씨와 전혀 다른 언어를 사용했고, 금의 무게가 용해 순간과 분리 순간 사이에 늘어났으며, 분리를 위해 노(爐)에 넣은 은의 무게에 비례하여 늘어났다고 주장했습니다. 이로부터 그는 은의 변환에서 비롯된 금은 어떤 특수한 성질이 있다고 결론 내렸습니다. 브레흐텔트뿐이 아니었습니다. 당시에 참관한 다른 여러 사람들이 동일한 실험을 했습니다. 이후 저는 헬베티우스를 찾아갔습니다. 그는 제게 금과 내부가 금으로 덮인 노를 보여주었고, 녹은 납에 그 무게의 4분의 1이 겨우 되는 보리나 겨자 낟알을 섞었다고 말해주었습니다. 그는 이 모든 주제에 대해 출간하겠다고 첨언했고 나아가 어떤 사람(그가 주장하기를, 그를 만나러 찾아온 사람이라고 합니다.)이 암스테르담에서 동일한 실험을 했다고 전했습니다. 선생님께서 분명 이에 대해 들으셨을 것입니다. 이 정도

---

175) (역주) 헬베티우스(J. F. Helvetius, 1625-1709)는 연금술사이자 오라녜 공의 주치의였다. 그는 다른 연금술사에게서 화금석(火金石) 또는 '현자의 돌'을 훔쳐 그것을 납과 함께 녹였고 그 금속이 금으로 변했다고 주장했다. 이삭 보시우스(Isaac Vossius, 1618-1689)는 애서가였고 스웨덴의 크리스티나 여왕의 도서관장을 역임했었다.

가 이 일과 관련하여 제가 알게 된 사실입니다.

선생님께서 언급하신 작은 책의 저자[176]는 (그 책에서 데카르트가 제3성찰과 제4성찰에서 제시한 신의 현존 증명이 틀렸다는 점을 증명했다고 자부합니다.) 자기 자신의 그림자와 싸움을 할 것이 확실하며 그는 다른 사람들보다도 자기 자신에게 더 많은 잘못을 범할 것입니다. 데카르트의 공리는 선생님께서 평가하시듯이 다소 모호하다는 점을 저도 인정합니다. 데카르트가 다음과 같이 말했다면 더 명료하고 더 참되게 말했을 것입니다: 〈사유가 사유하기 위해 갖는 능력은 자연이 현존하고 작용하기 위해 갖는 능력보다 더 큰 것은 아니다.〉 이는 명료하고 참된 공리이며 이로부터 신의 현존이 신의 관념으로부터 매우 명확하고도 효과적으로 따라 나온다는 결론이 도출됩니다. 선생님께서 인용하시는 위에서 언급된 저자의 논변은 그가 문제를 이해하지 못하고 있다는 것을 꽤 명확하게 보여줍니다. 그가 말하는 대상을 그 대상의 모든 부분으로 해체하는 일이 무한히 진행될 수 있다는 것은 맞습니다. 그러나 이에 대해 주의 깊게 보면, 이는 대단히 어리석은 일입니다. 예를 들어 특정한 물체가 어떤 원인에 의하여 이런저런 방식으로 움직이는지 누군가가 묻는다면, 그것은 다른 물체에 의하여, 그리고 이 다른 물체는 세 번째 물체에 의하여 움직였다는 식으로 무한정하게 진행된다고 답할 수 있습니다. 요컨대 우리는 그렇게 답할 자유가 있습니다. 왜냐하면 관건이 되는 것은 운동뿐이고 계속해서

---

176) (역주) 이 책에 관한 정보는 아직 밝혀진 바 없다.

다른 물체를 설정함으로써 우리는 이 운동에 충분하고 영원한 원인을 귀속시키기 때문입니다. 그러나 제가 한 서민의 수중에 있는 고귀한 성찰로 가득하고 뛰어난 필체의 책을 보고서 그에게 그 책을 어디서 구했는지 물었을 때 그가 역시 뛰어난 필체를 가진 다른 서민이 갖고 있던 다른 책에서 베꼈다고 대답한다면, 그리고 이렇게 무한정하게 진행된다면, 저는 만족스럽다고 생각하지 않을 것입니다. 실제로 제 질문은 그 사람이 유일하게 대답하는 글자의 형태 및 순서에 단지 관련되는 것이 아니라, 낱말들이 표현하는 사유와 사물을 보는 방식에 관련됩니다. 그는 무한정하게 거슬러 올라감으로써 아무런 답도 제시하지 못합니다. 그의 추론이 관념들에 적용될 수 없는 이유는 『기하학적으로 증명된 데카르트의 철학의 원리』 공리9에서 제가 그대로 언술한 바를 통해 쉽게 확인됩니다.

이제 선생님의 두 번째 편지에 대해 답하겠습니다. 선생님께서는 3월 9일자 그 편지에서 원형 도형에 관하여 제 마지막 편지에서 제가 선생님께 말씀 드린 점을 더 온전하게 설명할 것을 요구하셨습니다. 선생님께서 다음과 같은 점을 고찰하신다면 저를 쉽게 이해하실 수 있을 것입니다.

즉 망원경의 전방 렌즈에 평행으로 떨어진다고 가정된 모든 광선은 실제로는 평행하지 않습니다. (왜냐하면 그것들은 오직 한 점으로부터 나온 것이기 때문입니다.) 그것들은 평행하다고 생각된 것인데, 그 이유는 대상이 우리와 어떤 거리에 떨어진 곳에 위치할 때 망원경의 개구부가 이 대상과의 거리에 대하여 한 점으로 간주되

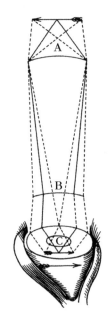

어야 하기 때문입니다. 나아가 한 대상 전체를 보려면, 우리는 유일한 한 점에서 오는 광선들뿐 아니라, 다른 모든 점으로부터 오고 바로 이 때문에 렌즈를 통과한 후에는 필연적으로 그 점들만큼의 초점들로 수렴되는 광선들의 원추들이 필요하다는 것은 확실합니다. 실제로 눈의 구조는 대상의 다양한 점들로부터 오는 모든 광선이 안저(眼底)에서 그만큼의 서로 다른 점들로 엄격하게 수렴되는 식으로 된 것이 아닙니다. 그러나 그런 속성을 가진 도형들이 다른 것들보다 선호되어야 한다는 것은 확실합니다.

그런데 원의 호는 동일한 점에서 나온 모든 광선이 같은 직경에 위치한 점으로 필연적으로 수렴되고(저는 기계적 의미로 이를 이해합니다.) 대상의 다른 점들로부터 오는 모든 광선이 그만큼의 서로 다른 점들로 모이는 특성을 갖습니다. 실제로 이 점들의 각각으로부터 우리는 원의 중심을 통과하는 선을 그을 수 있습니다. 다만, 단 하나의 초점만이 필요하다면 망원경의 개구부는 선생님께서 쉽게 확인하실 수 있듯이 훨씬 더 작을 수 있다는 점을 고려해야 할 것입니다.

여기서 제가 원에 대해 말한 것은 쌍곡선과 타원에 대해서 똑같이 말할 수 없으며 더 복잡한 다른 도형들에 대해서는 더더욱 그렇게 말할 수 없습니다. 왜냐하면 대상의 단 하나의 점으로부터 이런 종류의 도형의 두 초점을 통과하는 단 하나의 선만을 그을 수 있기 때문입니다.

이것이 제 첫 번째 편지에서 말씀 드리고자 한 바입니다.

첨부한 그림을 통해 선생님께서는, 여러 점들에서 온 광선들에 의해 눈의 표면에 형성된 각은 초점들이 더 멀고 가까운가에 따라 더 크거나 작다는 것을 어떻게 증명하는지를 이해하실 수 있을 것입니다. 선생님께 안부 인사를 전했으니 이제 저로서는……말하는 일만 남았습니다.[177]

1667년 3월 25일
보르뷔르흐에서

○ 서신41. 스피노자가 야리그 옐레스에게

매우 정중하고 신중한 야리그 옐레스 선생님께

선생님께서 우선은 직접 만나서 다음으로는 글을 통해 제게 질문한 실험에 대해 간략하게 말씀 드리겠습니다. 이 담론을 제시하고 이 사안에 대해 현재 제가 가진 견해를 첨가하겠습니다.

저는 길이가 10피트이고 안쪽 넓이는 4cm 정도 되는 나무 관을

---

177) (역주) "저는 선생님께 충실합니다." 정도의 인사말이 생략된 것이다.

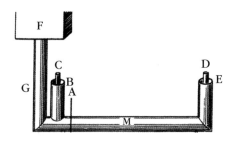

만들고 그림에서 보듯이 이것에 세 개의 수직관을 연결했습니다.
수압이 B관과 E관에서 동일하게 강한지를 우선 실험하기 위하여
저는 이 같은 결과를 위해 준비한 나무줄기 A로 M관을 막았습니
다. 그 다음에는 B의 입구를 줄여서 유리관 C가 통과할 정도가 되
도록 했습니다. 용기 F를 통하여 관을 물로 채운 후에 저는 물이
C관에서 어느 높이까지 올라가는지를 확인했습니다. 그 다음에는
B관을 닫고 나무줄기 A를 제거하여 물이 B관과 같은 방식으로 준
비된 E관까지 흐르도록 했습니다. 관 전체에 물을 다시 채운 다음
에 저는 이전에 C에서 그랬던 것처럼 물이 D로 올라가는 것을 확
인했습니다. 이로부터 저는 관의 길이는 장애물이 아니거나 최소
한의 장애물이라고 결론 내렸습니다.

이 점을 더 정확히 확인하기 위하여 저는 E관이 이를 위해 준비
한 1입방 피트를 B와 같은 시간에 채울 수 있는지 실험해보았습
니다.

시간을 재기 위한 추시계가 없어서 저는 H와 같은 휘어진 유리
관을 사용했습니다. H의 더 짧은 쪽은 물에 잠기고 긴 쪽은 공중

에 떠 있게 했습니다. 이와 같이 준비하고서 저
는 우선 B관에 물이 흐르도록 하여 1입방 피트
를 채우도록 했습니다. 그리고 정확한 저울로
얼마만큼의 물이 이 시간 동안 용기 L로 흘러 들
어가는지 재보았습니다. 4온스임을 확인했습니
다. 그 다음으로는 B관을 닫고서 E관으로 물이
가득 흐르도록 하여 1입방 피트를 채우도록 했
습니다. 물이 가득 찼을 때 저는 이전에 그렇게
했듯이, 이 시간 동안 용기 L에 흘러 들어간 물
의 무게를 쟀습니다. 물의 무게는 이전의 무게보다 반 온스 이상
을 넘지 못했습니다. 그러나 B와 E에서 물의 흐름이 동일한 강도
가 아니므로, 저는 첫 번째 실험을 통해 알게 된 필요한 만큼의 물
로 다시 작업을 수행했습니다. 저희는 세 명이었고 이 실험을 이
전처럼 세심하게 실현하기 위해 가능한 만큼 주의를 기울였습니
다. 그러나 저희는 제가 기대했던 만큼으로 정확하게 실험을 실현
하지는 못했습니다. 하지만 이 문제에 대해 결론을 내릴 정도의
정보는 얻었다고 생각합니다. 왜냐하면 첫 번째나 두 번째 실험에
서 거의 동일한 차이를 확인했기 때문입니다.

이 같은 실험들을 검토한 후에 저는 관의 길이가 만들어내는 차
이는 물이 흐르기 시작하는 출발점에서만 발생한다고 결론 내릴
수밖에 없습니다. 그러나 물이 약간의 시간 후에 계속해서 흐를
때는 더 길거나 짧은 관을 동일한 강도로 통과합니다. 그 이유는
위쪽의 수압이 항상 동일한 힘을 유지하고 그것이 전달하는 모든

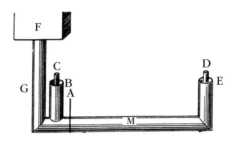

운동을 자기의 중력을 통해 계속적으로 받기 때문입니다. 이런 식으로 수압은 관에 담긴 물에 그와 같은 운동을 계속 전달할 것이고, 이는 앞으로 밀린 물이 위쪽의 물의 무게에 의해 발휘된 힘과 동일한 속력을 받을 때까지 진행되는 것입니다.

실제로, G관에 담긴 물이 첫 번째 시점에 M관의 물에 속도 1을 전달한다면, 두 번째 시점에 물이 동일한 힘을 유지할 경우 그것은 속도 4를 M관의 물에 전달할 것이 확실합니다. 그리고 이는 가장 긴 관 M에 담긴 물이, G관에 담긴 물에 의해 중력을 통해 전달받을 수 있는 만큼의 힘을 정확히 가질 때까지 진행됩니다. 따라서 4만 피트 길이의 관을 흐르는 물은 약간의 시간이 지난 후에, 그리고 오직 위쪽의 물의 수압만으로도, M관이 1피트에 불과할 경우에 획득하게 될 속력을 획득할 것입니다. 제가 더 정밀한 도구들을 갖출 수 있었다면 더 긴 관에 담긴 물이 그 같은 속력을 받기 위하여 필요로 하는 시간을 규정할 수 있었을 것입니다. 그러나 가장 중요한 것은 충분히 규정되었기 때문에 이는 그리 필요하지 않다고 생각합니다.

○ 서신42. 람베르트 판 벨튀센이 야콥 오스텐스[178]에게

매우 학식 있는 선생님께

이제야 어느 정도 여유가 생겨 선생님께서 원하시고 요청하시는 것에 대해 더 지체하지 않고 답을 드립니다. 선생님께서는 제가 『신학정치론』이라는 제목의 저작에 대한 제 견해와 평가를 전해드리기를 원하십니다. 제게 주어진 시간과 능력의 한도 내에서 그렇게 하기로 했습니다. 그러나 세부적인 부분을 다루지는 않고 종교에 대한 저자의 견해와 사유를 간략하게만 설명하겠습니다.

저는 저자의 출신이 어디인지 또 그가 어떤 삶의 규칙을 갖고

---

178) (역주) 스피노자 『유고집』에 서신42의 수신자는 I.O.로 표기되어 있을 뿐이었다. 슐러는 라이프니츠에게 보낸 편지에서 편지 수신자가 로테르담의 외과의사 요하네스 오스텐스(Johannes Ostens)라고 주장했다. 후에 이름 중 요하네스가 아니라 야콥(Jacob)임이 밝혀졌다. 위트레흐트 출신의 야콥 오스텐스는 실제로 외과 의사였고 스피노자와 우정 관계가 있었다. 역시 위트레흐트 출신의 벨튀센이 그를 알고서 편지를 보낸 것이다. 벨튀센은 레이던에서 철학을 공부했고 후에 의사가 되었다. 열렬한 데카르트주의자였으며 종교의 간섭에 반대하여 국가의 권리를 옹호했으나, 『신학정치론』에서의 스피노자의 대범한 주장에 충격을 받았다.

있는지 모르며 그런 점에는 관심이 없습니다. 그가 우둔하지 않으며 유럽에서 기독교인들 간의 종교적 논쟁을 피상적인 관점에서가 아니라 진지하게 연구한다는 점은 그의 책을 통해 충분히 나타납니다. 이 책의 저자는 선입견을 배제할 때, 사람들이 분파로 갈라지고 서로 대립하는 입장을 취하게 하는 견해들을 제대로 검토할 수 있다고 믿습니다. 이런 이유로 그는 자신의 정신을 미신으로부터 필요 이상으로 해방하고자 노력하며, 자신이 미신에서 벗어나 있다는 점을 보여주기 위해 반대의 남용에 빠지게 됩니다. 미신에 젖은 이들의 오류를 피하기 위해 제 생각에 그는 모든 종교를 배제하는 것 같습니다. 적어도 그는 (이 시대의 한탄스러운 관습입니다만) 상당히 많은 수로 특히 프랑스에 퍼져 있는 자연 신교도들의 종교를 넘어서지 않습니다. 그들에 반대하여 메르센은 제가 읽은 것으로 기억하는 책[179]을 한 권 출간했습니다. 그러나 자연 신교도들 가운데 이런 혐오스러운 논고를 이토록 악한 정신으로 능숙하고 교활하게 옹호한 사람은 그 저작의 저자 외에 거의 없다고 저는 생각합니다. 게다가 제 추측이 틀리지 않다면, 그는 자연 신교도들의 한계에 머물지도 않고 사람들 사이에 종교의 아무런 부분도 남겨놓지 않습니다.

그는 신을 인정하며 신이 우주의 설계자이자 설립자임을 고백

---

179) (역주) 주지하다시피 메르센(Marin Mersenne, 1588-1648)은 예수회 신학자로서 데카르트의 친구이자 편집자였다. 그는 『자연 신교도, 무신론자, 무신앙자의 격퇴되고 무너진 불경』(1624)의 저자이다.

합니다. 그러나 그는 신의 본성과, 그가 신의 자유 의지 없이 확립되었다고 주장하고자 하는 영원한 진리들과 마찬가지로 세계의 형상, 본질, 질서가 전적으로 필연적이라고 주장합니다. 따라서 그는 모든 것이 극복 불가능한 필연성과 불가피한 숙명에 의해 일어난다고 명시적으로 진술하는 것입니다. 그리고 그는 사물들을 정확히 사유하는 사람들에게는 아무런 규범도 계율도 없다고 평가합니다. 대중의 어리석음이 인간적인 감정을 신에게 귀속하게 하는 언술 방식을 생겨나게 하듯이 그런 종류의 용어들을 만들어내는 것은 인간들의 무지인 것입니다. 결과적으로 신이 영원한 진리들과 필연적으로 발생하는 모든 일을 계율의 형태로 인간들에게 제시할 때도 신은 대중의 능력에 맞추는 것입니다. 저자는 또한 율법이 명령하는, 그리고 인간의 의지에 달려 있다고 생각되는 모든 것이 삼각형의 본성이 필연적인 것과 마찬가지로 필연성에 의해 발생한다고 설파합니다. 따라서 규범들의 내용도 인간의 의지에 달려 있는 것이 아닙니다. 규범들에 대한 불복종이나 복종이나 모두 악이나 선을 가져오지 않으며, 마찬가지로 기도도 신의 의지를 변화시킬 수 없고 신의 영원하고 절대적인 결정을 바꿀 수 없습니다. 그렇기 때문에 규범들과 명령들은 동일한 존재 이유를 갖습니다. 규범들과 명령들은 인간의 어리석음과 무지가 신으로 하여금 그것들이 신에 대해 완전한 사유를 형성하지 못하는 사람들, 그들에게 덕과 부덕의 증오를 위한 열정을 일으키기 위한 종류의 가련한 도움을 필요로 하는 사람들 사이에 일정한 유용성을 갖도록 한다는 점에서 일치합니다. 이로부터 확인할 수 있는 것은 저자가 그의 글에서 기도, 삶, 죽음, 그리고 우주의 심판관에 의해 인간들에게 내려진 어떤 보상이나 징벌의 효용성에 대해서 아무런 언급도 하지 않는다는 사실입니다.

이런 입장은 저자의 원리들과 일치합니다. 모든 것이 숙명에 의해 쓰여 있고 모든 것이 불가피한 필연성에 의해 신으로부터 나온다고 주장할 경우, 더 정확히는 우주 전체가 신이라고 주장할 경우, 실제로 최후의 심판을 위한 여지가 있을 수 있고 어떤 보상과 벌을 예측할 수 있겠습니까? 왜냐하면 저는 저자가 이와 같은 견해와 그리 거리가 멀지 않다는 점을 우려하기 때문입니다. 모든 것이 필연적으로 신의 본성으로부터 나온다고 주장하는 것과 우주가 곧 신이라고 주장하는 것은 적어도 큰 차이가 없기 때문입니다.

그러나 저자는 인간의 최상의 기쁨을 덕에 대한 경배로 간주하는데, 덕은 그 자체로 보상이고 가장 위대한 것이 드러나는 무대라고 그가 말하는 것입니다. 이런 이유로 저자는 사물들을 올바로 이해하는 사람은 신의 명령과 율법의 이유 때문에 또 보상의 희망이나 벌의 불안에 의해 덕을 쌓을 의무가 있는 것이 아니라, 인간이 덕의 실천에서 지각하는 덕의 아름다움과 정신의 기쁨이 덕에 제공하는 매력 때문에 덕을 쌓을 의무가 있다고 주장합니다.

그렇기 때문에 그는 율법에 있어 항상 서로 연결된 보상의 희망과 벌의 불안이라는 외형을 통해서만 신이 계시와 선지자들을 매개로 덕을 권고한다고 주장합니다. 왜냐하면 일반 대중의 기질은 오직 벌의 불안과 보상의 희망에서 빌려온 율법의 본성에서 도출한 논변들을 통해서만 덕으로 인도될 수 있는 기질이고 또 그 정도로 잘못 형성되어 있기 때문입니다. 이와 반대로 참에 따라 사물을 판단하는 사람들은 그런 종류의 논변들에는 진리도 힘도 없다는 점을 이해합니다.

저자는 그의 주장으로 인해 이런 원리가 나타내는 위험에도 불구하고, 선지자들과 성스러운 박사들, 그리고 그들의 입을 빌려 인간들에게 말하는 신 자신도 그 본성이 고찰될 경우에는 고유한 가치가 없는 논변들을 사용하리라는 점도 개의치 않습니다. 실제로 그는 성서가 그것이 언급하는 것들의 진리와 참된 본성, 그리고 인간을 덕으로 양육하기 위해서 사용하는 수단의 진리와 참된 본성을 가르치기 위해 집필되지 않았음을 명시적으로 선언하고 기회가 있을 때마다 그렇게 시사합니다. 그는 비록 선지자들이 실천적인 덕과 부덕의 본성과 관련하여 다른 모든 사람보다 정통하다고 해도, 그들이 인간들을 덕으로 이끌 논거를 대고 관련 근거를 찾는 방식에서 대중의 오류에서 전적으로 벗어날 정도로 충분한 지식을 갖추고 있다는 점을 부정합니다.

또한 저자의 주장에 따르면, 비록 선지자들이 참되지 않지만 그들이 상대하는 이들의 선입견에 맞춘 담론과 논변을 통상적으로 사용했으며 누구도 의심치 않았고 아무런 논란도 없던 덕으로 인간들을 자극했다고 할지라도, 그들이 자신들의 의무를 전할 사람들에게 의무를 전할 때 그들의 판단에서 오류를 피하지 못한다고 합니다. 그리고 그렇게 하면서도 그들의 성스러움과 권위가 훼손되지 않는다고 합니다. 왜냐하면 선지자들의 사명은 사람들에게 진리의 학설이 아니라 덕의 경배를 증진시켜주는 데 목적을 두고 있기 때문입니다. 따라서 선지자들의 오류와 무지는 덕을 위한 열정을 일으키려는 그들의 말을 듣는 사람들에게 유해하지 않았다고 저자는 평가합니다. 왜냐하면 그는 어떤 논변들을 통해 우리가 덕에 인도되는지는 그리 중요하지 않다고 생각하기 때문입니다. 그 논변들이 그것들에 의해 고무되고 선지자들로 하여금 그것들을 사용하도록 이끄는 덕에서 벗어나지 않는다면 말입니다. 정신에 의해 지각된 다른 것들의 진리는 경건을 위해 전혀 중요하지 않다고 그는 생각합니다. 실제로 도덕의 성스러움은 그런 진리에 있지 않으며, 그가 생각하기를, 진리와 심지어 신비의 인식도 이 인식이 경건으로 더 이끌거나 덜 이끄는지에 따라 더 또는 덜 필요하기 때문입니다.

저는 저자가 선지자들의 교리 관련 담론과 그들이 단순히 이야기를 전할 때 취하는 담론을 구분하는 신학자들의 공리에 의거한다고 생각합니다. 제가 틀리지 않다면, 이는 모든 신학자가 받아들이는 구분이며, 저자는 그의 학설이 이 구분과 일치한다고 생각하는 가장 큰 오류를 범합니다.

이런 이유로 저자는 이성과 철학이 성서의 해석자라고 주장하지 않는 모든 사람이 그의 의견에 동의한다고 평가합니다. 실제로 모든 사람은 성서가 신에게 부합하지 않지만, 인간들을 감화시키고 덕의 실천으로 유도하는 방식으로 인간적 이해력에 맞춰진 무한히 많은 것들을 신에게 귀속시킨다고 인정하기 때문에 저자는 생각하기를, 우리는 성스러운 박사가 참되지 않은 그런 논변들을 통해 인간들을 덕으로 양육하고자 했다고 주장해야 한다는 것입니다. 달리 말하면 성서에 대한 아무 독자에게나 성서의 의미와 성스러운 박사의 의도를 자기 자신의 근거의 원리들에 따라 판단할 자유를 부여해서는 안 된다는 것입니다. 이 같은 자유를 부여해도 된다는 학설, 그리고 이성이 성서의 해석자라고 몇몇 사람들이 역설적 신학자[180]를 따라서 설파하는 견해가 바로 저자가 정죄하고 단호하게 배척하는 것입니다. 실제로 저자는 성서가 문자 그대로의 의미로 이해되어야 한다고 생각합니다. 선지자들의 말에서 파악해야 하는 의미를 사람들 고유의 자의적 결정과 추론에 따라 해석하도록 허용해서는 안 된다고 그는 평가합니다. 따라서 사람들은 어떤 순간에 선지자들이 본래의 의미로 말했거나 우화적 의미로 말했는지를 그들이 사물들에 대해 행한 고유의 추론과 지식을 잣대로 결정해서는 안 되는 것입니다. 그러나 이 점에 대해서는 다시 살펴볼 기회가 있을 것입니다.

제가 다소 벗어났던 논의를 다시 이어가겠습니다. 만물의 숙명적 필연성에 대한 그의 원리를 따라 저자는 자연 법칙에 대립되는 기적이 일어난다는 점을 부정합니다.[181] 왜냐하면 제가 앞에서

---

180) (역주) '역설적 신학자'는 스피노자의 친구인 뤼도웨이크 메이어르가 『성서의 해석자로서의 철학, 역설적 논고』(1666)를 출간한 이후로 그에게 붙여진 별칭이다.

181) (역주) 네덜란드어역 유고집(*De Nagelate Schriften*)에는 다음과 같은 스피노자의 주석이 첨부되어 있다. "그가 이렇게 말하는 것은 틀립니다. 왜냐하면 제가 명시적으로 말한 것은 기적이 신에 대한 아무런 인식도 주지 않고 그 반대로 우리는 자연의 한결같은 질서를 통해 신에 대하여 훨씬 더 나은 인식을 가질 수 있다는 것이기 때문입니다."

말씀 드렸듯이, 그는 현존하는 만물의 본성과 그 질서가 신의 본성 및 영원한 진리들과 마찬가지로 필연적인 것이라고 주장하기 때문입니다. 결과적으로 그는 어떤 사물이 자연 법칙으로부터 벗어난다는 것은 삼각형의 내각의 합이 두 직각과 다르다는 것이 불가능한 것과 같이 불가능하다고 설파합니다. 신은 무게가 더 가벼운 것이 더 무거운 것을 들어 올리도록 할 수 없거나 1의 속도로 움직이는 물체가 2의 속도로 움직이는 물체에 도달할 수 있도록 할 수 없다는 것입니다. 따라서 저자는 기적이 자연의 공통 법칙을 따른다고 주장하는 것입니다. 자연의 공통 법칙은 사물들의 본질들 자체와 마찬가지로 불변이라고 그는 주장합니다.(왜냐하면 이 본질들은 자연 법칙에 포함되어 있기 때문입니다.) 그는 자연 법칙에 의해 통상적으로 나타나는 능력 외의 다른 능력을 신에게서 인정하지 않습니다. 그런 다른 능력은 자연 법칙에 따라 전개되며, 그의 생각에 따르면 우리는 다른 능력을 상상해낼 수가 없습니다. 왜냐하면 그것은 사물들의 본성을 파괴할 것이며 사물들의 본성과 상충될 것이기 때문입니다.

따라서 저자의 생각에 의하면 "기적은 느닷없이 발생하며 대중이 그 원인을 모르는 어떤 것입니다." 같은 방식으로 대중은 의례에 부합하는 기도 후에 어떤 임박한 악이 닥치지 않거나 기대했던 선이 실현되었다는 사실을 기도의 힘과 신의 특수한 협력에 귀속시킵니다. 그러나 저자에 따르면, 신은 대중이 특수한 개입의 효과에 귀속시키는 사건들을 영원으로부터 결정한 것이며, 따라서 결정의 원인이 기도가 아니라 결정이 기도의 원인인 것입니다.

사물들의 본성 및 우리의 일상적 사건들과 관련한 숙명과 사물들의 보편적 필연성에 대한 이 모든 고찰을 저자는 신의 본성, 또는 더 명확히 말하자면, 신의 의지와 지성의 본성에 의거하여 확립합니다. 신의 의지와 지성은 명칭이 다르지만 신에게는 실제로는 동일한 하나입니다. 이에 따라 저자는 신이 이 우주 및 우주에서 단계적으로 발생하는 모든 일을 그가 이 우주를 인식하는 것만큼 필연적으로 원했다고 주장합니다. 그러나 신이 우주 및 그 법칙들을 우주에 포함된 영원한 진리들로서 인식한다면, 신은 사물들의 본성을 뒤바꾸고 2×3=7이 되지 못하도록 하는 것과 마찬가지로 다른 우주를 만들 수가 없었습니다. 마찬가지로 우리는 이 우주 및 사물들이 생멸하게 하는 우주의 법칙들과 다른 아무것도 파악할 수 없으며, 이런 식으로 우리가 가공해내는 모든 것은 스스로 파괴됩니다. 그렇기 때문에 저자는 신의 지성과 전 우주, 그리고 자연이 유래하는 법칙들의 본성이 다음과 같은 방식으로 이루어졌다고 주장합니다. 즉 신은 사물들이 현재 존재하는 것과 다른 것일 수 없는바, 자신의 지성을 통해, 현재 존재하는 것들 외의 어떤 것도 이해할 수 없었다는 것입니다. 이로부터 그는 다음과 같은 결론을 내립니다. 신은 그 자체로 서로 모순되는 것들을 현재 실현할 수 없으며, 마찬가지로 현재 존재하는 것들과 다른 본성들을 가공해낼 수도 없고 인식할 수도 없다는 것입니다. 왜냐하면 이런 본성들의 이해와 인식은 (이는 저자의 견해에 따르면 모순을 내포합니다.) 현재 존재하는 것들과 다른 것들의 산출이 현재 불가능한 것만큼 불가능하기 때문입니다. 실제로 이 모든 본성은, 우리가 그것들을 현재 존재하는 것들과 다른 것으로 생각한다면, 현재 존재하는 것들과 필연적으로 상충될 것입니다. 왜냐하면 이 우주에 포함된 사물들은 (저자의 견해에 따르면) 본성상 필연적이기 때문에, 그것들은 스스로 이런 필연성을 가질 수 있는 것이 아니라, 그것들이 필연적으로 유래하는 신의 본성으로부터 그 필연성을 가질 수 있기 때문입니다. 실제로 그는 데카르트의 학설을 채택하는 것 같지만, 데카르트처럼 모든 사물의 본성이 신의 본성 및 본질과 다르기 때문에 신이 그 사물들의 관념들을 자유롭게 자신의 정신에서 형성한다고 인정하지는 않습니다.

지금까지 다룬 모든 문제를 통해 저자는 이전 장(章)들에서 그가 개진한 모든 것을 집약하는 저작의 끝부분에서 그가 주장하는 이론에 도달하기 위한 길을 열어놓았습니다. 실제로 그는 정부 당국과 모든 사람의 정신에 다음과 같은 원리를 새겨 넣으려 합니다. 이 원리에 따르면 정부 당국은 국가에서 공적으로 유지되어야 하는 종교 의식을 제정할 권리를 갖습니다. 다음으로, 정부 당국은 시민들이 그들의 영혼과 양심이 명하는 대로 종교에 대한 그들의 의견을 갖고 말할 수 있도록 할 의무가 있습니다. 또한 이런 자유는 윤리적 덕의 실천, 즉 경건이 견고하고 순수하게 남아 있는 한에서 외적 종교 의식 행위와 관련해서도 신민들에게 주어져야 합니다. 실제로 이런 덕에 대해서는 어떠한 논란도 있을 수 없고 그 밖의 다른 모든 것에 대한 인식이나 실천은 아무런 도덕적 가치를 포함하고 있지 않기 때문에, 저자는 인간들에 의해 채택된 어떠한 종교 의례도 신을 불쾌하게 할 수 없다고 결론 내립니다. 저자는 윤리적 덕을 확립하지도 않고 손상하지도 않으며, 덕에 대립되지도 않고 불리하지도 않은 성례, 그러나 사람들이 참된 덕의 버팀목으로서 채택하고 존중하는 성례에 대해 말하고자 합니다. 사람들이 신을 기쁘게 하고 신에게 인정받는다면, 그것은 신이 다양한 의례의 실행으로 불쾌해하지 않는바, 그런 덕의 실행 덕분입니다. 이 다양한 의례들은 무차별적인 것들[182]로서 덕과 부덕의 의미에 아무런 역할을 하지 않지만 사람들이 경건과 관련시키고 덕에 이르는 수단으로 사용하는 것들입니다.

그러나 저자는 사람들의 정신을 이 같은 역설을 받아들이도록 준비시키기 위해 신이 제정하고 유대인들, 즉 이스라엘 국가의 시민들에게 전해진 종교 전체가 단 하나의 목적을 갖는다는 점을 우선 주장합니다. 그 목적은 유대인들이 그들의 국가에서 행복하게 살도록 하는 것입니다. 나머지 일과 관련해서 그들은 신의 사랑을 더 받은 것이 아닙니다. 그들은 다른 민족들보다 신을 더 기쁘게 하지 않았습니다. 신은 선지자들을 매개로 이 목적을 유대인들에게 정기적으로 알려주었을 것입니다. 선지자들은 성스러움과 경건이 오직 윤리적 덕의 실행, 즉 신에 대한 사랑과 이웃에 대한 자비에 있음에도 불구하고, 신에 의해 제정되어 그들에게 부과된 이 종교에 성스러움과 경건을 설정하는 유대인들의 어리석음과 오류를 비난했습니다.

---

182) (역주) 의례들은 그 자체로는 옳고 그름이 없는 것으로서 그것들의 사용 방식에 따라 의미가 결정된다.

신은 모든 민족의 영혼에 덕의 원리, 말하자면 덕의 싹을 심어 놓음으로써 그들이 거의 아무것도 배운 바 없이도 스스로 선과 악의 차이를 판단할 수 있도록 했기 때문에, 이로부터 저자는 신이 참된 행복에 도달할 수 있게 해주는 것을 다른 민족들이 박탈당하도록 내버려 두지 않았고 모든 인간에 대해 똑같이 자비롭다고 결론 내립니다.

나아가 그는 참된 행복에 이르기 위해 어떤 도움이 될 수 있거나 유용한 모든 면에서 유대인들을 이교도들과 유사하게 취급하기 위하여 이교도들이 진정한 선지자들을 결여하지 않았다고 주장하며 사례를 들어 이 점을 제시하고자 합니다. 나아가 그는 구약 성서에서 통용되던 관습에 따라 그가 작은 신들이라고 부르는 선한 천사들을 통해 신이 다른 민족들을 통치했다고 암시합니다. 따라서 다른 민족들의 종교 의례도 그것이 미신에 의해 인간들을 참된 성스러움과 멀어지게 할 정도로 오염되지 않고, 역시 미신에 의해 인간들이 덕과 대립되는 행위를 종교의 이름으로 행하도록 떠밀리지 않는다면 신을 불쾌하게 하지 않습니다. 그러나 유대인들이 이교도들의 작은 신들을 숭배하는 것을 신이 금지한 것은 유대 민족에게 해당되는 특수하고 고유한 이유들 때문이었습니다. 즉 이 이교도들의 작은 신들은 유대인들의 국가의 수호자로 간주된 천사들이 유대인들에 의해 그들의 방식대로 작은 신들로 여겨지고 그들에 의해 신적인 영광과 더불어 숭배되었던 것만큼 신의 제정 및 위임을 통해 이교도들에 의해 숭배되었습니다.

또한 저자는 외적인 종교 의식이 그 자체로 신을 기쁘게 하는 것은 아니라고 판단하는바, 그는 이 종교 의식을 구성하는 의례들은 중요하지 않다고 생각합니다. 이 종교 의식이 사람들에게 신에 대한 존중과 덕에 대한 사랑을 불러일으킨다는 점에서 신과 부합한다면 말입니다.

다음으로 저자는 모든 종교는 오직 덕의 경배에 있다고 생각하고, 신비의 인식이 그 자체로 덕을 발전시키는 데 곧바로 적합하지 않을 경우 그런 인식은 모두 헛된 것이라고 생각하며, 또 그는 사람들을 덕으로 이끌고 덕에 대한 열정을 가지게 할 힘이 있는 인식은 더 중요하고 필요한 것으로 간주하는바, 이로부터 신, 신에 대한 경배, 그리고 종교에 속하는 모든 것에 대한 모든 견해는, 만일 그것들을 주장했고 또 정직함을 확산하기 위해 양성된 사람들이 그 진리를 진심으로 믿는다면, 인정되어야 하고 적어도 배척되지 말아야 한다고 결론 내립니다. 이런 주장에 근거를 대기 위해 저자는 이런 견해의 작자이자 증인으로서 선지자들을 인용합니다. 선지자들은 종교에 대한 인간들의 사유가 신에게 그리 중요하지 않았다는 점을 알았습니다. 모든 경배와 견해는 그것들이 덕의 실행과 신성의 존중에 유용한 것이라면 신을 기쁘게 합니다. 이런 점을 알고서 선지자들은 인간들을 덕으로 이끌 수 있되, 그 자체로는 참되지 않은 논변들을 사용하는 일을 개의치 않았습니다. 이런 논변들은 덕을 더 즐겁게 실행하도록 하고 박차처럼 작용할 정도로 대중에게 높이 평가받는 것들입니다. 따라서 저자는 선지자들이 시대와 사람들의 정신에 부합하며 그들의 이해력에 비추어 타당하고 효과적이라고 간주되는 논변들을 선택하는 것을 신이 허용했다고 주장합니다.

그렇기 때문에 신적인 여러 박사들이 낯설고 자주 모순되는 논변들을 사용했다고 저자는 생각합니다. 성 바울은 인간들이 그들의 행동에 의해 의로움이 인정되지 않는다고 가르쳤고 야곱은 명시적으로 그 반대를 주장했습니다. 달리 말하면 야곱은 제대로 이해되지 못한 신앙에 의한 의인(義認, justificatio)[183] 학설이 기독교도들을 혼란하게 만들었고 결과적으로 인간은 신앙과 행동에 의해 의로움이 인정된다는 점을 여러 논변들을 통해 입증했다고 저자는 평가합니다. 실제로 야곱은 그의 시대의 기독교도들에게 신앙을 통한 의인 학설을 주입하고 성 바울의 방식으로 그것을 가르치는 것은 적절하지 않다고 인정했습니다. 왜냐하면 이 학설은 인간들을 신의 긍휼에 느슨하게 기대고 선한 행동을 거의 전적으로 무시하도록 이끌기 때문이라는 것입니다. 바울은 유대인들만을 생각했습니다. 유대인들의 오류는 그들의 의인을 모세를 통해 특히 그들에게 전달된 율법의 실행에 의해 이루어진다고 생각한 데 있기 때문입니다. 그런 의인을 통해 유대인들은 자신들이 이교도들의 위에 있다고 생각하고 행복에 이르기 위한 길이 그들에게만 주어졌다고 간주함으로써 그들을 이교도들과 동일한 수준에 처하게 하고 모든 특혜에서 벗어나 있는 그들의 모습을 그대로 드러내는 신앙을 통한 구원을 배척한 것입니다. 둘 각각의 학설, 즉 바울의 학설과 야곱의 학설은 시대, 사람들의 조건, 그리고 상황에 따라

---

183) (역주) 신에 의해 인간의 의로움이 인정된다는 의미이다.

인간 영혼을 경건으로 향하게 하기 위한 대단한 효과를 갖는바, 저자는 사도들이 때로는 바울의 학설을, 때로는 야곱의 학설을 사용하는 신중함을 보였다고 생각합니다.

여러 이유들 가운데 바로 이런 이유로 저자는 신성한 텍스트를 이성을 통해 설명하고 이성을 성서의 해석자로 만들거나 신성한 박사를 다른 신성한 박사를 통해 해석하고자 하는 것이 진리와 전적으로 어긋난다고 생각하는 것입니다. 왜냐하면 그들은 모두 동일한 권위를 가지며 그들이 사용하는 언어는 담론의 형식 및 그들 각각의 고유한 특수성에 의해 설명되어야 하기 때문입니다. 따라서 성서의 참된 의미를 찾으려면 사물의 본성이 아니라 오직 문자의 의미에 주의를 기울여야 합니다.

그러므로 그리스도 및 신의 사명을 받은 다른 박사들이 자신들의 모범과 삶의 규칙을 통해 알리고 밝혀준 것은 인간들이 행복에 이르는 것이 오직 덕의 실천을 통해서이고 다른 나머지는 설명할 필요가 없는 것인바, 저자는 정부 당국이 단지 국가에서 정의와 정직을 견고하게 하는 데 주의를 기울이면 된다고 결론 내리고자 합니다. 그는 어떤 종교 의식과 어떤 교리가 진리와 가장 잘 일치하는지 검토하는 것은 정부 당국의 소관이 전혀 아니라고 봅니다. 정부 당국은 종교 의식과 교리를 주장하는 사람들의 견해로써 덕에 손상을 가하는 사람들이 인정되지 않도록 처리하기만 하면 됩니다. 이런 식으로 정부 당국은 신성을 침해하지 않고도 국가의 다양한 성례들을 관용할 수 있습니다. 독자를 설득하기 위해 저자는 다음과 같은 논변을 사용합니다. 사회에서 실천되며 외적 행동에 해당하는 윤리적 덕은 그 누구도 그것을 사적인 판단과 개인적인 자의(恣意)에 따른 결정에 의해 실행해서는 안 되는 것입니다. 이런 윤리적 덕에 대한 종교적 의식, 실천, 그리고 양태는 정부 당국의 권위와 권력에 의존됩니다. 왜냐하면 한편으로 외적인 덕행은 상황에 따라 성격이 바뀌며, 다른 한편으로 인간들이 이런 행동을 수행해야 하는 의무는 그로부터 귀결되는 이익이나 불이익에 따라 평가되어야 하기 때문입니다. 결과적으로 이런 외적 행동은 그것이 적절한 때에 맞게 이루어지지 않으면 덕이 아닌 것이 되는 반면 그 반대 행동은 덕으로 간주되어야 합니다. 저자는 다른 종류이자 정신에 내재된 덕이 있다고 생각합니다. 이런 덕은 그 자체로 항상 동일한 채로 있으며 상황의 가변적인 상태에 의존되지 않습니다.

흉폭과 야만에 이끌리고 이웃과 진리를 사랑하지 않는 것은 결코 누구에게도 허용되지 않습니다. 그러나 영혼의 이런 경향과 언급된 덕의 실행을 완전히 포기하지 않으면서도, 외적 행동에서는 적어도 그 실행을 보류할 수 있고 심지어 외형적으로는 그 반대의 방식으로 행동하는 것이 적절한 시기가 올 수 있습니다. 진실을 터놓고 말하고 자신의 말과 글로 시민들을 이런 진실에 참여하도록 하며 그렇게 진실을 드러내는 것이 선보다 악을 더 발생시킬 경우 그것을 시민들에게 전하는 것이 정직한 사람의 의무가 아닐 수 있습니다. 모든 개별 인간이 모두 사랑에 의해 결합되어야 하고 이 같은 감정을 저버리는 것이 결코 허용되지 않을지라도, 관용이 우리에게 큰 손상을 가져올 것이 자명할 때는 사람들에게 거친 모습을 보여야 하는 일이 자주 발생합니다. 그렇기 때문에 진실이 종교에 관계되든 또는 사회생활에 관계되는지 간에 그 모든 진실을 언제나 말하는 것이 적절하지 않다는 것은 모든 사람의 견해입니다. 돼지에게 진주를 준 사람들을 해할 것이 걱정될 때는 돼지에게 진주를 주지 말라고 설파하는 사람은 종교의 몇몇 항목들을 대중에게 출간하고 유포하는 것이 시민들과 신도들에게 유용하기보다는 유해할 정도로 국가나 교회를 동요시킬 것이 걱정될 때는 대중에게 그런 항목을 가르치는 것이 올바른 사람의 의무에 속하지 않는다고 역시 평가합니다.

다음으로 시민 사회에서는 행정 권력과 입법 권력이 분리될 수 없는바, 사회적 집단에서 따라야 할 실천을 결정하는 것은 개인들의 자유 의지가 아니라 정부의 권력에 속한다는 것이 인정됩니다. 이로부터 저자는 정부 당국이 국가에서 공적으로 교육되는 교리의 본성과 세부 사항을 정할 권리가 있다고 주장합니다. 외적 표현과 관련해서 말하자면, 공적 영역에서 정부 당국이 침묵을 지키도록 법을 통해 명령한 교리들을 가르치고 주장하는 일을 삼가는 것은 시민들의 의무입니다. 실제로 신은 사인(私人)들이 법을 무의미하게 만들고 정부 당국의 존재 이유를 제거하는 방식으로 정부 당국 및 판관의 견해와 결정에 반대하여 행동하는 것을 허용하지 않은 것과 마찬가지로, 사인들의 판단에 그런 일을 맡기지 않았습니다. 저자는 사람들이 외적 종교 의식 및 그 교육에 대하여 협약을 통해 합의할 수 있다고 생각합니다. 신성에 대한 외적 종교 의식과 관련해서는 정부 당국에 결정권을 부여해야 하며, 이는 사회에 가해진 손해를 평가하고 죄인들을 힘으로 처벌할 권리와 권능을 부여하는 것과 마찬가지입니다. 실제로 사인은 사회에 가해진 손해에 대하여 자신의 판단을 정부 당국의 판단과 일치시킬 의무는 없고 자기 자신의 개인적 견해를 가질 수 있지만, 필요한 경우에는 정부 당국자들이 결정한 것의 집행에 협력할 의무가 있습니다. 저자에 따르면, 마찬가지로 어떤 교리의 진리, 오류, 필연성을 판단하는 것은 개인들에게 속한 일이며 결코 그들은 모두가 동일한 종교적인 견해를 가지도록 법에 의해 강제될 수는 없습니다. 그러나 공적으로 설파되어야 하는 교리들을 결정하는 것은 정부 당국에 속합니다. 사인들은 자신들의 종교적 견해가 정부 당국의 견해와 일치하지 않을 때 자신들의 견해에 대해 침묵을 지키고, 종교의식과 관련하여 정부 당국이 확립한 법을 약화할 수 있는 그 무엇도 해서는 안 될 의무가 있습니다.

그러나 정부 당국이 국민 대다수와 의견이 다르고 국민의 판단과 무관한 것이 공적으로 교육되기를 바라며, 그럼에도 불구하고 사람들이 국가에서 그런 교리를 공개적으로 주장하는 것이 신적 영광에 포함된다고 평가하는 일이 발생할 수 있습니다. 따라서 정부 당국의 판단과 국민의 판단 사이의 간극이 시민들에게 가장 큰 손상을 일으킬 수 있다는 난점이 남아 있다는 것을 저자는 알고 있습니다. 그렇기 때문에 그는 정부 당국과 시민들 양쪽의 정신을 누그러뜨리고 종교의 자유를 견고하고 훼손되지 않은 채로 보호하기 위하여 이전의 논의에 다른 논의를 덧붙입니다. 그 다른 논의는 다음과 같습니다. 즉 정부 당국은 성례들이 윤리적 덕에 대립되지 않고 그것을 무너뜨리지 않는다면, 당국의 판단에 부적절한 그런 성례들이 국가에 있는 것을 허가한다고 해서 신의 분노를 두려워할 필요가 없습니다. 이런 견해의 이유는 선생님께서 놓치실 수가 없습니다. 왜냐하면 앞에서 저는 그것을 계속해서 거론했기 때문입니다. 실제로 저자는 신이 어떤 종교적 견해들을 인간들이 선호하고 그들의 영혼 안에서 그것들을 인정하고 옹호하는지, 또 어떤 성례들을 그들이 공적으로 숭배하는지에 대해 주의를 기울이지도 않고 관심도 없다고 주장합니다. 왜냐하면 이 모든 것은, 비록 각자가 덕의 실천을 증진시킬 수 있기에 가장 적합하다고 생각하는 자기 자신의 추론을 확립할 의무가 있음에도 불구하고, 덕과 부덕과 아무 관계가 없는 것들에 속하기 때문입니다.

탁월한 선생님, 이것이 신학정치 학설 전체의 요약입니다. 제 생각에 이 학설은 모든 신앙 행위와 모든 종교를 파괴하고 그 기초를 무너뜨리며 은폐된 용어로 무신론을 설파하거나 또는 신성이 인간들에게 존경심을 갖도록 영향을 가하는 것이 전혀 없는 그런 신을 만들어냅니다. 왜냐하면 신 스스로가 숙명에 종속되고 신적인 섭리나 통치를 위한 여지가 전혀 남지 않으며 벌과 보상의 분배가 사라지기 때문입니다. 어쨌든 저자의 글의 근거와 논변이 그가 오직 형식만을 위해서 언급하는 성서의 권위를 전적으로 파괴한다는 점을 보기 위해서는 그의 저작을 열어보는 것으로 족합니다. 마찬가지 방식으로, 그의 입장으로부터 심지어 코란도 신의 말씀과 동일하다는 결론이 도출됩니다. 마호메트가 진정한 선지자가 아니라는 것을 입증하기 위해서 저자에게 그 어떠한 논거도 남아 있지 않습니다. 왜냐하면 선지자들의 가르침에 따르면 터키인들도 윤리적 덕을 존중하며 윤리적 덕은 민족들 간에 어떤 논란도 일으키지 않기 때문입니다. 저자의 학설에 따르면, 유대인들과 기독교도들에게 주어진 신탁을 받지 못한 민족들을 신이 다른 계시를 통해 이성과 순종의 길로 인도한 일이 드물지 않습니다.

그렇기 때문에 저는 저자를 은폐되고 위장된 논변을 통해 전면적인 무신론을 설파한 것으로 고발하는 일이 진리에서 너무 벗어나지 않았고 그에 대해서 불의를 저지르는 것도 아니라고 평가합니다.

〈람베르트 벨튀센〉

1671년 1월 24일
위트레흐트에서

○ 서신43. 스피노자가 야콥 오스텐스에게
─ 서신42에 대한 회신

매우 학식 있고 탁월한 야콥 오스텐스 선생님께

친애하는 벗께

이토록 오랫동안 제가 선생님을 기다리시게 하여 분명 놀라셨을 것입니다. 그러나 저로서는 선생님께서 제게 전해주시고자 한 책자의 저자에게 답하도록 제 마음을 굽히기가 매우 어려웠습니다. 제가 지금 답을 하는 이유는 오직 선생님께 제가 약속을 했기 때문입니다. 그러나 저 자신의 성향을 따르기 위해서 가능한 한 제가 할 수 있는 만큼의 가장 짧은 글로 답할 것이고 어떤 점에서 그가 제 사유를 왜곡되게 해석했는지를 간략하게 제시하겠습니다. 악의에 의한 것인지 무지에 의한 것인지 저는 말하기가 힘듭니다. 그러나 바로 논의를 시작하겠습니다.

첫째로 저자는 (제) "출신이 어디인지 또" (제)"가 어떤 삶의 규칙을 갖고 있는지 전혀 관심이 없다."고 말합니다. 그가 그것을 알았더라면, 제가 무신론을 설파한다고 그토록 쉽게 확신하지 않았을 것입니다. 실제로 무신론자들은 무엇보다도 명예와 부를 추구하는 습관을 갖고 있습니다. 저를 아는 모든 이가 알고 있듯이 명예와 부는 제가 항상 대수롭지 않게 여기는 것들입니다. 나아가 저자는 자신의 목표에 이르기 위해서 제가 우둔한 정신을 갖고 있지 않다고 말합니다. 이는 제가 간계와 악의를 가지고서, 그리고 악한 의도로 이신론자들의 혐오스러운 논고를 주장한다는 점을 옹호하기 위한 이점을 그에게 제공합니다. 이런 점은 그가 제 논변을 이해하지 못했다는 것을 충분히 보여줍니다. 실제로 자신이 틀리다고 믿는 주장을 옹호하기 위해 그토록 많고 견고한 논변을 거짓으로 꾸며 제시할 정도로 간계와 교활함으로 가득 찬 정신을 누가 가질 수 있겠습니까? 저를 비난하는 사람이 허구가 진리만큼 견고하게 증명될 수 있다고 믿는다면 그는 과연 어떤 작가를 진실되다고 판단하겠습니까? 이런 점은 사실 저를 놀라게 하지 않습니다. 이런 식으로 데카르트가 이전에 보에티우스[184]에게 해석되었고 가장 뛰어난 사람들이 왜곡되었습니다.

그러나 그는 계속해서 말합니다. 〈미신의 오류를 피하기 위하여 그는 모든 종교를 제거한 것 같다.〉 저자는 종교를, 그리고 미신을 무엇으로 이해합니까? 저는 모르겠습니다. 저는 다음처럼 질문을 하겠습니다. 신을 최상의 선으로 인정하고 신을 자유로운 영혼으로 사랑하며, 오직 그럴 때만 우리의 최상의 행복과 자유가 있다고 주장하는 것이 과연 종교를 제거한 것입니까? 또 덕의 보상이 덕 자체이고 반대로 어리석음과 무능력의 벌이 어리석음 자체이며, 마지막으로 각각의 사람은 이웃을 사랑해야 하고 최상의 권능의 명령을 따라야 한다고 주장하는 것이 종교를 제거한 것입니까? 그런데 이 모든 것은 제가 명시적으로 말한 내용일 뿐 아니라, 가장 견고한 논증으로 증명한 것이기도 합니다. 그러나 저는 이 사람이 어떤 진창에 빠졌는지 알 것 같습니다. 그는 덕 자체와 지성에서 그를 만족시키는 것을 전혀 찾지 못하는 것이 분명합니다. 그는 벌을 받을 두려움이라는 유일한 장애물만 없다면 그의 감정의 충동에 따라 살기를 선호할 것입니다. 따라서 그는 동요하

---

184) (역주) 기베르투스 보에티우스(Gibertus Voetius, 1589-1676)는 극도로 보수적인 칼뱅주의자로서 위트레흐트 대학의 신학 교수였다. 그는 1642년 데카르트의 철학을 무신론으로 정죄하도록 했다.

는 영혼을 가지고서 노예처럼 마지못해 악행을 자제하고 신의 명령을 수행하는 것입니다. 그리고 이런 노예 상태에 대해 그는 신적 사랑보다 훨씬 달콤한 대가를 신으로부터 기대합니다. 그렇습니다. 그 대가는 그가 실행하는 선이 그에게 혐오를 일으키고 그것을 마지못해 실행하는 만큼 가치가 큰 것입니다. 그렇기 때문에 그는 벌에 대한 두려움에 의해 제지되지 않는 모든 사람은 절제 없이 살고 모든 종교를 제거한다고 믿는 것입니다. 그러나 이런 점을 저는 내버려 두고, 제가 은폐되고 위장된 논변을 통해 무신론을 설파한다는 점에 대해 그가 밝히고자 하는 논거를 다루겠습니다.

  그의 논변의 근거는 제가 신의 자유를 제거하고 신을 숙명에 종속시킨다고 그가 생각하는 것입니다. 이는 진정 틀린 생각입니다. 왜냐하면 저는 신의 본성으로부터 신이 자신을 이해한다는 사실이 도출되는 것과 같은 방식으로 모든 것이 신의 본성의 불가피한 필연성과 함께 도출된다고 주장했기 때문입니다. 이런 점이 신의 본성으로부터 필연적으로 비롯된다는 것은 그야말로 그 누구도 부정하지 않는 것이지만 그 누구도 신이 어떤 숙명의 강제하에 자신을 이해한다고 생각하지는 않습니다. 신은 필연적인 방식일지라도 자신을 전적인 자유와 함께 이해합니다. 이와 관련하여 저는 모든 사람에 의해 파악될 수 없는 그 어떤 것도 발견하지 못하겠습니다. 그럼에도 불구하고 저에 대한 비판가가 이런 점이 나쁜 의도로 말해진 것이라고 믿는다면, 과연 그는 자신이 말하는 데카르트에 대해서는 어떻게 생각하는 것입니까? 데카르트는 신에 의해 우선 미리 명령되지 않은 그 어떤 일도 우리에게 일어나지 않으며, 심지어 우리는 매 순간마다 신에 의해 마치 새롭게 창조되는 것과 같고, 그럼에도 우리는 우리의 자유 의지에 따라 행동한다고 주장하니 말입니다. 이 점은 데카르트 자신의 고백에 따라 그 누구도 이해할 수 없는 부분입니다.[185]

나아가 사물들의 이런 불가피한 필연성은 신법도 인간 법도 제거하지 않습니다. 왜냐하면 도덕적 가르침은 신 자신으로부터 법의 형태를 받든 또는 받지 않든 간에 항상 신적이고 구원을 위해 유익한 것이기 때문입니다. 덕과 신적 사랑에서 나오는 선을 우리가 심판관으로서의 신으로부터 받거나 또는 그것이 신적 본성의 필연성으로부터 나온다고 해서 그것이 더 바람직한 것도 덜 바람직한 것도 아닙니다. 그 반대 상황도 마찬가지입니다. 즉 악행으로부터 나오는 악은 바로 그것이 악행으로부터 필연적으로 나온다고 해서 덜 불안해해야 하는 것이 아닙니다. 끝으로, 우리가 행하는 것을 우리가 필연적으로 행하든 자유롭게 행하든 간에, 우리를 이끄는 것은 항상 희망과 불안입니다. 따라서 저자는 "그 어떤 규범과 명령을 위한 여지도 남아 있지 않다."거나 또는 조금 뒤에서 그가 계속해서 말하듯이 "모든 것이 숙명에 의해 쓰여져 있고 모든 것이 불가피한 필연성과 더불어 나온다고 주장될 때는 기다려야 할 보상도 벌도 없다."는 것이 제 주장이라고 인정하는 오류를 범합니다.

---

185) (역주) 『철학의 원리』 1부, 39절 참조.

모든 것이 필연적으로 신의 본성으로부터 나온다고 주장하는 것과 우주가 신이라고 주장하는 것이 어떤 이유로 동일한 것이거나 별 차이가 없는지 저는 지금 묻지 않겠습니다. 그러나 선생님께서 다음과 같은 점을 주목하셨으면 합니다. 즉 제가 "인간은 신의 명령과 율법을 근거로 또 보상의 희망이나 벌의 불안에 의해 덕을 쌓을 의무가 있는 것이 아니라는 등"을 주장한다고 저자가 교묘하게 첨언한다는 점 말입니다. 이는 진정 선생님께서 제 저작의 어디에서도 찾으실 수 없는 것입니다. 정반대로 저는 4장에서, (제가 12장에서 말했듯이, 우리의 정신에 신적으로 각인된) 신법의 골자, 달리 말해 최상의 계율은 어떤 징벌의 불안에 의해서나(왜냐하면 사랑은 불안으로부터 나오는 것이 아니기 때문입니다.) 우리가 향유하기를 바라는 다른 사물에 대한 사랑에 의해서 신을 사랑하는 것이 아니라 신을 최상의 선으로서 사랑하는 것이라는 점을 명시적으로 말했습니다. 왜냐하면 전자의 방식으로 우리는 우리가 욕망하는 대상만큼 신을 사랑하지 않는 셈이 될 것이기 때문입니다. 같은 장에서 저는 신이 위와 같은 신법을 선지자들에게 계시했다고 제시했습니다. 이 법이 신 자신으로부터 법적 형태를 부여받았다고 제가 주장하거나, 또는 그 법을 영원한 필연성과 진리를 포함하는 신의 다른 결정들로 제가 파악하든 간에, 그것은 신의 결정과 구원의 가르침입니다. 제가 신을 자유롭게 사랑하거나, 또는 신의 결정들의 사실로부터 신을 사랑하든 간에, 저는 항상 신을 사랑할 것이며 구원될 것입니다. 제가 서론의 말미에서 말했듯이, 결과적으로 저자는 그들이 항상 그렇듯이 제 책을 왜곡하여 해석함으로써 충격을 받기보다는, 제 책에 대해 아무 평가도 하지 않았으면 하는 사람들에 속한다고 여기서 인정할 수 있을 것입니다. 그런 사람들은 자기 자신들에게 아무런 이익도 가져오지 못하며 다른 사람들에게는 걱정거리를 만들어냅니다.

제가 확립하고자 한 것을 밝히는 데는 이 정도로 충분하다고 생각하지만, 몇 가지 더 지적할 필요가 있어 보입니다. 우선 저에 대한 비방자는 제가 교리를 언술하는 선지자들의 담론과 단지 이야기를 전하는 선지자들의 담론을 구분하는 신학자들의 원리에 의거한다고 잘못 생각합니다. 왜냐하면 그가 이런 원리를 말할 때 15장에서 제가 인용한 R. 예후다 알파카르(R. Jehuda Alpakhar)의 원리를 암시한다면, 어떻게 제가 같은 장에서 그 원리를 오류로서 배척했음에도 그에 동의할 수 있었겠습니까? 그러나 그가 다른 것을 생각하는 것이라면 저는 그것과 관련하여 아무것도 모르며, 따라서 그것에 대해 전혀 고려할 수가 없었습니다.

나아가, 무슨 이유로 그는 제가 이성과 철학이 성서의 해석자라는 것을 부정하는 모든 사람이 저를 따른다고 평가했다고 말하는지 모르겠습니다. 저는 마이모니데스의 의견과 마찬가지로 그들의 의견을 논박했기 때문입니다.

저에 대한 그의 판단이 평정한 정신의 판단이 아니라는 점을 보여주는 모든 것을 지적하면 너무 길어질 것입니다. 그렇기 때문에 저는 그의 결론으로 넘어가겠습니다. 이 결론에서 그는 "마호메트가 진정한 선지자가 아니라는 것을 입증하기 위해서 (제게) 그 어떠한 논거도 남아 있지 않습니다."라고 말합니다. 이는 그가 제 주장들 자체에 의거하여 제시하고자 노력하는 것입니다. 이와 반대로 제 주장들로부터 나오는 결론은 마호메트가 사기꾼이라는 점입니다. 왜냐하면 저는 자연적 빛과 더불어 선지자들에게 계시된 빛에 따라 보편적 종교가 인정하는 자유는 완전히 인정되어야 함을 제시했기 때문입니다. 그런데 그는 이런 자유를 완전히 제거합니다. 묻건대, 그렇지 않다면 과연 제가 어떤 선지자가 거짓 선지자임을 증명할 의무가 있습니까? 이와 반대로 그들이 진짜 선지자임을 증명해야 하는 것은 선지자들 자신입니다. 만일 어떤 사람이 마호메트 또한 신법을 가르쳤고, 다른 선지자들이 그렇게 했듯이 자신의 사명으로 확실한 징표를 주었다고 답한다면, 이 사람 역시 마호메트가 진짜 선지자라는 것을 부정할 아무 이유도 없는 것입니다.

터키인들 및 다른 이교도들과 관련하여 말하자면, 그들이 이웃에 대한 정의와 자비의 경배로써 신을 숭배한다면, 저는 그리스도의 정신이 그들 안에 있는 것이고, 그들이 무지에 의하여 마호메트 및 그의 신탁에 대해 주장하는 신앙이 어떤 것이든 간에 그들은 구원받았다고 생각합니다.

그 저자가 얼마나 진리로부터 벗어나 있는지 선생님께서는 확인하실 것입니다. 그럼에도 불구하고 저는 그가 저를 조금도 건드리지 못하며, 그가 "은폐되고 위장된 논변으로 (제가) 무신론을 설파한다."고 부끄러움 없이 선언할 때, 매우 심각하게 자기 자신에게 상처를 입힌다는 점을 인정합니다.

나아가 저는 선생님께서 이 편지에서 저자에 대해 지나치게 사나운 말을 발견하시리라고는 생각하지 않습니다. 그럼에도 불구하고 선생님께서 그런 것을 발견하신다면, 그것을 지워주시고 선생님의 뜻대로 수정해주실 것을 부탁 드립니다. 그 누구라도 저는 성나게 하거나 적을 만들고자 하는 의향이 없습니다. 그런데 결과를 보면 그런 종류의 논의가 자주 나타납니다. 그래서 저는 답을 드리기로 결정하기가 매우 힘들 수밖에 없었습니다. 제가 답을 드리겠다고 약속을 하지 않았더라면 그렇게 하도록 저를 구속하지 않았을 것입니다. 건강하십시오. 이 편지를 선생님의 사려에 맡기겠습니다.[186]

○ 서신44. 스피노자가 야리그 옐레스에게

매우 정중하고 현명한 야리그 옐레스 선생님께

이름을 모르는 한 교수[187]가 최근의 방문에서 여러 다른 일들과 함께 제 『신학정치론』의 네덜란드어 번역에 대해 들었고 제가 이름을 모르는 사람이 그것을 출판할 준비가 되어 있다고 이야기해주었습니다. 그러하니 이 일에 대해 급히 알아보시기를 간곡히 부탁

---

186) (역주) "……저를 믿어주십시오." 등의 의례적 인사말이 생략되어 있다. 1671년 2-3월에 헤이그에서 작성된 편지로 추정된다.

187) (역주) 서신49의 수신자인 그래비우스(Graevius)이거나 데카르트주의자인 테오도루스 크래넨(Theodorus Craenen)으로 보는 몇몇 견해가 있다. 크래넨은 서신67에서 레이던 대학의 교수로 언급된다.

드리며 가능하다면 출판을 막아주십시오. 이런 부탁을 하는 것은 단지 저를 위해서가 아니며 저의 많은 친구들과 지인들도 같은 입장입니다. 그들은 이 책이 금지되는 것을 보기를 힘들어할 것입니다. 제 책이 네덜란드어로 출간되면 분명 금지될 것입니다. 저를 위해서 또 이 일 자체를 위해서 선생님께서 이 요청을 거절하지 않으시리라고 기대합니다.

얼마 전에 한 친구가 『정치적 인간(Homo politicus)』[188]이라는 제목의 책을 보내주었습니다. 제가 많이 들어본 책입니다. 저는 이 책을 읽었고 한 사람이 고안하고 만들어낼 수 있는 가장 위험한 책이라고 생각했습니다. 이 저자에게 최상의 선은 명예와 부입니다. 그의 학설이 나아가는 방향이 바로 그것이고 그가 우리에게 제시하는 것은 명예와 부에 이르는 수단입니다. 이를 위해서는 모든 내면적 종교를 배척하고 우리의 이익에 가장 도움이 되는 종교를 주장해야 합니다. 또한 이득이 되지 않는 약속이라면 그 누구에게도 약속을 지킬 필요가 없습니다. 나머지 것들에 대해 말하자면 그는 위선, 지키지 않는 약속, 거짓말하기, 거짓 선서 등의 기술을 크게 예찬합니다. 이런 것을 읽으면서 저는 이 저자에게 간접적으로 대립하는 작은 책을 쓰는 일을 상상했습니다. 거기서 저는 최상의 선을 다룰 것이고 그 다음에는 명예와 부에 탐닉하는 사람들의 불안하고 가련한 조건을 제시할 것이며, 마지막으로는

---

188) (역주) 1644년 익명으로 출간된 저작으로 저자는 브란덴부르크 선제후(選帝侯)의 대법관 크리스토포루스 라프(Christophorus Rapp)로 추정된다.

만족을 모르는 욕망은 국가의 붕괴를 가져옴이 틀림없고 또 실제로 그러했다는 것을 가장 명백한 논거 및 다수의 예를 통해 확립할 것입니다.

밀레투스의 탈레스의 성찰은 이 저자의 그것보다 얼마나 뛰어나고 고귀한 것입니까? 탈레스는 다음과 같이 말합니다. 친구들 사이에 모든 것은 공동이며 현자들은 신들의 친구이고 모든 것은 신들에게 속하므로, 모든 것은 현자들에게 속합니다. 따라서 한마디로 말하면, 이 위대한 현자는 부를 저열하게 추구하기보다는 그것을 고귀하게 무시함으로써 매우 부유하게 되었습니다. 그러나 다른 곳에서 그는 만일 현자들이 부유하지 않다면, 그것은 의지에 의한 것이지 필연에 의한 것이 아니라고 제시했습니다. 친구들이 그의 빈곤을 비난했을 때 그는 다음처럼 답했습니다. "자네들은 내가 보기에 일말의 노력의 가치도 없지만 자네들이 그토록 열심히 추구하는 것을 내가 획득할 수 있다는 것을 보여주기를 바라는가?" 그들은 그렇다고 답했고, 그래서 탈레스는 그리스의 모든 압착기를 빌렸습니다. 왜냐하면 별들의 운동에 대한 탁월한 관찰자로서 그는 전해에는 올리브 수확이 매우 적었지만 그해에는 풍작일 것이라는 점을 보았습니다. 곧이어 그는 낮은 가격에 빌렸던 것을 그가 원하는 가격에 전대차(轉貸借)했습니다. 이런 식으로 그는 단 일 년 만에 막대한 재산을 모았고, 그것을 획득하는 데 발휘한 기발한 재능만큼 그 재산을 무상으로 나누어주었습니다.[189]

○ 서신45. 라이프니츠가 스피노자에게

매우 명망 있고 탁월한 스피노자 선생님께

매우 명망 있고 존경스러운 선생님,

선생님의 명성이 알려주는 모든 찬사 가운데 저는 선생님께서 대단한 광학 지식을 갖추고 계시다는 것을 알게 되었습니다.[190] 이런 이유로 저는 제 시론들 중 한 편을 선생님께 보내드리고자 했습니다. 왜냐하면 이 분야에서 선생님보다 뛰어난 비평가를 찾을 수 없다고 생각했기 때문입니다. 선생님께 보내드리는 논문의 제목은 「새로운 광학 개념」[191]으로서, 저는 제 벗들 및 이 문제에 관심이 있는 분들과 더 효율적으로 논의하기 위해서 그것을 출간했

---

189) (역주) 디오게네스 라에르티오스가 이 일화를 전했다. 『고대 그리스 철학자의 생활과 의견 및 저작 목록』, 제1권 26장.

190) (역주) 1671년 4월 12일자 편지를 통해 그래비우스가 이 같은 정보를 라이프니츠에게 전했다.

191) (역주) 라이프니츠의 이 논문(*Notitia opticae promotae*)은 1671년 프랑크푸르트에서 출간되었다.

습니다. 매우 존경스러운 후드 선생님께서도 이 분야에 정통하다고 들었습니다. 선생님께서 그분을 잘 아신다는 점을 믿어 의심치 않습니다. 선생님께서 제 작업에 대한 후드 선생님의 견해와 지원을 부탁 드려주신다면 대단히 감사하겠습니다. 제 논문은 그 자체로 무엇이 관건인지를 충분히 보여줍니다.

예수회 소속의 프란체스코 라나[192]가 이탈리아어로 쓴 『서론』을 소장하고 계시리라 생각합니다. 그는 굴절광학과 관련한 흥미로운 몇몇 설명을 제시합니다. 또한 스위스 출신의 요한 올티우스(Johann Oltius)는 이 분야에 대해 매우 박식한 젊은이로서 『시각에 대한 물리적 기계적 사유』[193]를 출간했습니다. 여기서 그는 한편으로 모든 종류의 렌즈를 연마하기 위한 단순하고 보편적인 사용법의 어떤 기계를 언급합니다. 다른 한편으로 그는 한 대상의 **모든** 점에서 오는 **모든** 광선을 그들에 조응하는 점들로 모으기 위한 방법을 발견했다고 말합니다. 그러나 이는 대상이 일정한 거리에 있고 또 정확한 형태를 가져야 한다는 것을 가정합니다.

나아가 제가 제시하는 것은 다음과 같은 점으로 요약됩니다. 즉 **모든** 점의 **모든** 광선을 정확히 모으는 것이 관건이 아닙니다. 왜냐하면 대상이 어떤 거리에 있든지 간에, 우리의 현재 인식의 상태

---

192) (역주) 프란체스코 라나(Francesco Lana, 1631-1687)는 예수회의 철학 및 수학 교수였다. 그는 1670년 『장인의 몇몇 가정적인 새로운 발명품을 시험하기 위한 서론(*Prodromo, overo Saggio di alcune inventioni nuove premesso all'Arte maestra*)』을 출간했다.

193) (역주) 관련 정보는 확인된 것이 아직 없다.

에서 이는 불가능하기 때문입니다. 오히려 관건은 광축(光軸) 바깥의 점들에서 온 광선들이 광축에 위치한 점들에서 출발하는 광선들처럼 모이게 하고, 그 결과로 렌즈의 개구부가 명확한 이미지를 보존하면서도 더 크거나 작게 될 수 있도록 하는 것입니다. 그러나 이 점을 선생님의 통찰에 맡기도록 하겠습니다.

매우 존경스러운 선생님, 선생님을 진정으로 존경하는 저를 받아주십시오.

1671년 10월 5일

프랑크푸르트에서

법학 박사, 마인츠 고문 고트프리트 빌헬름 라이프니츠 올림

* 추신: 선생님께서 제게 답장을 해주시기를 원하신다면, 법률가인 디에메르브로이크[194] 씨가 관련 업무를 기꺼이 맡아주시리라 생각합니다. 제 생각에 선생님께서 저의 새로운 『물리적 가설』[195]을 읽어보셨으리라 생각합니다. 그렇지 않다면 선생님께 보내드리겠습니다.

---

194) (역주) 이 사람이 누군지에 대한 정보는 확인된 것이 아직 없다.

195) (역주) 라이프니츠의 두 저작 『추상적 운동 이론(*Theoria motus abstracti*)』, 『구체적 운동 이론(*Theoria motus concreti*)』을 말한다. 라이프니츠는 1670년에 『구체적 운동 이론』을 런던 왕립학술원에 헌정했고 『추상적 운동 이론』은 프랑스 학술원에 헌정했다.

○ 서신46. 스피노자가 라이프니츠에게
― 서신45에 대한 회신

매우 교양 있고 고귀한 법학 박사, 마인츠 고문 고트프리트 라이프니츠 선생님께[196]

선생님께서 제게 친절하게 보내주신 논문을 읽었습니다. 논문을 제게 전해주셔서 매우 감사합니다. 선생님께서 선생님의 사유를 충분히 명료하게 설명해주셨다고 생각하지만 그럼에도 불구하고 제가 원하는 만큼 그 사유를 이해하지 못한 것이 안타깝습니다. 그러하니 몇몇 부분에 관한 제 질문에 답해주시기를 부탁 드립니다.

렌즈의 개구부를 줄이기 위한 이유로, 하나의 점으로부터 오는 광선들이 다른 점에서 정확히 모이는 것이 아니라, 우리가 '기계론적 점'이라고 통상적으로 명명하며 그 크기가 개구부의 비율에 따라 변하는 작은 공간에 모인다는 사실 외의 다른 이유가 있다고 보십니까?

다음으로는, 선생님께서 판도카스(pandochas)[197]라고 명명하시

---

196) (역주) 하노버 도서관에 소장되어 있는 이 서신의 원본에, '주의하라'는 의미의 Caute가 그의 이름의 약자 BDS와 함께 새겨진 스피노자의 유명한 도장이 찍혀 있다.

197) (역주) 모든 광선을 한 점에 모으는 렌즈들을 지칭하기 위하여 라이프니츠가 만든 신조어이다.

는 렌즈들은 이런 결함을 보정합니까? 즉 기계론적 점, 달리 말해 하나의 같은 점에서 오는 광선들이 굴절 후에 모이는 작은 공간이 개구부가 크든 작든 간에 같은 크기를 유지합니까? 만일 렌즈들이 이런 특성을 갖는다면 개구부를 마음대로 늘리는 것이 가능할 것이며 이 경우 이런 렌즈들은 제가 아는 모든 것보다 월등히 우수할 것입니다. 그렇지 않다면, 무슨 이유로 선생님께서 다른 통상적인 렌즈들보다 그것들을 선호하여 추천하시는지 저는 모르겠습니다. 실제로 원형 렌즈들은 모든 곳에서 동일한 축을 갖기 때문에 그것들을 사용할 때 한 대상의 모든 점을 마치 그것들이 광축에 있는 것처럼 생각해야 합니다. 한 대상의 모든 점이 광축으로부터 동일한 거리에 있지 않다고 하더라도, 그로부터 생기는 차이는 대상들이 멀리 떨어져 있을 때는 감각에 의해 지각될 수 없습니다. 왜냐하면 동일한 점으로부터 오는 광선들은 그것들이 망원경을 통과할 때 평행인 것처럼 간주되기 때문입니다. 따라서 선생님의 렌즈들은 우리가 (매우 큰 접안(接眼) 볼록 렌즈들을 사용할 때 발생하는 일처럼) 여러 대상들을 단 한 번에 포착하여 동시에 모두 매우 선명하게 표상하고자 할 때 큰 도움이 될 수 있습니다. 그러나 이 모든 점에 관하여 저는 판단을 보류하고 선생님께서 선생님의 사유를 더 명확히 설명해주시기를 기다리겠습니다. 이 점이 제가 선생님께 간곡히 부탁 드리는 바입니다.

선생님께서 제게 요청하신 대로 저는 후드 선생님께 선생님의 증명 두 번째 판본을 보냈습니다. 그는 현재 그것을 검토하기에는 시간이 부족하다고 제게 답해주셨습니다. 그러나 그는 1~2주 안에 그것을 검토할 수 있으리라 희망하고 있습니다.

프란체스코 라나의 『서론』은 아직 제게 도착하지 않았고 요한 올티우스의 『물리적 기계적 사유』도 마찬가지입니다. 더 안타까운 일이지만, 선생님의 『물리적 가설』도 아직 볼 수 없었습니다. 헤이그에는 그것을 구입할 곳이 전혀 없습니다. 선생님께서 제게 그것을 보내주신다면 큰 도움을 주시는 것입니다. 존경스러운 선생님, 저로서도 어떤 일에서 선생님께 도움을 드릴 수 있다면 충실한 모습을 기꺼이 보여드리겠습니다.

1671년 9월 9일

헤이그에서

베네딕투스 데 스피노자 올림

○ 서신47. 파브리키우스가 스피노자에게

매우 저명하고 심오한 철학자 스피노자 선생님께

선생님,

저의 자비로운 군주 팔츠 선제후[198] 전하께서는 선생님께 전하

---

198) (역주) 팔츠 선제후인 카를 루트비히이다.

의 저명한 아카데미의 철학 정교수직을 수용할 의사가 있는지 여쭤보라는 임무를 제게 맡기셨습니다. 저는 아직 선생님을 모르지만 전하께서 선생님을 강력히 추천하십니다. 선생님께서는 현재 정교수들과 마찬가지의 연봉을 받게 되실 것입니다. 다른 어디에서도 석학들에게 이보다 더 호의적인 군주를 찾으실 수 없을 것입니다. 전하께서는 선생님을 석학들에 포함시키십니다. 전하께서 생각하시기에 선생님께서 공식적으로 확립된 종교를 침해할 정도로 자유를 남용하지 않으신다면 철학의 가장 광범위한 자유를 누리실 것입니다.

저로서는 매우 현명한 전하의 임무를 맡아서 수행할 수 있었을 따름입니다. 그러하니 가장 빠른 시일 내에 답을 주시기를 간곡히 요청 드립니다. 선생님의 답신이 통상적으로 궁정에 전달되는 우편물로 제게 전해지도록 헤이그에서 제후 전하의 업무를 담당하고 있는 흐로티위스 박사나 길레스 반 데어 헤크(Gilles Van der Hek) 박사에게 처리하게 해주십시오. 또는 편하신 대로 다른 방편을 이용하셔도 좋습니다. 다음과 같은 점만 덧붙이고자 합니다. 선생님께서 이곳에 오신다면 저희의 예상과 반대되는 일만 없을 경우 선생님께서는 철학자에게 걸맞은 쾌적한 삶을 누리시게 될 것입니다.

선생님께 충실한 저의 인사를 받아주십시오.

1673년 2월 16일
하이델베르크에서

○ 서신48. 스피노자가 파브리키우스에게
―서신47에 대한 회신

하이델베르크 대학 교수 및 팔츠 선제후 고문이신 매우 저명하고 존경스러운 루트비히 파브리키우스 박사님께

선생님,

제가 혹시라도 교수직을 맡고자 하는 욕구가 있었다면 팔츠 선제후 전하께서 선생님을 통해 제게 제공해주신 것과 다른 어떤 자리도 택할 수 없었을 것입니다. 특히 저는 매우 자비로운 전하께서 제게 부여해주시고자 하는 자유를 생각하게 됩니다. 이전에 제가 모두의 경탄을 받는 지혜를 갖춘 군주가 통치하는 국가에서 생활하고자 했던 점에 대해서는 말할 것도 없습니다. 그러나 오래 고민해보았지만 저는 공적인 교육에 마음을 둔 적이 전혀 없으며 이와 같은 대단한 기회를 받아들일 결정을 할 수가 없었습니다. 우선 학생들의 교육을 맡게 된다면 저는 제 철학적 작업을 포기해야 할 것이라고 생각합니다. 다른 한편으로 제가 기존 종교를 동요시키는 것으로 보이지 않기 위해 철학의 자유가 어떤 한계 내에

서 억제되어야 하는지 모르겠습니다. 실제로 종교적 분란은 종교적인 열성보다는 사람들의 다양한 정념 또는 서로 반대하려는 열성에서 생겨납니다. 이런 열성 때문에 모든 것이, 심지어 올바르게 말해진 것조차도 습관적으로 왜곡되고 정죄됩니다. 제가 사인(私人)으로서 고독하게 살아갈 때도 그와 같은 경험을 이미 했으니, 그 정도의 고위직을 맡을 경우에는 걱정스러운 일이 더 많아질 것입니다. 선생님, 그렇기 때문에 저를 멈추는 것은 더 많은 보수에 대한 희망이 아니라 평정에 대한 사랑이라는 것을 알아주십시오. 저는 공공 교육을 삼갈 때 평정을 보존할 수 있다고 생각합니다. 부디 선제후 전하께 제가 이 사안에 대해 보다 폭넓게 생각해보도록 또 저와 같은 매우 충실한 신하에 대한 전하의 호의를 간직해주시도록 간곡히 청해주시기를 선생님께 부탁 드립니다. 선생님, 제 부탁을 들어주신다면 선생님께 충실한 저에게 은혜를 베풀어주시는 것입니다.

1673년 3월 30일
헤이그에서
스피노자 올림

○ 서신48-2. 스피노자가 야리그 옐레스에게

친애하는 선생님,

선생님께서 보내주신 글을 기쁘게 읽었고 아무것도 바꿀 것이 없는 것으로 확인했습니다.

○ 서신49. 스피노자가 요하네스 게오르기우스 그래비우스에게

매우 명망 있는 요하네스 게오르기우스 그래비우스 선생님께

명망 있는 선생님

데카르트의 죽음에 대한 편지[199]를 가능한 한 빨리 보내주시기를 부탁 드립니다. 선생님께서 오래전에 그 편지를 옮겨 적어놓으셨으리라고 생각합니다. De V[200] 선생님께서 여러 차례 그것을

---

199) (역주) 스웨덴의 크리스티나 여왕의 의사인 요하네스 빌럼(Johannes Willem)이 마우리츠 판 나소(Mauritz Van Nassau) 공의 의사인 피손(Pison)에게 보낸 편지를 말한다. 이 편지에서 데카르트가 사혈(瀉血)에 대해 경계했다는 소식이 전해진다.

200) (역주) 이 약자로만 보았을 때 해당 인물은 여럿이 가능하다. 스피노자의 가까

제게 요청하셨습니다. 그 편지가 제 것이었다면 저로서는 급하지 않을 것입니다. 매우 존경하는 벗께서도 건강하시고 선생님의 충실하고 헌신적인 친구인 저를 잊지 말아주십시오,

1673년 12월 14일
헤이그에서
베네딕투스 데 스피노자 올림

○ 서신50. 스피노자가 야리그 옐레스에게

매우 인간적이고 신중한 야리그 옐레스 선생님께

선생님,

선생님께서는 정치학과 관련하여 홉스와 저의 차이점을 물으셨습니다. 차이점은 제가 항상 자연권을 보존한다는 것, 그리고 어떤 국가이든 간에 주권자는 오직 그가 신민을 능가하는 힘을 발휘하는 한에서 신민에 대한 권리를 인정한다는 데 있습니다. 자연

운 벗이었던 데 볼더(De Volder), 위트레흐트의 교수 데 발란(De Vallan), 또는 시몬 데 브리스(Simon De Vries) 일가 중 한 명일 수도 있다. 시몬은 1669년에 사망했지만 스피노자는 그의 가족과 가깝게 지냈다.

상태의 경우가 바로 이러합니다.[201]

『기하학적으로 증명된 데카르트의 철학의 원리』에서 부적절한 방식으로만 신이 하나이거나 유일하다고 말할 수 있다는 점을 확립하는 증명과 관련하여 저는 한 사물은 오직 현존의 관점에서만 하나이거나 유일하다고 말해지고 본질의 관점에서는 그렇지 않다고 대답하겠습니다. 실제로 우리가 사물들을 수(數)에 의해 파악할 수 있는 것은 그것들을 공통된 유(類) 아래 분류하고 나서야 가능합니다. 예를 들어 세스테르티우스(sestertius)와 임페리알리스

---

201) (역주) 스피노자와 홉스에 따르면 사회계약은 개인들의 자연권 전체를 집단의 이익에 양도하는 결과를 낳는다. 그러나 스피노자는 명시적으로 홉스와 자신을 차별화한다. 스피노자에 따르면 사회는 자연 상태를 제거하지 않으며 자신 안에 자연 상태를 응축한다. 개인의 자유와 국가의 결정은 원칙적으로는 일치한다. "홉스는 다르게 생각하겠지만, 이성은 절대적으로 평화를 권고한다. 그러나 평화는 국가의 공동법 체제가 위반되지 않는 조건하에서만 보장될 수 있다. 그러므로 한 사람이 이성에 더욱 인도될수록, 즉 더욱 자유로울수록 그는 법의 규칙들을 더욱 안정적으로 준수할 것이며 자신이 종속된 주권자의 명령에 더욱 복종할 것이다." 『신학정치론·정치학논고』, 최형익 옮김, 비르투, 2011, 300쪽. 피에르 프랑수아 모로와 자클린 라그레의 라틴어–불어판 *Spinoza Oeuvres III. Tractatus teologico-politicus, Traité théologico-politique*, PUF, Paris, 1999, p. 687. 뮈니에 폴레(Lucien Mugnier-Pollet)는 홉스와 스피노자의 차이를 다음과 같이 정리한다: "『신학정치론』에서 논의 과정은 외양적으로는 자연 상태, 양도의 두 단계 때문에 홉스적이지만, 계약의 내용은 매우 다르다. (……) 홉스에게 계약은 주권자에게 나의 권리를 절대적으로 양도함으로써만 존재하는 반면, 스피노자에게 이러한 계약은 각각의 인간이 타인의 권리를 자기의 권리처럼 존중하겠다고 서약하는 더 근본적인 약속의 보장일 뿐이다. 따라서 스피노자에게 계약의 근본은 오히려 낙관적이며 이성의 힘에 대한 상대적 신뢰를 증거해준다. *La philosophie politique de Spinoza*, Paris, Vrin, 1976, p. 123.

(imperialis)[202]를 하나씩 손에 들고 있는 사람은 그가 그것들을 동일한 명칭, 즉 동전이라는 명칭 아래 분류하지 않는다면 숫자 2를 생각하지 않습니다. 세스테르티우스와 임페리알리스가 둘 모두 동전이라는 명칭으로 분류되기 때문에 오직 이 경우에만 그 사람은 동전 두 개를 가지고 있다고 말할 수 있을 것입니다. 이로부터 한 사물은 그것과 동일한 정의를 가진 다른 것을 생각하기 전에는 하나이고 유일하다고 말해질 수가 없다는 점이 명백하게 도출됩니다. 그러나 신의 현존은 신의 본질 자체인바, 신에 대해 하나이고 유일하다고 말하는 것은 우리가 신에 대해 참된 관념을 갖고 있지 않거나 또는 신에 대해 부적절하게 말하는 것임을 보여준다는 것이 확실합니다.

형태가 부정(否定, negatio)이고 적극적인 어떤 것(aliquid positivum)이 아니라는 점에 관해 말하자면, 한정 없이 고찰된 순수 물질은 그 어떤 형태도 가질 수 없으며 형태는 유한하고 한정된 물체들에서나 있을 수 있다는 점은 자명합니다. 실제로 어떤 형태를 지각한다고 말하는 사람은 결정된 사물을 생각하고 또 어떤 방식으로 그 사물이 결정되었는지를 제시하는 것일 뿐입니다. 따라서 이런 결정은 그 존재에 따라 사물에 속하는 것이 아니며 그 사물의 비존재인 것입니다. 그러므로 형태는 결정에 지나지 않는 것이기 때문이고 또 결정은 부정이기 때문에 제가 말했듯이 형태는 부정일 수밖에 없는 것입니다.

---

202) (역주) 로마 시대의 동전 이름이다. 전자는 은화이고 후자는 금화이다.

한 서점 진열대에서 위트레흐트의 교수[203]가 제 책에 반대하여 쓴 책을 보았습니다. 그 책은 저자의 사망 후에 나온 것입니다. 제가 현재로서 그 책을 조금만 읽고서 판단하건대 그것을 다 읽을 가치가 없으며 그것에 대해 대응할 가치는 더더욱 없습니다. 따라서 그 책과 저자에 대해서는 언급하지 않고 그대로 두겠습니다. 가장 무지한 사람들이 가장 대범하고 또 글을 쓰는 데는 가장 신속하다는 점에 대해 저는 웃으며 말하게 됩니다. 제가 보기에 이 사람들은 그들이 가진 가장 안 좋은 것을 상품으로 먼저 내놓는 헌옷 장수들과도 같습니다. 악마보다 더 교활한 자는 없다고 말해지곤 합니다. 제 생각에 그들의 성향은 악마를 훨씬 넘어섭니다. 건강하십시오.

1674년 6월 2일

헤이그에서

스피노자 올림

○ 서신51. 휘호 복셸이 스피노자에게

매우 심오한 철학자 스피노자 선생님께

---

203) (역주) 1660년부터 위트레흐트의 철학 교수였던 레그네루스 판 만스벨트 (Regnerus Van Mansveld, 1639-1671)이다.

선생님,

제가 선생님께 글을 쓰게 된 것은 유령, 귀신, 달리 말하면 혼령에 대한 선생님의 견해를 알고 싶기 때문입니다. 선생님께서는 이런 것들이 존재한다고 믿으십니까? 선생님께서는 그것들이 얼마 동안 산다고 생각하십니까? 사실 어떤 사람들은 그것들이 불멸이라고 믿고, 반대로 다른 사람들은 불멸이 아니라고 믿습니다. 주저되기는 하지만 이에 대한 선생님의 생각을 알고 싶습니다. 한 가지는 확실합니다. 고대인들은 그것들이 존재한다고 믿었습니다. 오늘날의 신학자들과 철학자들은 그것들의 본질에 대해서는 의견이 다르지만 이런 종류의 피조물들이 존재한다고 생각합니다. 어떤 사람들은 그것들이 아주 미세한 물질로 이루어졌다고 주장하고 다른 사람들은 그것들이 정신적 존재라고 주장합니다.

그러나 제가 이미 말씀 드리기 시작한 것처럼, 어쩌면 저희는 의견이 완전히 다를 수도 있습니다. 제가 아직 선생님께서 유령, 귀신, 혼령의 존재를 인정하시는지 모르기 때문입니다. 하지만 고대 시대 전체에 걸쳐 너무도 많은 사례와 이야기가 있어서 그들의 존재를 부정하거나 의심하기가 정말 어려울 것입니다. 물론 선생님께서 혼령의 존재를 믿으신다고 해도 로마 종교의 옹호자들처럼 그것이 망자들의 영혼이라고 생각하지 않으십니다. 이 정도로 줄이고 선생님의 답을 기다리겠습니다. 전쟁 및 떠도는 소문에 대해서는 아무 언급도 하지 않겠습니다. 그런 것들이 우리 시대의 일들입니다. 안녕히 계십시오.

○ 서신52. 스피노자가 휘호 복셀에게
─ 서신51에 대한 회신

매우 명망 있고 매우 현명한 휘호 복셀 선생님께

선생님,

어제 받은 선생님의 편지는 제게 큰 기쁨을 주었습니다. 우선 선생님의 소식을 듣고 싶었고 또 선생님께서 저를 완전히 잊지 않으셨음을 알게 되었습니다. 선생님께서 귀신이나 유령에 관해 제게 글을 쓰신 것에 대해 어쩌면 다른 사람들은 불길한 전조라고 판단할 것입니다. 이와 반대로 제가 보기에 여기에는 고찰할 만한 어떤 점이 있습니다. 참된 것들뿐 아니라 객설들과 상상들도 제게는 유용할 수 있습니다.

그러하니 유령, 귀신, 환영이 정말로 존재하는지 검토해보겠습니다. 선생님께서는 그것들의 존재를 부정하는 것뿐 아니라 심지어 그 존재를 의심하는 것도 매우 이상한 일이라고 보시기 때문입니다. 실제로 선생님께서는 고대와 최근의 작가들의 이야기를 믿고 계십니다. 제가 선생님에 대해 가져왔고 아직도 가지고 있는 높은 평가와 선생님께 보여야 하는 존중으로 말미암아 저는 선생님께 반대할 수 없으며 아첨하는 것은 더더욱 할 수 없는 일입니다. 저는 중도적인 관점에서 선생님께 묻겠습니다. 유령에 관해서 선생님께서 읽으신 모든 이야기 가운데 의심의 여지가 가장 적고 유령이 존재한다는 것을 가장 명확하게 제시하는 이야기를 골라주십시오. 고백하건대 저는 유령의 존재를 명확히 제시하는 신뢰할 만한 저자를 본 적이 없기 때문입니다. 지금까지 저는 유령이 무엇인지 모르며 그 누구도 이 주제에 관해 제게 알려줄 수 없었습니다. 그러나 경험이 우리에게 아주 명확히 보여주는 것에 대해서 우리는 그것이 무엇인지 알아야 할 것입니다. 그렇지 않다면 유령이 존재한다는 것을 어떤 이야기를 통해 결론짓기는 무척 어려울 것입니다. 우리가 분명히 결론지을 수 있는 것은 그 누구도 그것이 무엇인지 알지 못하는 어떤 것이 있으리라는 것입니다. 만일 철학자들이 우리가 모르는 것을 유령이라고 부른다면, 저는 그것의 존재를 부정하지 않겠습니다. 제가 모르는 무한히 많은 것들이 있기 때문입니다.

존경하는 선생님, 그러하니 제가 이 주제에 대해 더 설명하기 전에 유령이나 혼령이 무엇인지 말씀해주십시오. 그것들은 아이들, 모자란 사람들, 미친 사람들입니까? 그것들에 대해 제가 들은 모든 것은 현명한 사람들보다는 이성을 결여한 사람들에게 해당하는 것으로서, 관대하게 해석하여 말하자면 유치한 일이거나 어리석은 사람들이 즐기는 놀이와 유사합니다.

편지를 마치기 전에 다음과 같은 점에 주목해주시기를 부탁 드립니다. 사람들이 사물들을 그것들이 존재하는 모습 그대로가 아니라 그들이 바라는 방식대로 존재하기를 원하는 욕망은 특히 유령과 귀신에 대한 이야기들에서 드러납니다. 이에 대한 핵심적인 이유는 이런 종류의 이야기들이 그것들을 이야기하는 사람들 외에 다른 목격자가 없는 가운데, 반대자를 걱정하지 않고서 가장 알맞게 보이는 상황을 멋대로 첨가하거나 삭제할 수 있다는 것입니다. 특히 꿈이나 환영에 대한 공포를 정당화할 수 있는 방식으로 또는 자신의 용기에 대한 평판을 확립하고 믿도록 하기 위해서 그런 상황을 지어내는 것입니다. 또한 다른 이유들로 인해 저는 이야기들 자체는 아니더라도, 적어도 이야기들이 만들어진 상황을 의심하게 됩니다. 그리고 그런 상황이야말로 사람들이 그 이야기들로부터 끌어내고자 하는 결론의 방향을 과도하게 결정짓는 것입니다. 선생님께서 의심의 여지가 없을 정도의 믿음을 갖도록 한 이야기들을 알게 될 때까지 이 정도에서 줄이겠습니다.[204]

○ 서신53. 휘호 복셀이 스피노자에게
— 서신52에 대한 회신

매우 심오한 철학자 스피노자 선생님께

---

204) (역주) 서신52에는 날짜 및 장소가 기록되어 있지 않다.

저는 선생님께서 제게 보내주신 답변과 다른 것을 기대하지 않았습니다. 그것은 다른 의견을 가진 벗의 답변입니다. 앞으로도 저는 걱정하지 않습니다. 친구들에게는 이 같은 주제와 관련하여 우정을 해치지 않고도 동의하지 않는 일이 항상 허용되기 때문입니다.

선생님께서는 선생님 자신의 견해를 제시하기 전에 제가 귀신과 유령, 아이들, 지체된 사람들, 또는 실성한 사람들이 무엇인지 말해볼 것을 요구하시고 또한 선생님께서 그들에 대해 알게 된 모든 것은 이성적인 사람들보다는 이성을 결여한 자들에서 비롯된 것 같다는 점을 덧붙이십니다. 그러나 미리 정해진 의견은 진리의 탐구를 방해한다고 하는 격언이 있습니다.

저는 주장하건대 귀신들이 존재한다고 생각합니다. 이유는 다음과 같습니다. 1. 귀신들의 존재는 우주의 미와 완전성에 기여합니다. 2. 창조자가 그것들을 창조했다고 믿을 만한 것 같습니다. 왜냐하면 유령들은 물질적 피조물들보다 더 창조자와 닮았기 때문입니다. 3. 영혼 없는 육체들이 존재한다면 육체 없는 영혼 역시 존재합니다. 4. 끝으로, 저는 가장 높은 공간 또는 대기의 최상층부에 거주자가 없는 숨겨진 천체는 없다고 생각합니다. 결과적으로 우리와 천체들 사이의 막대한 공간은 비어 있지 않고 정신적인 존재들이 거주하고 있다고 생각합니다. 아마도 가장 높이 있고 가장 멀리 있는 거주자들은 진정한 정신들인 반면, 대기의 하층부에 더 낮게 있는 피조물들은 매우 미세하고 미묘한, 나아가 비가시적인 실체들일 것입니다. 그래서 저는 (아마도 여성을 제외하고는)

모든 종류의 정신(spiritus)이 존재한다고 평가합니다.

이와 같은 추론은 세계가 우연히 창조되었다고 잘못 믿는 사람들을 전혀 설득하지 못할지도 모릅니다. 그러나 언급된 이유들 외에도 일상의 경험은 귀신이 존재함을 보여줍니다. 귀신에 대해서는 최근이나 과거에 이야기된 것이 많이 있습니다. 이런 이야기는 플루타르코스의 저작 『영웅전』과 그의 여러 다른 저작들, 수에토니우스의 『황제 열전』에서 나타나며, 또한 비에루스[205]와 라바터[206]의 귀신에 관한 저작들에서 나타나는데, 이들 저작은 관련 주제를 대거 다루며 모든 종류의 작가에 의거하고 있습니다. 박식함으로 매우 유명한 카르다누스 또한 그의 저작 『미세함에 관하여』 및 『다양성에 관하여』, 그리고 자신의 『삶』에서 귀신에 대해 이야기합니다. 이 저작들에서 그는 자기 자신, 그의 가족과 친구들이 경험한 유령에 대해 전하고 있습니다.[207] 신중하고 진리를 사랑하는 멜랑크톤[208] 및 다른 많은 사람들은 그들이 겪은 경험에 대해 증언합니다. 학식

---

205) (역주) 요하네스 비에루스(Johannes Wierus, 1515-1588)는 의사로서 마녀사냥에 반대했다. 1563년에 마녀재판에 반대하여 『악마에 대한 환상(De praestigiis Daemonum)』을 발표했다.

206) (역주) 루트비히 라바터(Luwig Lavater, 1527-1586)는 스위스의 신학자로서 유령에 관한 저작을 남겼다.

207) (역주) 기롤라모 카르다누스(Girolamo Cardanus, 1501-1576)는 이탈리아 파비아의 의학 교수로서 1551년에 『사물들의 미세함에 관하여』를, 1557년에는 『사물들의 다양성에 관하여』를 출간했다.

208) (역주) 필리페 멜랑크톤(Philippe Melanchthon, 1497-1560)은 독일의 종교 개혁가로서 1518년부터 루터의 가장 가까운 협력자가 되었으며 종교 개혁 이론가 중 한 명이다.

있고 현명한 한 시장은 현존하는 인물로서 그의 모친의 양조장에
서 한밤중에도 낮에 맥주를 양조할 때처럼 어떤 일이 일어나고 있
는 것을 들었다고 제게 이야기해주었습니다. 그는 그런 일이 여러
번 발생했다고 확증해주기까지 했습니다. 제가 결코 잊을 수 없는
일들이 제게도 일어났었습니다. 이런 경험들과 더불어 언급된 이
유들로 미루어볼 때 저는 귀신이 존재함을 확신하게 됩니다.

불행한 사람들을 현세와 내세에서 괴롭히는 악령에 대해 말하
자면, 저는 그것에 대해 이야기되는 모든 것은 마술과 관계된 것
과 마찬가지로 우화에 불과하다고 평가합니다.

귀신에 대한 책들에서 선생님은 아주 많은 상세한 이야기들을
발견할 수 있을 것입니다. 원하신다면, 제가 인용한 것들 외에도,
소(小) 플리니우스[209] 7권, 수라(Sura)에게 보낸 편지, 수에토니우
스의 『황제 열전』 32장, 발레리우스 막시무스[210]의 제1권 8장 7-
8절, 알렉산드로의 알렉산드르[211]의 저작 『축제일』을 참조하실 수
있습니다. 선생님께서 이 책들을 쉽게 찾을 수 있으리라고 확신합
니다. 혼령과 악령의 출현 및 이미지, 그리고 귀신에 대한 이야기,
더 정확히는 우화를 전하는 수도사나 성직자들에 대해서는 말하

---

209) (역주) 고대 로마의 문인이자 정치가. 『서간집』을 남겼다.
210) (역주) 발레리우스 막시무스(Valerius Maximus)는 1세기에 활동한 로마인으
로서 역사가이다. 『기억할 만한 사건과 말(Facta et dicta memorabilia)』을 집
필했다.
211) (역주) 알렉산드로의 알렉산드르(Alexandre d'Alexandro, 1461~1523)는 이탈
리아의 법률가이자 문인이다. 『축제일』은 1522년 로마에서 출간되었다.

지 않겠습니다. 그들은 그와 같은 것들을 너무 많이 전하는 나머지 독자를 피곤하게 합니다. 예수회 신부 티라에우스[212]는 유령에 관한 그의 저작에서 해당 주제를 다룹니다. 그러나 이들이 이 주제를 다루는 것은 오직 이득을 위해서이고 연옥을 믿게 하기 위해서입니다. 이와 같은 광맥으로부터 그들은 많은 금과 은을 캐낼 수 있기 때문입니다. 그러나 제가 이들에 앞서 인용한 사람들과 다른 최근의 작가들은 그렇지 않습니다. 그들은 편견이 없고, 따라서 더욱 신뢰할 만합니다.

선생님께서 어리석은 자들과 비이성적인 자들에 대해 말씀하시는 편지에 대한 답변의 방식으로서 저는 귀신이나 유령에 관한 그의 책 제1부를 다음과 같은 말로서 마무리하는 박식한 라바터의 결론을 여기에 인용하겠습니다. "과거와 현재에 만장일치를 이루는 다수의 증언을 감히 부인하는 이를 나는 믿지 못할 사람으로 간주한다. 귀신을 보았다고 주장하는 모든 사람을 믿는 것이 정신의 경박함을 나타내는 것이라면, 반대로 그토록 많은 믿을 만한 역사가, 교부들, 권위가 높은 다른 사람들이 인정하는 것을 신중치 못하게 부인하는 것은 파렴치함을 나타내는 일이다."

1674년 9월 21일

---

212) (역주) 페트루스 티라에우스(Petrus Thyraeus, 1546-1601)는 독일의 신학자
이자 예수회 소속 신부였다.

○ 서신54. 스피노자가 휘호 복셀에게
— 서신53에 대한 회신

매우 저명하고 현명한 휘호 복셀 선생님께

존경하는 선생님, 지난달 21일자 편지에서 선생님께서 말씀하신 것, 즉 벗들은 이해관계가 없는 주제에 대해 우정의 약화 없이 서로 동의하지 않을 수 있다는 것에 힘입어 저는 **아마도 여성을 제외하고는 모든 종류의 혼령이 존재한다는** 선생님의 결론을 위한 근거와 이야기에 대해 제 의견을 명확하게 말씀 드리겠습니다.

더 일찍 답을 드리지 못한 것은 제가 선생님께서 인용하시는 책들을 가지고 있지 않고 플리니우스와 수에토니우스 외의 책들을 구할 수 없었기 때문입니다. 그러나 이 두 작가 덕분에 저는 다른 책들을 찾지 않아도 됩니다. 저는 그들 모두가 동일한 방식으로 헛소리를 한다고 확신하기 때문입니다. 그들은 사람들을 놀라움에 빠뜨리고 감탄으로 넋을 빼앗는 통상적이지 않은 이야기들을 좋아합니다. 고백하건대 제가 놀란 것은 그들이 전하는 이야기들 때문이 아니라 그 이야기들을 쓴 작가들 때문입니다. 지성과 판단력을 갖춘 사람들이 그런 종류의 어리석은 것들을 설득하려고 그들의 능력을 손상시키고 남용한다는 사실이 놀랍습니다.

하지만 이 작가들은 놔두고 문제 자체를 검토해보겠습니다. 우선 저는 선생님의 결론에 대해 간략하게 논의할 것입니다. 귀신이나 유령(spiritus)의 존재를 부정함으로써 이들에 대해 다룬 작가들

305

에 대한 존중이 없는 것이 저인지, 아니면 그것들이 존재한다고 주장함으로써 이 작가들에 대해 그들에게 걸맞은 더 큰 존중을 표하지 않는 것이 선생님인지 살펴보겠습니다. 한편으로 선생님께서는 남성 유령이 존재한다는 점에 대해서는 의심하지 않고, 다른 한편으로는 여성 유령이 존재한다는 점은 의심하십니다. 이는 의심이라기보다는 변덕스러운 몽상에 더 가까운 것 같습니다. 왜냐하면 만일 그런 것이 선생님의 견해라면, 그것은 신이 여성이 아니라 남성이라고 주장하는 군중의 상상과 일치할 것입니다. 벌거벗은 귀신을 본 사람들이 귀신의 생식기를 쳐다보지 않은 것은 놀라운 일입니다. 수줍음 때문일까요? 아니면 그들이 차이를 모르기 때문일까요?

선생님께서는 제가 농담하는 것이고 이는 논변이 아니라고 말씀하실 것입니다. 그래서 제가 보기에 선생님은 자신의 논거가 극히 견고하고 기초가 탄탄하기 때문에, 적어도 선생님에 따르면 누구도 그 논거를 논박하지 못할 것이라고 생각하실 것입니다. 세계가 우연의 산물이라고 그릇되게 믿는 사람이 아니라면 말입니다. 이런 점 때문에 저는 선생님의 논거를 검토하기 전에 세계가 우연에 의해 창조되었는지에 대한 문제를 바라보는 저의 방식을 간략히 설명할 수밖에 없습니다. 우연과 필연은 서로 모순된다는 것이 확실한바, 이에 따라 세계가 신적 본성의 필연적 결과라는 것을 인정하는 사람이라면 세계가 우연에서 비롯되었다는 점을 부정해야 한다는 것 또한 명백하다고 저는 답하겠습니다. 반대로 그 사람이 신이 세계를 창조하지 않을 수 있었다고 판단한다면, 이는 다르게 표현한 것일지라도 세계가 우연에 의해 창조되었음을 인정하는 것이 됩니다. 이 경우 그 사람은 존재하지 않을 수도 있었던 의지에 세계를 귀속시키는 셈이기 때문입니다. 그러나 이와 같은 견해의 표현과 내용 자체는 전적으로 부조리하므로, 일반적으로 모든 사람은 신의 의지가 영원하며 결코 무차별적이 아니라고 인정하는 것입니다. 결과적으로 세계는 신의 본성의 필연적 결과라는 점이 인정되어야 합니다.(이 점을 주목해주십시오.) 그것을 의지로 부르든 지성으로 부르든, 아니면 원하는 무엇으로 부르든 간에, 다른 단어들을 가지고 항상 동일한 관념을 표현하게 되는 것입니다. 신의 의지가 인간의 의지와 다른지 물으신다면, 전자와 후자에게 공통된 것은 이름뿐이라고 답해야 할 것입니다. 나아가 대부분의 사람들은 신의 의지, 지성, 본질, 본성은 동일한 것임을 인정합니다. 마찬가지로 저는 신의 본성과 인간의 본성 간의 혼동을 초래하지 않기 위해서 의지, 지성, 주의력, 청각 같은 인간적인 속성들을 신에게 부여하지 않습니다. 그래서 저는 세계가 신의 본성의 필연적인 결과이고 우연에 의해 만들어진 것이 아니라고 반복하여 말합니다.

이런 점은 세계가 우연에 의해 창조되었다고 말하는 사람들의 견해가 (그런 세계가 존재할지는 모르겠습니다만) 제 견해와 전적으로 반대된다고 선생님을 설득하는 데 충분하리라고 저는 생각합니다. 이런 원리가 인정된다고 전제하고서 이제 저는 모든 종류의 유령이 현존한다고 결론 내리기 위해 선생님께서 내세우시는 논거들을 검토하겠습니다. 일반적으로 제가 말씀 드릴 수 있는 것은 그 논거들이 근거라기보다는 억측이라는 것입니다. 저로서는 선생님께서 그것들을 증명적인 추론으로 여긴다는 것을 믿기 힘듭니다. 그러나 그것들이 억측이든 추론이든 간에 그것들이 확립된 근거라고 볼 수 있는지 살펴보겠습니다.

선생님의 첫 번째 논거는 유령의 현존이 우주의 미와 완전성을 위해 중요하다는 것입니다. 친애하는 선생님, 미는 해당 대상의 질이라기보다는 그 대상을 바라보는 사람에게 발생하는 결과입니다. 우리의 시각 능력이 더 강하거나 약할 경우, 또는 우리의 기질이 다를 경우, 오늘 우리에게 아름답게 보이는 것이 나중에 추하게 보일 것이고 오늘 추하게 보이는 것은 나중에 아름답게 보일 것입니다. 가장 아름다운 손을 현미경으로 보면 흉해 보일 것이 틀림없습니다. 멀리서 볼 때 아름다운 몇몇 대상은 가까이서 보면 추합니다. 따라서 그 자체로 또는 신의 관점으로[213] 고찰된 사물들은 아름답지도 않고 추하지도 않습니다. 신이 세상을 아름답게 하기 위하여 그것을 창조했다고 주장하는 사람은 신이 인간의 욕구와 눈을 위하여 세계를 창조했다고 필연적으로 인정해야 하거나, 아니면 신이 인간의 욕구와 눈을 세계를 위하여 만들었다고 필연적으로 인정해야 합니다. 두 경우 저는 무슨 이유로 신이 이 두 목적 중 하나에 이르기 위하여 유령과 혼령을 창조해야 했는지 알수가 없습니다. 완전성과 불완전성은 미추와 그리 다르지 않은 명칭입니다. 그러하니 장황함을 피하기 위하여 저는 세계의 화려함

---

213) (역주) 그 자체로 또는 신의 관점에서 고찰된 사물들은 정확히 동일하다.

과 완전성에 더 기여하는 것이 무엇인지 묻고 싶습니다. 유령들, 그리고 반인반마, 히드라, 하르푸이아,[214] 사티로스, 독수리사자, 아르구스 및 이런 종류의 다른 허무맹랑한 것들과 같은 무수한 괴물이 그것이겠습니까? 물론 신이 세계를 우리 인간의 변덕스러운 몽상에 따라 배치하고, 망상 속의 상상이 고안해내지만 지성으로써는 파악할 수 없는 모든 것으로 세계를 장식한다면, 세계가 더 아름다울 수는 있겠습니다!

선생님의 두 번째 논거는 혼령이 물질적 피조물보다 신의 형상을 더 표현하는바, 신이 혼령들을 창조한 것이 그럴듯하다는 것입니다. 우선 저는 어떤 점에서 혼령이 다른 피조물보다 신을 더 표현한다는 것인지 모르겠습니다. 제가 아는 것은 유한과 무한 사이에는 어떠한 비례도 없으며, 따라서 가장 중요하고 가장 탁월한 피조물과 신 사이의 차이는 신과 가장 미미한 피조물 사이의 차이와 다르지 않다는 점입니다. 따라서 선생님의 논거는 의미가 없습니다. 만일 제가 유령에 대해서 삼각형이나 원의 관념만큼 명확한 관념을 갖는다면 신이 유령을 창조했다는 것을 전혀 의심하지 않을 것입니다.[215] 그러나 유령에 대해 제가 가지는 관념은 제 상상에서 비롯하는 하르푸이아, 반인반마 등의 관념과 같은 것이므로 저는 유령을 존재가 비존재와 다른 만큼으로 신과 다른 환영으로

---

214) (역주) 발톱이 날카로운 새의 몸과 여자의 얼굴을 가진 괴물.
215) (역주) 스피노자의 주지주의의 전형적인 사례이다. 스피노자에게 존재는 이해
    가능한 것이다.

간주할 수밖에 없습니다.

선생님의 세 번째 근거는 영혼 없는 육체가 존재하듯이 육체 없는 영혼이 존재한다는 것인데, 이 역시 제게 부조리해 보입니다. 기억, 청각, 시각이 없는 육체가 있기 때문에 육체 없는 기억, 청각, 시각이 있다는 것도 역시 그럴 법한 일인지 말씀해주십시오. 또는 구 없는 원이 있기 때문에 원 없는 구가 있다는 것도 그럴 법한 일인지 말씀해주십시오.

선생님의 네 번째이자 마지막 논거는 첫 번째 논거와 같습니다. 이미 제시한 답으로 갈음하겠습니다. 다만 이와 관련하여 선생님께서 무한한 공간에 있다고 파악하시는 상위의 존재들과 하위의 존재들에 대해서 저는 그것들이 무엇인지 모르겠다고 말하겠습니다. 아니면 선생님께서는 지구가 우주의 중심이라고 생각하십니까? 사실 태양이나 토성이 중심이라면, 밑에 있는 것은 지구가 아니라 태양과 토성일 것입니다. 이 모든 것은 다루지 않겠습니다. 선생님의 근거들 및 그와 유사한 근거들은 모든 종류의 유령과 혼령이 존재한다는 것을 그 누구에게도 설득하지 못할 것입니다. 저는 지성을 따르지 않고 미신에 의해 타락한 이들을 신경 쓰지 않습니다. 미신이 철학자들을 폄하하는 수단이 된다면 그것은 노파의 말을 믿기를 선호하게 할 정도로 올바른 이성의 적입니다.

이야기들[216]에 관해 말하자면, 저는 그 이야기들 자체를 부정하지 않지만 그로부터 이끌어내는 결론을 부정한다고 첫 번째 답장

---

216) (역주) 유령 등이 언급된 이야기들.

에서 이미 말씀 드렸습니다. 저는 그 이야기들이 믿을 만하다고 생각하지 않습니다. 그것들은 역사적 진실을 위한 또는 그로부터 이끌어내고자 하는 결론을 더 견고하게 확립하기 위한 열정에 의해서라기보다는 장식처럼 첨가된 것이라는 생각이 강하게 듭니다. 그토록 많은 이야기들 중 적어도 제가 의심할 수 없고 유령과 혼령의 존재를 명확하게 보여주는 이야기 하나를 인용해주시기를 희망했었습니다. 선생님께서 인용하시는 시장의 이야기, 즉 그의 모친의 양조장에서 그가 낮에 통상적으로 듣는 일하는 소리처럼 유령이 밤중에 일하는 소리를 들었다는 것, 그리고 그로부터 그가 이끌어내는 결론은 제가 보기에 웃음거리가 될 만합니다. 마찬가지로 여기서 제가 모든 어리석은 이야기를 검토하기에는 너무 길어질 것이라고 봅니다. 간단히 말하기 위해서 율리우스 카이사르에 의거하겠습니다. 수에토니우스에 의하면 그는 이 모든 것에 대해 웃고 넘어갔지만 그렇다고 해서 행복을 방해받지는 않았습니다. 카이사르에 대한 전기 59장에서 수에토니우스가 말하는 바가 바로 그것입니다. 마찬가지로 상상과 인간적 정념의 효과에 관심이 있는 모든 사람은 이 모든 것에 대해 웃고 넘어갈 것이 분명합니다. 라바터나 이 주제에 대해 그처럼 몽상하는 사람들이 무엇을 말하든지 간에 말입니다.[217)]

---

217) (역주) 1674년 10월 헤이그에서 작성된 편지로 추정된다.

○ 서신55. 휘호 복셀이 스피노자에게
─ 서신54에 대한 회신

매우 통찰력 있는 스피노자 선생님께

선생님 견해의 설명에 대해 다소 늦게 답변을 드립니다. 몸이 좀 안 좋아져서 공부와 성찰의 기쁨을 누리지 못했기 때문에 선생님께 글을 쓸 수 없었습니다. 신의 가호로 이제 건강을 회복했습니다. 제 답신에서는 선생님께서 유령에 관해 글을 쓴 이들에 대해 표명하시는 준엄함을 논하지 않고 선생님을 차근차근 따라가도록 하겠습니다.

여성 유령이 존재하지 않는다는 것이 제 의견이라는 점을 말씀드립니다. 유령들이 자식을 낳는다는 것을 저는 인정하지 않기 때문입니다. 그들의 외형과 내부 구조에 대해서는 아무 말씀도 드리지 않겠습니다. 그럴 만한 능력이 없기 때문입니다. 한 사태가 우리가 원하지 않았는데 발생했을 때 우리는 그것이 우연에 의해 이루어졌다고 말합니다. 포도나무를 심거나 구멍 또는 무덤을 위해 땅을 팠는데 거기서 전혀 예상치 않았던 보물을 발견했을 때 우리는 그것이 우연이라고 말합니다. 누군가가 어떤 일을 하지 않을 수 있었음에도 불구하고 그것을 자유롭게 할 때 우리는 그가 우연에 의해 행동한다고 결코 말하지 않습니다. 만일 그렇게 말한다면, 인간의 모든 행동은 우연적인 셈이 될 것이고 이는 부조리하기 때문입니다. 필연적인 것과 자유로운 것이 서로 대립되는 것이지 필연적이고 우연적인 것이 서로 대립되는 것이 아닙니다. 신의 의지가 영원하다고 해도, 이로부터 세계가 영원하다는 결론이 도출되지는 않습니다. 왜냐하면 신은 특정한 때에 세계를 창조할 것임을 영원으로부터 결정할 수 있었기 때문입니다.

다음으로 선생님께서는 신의 의지가 혹시라도 무차별적일 수 있었다는 것을 부정하십니다. 저로서는 그 반대를 주장합니다. 심지어 저는 선생님이 생각하시는 만큼 이 점에 대해 큰 주의를 기울일 필요가 없다고 생각합니다. 모두가 신의 의지가 필연적이라고 말하지는 않으며, 다만 필연성을 내포한다고 말합니다. 사실이는 신의 행동의 필연성을 포함하는 것이기 때문입니다. 어떤 존재에 의지를 귀속시키는 것은 자신의 의지에 따라 그 존재가 행동할 수도 있고 행동하지 않을 수도 있다는 것을 인정하는 것입니다. 그러나 그 존재가 필연성을 따른다고 한다면, 그 존재는 필연적인 방식으로 행동해야 할 것입니다.

마지막으로 선생님께서는 신의 본성과 인간의 본성 간의 혼동을 초래하지 않기 위하여 신에 대해 인간에게 속하는 속성들 중 어떤 것도 인정하지 않는다고 말씀하십니다. 여기까지는 저도 동의합니다. 우리는 어떻게 신이 행동하고 원하고 이해하고 검토하고 보고 듣는지 등에 대해 알 수 없습니다. 그러나 선생님께서 신에게 이런 행동들을 부여하시지 않고, 우리가 신에 대해 형성할 수 있는 가장 높은 차원의 관념들을 잘못된 관념들로 간주하신다면, 그리고 이런 행동들이 신에게 우월한 방식으로 또 형이상학적으로 있지 않다고 주장하신다면, 저는 선생님의 신을 더 이상 파악하지 못하겠으며 신이라는 단어를 통해 선생님께서 이해하는 것이 무엇인지 모르겠습니다. 우리가 파악하지 못하는 것이라고 해서 그것이 부정되어야 하는 것은 아닙니다. 정신이고 비물질적인 영혼은 매우 미세한 물체들, 즉 체액(體液)의 도움으로 행동할 수밖에 없습니다. 영혼과 육체 간에는 어떤 관계가 있습니까? 어떤 방식으로 영혼은 육체의 도움으로 행동합니까? 영혼은 육체 없이는 무기력합니다. 육체가 장애를 일으킬 경우 영혼은 자기가 해야 할 것과 반대되는 것을 합니다. 어떻게 이런 일이 이루어지는지 설명해주십시오. 선생님께서 이 점을 제시해주시지 못한다면 저도 그 이상을 할 수는 없습니다. 그럼에도 불구하고 우리는 영혼이 행동함을 보고 느낍니다. 이는 비록 우리가 어떻게 그런 행동이 일어나는지 파악하지 못한다고 해도 사실입니다. 마찬가지로 비록 우리가 어떻게 신이 행동하는지 이해하지 못하고 또 우리가 신에게 인간적인 행동 방식을 귀속시키지 않는다고 해도, 그가 우월하고 불가해한 방식으로 우리 인간의 행동 방식과 일치하는 행동 방식을 갖는다는 것을 부정해서는 안 됩니다. 의지, 지성, 그리고 눈과 귀가 아닌 지성을 통해 보고 듣는 방식 말입니다. 마찬가지로 바람과 공기는 손도 도구도 없이 들과 산을 파괴하고 뒤엎어버릴 수 있습니다. 이는 인간으로서는 손과 기구의 도움 없이는 불가능한 일입니다. 만일 선생님께서 신이 필연성을 따르고 의지와 자유로운 선택을 결여한다고 보신다면, 선생님께서는 무한히 완전한 존재를 괴물처럼 묘사하고 표상하시는 것은 아닌지 의문이 듭니다. 선생님의 목표에 이르시려면 선생님의 논변을 확립하기 위해 다른 근거를 찾아내셔야 할 것입니다. 왜냐하면 선생님께서 제시하는 근거들 중 저는 견고함을 갖춘 그 어떤 것도 발견할 수 없기 때문입니다. 선생님께서 목표에 이르는 데 성공하신다면, 아마도 선생님의 근거들과 동일한 무게를 갖는 다른 근거들이 있을 것입니다. 이 점을 가정하고 계속 논의를 진행하겠습니다.

선생님께서는 세계에 혼령이 존재함을 확립하기 위해 증명이 되는 증거를 요구하십니다. 이 세상에 증명이 되는 증거는 얼마 없으며, 수학 외에는 우리가 바라는 만큼 확실한 증거들이 없습니다. 우리는 개연성 있는 추측과 그럴듯함에 만족해야 합니다. 사물들의 증거가 되는 근거들이 증명이었다면 어리석고 완고한 자들만이 그것에 반대할 것입니다. 그러나 친애하는 선생님, 우리는 그토록 충족한 상태에 있지 않습니다. 우리는 그토록 엄격하지 않습니다. 일정 한도에서 우리는 추측을 사용하며 증명이 없을 때는 우리의 추론에서 개연적인 것에 만족합니다. 신과 인간에 대한 학문이 논란과 논쟁으로 가득 차고, 그래서 견해의 다양성이 그토록 많은 것을 볼 때 그런 점은 명백합니다. 선생님께서 잘 아시는 바와 같이, 그렇기 때문에 모든 것을 의심하는 회의론자로 불렸던 철학자들이 과거에 존재했던 것입니다. 그들은 진정한 근거가 없을 때 단지 개연적인 것에 이르기 위해 논쟁에서 찬성 의견과 반대 의견을 교란했습니다. 그들 각각은 자신에게 가장 개연적으로 보이는 것을 믿었습니다. 달이 태양 바로 아래 위치해 있을 때 결과적으로 태양은 땅의 어떤 장소에 가려져 있을 것입니다. 또한 태양이 낮 동안 가려져 있지 않다면, 달은 태양 바로 아래 위치해 있지 않는 것입니다. 이런 것은 원인에서 결과로 또 결과에서 원인으로 나아가는 증명적인 논변입니다. 이런 종류의 몇몇 증명이 있습니다. 이들은 그것들을 파악한다면 그 누구도 반대할 수 없는 것들이지만, 그 수는 매우 적습니다.

미에 관해 말씀 드리겠습니다. 그 부분들의 비율이 서로 조화되고 다른 것보다 더 잘 조합된 사물들이 있습니다. 신은 인간의 지성과 판단력에 비율을 결여한 것이 아니라 비율이 잘 조화된 것과의 일치와 조화를 부여했습니다. 이는 서로 어울리거나 어울리지 않는 음과 관련해서도 마찬가지입니다. 청각은 화음과 불협화음을 잘 구별합니다. 화음은 우리에게 기쁨을 주고 불협화음은 우리를 불편하게 하기 때문입니다. 한 사물이 결여한 것이 아무것도 없는 경우 그 사물의 완전성은 아름답습니다. 많은 예가 있지만, 장황함을 피하기 위해 그것들을 다루지는 않겠습니다. 우리가 전체 또는 우주라고 명명하는 세계에 대해서만 고찰해보겠습니다. 우주가 전체라는 것이 맞다면(실제로 맞습니다만), 우주는 물질적인 것들에 의해 손상되거나 감소되지 않습니다. 선생님께서 반인반마, 히드라, 하르푸이아 등에 대해 말씀하시는 것은 여기서 아무 의미도 없습니다. 우리는 다양하고 무수한 종(種)을 포함하는 최상의 유(類)들 및 그 첫 번째 등급들을 말하고 있습니다. 제가 말하고자 하는 등급이란 영원한 것과 시간적인 것, 원인과 결과, 유한과 무한, 활성화된 것과 활성화되지 않은 것, 실체와 우유(偶有), 또는 육체적인 것과 정신적인 것 등입니다.

신은 정신 자체이기 때문에 혼령들은 신을 닮았다고 저는 말합니다. 선생님께서는 혼령에 대해 삼각형만큼 명확한 관념을 원하십니다. 이는 불가능합니다. 부탁건대, 선생님께서 신에 대해 어떤 관념을 갖고 계신지 말씀해주십시오. 신의 관념은 선생님의 지성에게 삼각형의 관념만큼 명확한 것입니까? 선생님께서 신에 대해 그런 명확한 관념을 갖고 있지 않음을 저는 알고 있습니다. 이미 말씀 드렸듯이, 우리는 사물들을 증명적인 추론을 통해 파악할 정도로 충족한 상태가 아닙니다. 그렇기 때문에 개연적인 것은 이 세계에서 훨씬 더 많은 부분을 차지하고 있습니다.

그럼에도 불구하고 저는 기억 없는 육체가 있다면 육체 없는 기억이 있고 또 구 없는 원이 있다면 원 없는 구가 있다는 등의 것을 주장합니다. 이는 보편적 유(類)들에서 특수한 종(種)들로 내려가는 것이며, 우리의 추론은 이런 것들과 관련된 것이 아닙니다.

저는 태양이 세계의 중심이고 별들은 토성보다 지구와 가까우며, 토성은 목성보다 가깝고 목성은 화성보다 가깝다고 말하겠습니다. 그래서 무한정한 대기에는 우리와 더 먼 것들이 있고 더 가까운 것들이 있는 것입니다. 이것이 우리가 상층부의 것들 또는 하층부의 것들을 말할 때 의미하고자 하는 바입니다.

철학자들에 대한 신뢰를 부정하는 사람들은 혼령의 현존을 부정하는 사람들이 아닙니다. 오히려 혼령의 현존을 부정하는 사람들이 철학자들에 대한 신뢰를 부정하는 것입니다. 왜냐하면 고대나 현대의 모든 철학자가 혼령이 존재한다고 확신했기 때문입니다. 플루타르코스의 『철학자들의 견해에 관한 논고』, 『소크라테스의 다이모니온에 대한 논고』가 그 증거입니다. 마찬가지로 모든 스토아주의자들, 피타고라스주의자들, 플라톤주의자들, 아리스토텔레스주의자들, 엠페도클레스, 막시무스 튀리우스,[218] 아풀레이우스[219] 및 다른 사람들도 그 증거입니다. 현대의 철학자들 가운데 그 누구도 유령을 부정하지 않습니다.

그런데 선생님께서는 눈으로 보고 귀로 들은 현명한 증인들, 유령에 대해 이야기한 철학자들과 역사가들을 배척하시고, 그들이 군중 수준의 어리석고 무분별한 자들이라고 주장하십니다. 이는 선생님의 답변이 설득의 힘을 갖도록 해주는 일이 아니며, 선생님의 답변이 부조리하지 않고 저희 논의에 맞는 주제와 관련되지도 않으며, 선생님께서 자신의 견해에 대한 그 어떤 증거도 제시하지 못한다는 것을 막지도 못합니다. 키케로와 카토가 그렇게 하지 않은 것처럼 카이사르도 유령에 관해 웃고 넘어가지 않습니다. 전조와 예언에 관해 그렇게 할 뿐입니다. 그러나 카이사르가 스푸리나에 관해 조롱하지 않았다면, 그의 적들이 그토록 많은 상처를 내며 그를 찌르지 않았을 것입니다. 이번 편지는 이 정도로 충분할 것 같습니다.

---

218) (역주) 막시무스 튀리우스(Cassius Maximus Tyrius)는 2세기의 그리스 철학자이자 웅변가이다.
219) (역주) 루키우스 아풀레이우스(Lucius Apuleius)는 2세기의 북아프리카의 작가, 수사학자, 철학자이다.

○ 서신56. 스피노자가 휘호 복셀에게
─ 서신55에 대한 회신

어제 제게 전해진 선생님의 편지에 곧바로 답합니다. 더 기다릴 경우 제 답신이 더 늦어질 것 같습니다. 선생님의 건강이 호전되었다는 소식을 듣지 않았더라면 저는 괴로웠을 것입니다. 지금은 완전히 회복하셨기를 바랍니다.

두 사람이 서로 다른 원리에서 출발할 때, 다른 많은 주제들과 무관하지 않은 한 주제에 관해 합의하고 동의하기는 얼마나 어려운 일이겠습니까? 단지 이 문제의 사례만으로도 이는 명백합니다. 비록 이런 점을 추론으로써 증명할 수는 없지만 말입니다.

세계가 선생님께서 이해하시는 바대로 우연에 의해 만들어졌다고 생각하는 철학자들을 보시거나 읽으셨는지 말씀해주십시오. 즉 신이 세계를 창조하면서 스스로에게 목적을 부여하고서는 자신이 결정한 것을 하지 않았을 것이라는 점 말입니다. 저는 이런 식으로 생각하는 사람은 없다고 봅니다. 또한 저는 어떤 근거로 선생님께서 우연과 필연이 서로 대립되지 않는다고 저를 설득하시고자 하는지 모르겠습니다. 삼각형의 세 각이 필연적으로 두 직각과 같다는 것을 이해하자마자 저는 그것이 우연에 의한 것이라는 점을 부정합니다. 비슷한 방식으로 저는 열기가 불의 필연적 결과라는 것을 이해하자마자 그것이 우연에 의한 것이라는 점을 부정합니다. 필연과 자유가 서로 대립된다는 것은 부조리하며 이성에 위배되는 것으로 보입니다.[220] 실제로 누구도 신이 자신과 만물을 자유롭게 인식한다는 점을 부정할 수 없습니다. 그러나 모든 사람은 신이 자신을 필연적으로 인식한다는 점을 인정합니다. 제가 보기에 선생님께서는 강제 또는 외적 힘(vim)과 필연성을 구분하지 않으십니다. 한 사람이 살고 사랑하기를 원하는 등의 사실은 강제의 결과가 아니지만 필연적인 일입니다. 이는 신이 존재하고 인식하고 행동하기를 원한다는 점과 관련해서 더욱더 맞습니다. 나아가 선생님께서 무차별성은 무지나 의심과 다르지 않으며 모든 점에서 항상 한결같고 단호한 의지는 지성의 덕이며 필연적 속성이라는 점을 고찰하신다면, 제 언어는 진리와 일치한다는 것을 확인하시게 될 것입니다. 만일 우리가 신이 어떤 것을 원하지 않을 수 있었는데, 그럼에도 불구하고 그것을 알지 못할 수 있었다고 주장한다면, 우리는 신에게 서로 대립되는 다양한 자유들을 귀속시키는 셈이 됩니다. 하나는 필연성이고 다른 하나는 무차별적인 자유를 신에게 귀속시키게 된다는 것입니다. 이 경우 우리는 신의 의지를 그의 본질 및 지성과 다른 것으로서 파악하는 것이고, 따라서 다른 부조리에 빠지게 됩니다.

앞선 편지에서 제가 주의할 것을 주장했던 것이 선생님께는 필요 없는 것으로 보인 것 같습니다. 그래서 선생님께서는 선생님의 생각을 핵심적인 부분과 연관시키지 않으셨고 저희 주제와 관련하여 가장 중요한 점을 간과하신 것입니다.

---

220) (역주) 본질의 필연성(유한한 존재의 경우처럼 외적 강제의 필연성이 아닌)과 자유의 동일성은 『에티카』의 전개 과정에서 핵심적 역할을 한다.

다음으로 선생님께서 말씀하시기를, 보고 듣고 주의를 기울이고 원하는 등의 행동이 신에게 우월한 방식으로 존재한다는 점을 제가 부정한다면, 선생님께서는 저의 신이 무엇인지 알 수 없다고 하십니다. 이는 저로 하여금 선생님께서는 언급된 속성들에 의해 나타나는 것보다 더 큰 완전성은 없다고 생각하시는 것 아닌가 하는 의심을 하게 만듭니다. 이는 놀라운 일이 아닙니다. 왜냐하면 삼각형이 만일 말을 할 줄 알았다면 마찬가지로 신이 우월한 방식으로 삼각형의 속성이 있다고 말할 것이며, 원은 신이 우월한 방식으로 원의 속성이 있다고 말할 것이라고 저는 생각하기 때문입니다. 마찬가지로 아무 존재나 신에 대해 자기 자신 고유의 속성들을 인정할 것이고 신과 유사하게 될 것이며, 다른 모든 존재 방식은 그 존재가 보기에 추해 보일 것입니다.

제 짧은 편지에서 또 시간도 부족한 상황에서 신의 본성에 관한 제 의견을 철저하게 설명하고 선생님께서 제기하신 문제를 해소하기는 어려운 일입니다. 게다가 난점을 제기하는 것은 근거를 제시하는 것이 아닙니다. 이 세계에서 우리가 많은 것을 억측을 통해 행한다는 것은 맞습니다. 그러나 우리의 성찰이 억측을 통해 진행된다는 것은 틀립니다. 일상에서 우리는 그럴듯한 것을 따르려고 노력하지만, 사변에서는 진리를 따르는 것이 관건입니다. 사람이 음식과 음료가 그에게 유용하다는 것을 증명하기 전에는 그것들을 먹고 마시기를 거부한다면 배고픔과 갈증으로 죽게 될 것입니다. 그러나 이런 일은 성찰과 관련해서는 발생하지 않습니다. 이와 반대로 우리는 단지 그럴듯한 것을 참으로 받아들이는 일을 경계해야 합니다. 왜냐하면 거짓된 것을 한번 받아들이고 나면 이로부터 무한히 많은 거짓된 것이 따라 나오기 때문입니다.

다음으로, 신과 인간과 관련된 학문에서 논란과 논쟁이 많이 발견된다는 것은 사실이지만, 그렇다고 해서 거기서 다뤄지는 대상들이 모두 불확실하다는 결론을 내릴 수는 없습니다. 실제로 반대를 위한 집착이 너무 강한 나머지 기하학적 증명마저도 조롱하는 몇몇 사람들이 있습니다. 섹스투스 엠피리쿠스, 그리고 선생님께서 인용하시는 몇몇 회의론자들은 전체가 부분보다 크다는 것이 거짓이라고 말하고 다른 공리들에 대해서도 마찬가지로 판단합니다.[221]

그러나 증명 없이도 우리가 그럴듯한 것들에 만족해야 한다고 인정해봅시다. 이 경우 그럴듯한 증명은 우리가 그것에 대해 의심할 수 있을지라도 그것을 반박할 수 없는 방식의 증명이어야 한다고 저는 말하겠습니다. 왜냐하면 이때 반박될 수 있는 것은 참이 아닌 거짓과 유사한 것이기 때문입니다. 예를 들어 어제 제가 매우 건강한 상태의 베드로를 보았기 때문에 그가 살아 있다고 말한다면, 이는 제게 반박할 수 있는 사람이 아무도 없는 한에서 참과 유사합니다. 그러나 다른 사람이 베드로가 실신한 것을 어제 보았고 다음날 그가 죽었다고 믿는다고 말한다면, 이는 제 말이 거짓되어 보이는 결과를 낳습니다. 유령과 혼령에 대한 선생님의 억측이 거짓되어 보이고 또 그럴듯함도 전혀 없어 보인다는 것을 제가

---

221) (역주) 섹스투스 엠피리쿠스, 『피론주의의 요소들』, II, 215-8.

명확히 제시했기 때문에 선생님의 답변에서 주목해야 할 점을 전혀 찾지 못하겠습니다.

제가 신에 대해 삼각형의 관념만큼 명확한 관념을 가지고 있는지 물어보신 선생님의 질문에 대해 저는 그렇다고 답합니다. 그러나 선생님께서 제가 신에 대해 삼각형의 이미지만큼 명확한 이미지를 갖고 있는지 물으신다면, 저는 그렇지 않다고 답하겠습니다. 왜냐하면 우리는 신을 상상할 수는 없지만 신을 확실하게 이해할 수 있기 때문입니다. 제가 신의 모든 것을 다 안다고 말하지 않고, 그의 속성들 중 몇몇만을 안다고, 모든 속성도 아니고 심지어 대부분의 속성을 안다고 말하지 않음에 또한 주목해야 합니다. 제가 그 속성들 중 대부분을 모른다고 해서 몇몇 속성들을 알지 못하게 되는 것이 아니라는 점은 확실합니다. 제가 유클리데스의 『원론』을 연구할 때, 우선 저는 삼각형의 세 각이 두 직각과 같다는 점을 이해합니다. 그리고 비록 저는 많은 다른 특성들을 모르지만 삼각형의 이런 특성을 명확히 파악했습니다.

유령과 혼령에 관해 말씀 드리자면, 저는 지금까지 그것들에 속하는 이해 가능한 그 어떤 특성에 대해서도 들은 바 없고, 단지 상상에 의해 그들에게 부여된, 그러나 아무도 이해할 수 없는 특성들만을 들었습니다. 선생님께서 유령과 혼령이 우리의 하층부에서(물질이 높은 곳에서보다 낮은 곳에서 더 적은 가치를 지니는지 알지 모르겠으나 선생님의 표현을 사용하겠습니다.) 매우 미소(微小)하고 희박하고 미세한 물질로 조합되었다고 말씀하실 때 이는 제 생각에는 마치 거미줄, 공기, 증기에 대해 말하는 것과 같습니다. 그것들이 눈에 보이지 않는다고 말하는 것은 제가 보기에 선생님께서 그것들이 무엇이 아닌지를 말하고, 그것들이 무엇인지는 말하지 않는 것과도 같습니다. 적어도 선생님께서 그것들이 자기 마음대로 스스로 눈에 보이거나 보이지 않는 것으로 변할 수 있다는 것을 말씀하시고자 하는 것이 아니라면 말입니다. 이 경우 상상은 다른 불가능한 일들의 경우처럼 아무런 어려움도 없을 것입니다.

플라톤, 아리스토텔레스, 소크라테스 등의 권위는 제게 큰 무게가 없습니다. 만일 선생님께서 에피쿠로스, 데모크리토스, 루크레티우스, 또는 원자주의자나 원자 이론을 믿는 이들 중 한 명을 논거로 내세우셨다면 저는 놀랐을지 모릅니다. 신비의 성질, 의도가 있는 종(種), 실체적 형상, 그리고 수많은 어리석은 것들을 믿은 사람들이 유령과 혼령을 상상했고 데모크리토스의 권위를 약화하려고 노파를 믿었다는 점은 전혀 놀라운 일이 아닙니다. 그들은 데모크리토스의 유명세를 시기해서 그가 출간한 모든 책을 불태웠을 정도입니다.[222] 만일 우리가 그들을 믿을 만하다고 간주한다면, 성모 마리아와 모든 성인(聖人)의 기적들을 부정할 어떤 근거가 있겠습니까? 그토록 많은 저명한 철학자들, 신학자들, 역사가들이 이와 관련하여 글을 쓴바, 저는 그런 종류에 대한 하나의 사례보다 백배 많은 다른 종류의 반대 사례를 들어 설명할 수 있을 것입

---

[222] (역주) 디오게네스 라에르티오스가 전한 바에 따르면 플라톤은 데모크리토스의 저작들을 불태웠다고 한다. 『고대 그리스 철학자의 생활과 의견 및 저작 목록』, 제9권 40장.

니다. 친애하는 선생님, 제 예상보다 글이 너무 길어져서 죄송합니다. 이런 사안으로 선생님을 괴롭히기를 원치 않습니다. 선생님께서는 저와 매우 다른 원리에서 출발하고 계시기 때문에 저에 대해 동의하시지 않으리라는 점을 저는 잘 알고 있습니다.[223)]

○ 서신57. 에렌프리트 발터 폰 치른하우스가 스피노자에게

매우 탁월하고 심오한 철학자 스피노자 선생님께

매우 탁월한 선생님,

철학자들이 한 명제의 거짓을 증명할 수 있는 근거를 통해 그 명제의 참을 제시한다는 점은 제게 놀라운 일입니다. 실제로 데카르트는 그의 『방법서설』 서두에서 지성의 확실성은 모두에게 동일하다고 생각하며 『성찰』에서 이를 증명합니다. 어떤 것이 모든 사람에 의해 의심할 수 없는 것으로 간주될 때 비로소 그것이 확실하다는 것을 증명할 수 있다고 생각하는 사람들은 데카르트에 대해 동의합니다.

그러나 이 점을 다루지는 않겠습니다. 저는 경험에 의거할 것이

---

223) (역주) "기타 등등" 생략.

고 선생님께서 다음의 사안을 주의 깊게 고찰해주시기를 겸허히 부탁 드립니다. 실제로 두 사람 가운데 한 사람이 다른 사람이 부정하는 것을 인정하고 둘 모두 전적으로 솔직하게 말할 때는, 비록 그들의 말은 서로 대립된다고 해도 우리가 그들의 개념을 살펴본다면 그들은 모두 각자 자기 고유의 개념에 따라 참을 말하는 것입니다. 이런 점은 일상생활에서 매우 유용하다고 저는 생각합니다. 왜냐하면 이와 같은 견해에 의거하여 우리는 수많은 논란과 그로부터 비롯되는 갈등을 줄일 수 있기 때문입니다. 물론 한 개념에 포함된 그런 진리는 절대적이지 않으며, 단지 지성에 전제된 원리들의 진리에 대해 상대적일 뿐입니다. 이와 같은 규칙은 심지어 미친 사람들이나 잠자고 있는 사람들을 포함하여 모든 사람에게서 발견되는 보편성을 지닙니다. 실제로 그들이 보고 있거나 보았다고 말하는 것들이 (비록 그것들이 우리에게 동일한 방식으로 나타나지 않는다고 하더라도) 그들이 본 모습 그대로 존재한다는 것은 매우 확실한 일입니다. 현재 저희와 관련된 문제, 즉 자유 의지와 관련해서 이 점은 매우 명확합니다. 실제로 두 적대자 중 자유 의지를 옹호하는 사람이나 그것을 배척하는 사람이나 자유에 대한 그들의 개념을 고려할 때 근거를 가지고 있는 것으로 보입니다. 데카르트에 따르면, 어떤 원인에 의해 강제되지 않은 것은 자유롭습니다. 반대로 선생님에 따르면, 어떤 원인에 의해 행동하도록 결정되지 않은 것이 자유롭습니다. 저는 모든 상황에서 우리는 정확한 원인에 의해 행동에 결정되며 이 경우 우리는 자유 의지가 없다는 점을 선생님과 함께 인정합니다. 그러나 이와 반대로 저는 몇몇 경우(더 명확히 설명하겠습니다.) 우리는 그 어떤 것에 의해서도 강제되지 않으며 이 경우 우리는 자유 의지를 가진다고 데카르트와 함께 생각합니다. 잠시 후 예를 제시하겠습니다.

이 문제와 관련하여 구분해야 할 세 가지가 있습니다. 첫째, 우리는 외부 사물들에 대해 절대적인 능력이 있습니까? 저는 이를 부정합니다. 예를 들어 제가 지금 이 편지를 쓰는 것은 제 능력에 절대적으로 달린 일이 아닙니다. 왜냐하면 제가 다른 곳에 있었거나 몇몇 친구들로 인해 방해받지 않았다면 저는 이 편지를 이전에 썼을 수도 있었기 때문입니다. 둘째, 우리는 우리의 의지의 결정에서 비롯되는 우리의 육체의 운동에 대해 절대적인 능력을 가집니까? 이는 몇몇 조건하에서만 그렇다고 저는 답하겠습니다. 우리가 건강한 육체를 가지고 있을 경우 말입니다. 실제로 제가 건강이 좋을 때는 글을 쓰는 데 전념할 수 있고 그렇게 하지 않을 수도 있습니다. 셋째, 제가 저의 이성을 사용할 수 있을 때, 전적으로 자유롭게, 즉 절대적으로 그렇게 할 수 있습니까? 이 점에 대해 저는 그렇다고 답하겠습니다. 자기 자신의 의식의 증언을 거부할 것이 아니라면, 누가 과연 제가 글을 쓰기를 원하거나 원하지 않는다는 생각을 할 수 없다고 말할 수 있겠습니까? 글을 쓰는 행동과 관련해서도 마찬가지입니다. 왜냐하면 외부 원인들이 글을 쓸 수 있는 능력과 마찬가지로 글을 쓰지 않을 능력도 제게 부여하기 때문입니다.(이 점은 둘째 문제에 속합니다.) 물론 저로 하여금 지금 글을 쓰도록 결정하는 원인들이 있다는 점을 저는 선생님과 함께 인정합니다. 우선 선생님께서 제게 편지를 쓰셨고 동시에 이 첫 번째 편지에 답할 것을 제게 요청하셨으며, 저는 이렇게 주어진 기회를 놓치고 싶지 않은 것입니다. 그러나 저는 또한 제 의식의 증언에 비추어볼 때, 데카르트가 말하듯이 이런 종류의 것들로 인해 제가 강제되는 것은 아니며 실제로 그런 이유들에도 불구하고 제가 편지를 쓰지 않을 수 없었던 것은 아니라는 점(이를 부정하는 것은 불가능해 보입니다.)을 확실하게 인정합니다. 그리고 우리가 외부 원인들에 의해 강제되었다면 그 누가 덕을 획득할 수 있겠습니까? 이런 가설을 따른다면, 더 심각한 것은 변명이 불가능한 악한 행동은 없다는 점입니다. 이와 반대로, 외부 사물들이 우리로 하여금 어떤 것을 하도록 결정하지만 우리는 굳건하고 한결같은 정신으로 그것에 저항하는 일이 빈번하게 일어나지 않습니까?

요컨대 앞에서 언급된 규칙에 대한 더 명확한 설명을 제시하기 위해 저는 다음과 같이 말하겠습니다. 즉 데카르트와 선생님 모두 자기 고유의 개념에 따라 각자 참을 말합니다. 그러나 우리가 절대적인 진리를 고찰한다면, 그것은 오직 데카르트의 견해에만 해당됩니다. 왜냐하면 선생님의 개념에 따라 선생님께서는 자유의 본질이 우리가 아무것에 의해서도 결정되지 않는다는 사실에 있음을 확실한 것으로서 인정하시기 때문입니다. 이 경우 두 주장이 참될 것입니다. 그러나 그 무엇이든지 간에 한 사물의 본질은 그것 없이는 그 사물이 파악될 수 없는 것입니다. 그런데 비록 우리의 행동에서 어떤 것으로 우리를 결정되게 하는 것이 외부 원인일지라도, 또 우리의 행동을 이런저런 방식으로 하도록 우리를 촉발하는 원인들이 항상 존재한다고 할지라도 자유는 매우 명확하게 파악됩니다. 왜냐하면 외부 원인들이 완전히 그렇게 결정하지는 못하기 때문입니다. 그러나 우리가 강제된다는 점이 인정될 경우 우리는 자유를 전혀 파악하지 못하게 됩니다. 데카르트의 서신집 1권의 서신8과 9, 그리고 2권의 4쪽을 보충으로 확인하십시오. 그러나 이 정도면 충분할 것 같습니다. 제 논박에 답을 해주시면 감사하겠습니다. (제가 선생님께 감사의 마음을 가질 뿐 아니라 선생님께 충실한 사람이라는 것을 확인하시게 될 것입니다.)[224]

1674년 10월 8일

ㅇ 서신58. 스피노자가 슐러에게
─ 서신57에 대한 회신

매우 학식 있는 슐러 선생님께

저희의 벗인 얀 리유웨르츠가 선생님께서 제게 쓰시고자 한 편지를 보내왔고 동시에 자유에 대한 데카르트와 저의 학설에 관한 선생님의 벗의 견해를 보내왔습니다. 선생님의 편지는 제게 매우 큰 기쁨을 주었습니다. 현재 제 몸 상태가 그리 좋지 않고 또 다른

---

224) (역주) 괄호 안의 문장은 『유고집(Opera Posthuma)』에 포함되어 있지 않으나, 네덜란드어 번역에 포함되어 있다.

일에 묶여 있지만, 선생님의 세심한 배려와 특히 진리를 향한 취향을 볼 때 제 미약한 수단으로나마 선생님께 답을 드릴 수밖에 없습니다.

사실 선생님의 벗께서 그가 경험에 의거한다고 하면서 제게 매우 주의를 기울이라고 한 부분의 이전 구절에서 무엇을 말하고자 하는지 모르겠습니다. 그리고 그는 "어떤 사람이 다른 사람이 부정하는 것을 긍정할 때" 등의 말을 첨가합니다. 그가 두 사람이 동일한 표현을 사용할지라도 상이한 것을 생각한다는 것을 말하고자 하는 것이라면 이 점은 맞습니다. 일전에 저는 이런 점에 대한 몇몇 사례를 저희의 벗인 리유웨르츠에게 제시한 적이 있고 그것을 선생님께도 전해달라고 그에게 요청한 바 있습니다.

이제 그가 저의 것이라고 말하는 자유의 정의를 다루겠습니다. 그러나 그가 어디서 그런 정의를 가져왔는지 모르겠습니다. 제 생각을 말씀 드리자면, 저는 어떤 것이 오직 자기 본성의 필연성에 의해서 현존하고 행동할 때 자유롭다고 말하고, 반대로 그것이 일정하고 규정된 이유에 의해 현존하고 작동하도록 결정될 때 강제된다고 말합니다. 예를 들어 신은 필연적으로 현존함에도 불구하고 또한 자유롭습니다. 왜냐하면 그는 오직 자기 본성의 필연성에 의해서만 현존하기 때문입니다. 또한 신은 자기 자신뿐 아니라 절대적으로 모든 것을 자유롭게 이해합니다. 왜냐하면 오직 신의 본성의 필연성으로부터 그가 모든 것을 이해한다는 결론이 도출되기 때문입니다. 따라서 저는 자유를 자유로운 결정이 아니라 자유로운 필연성으로 간주한다는 것을 선생님께서 확인하실 수 있을 것입니다.

그러나 외부 원인들에 의해 일정하고 규정된 방식으로 존재하고 작동하도록 전적으로 결정된 피조물들에 대해 다루겠습니다. 이 점을 명확히 이해하기 위하여 아주 단순한 것을 생각해보겠습니다. 예를 들어 돌멩이가 그것에게 충격을 가하는 정확한 양의 운동을 외부 원인에 의해 받을 경우, 곧이어 외부 원인의 충격이 멈추면, 돌멩이는 필연적으로 운동을 계속할 것입니다. 따라서 돌멩이가 운동한다는 사실은 강제된 것인데, 이는 그것이 필연적이기 때문이 아니라, 외부 원인의 충격에 의해 정의되어야 하기 때문입니다. 돌멩이에 적용되는 것은 다른 모든 개별적인 사물에 대해서도 그렇게 이해해야 합니다. 비록 그 사물이 복합적인 것이고 또 다수의 것들을 행할 수 있다고 해도 말입니다. 각각의 사물은 일정하고 규정된 방식으로 특정한 외부 원인에 의해 존재하고 작동하도록 결정되기 때문입니다.

동의하신다면, 돌멩이가 움직이면서 자신이 계속하여 움직이기 위해 가능한 모든 노력을 하고 있다는 것을 알고 있고 또 그렇게 생각하고 있다고 가정을 해보겠습니다. 분명 이 돌멩이는 자신의 노력에 대해서만 의식하고 있고 무관심하지는 않기 때문에 자유롭다고 믿을 것이며, 오로지 자신이 원한다는 이유만으로 운동을 계속하고 있다고 믿을 것입니다. 이런 것이 바로 모든 인간이 가지고 있다고 자부하는 인간만의 자유이며, 이 자유는 인간들이 자신의 욕망에 대해 의식하고 있으나 욕망을 규정하는 원인을 모르는 데서 비롯되는 것입니다. 그리하여 아기는 우유를 자유롭게 욕망한다고 믿으며, 화가 치민 청년은 화가 났을 경우에는 복수를 원하며, 불안한 경우에는 도망친다고 믿는 것입니다. 술주정뱅이는 나중에 숨기고 싶을 이야기를 자유로운 결정으로 지껄이고 있다고 믿습니다. 마찬가지로 정신 나간 사람, 수다쟁이, 그리고 이와 비슷한 많은 경우의 사람들은 자신들의 자유로운 결정을 통해 행동한다고 믿을 뿐, 충동에 의해 행동한다고 믿지 않는 것입니다. 그리고 이러한 편견은 모든 사람에게 뿌리박혀 있는 것이기 때문에 거기서 벗어나기가 힘든 것입니다. 우리는 경험을 통해 정념들만큼 절제하기 힘든 것도 없고, 대립적인 정념들에 휘말려 사람들이 최선의 것을 보고도 최악의 것을 하곤 한다는 것을 충분히 알고 있습니다. 그럼에도 불구하고 사람들은 자유롭다고 믿는데, 이는 그들이 어떤 것들에 대해 경미한 정념을 갖고 있고, 기억에 자주 떠오르는 다른 것을 상기함으로써 그 정념을 쉽게 누를 수 있기 때문입니다.

이로써 저는 자유로운 필연성과 강제의 필연성, 그리고 이른바 인간의 자유에 관해 제가 바라보는 방식을 충분히 설명했다고 생각합니다. 이로부터 선생님의 벗의 논박에 대한 답을 쉽게 이끌어 낼 수 있을 것입니다. 그는 데카르트와 함께 다음처럼 말합니다. 어떤 외부 원인에 의해서 전혀 강제되지 않는 것이 자유롭다고 말입니다. 그가 "강제된다"는 것을 "자기 자신의 의지에 반하여 행동하는 것"으로 이해한다면, 몇몇 상황에서 우리는 전혀 강제되지 않으며 이런 의미에서 우리는 자유 의지를 갖는다는 것을 저는 인정합니다. 그러나 그가 강제된다는 것을 (제가 설명한 바와 같이)

자기 자신의 의지에 반하여 행동하지 않음에도 불구하고 필연성에 따라 행동하는 것으로 이해한다면, 저는 어떤 경우에도 우리가 자유롭다는 것을 부정합니다.

이와 반대로 선생님의 벗께서는 우리가 "우리의 이성을 매우 자유롭게, 즉 절대적으로 사용한다."고 논박하며, 과도하지는 않더라도 상당한 신뢰와 함께 이와 같은 생각을 고수합니다. 그는 말하기를, "실제로 자기 자신의 의식의 증언을 거부할 것이 아니라면, 내가 글을 쓰기를 원하거나 원하지 않는다는 내 안의 생각을 멈출 수 없다고 그 누가 말할 수 있겠느냐."고 합니다. 돌멩이의 예를 통해 제가 말한 의식이 아니라면 그가 어떤 의식을 암시하는지 저는 알고 싶습니다. 제 생각을 말하자면 물론 저는 의식, 즉 이성과 경험을 거부하지 않고, 편견과 무지를 간직하지 않기 위해서, 절대적 사유 능력 덕분에 글을 쓰기를 원하거나 원하지 않겠다는 생각을 형성할 수 있다는 것을 부정합니다. 그러나 저는 선생님의 벗의 의식에 의거하겠습니다. 그는 글을 쓰기를 원하거나 원하지 않는다는 점을 생각할 능력이 없다는 것을 분명히 그의 꿈에서 경험했습니다. 그는 글을 쓰기를 원한다는 것을 꿈꾸지 않을 능력이 없습니다. 저는 그가 정신이 하나의 대상을 항상 동일한 방식으로 생각하는 경향을 갖지 않는다는 것을 역시 경험했다고 믿습니다. 육체가 이런저런 대상의 이미지를 떠올리는 경향이 더 강해짐에 따라 정신도 이런저런 대상을 고찰하는 경향이 더욱 강해지는 것입니다.

다음으로 그는 말하기를, 글을 쓰는 행위에 그의 정신을 집중하도록 하는 원인들은 그를 추동했지만 그렇다고 그를 강제한 것은 아니라고 합니다. 그러나 문제를 곰곰이 검토하고자 한다면, 이 모든 것은 다음과 같은 사실을 의미하는 것에 지나지 않습니다. 즉 그가 정신의 특정한 경향에 처해 있을 때, 강력한 정념과 갈등을 일으킨 상태라서 글을 쓰도록 그의 정신을 자극할 힘을 갖지 않았을 원인들이 그가 글을 쓰기 시작했을 때는 충분한 힘을 발휘한 것입니다. 이것이 의미하는 바는 다른 경우에 그의 정신을 강제할 힘이 없는 원인들이 이 경우에는 그의 의지에 반하여 글을 쓰도록 강제한 것이 아니라 글을 쓸 욕망을 필연적으로 갖도록 강제한 것입니다.

그는 또한 다음과 같이 말합니다. 만일 우리가 외부 원인들에 의해 강제되었다면 그 누구도 덕의 상태를 획득할 수 없을 것이라고 말입니다. 그러나 무엇에 근거하여 그가 엄격한 필연성에 의해서는 군건하고 한결같은 정신을 가질 수 없고 오직 정신의 자유로운 결정에 의해서만 그것을 가질 수 있다고 주장하는지 저는 알지 못하겠습니다.

마지막으로 그는 덧붙입니다. 이 경우 모든 범죄는 변명이 가능하다고 말입니다. 그러나 무엇 때문에 그런 것입니까? 악한 본성의 사람들은 그들이 필연적으로 그러하다고 해서 덜 두려워해야 하거나 덜 유해한 것이 아닙니다. 이 점에 대해서는 『기하학적으로 설명된 데카르트의 철학의 원리』 1부와 2부에 대한 제 부록 2부, 8장을 보시기 바랍니다.

끝으로, 이와 같은 논박들을 제시하는 선생님의 벗께서 어떻게 그가 자유로운 결정에서 비롯되는 인간의 덕을 신의 예정과 조화시키는지 제게 말해주기를 바랍니다. 만일 그가 그런 조화를 실현하지 못한다는 것을 데카르트와 함께 인정한다면, 그는 그가 제게 보내는 화살에 스스로 다치는 것이고 헛된 공격을 한 셈이 되는 것입니다. 선생님께서 제 학설을 주의 깊게 검토하시고자 한다면 제 학설은 완벽하게 정합적이라는 것을 확인하시게 될 것입니다.[225]

○ 서신59. 에렌프리트 발터 폰 치른하우스가
　　　 스피노자에게

매우 탁월하고 통찰력 있는 스피노자 선생님께,

선생님, 아직 알려지지 않은 진리들의 탐구에서 이성을 제대로 인도하기 위한 선생님의 방법을 저희가 언제 알 수 있습니까? 그리고 물리학 전체에 대한 선생님의 설명은 언제 접할 수 있습니까? 이와 같은 탐구들에서 선생님께서 멀리 진전하셨다는 것을 저는 알고 있습니다. 저는 첫 번째 탐구에 대해서는 이미 정보를 얻었고, 『에티카』 2부에 첨가된 보조 정리들을 통해 선생님의 물리학

---

225) (역주) "기타 등등"의 표현이 삭제되었다. 이 서신은 1674년 10월 헤이그에서
　　작성된 것으로 추정된다.

을 알고 있습니다. 이 보조 정리들은 물리학의 여러 난점들을 쉽게 해결해줍니다. 선생님께서 한가한 시간과 기회가 있으시다면, 운동에 대한 참된 정의 및 관련 설명을 겸허히 부탁 드립니다. 연장이 그 자체로 파악되는 한에서 분할 불가능하고 불변이라고 할 때, 서로 다른 극히 다양한 대상들이 생겨나고 또 특정 물체의 입자들 고유의 형태들이 존재한다는 것을 어떻게 선험적으로 연역해낼 수 있습니까? 어떤 물체에서든지 이런 입자들은 다수이며 다른 물체의 형상을 구성하는 부분들의 형태들과 차이가 있으니 말입니다.

제가 선생님과 함께 있었을 때, 선생님께서는 알려지지 않은 진리들의 탐구를 위해 사용하는 방법을 제게 일러주셨습니다. 그 방법은 탁월하며, 제가 그것을 잘 이해할 경우 쉽기까지 하다는 것을 저는 경험합니다. 그 방법을 통해 저는 수학에서 큰 진전을 했다고 인정할 수 있습니다. 이와 관련하여 선생님께서 적합한 관념, 참된 관념, 거짓된 관념, 허구적 관념, 의심스러운 관념에 대한 진정한 정의를 제게 알려주셨으면 합니다. 참된 관념과 적합한 관념 간의 차이를 찾으려 했지만, 현재까지는 다음과 같은 점에 다다르는 데 그쳤습니다. 즉 제가 한 사물과 일정한 개념 또는 관념을 검토한 후에 (이런 참된 관념이 또한 사물의 적합한 관념인지 알아보기 위해서) 그 관념 또는 개념의 원인이 무엇인지를 제 안에서 발견하려고 노력해야 했습니다. 원인이 밝혀진 후에 저는 이 새로운 개념이 어디에서 비롯되는 것인지 다시 자문했고, 이런 식으로 관념들의 원인에서 원인으로 거슬러 올라가면서 더 이상 그에 대해 다음과 같은 원인 외에는 아무 원인도 발견할 수 없는 원인에 도달할 때까지 계속했습니다. 그 원인은 제가 형성할 수 있는 가능한 관념들 모두에 유일하게 현존하는 그런 원인입니다.

예를 들어 우리의 오류의 진정한 기원이 무엇인지 우리가 탐구할 때, 데카르트는 아직 그리 명확하지 않게 지각된 것에 대해 우리가 동의하는 것이라고 답할 것입니다. 그러나 이것이 오류에 대한 참된 관념이라고 할지라도, 이런 관념은 제가 오류의 그와 같은 원인에 대한 적합한 관념을 역시 가지고 있는지 알기 위해 필요한 모든 것을 결정하기에는 충분할 수가 없습니다. 그런 적합한 관념에 이르기 위해서 저는 다시 이 개념의 원인을 찾습니다. 즉 어떻게 우리가 실제로 명확히 이해되지 않은 것에 동의하는 일이 발생하는지를 묻습니다. 그리고 저는 이런 일은 지식의 결여 때문에 생긴다고 답합니다. 그러나 우리가 어떤 것을 모르게 되는 원인을 다시 찾는 것은 가능하지 않습니다. 따라서 저는 우리의 오류에 대한 적합한 원인을 발견했다고 봅니다.

그러나 이제 선생님께 여쭤볼 것이 있습니다. 무한히 많은 방식으로 표현된 많은 것들은 그들에 대한 적합한 원인들을 가지며, 이들 적합한 관념 중 하나로부터 한 사물에 대해 알 수 있는 모든 것을 연역해낼 수 있는바, 이들 관념 가운에 어느 것이 선호되어야 하는지를 알 수단이 있습니까? 예를 들어 반지름의 동일성은 원의 적합한 관념입니다. 그러나 마찬가지로, 서로 교차하는 두 직각의 선들로 구성된 모든 직각 도형이 모두 같다는 것 또한 원의 적합한 관념입니다. 원의 적합한 관념은 각각이 원의 적합한 본성을 설명하는 무한한 표현들을 가집니다. 그러나 비록 원의 적합한 관념들 중 어떤 하나로부터 원의 모든 속성을 연역해낼 수 있을지라도, 그들 중 어떤 관념보다 다른 관념을 통해 더 쉽게 그렇게 할 수 있을 것입니다. 마찬가지의 예를 들자면, 곡선의 좌표로부터 그 곡선의 크기와 관련된 많은 관계들을 연역할 수 있지만, 이는 곡선의 접선들을 통해서 더 쉽게 할 수 있는 일입니다.

저는 제 탐구가 어디까지 와 있는지를 이 정도로 말씀 드리고자 했습니다. 선생님께서 보충 설명을 해주시고, 제가 어딘가에서 오류를 범했다면 그것을 교정해주시고 또 제가 필요로 한 정의를 전해주시기를 기대합니다. 건강하십시오.

1675년 1월 5일

○ 서신60. 스피노자가 에렌프리트 발터 폰 치른하우스에게 – 서신59에 대한 회신

매우 고귀하고 학식 있는 에렌프리트 발터 폰 치른하우스 선생님께

선생님, 저는 참된 관념과 적합한 관념 간의 차이로서 다음과 같은 것만을 인정합니다. 즉 '참'이라는 단어는 관념과 관념 대상의 일치와 관련될 뿐이고 '적합'이라는 단어는 관념 그 자체의 본성과

관련됩니다. 따라서 실제로는 참된 관념과 적합한 관념 사이에는 이와 같은 외재적 관계 외에 아무런 차이도 없습니다.

사물에 대한 어떤 관념이 다른 여러 관념들 가운데 관련 대상의 모든 속성을 연역해낼 수 있게 해주는지 알기 위해서 저는 한가지 규칙만을 따릅니다. 사물의 관념 또는 정의는 그것의 작용인을 표현해야 합니다. 예를 들어 원의 속성들을 밝히기 위해 저는 무한히 많은 직사각형들에서 비롯되는 원의 관념[226]이 저로 하여금 모든 속성을 연역하도록 해주는지 살핍니다. 요컨대 저는 이런 관념이 원의 작용인을 포함하는지 살피는 것입니다. 그렇지 못할 경우 저는 다른 관념을 찾습니다. 즉 원은 선분의 한쪽 끝은 고정되어 있고 다른 쪽 끝이 움직여서 그려진 도형이라는 관념 말입니다. 이와 같은 정의는 작용인을 표현하므로 저는 그로부터 원의 모든 속성을 연역해낼 수 있다는 사실 등을 알게 됩니다. 마찬가지로 제가 신을 최상으로 완전한 존재로서 정의할 경우 이와 같은 정의는 작용인을 표현하지 않습니다.(제가 말하고자 하는 것은 내적, 외적 작용인입니다.) 그리고 이 정의로부터 저는 신의 모든 속성을 밝힐 수 없습니다. 그러나 제가 신을 존재(『에티카』 1부 정의6을 참조해주십시오.) 등[227]으로 정의할 경우 저는 신의 모든 속성을 밝힐

---

226) (역주) 원은 원에 내접하는 직사각형들이 모두 동일하다는 속성을 갖는다.
227) (역주) 『에티카』의 정의를 참조할 것을 요구하고 스피노자는 "존재(Ens)"로만 언급하고 있다. 정의6은 다음과 같다. "나는 신을 절대적으로 무한한 존재, 즉 모든 것이 각각 영원하고 무한한 본질을 표현하는 무한한 속성으로 이루어진 실체로 이해한다."

수 있습니다.

운동과 방법에 관련된 다른 문제들에 대해서는 아직까지 아무 것도 글로 정리하지 않았기 때문에 다음 기회를 위해 남겨두겠습니다.

선생님께서는 곡선의 여러 속성들을 좌표로부터 연역해낼 수 있지만 곡선의 접선으로부터 그것을 더 쉽게 할 수 있다고 말씀하십니다. 그와 반대로 저는 곡선의 접선을 고려한다고 해도 방법론적으로 좌표에서 출발하여 연역할 때보다 여러 속성들을 연역하는 것이 더 어렵다고 생각합니다. 절대적으로 말해서 저는 (그것에 대한 어떤 관념이 주어진) 사물의 몇몇 속성들로부터 어떤 속성들은 더 쉽게 찾을 수 있고 어떤 것들은 찾기가 더 어렵다고 봅니다. (그럼에도 불구하고 모든 속성은 사물의 본성에 속합니다.) 그러나 따라야 할 유일한 규칙은, 제가 앞에서 언급했듯이, 그것으로부터 모든 것을 연역해낼 수 있는 그런 관념을 찾아내는 것입니다. 어떤 사물의 관념으로부터, 그것으로부터 연역할 수 있는 모든 것을 도출해내야 한다면, 마지막 연역들은 처음 연역들보다 더 어렵다는 결론이 필연적으로 따라 나옵니다.[228]

---

228) (역주) 1675년 1월 헤이그에서 작성된 것으로 추정된다.

○ 서신61. 헨리 올덴부르크가 스피노자에게

매우 저명한 스피노자 선생님께[229]

저희의 서신 교환이 다시 이루어지게 된바 저는 선생님께 글을 쓰지 않음으로써 우정의 의무를 저버리지 않도록 할 것입니다. 선생님께서 5부로 된 선생님의 논고를 출판하시고자 한다는 것을 선생님의 7월 5일자 답신[230]을 통해 알게 되었습니다. 부탁 드리건대, 어떤 방식으로든 종교적 덕의 실천을 동요시키는 것으로 보이는 무엇도 선생님의 논고에 섞지 않도록 조언을 드리는 것을 선생님의 진실한 호의의 이름으로 허락해주십시오. 퇴폐적이고 부패한 우리 시대가 오늘날의 악을 정당화하는 듯한 결론의 학설만을 열렬히 추구하는 만큼 더더욱 선생님께 간청하는 것입니다.

언급된 논고 몇 부를 받는 일을 거부하지 않겠습니다. 런던에

---

229) (역주) 게브하르트 판본에 이 서신은 62번으로 기록되었지만, 내용상으로 볼 때 서신61과 62의 순서가 바뀌는 것이 적절하다. 이탈리아 연구자 프로이에티 (Proietti)의 관련 분석은 다음과 같다: 10년간의 침묵 후에 올덴부르크는 첫 번째 편지(분실됨)를 통해 관계를 다시 맺었다. 이에 대한 회신에서 스피노자는 『에티카』가 유통될 수 있도록 자신의 영국 친구에게 인쇄되는 대로 『에티카』 판본들을 보내겠다고 제안했다.(이런 제안이 담긴 1675년 6월 25일~ 7월 5일 사이의 편지 역시 분실됨.) 위의 서신에서 올덴부르크는 『에티카』를 받겠다고 말한다. 7월 말에서 8월 초 사이에 스피노자는 올덴부르크에게 『에티카』 판본 한 부를 보낸다. 서신62(게브하르트 판본에서는 61)에서 올덴부르크는 『에티카』에 대한 자신의 견해를 제시한다.

230) (역주) 이 서신은 분실되었다.

거주하는 네덜란드 도매상인에게 적절한 때에 그것들을 전해주시기를 부탁 드릴 뿐입니다. 그가 제게 그것들을 가져올 것입니다. 이와 같은 책들이 제게 전해졌다는 사실을 언급할 필요는 없을 것입니다. 그 책들이 제게 전해지는 대로 제 여러 벗들에게 그것들을 배포할 것이고 적정한 값을 받는 것은 쉬운 일일 것입니다. 건강하시고, 한가하실 때에 선생님께 충실한 제게 편지를 써주십시오.

1675년 7월 22일

런던에서

헨리 올덴부르크 올림

○ 서신62. 헨리 올덴부르크가 스피노자에게

매우 저명한 스피노자 선생님께

개신교에 속하고 매우 학식이 높은 캉[231]의 의학 박사 부르주아 씨가 네덜란드로 가는 덕분에 제게 주어진 좋은 기회를 놓치고 싶지 않습니다. (제가 아직 받아보진 못했습니다만) 선생님께서 제게 보내주신 논고에 대해 감사의 뜻을 전하려 제가 몇 주 전에 선생님께 편지를 썼다는 점을 알려드릴 기회를 부르주아 씨 덕분에

---

231) (역주) 프랑스의 도시.

갖게 되었습니다. 그러나 제 편지가 선생님께 잘 도착했는지 의문입니다. 제 편지에서 저는 선생님의 논고에 대한 제 의견을 전했었습니다. 그러나 제 의견을 주의 깊게 검토해보고 헤아려보니 제 판단이 성급했다고 생각합니다. 당시 몇몇 논의들은 제가 보기에 종교에 반하여 이루어진 것 같았습니다. 왜냐하면 저는 일반적인 신학자들과 통상적인 신앙 문서들(당파 정신에 의해 지나치게 영감을 받은 것들입니다.)이 제게 제공하는 것을 기준 삼아 그 논의들을 헤아렸기 때문입니다. 더 깊이 생각해보니 선생님께서는 참된 종교와 견고한 철학에 손상을 가하기는커녕, 그와 반대로 한편으로는 기독교의 진정한 목적을, 다른 한편으로는 결실 있는 철학의 신적인 숭고함과 탁월성을 강조하고 그것들을 확립하고자 노력하신다고 믿게 될 근거가 있었습니다. 이제 저는 선생님의 그런 의향이 굳건하다고 생각하는바, 선생님께서 어떻게 그것을 준비하시고 또 그것을 실현하기 위해 생각하고 계신 것이 무엇인지 오래되고 충심을 가진 벗에게 자주 편지를 주심으로써 알려주시기를 부탁 드립니다. 저는 그토록 신적인 계획이 매우 성공적으로 이루어지기를 온 마음으로 바랍니다. 선생님께서 제게 이와 관련된 언급을 삼가라고 명하신다면, 저는 그 누구에게도 이에 대해 이야기를 하지 않을 것을 엄숙히 맹세하겠습니다. 오직 저는 언젠가 선생님께서 더 생생하게 밝혀주실 진리들을 지성적이고 정직한 정신들이 받아들일 수 있도록 점진적으로 준비하고자 노력할 것입니다. 저는 선생님의 성찰에 반대하여 고안된 편견을 제거하도록 하겠습니다.

제가 틀리지 않다면, 선생님께서는 인간 정신의 본성과 힘, 그리고 육체와의 결합에 대해 현재 검토하시는 것 같습니다. 이 문제와 관련하여 선생님께서 생각하시는 것을 제게 알려주시기를 간청합니다. 선생님, 건강하시고, 선생님의 지식과 덕에 대해 열렬히 감탄하는 저에 대한 우정을 간직해주십시오.

헨리 올덴부르크 올림[232]

○ 서신63. 슐러가 스피노자에게 — 서신60에 대한 회신

매우 학식 있고 통찰력 있는 철학자 스피노자 선생님께

선생님, 제가 지금까지 소식을 드리지 못한 점이 부끄럽습니다. 선생님께서 자격 없는 제게 그토록 친절하게 베풀어주신 호의를 저버린 저는 비판받아 마땅할 것입니다. 그러나 선생님의 관대함은 비난보다는 용서로 기울 것이라고 저는 생각합니다. 선생님께서는 저희 벗들의 공동선을 위해 심오한 성찰을 진행 중이시고 그 성찰은 타당한 이유 없이 그것을 방해하는 일이 유해하고 비난받아야 할 정도로 높은 수준의 것입니다. 제가 소식을 드리지 못

---

232) (역주) 1675년 8월 8~18일 사이에 런던에서 작성된 것으로 추정된다.

한 것은 바로 이런 이유 때문이고, 선생님의 건강이 계속 좋았다는 것을 친구들에게 듣는 것만으로도 충분했습니다. 그러나 영국에서 잘 지내고 있는 저희의 벗인 치른하우스 선생님께서 감사의 뜻을 선생님께 전할 것을 세 번이나 편지로 요청했다는 점을 이번 편지를 통해 알려드리고자 합니다. 그는 몇몇 난점에 대한 해결을 선생님께 여쭤보고 또 다음과 같은 질문을 드릴 것을 여러 번 제게 요청했습니다.

질문은 다음과 같습니다. 우리가 사유와 연장 외의 신의 다른 속성들을 알 수 없다는 점을 선생님께서는 부조리에 의한 추론이 아닌 자명한 증명을 통해 확립하실 수 있습니까? 다른 속성들로 조합된 피조물들은 반대로 어떤 연장도 파악할 수 없다는 결론이 나옵니까? 그렇다면 신의 속성들이 있는 만큼의 세계들이 있게 될 것입니다. 말하자면, 예를 들어 연장으로 된 우리의 세계가 일정한 크기를 가지고 존재한다고 하면, 다른 속성들로 된 같은 크기의 세계들이 존재할 것입니다. 그리고 우리는 사유 외에는 연장만을 파악하는 것과 마찬가지로 이 세계들의 피조물들은 사유와 그들 세계의 속성만을 파악해야 할 것입니다.

둘째, 신의 지성은 본질에 의해서나 현존에 의해서나 우리의 지성과 다르므로, 신의 지성은 우리의 지성과 아무런 공통점도 없을 것이고, 따라서(1부 정리3에 의하여) 우리의 지성의 원인이 될 수 없습니다.

셋째, 선생님께서는 정리 10의 주석에서 모든 존재는 일정한 속성하에서 생각되어야 하고(이 점은 제가 제대로 파악하고 있습니다.)

모든 존재가 더 많은 존재 또는 실재성을 가질수록 그것에 속하는 속성들이 더 많다는 사실보다 명확한 일은 없다고 말씀하십니다. 이로부터 세 개, 네 개, 그리고 더 많은 속성을 가진 존재들이 있다는 사실이 도출됩니다. 그러나 선생님의 증명에 따르면, 모든 존재는 단지 두 개의 속성만으로, 즉 신의 일정한 속성과 이 속성의 관념으로 구성됩니다.

넷째, 신에 의해 즉각적으로 산출된 것들과 무한한 변용에 의해 산출된 것들의 예를 알고 싶습니다. 제 생각에 첫 번째 종류의 것들은 사유와 연장이고 두 번째 종류의 것들은 사유에서는 지성이고 연장에서는 운동인 것 같습니다.[233]

이것이 저희의 벗 치른하우스와 제가 선생님의 높은 학문으로부터 몇몇 해명을 얻고자 하는 점입니다. 선생님께서 해명해주실 여유가 되신다면 말입니다. 치른하우스 선생님이 첨언하기를, 보일 선생님과 올덴부르크 선생님은 선생님에 대해 가장 높게 평가하고 있으며 그 자신도 그와 같은 높은 평가를 줄이지 않고 반대로 높이고자 한다고 합니다. 그들이 그토록 우호적인 견해를 갖는 것은 비단 선생님에 대해서뿐만이 아닙니다. 그들은 『신학정치론』에 대해 역시 높이 평가하고 있습니다. 저로서는 선생님께서 채택하신 삶의 원리 때문에 이와 관련하여 감히 선생님께 언급하지는 않도록 하겠습니다. 그러나 충직한 저의 전적인 호의에 대해

---

233) (원주) 무한히 많은 방식의 변화에도 불구하고 항상 동일하게 있는 자연의 전체 모습. 2부, 정리13의 주석들 참조.

확신해 마지않으시기를 바랍니다.

1675년 7월 25일

암스테르담에서

게오르크 헤르만 슐러 올림

* 겐트[234] 씨가 리유웨르츠 씨와 마찬가지로 선생님께 안부를 전했
  습니다.

○ 서신64. 스피노자가 슐러에게
─ 서신63에 대한 회신

매우 학식 있고 사려 깊은 슐러 선생님께

선생님, 선생님께서 제게 편지를 쓰실 기회를 가지시게 된 것이
무척 기쁩니다. 선생님의 편지는 항상 저를 유쾌하게 해줍니다.
그러하니 자주 제게 편지를 써주시기를 부탁 드립니다.

그러면 이제 난점들을 다루어보겠습니다. 첫 번째 사안과 관련
하여 저는 인간 정신은 현실적으로 현존하는 육체의 관념 또는 이

---

234) (역주) 페트루스 판 겐트(Petrus Van Gent, 1640~?)는 암스테르담 출신으로
서 수학자였고 레이던 대학에서 치른하우스와 슐러의 친구였다.

관념으로부터 연역될 수 있는 것의 인식에만 이를 수 있다고 말하겠습니다. 한 사물의 능력은 오직 그것의 본질에 의해서만 정의되며(『에티카』, 2부, 정리7) 정신의 본질은 오직 그것이 현실적으로 현존하는 육체의 관념이라는 데 있기 때문입니다. 따라서 정신의 이해하는 능력은 육체의 이런 관념에 포함되거나 그것으로부터 도출되는 것에 적용될 뿐입니다. 그러나 육체의 이런 관념은 연장과 사유 외에 신의 다른 어떤 속성도 포함하거나 표현하지 않습니다. 왜냐하면 그 관념의 대상, 즉 (2부 정리6에 의하여) 육체는 신이 다른 어떤 속성이 아닌 연장 속성하에서 고찰되는 한에서 신을 원인으로 갖기 때문입니다. 따라서 (1부 공리6에 의하여) 육체의 이 관념은 오직 신이 연장 속성하에서 고찰된 한에서만 신의 인식을 포함하는 것입니다. 다음으로 이 관념은 사유의 양태인 한에서 역시 (동일한 정리에 의하여) 신이 다른 속성이 아닌 사유 속성하에 고찰된 한에서 신을 원인으로 갖습니다. 그렇기 때문에 (동일한 공리에 의하여) 이 관념의 관념은 신이 다른 어떤 속성이 아닌 사유 속성하에 고찰된 한에서 신의 인식을 포함합니다. 그러므로 인간 정신 또는 인간 육체의 관념은 이 두 속성 외에는 신의 다른 어떤 속성도 포함하거나 표현하지 않는 것입니다. 나아가 이들 두 속성 또는 그 변용들로부터 우리는 다른 어떤 속성도 파악할 수 없고 연역해낼 수도 없습니다.(1부, 정리10) 이로부터 인간 정신은 이들 두 속성 외의 그 어떤 다른 속성의 인식에도 이를 수 없다고 결론 내릴 수 있으며, 이 점이 바로 저희의 목표였습니다.

또한 선생님께서는 속성들이 있는 만큼의 세계들이 존재하는지 물으셨습니다. 『에티카』 2부 정리7을 참조하셨으면 합니다. 이 정리는 귀류법에 의해 쉽게 증명될 것입니다. 제가 이런 형태의 증명을 습관적으로 사용하는 것은 명제가 부정형일 때인데 이는 그런 증명 형태가 사물들의 본성에 더 잘 부합하기 때문입니다. 그러나 선생님께서 긍정형의 증명만을 인정하시기 때문에 저는 두 번째 난점으로 이행하겠습니다.

한 사물이 본질에 의해서나 현존에 의해서 차이가 나는 다른 사물에 의해 산출되는 것이 가능한가 하는 난점입니다. 그것들은 서로 너무도 달라서 아무 공통점도 없어 보이기 때문입니다. 그러나 모든 개별적인 존재들은 서로 닮은 존재들에 의해 산출된 것들을 제외하고는 본질에 의해서나 현존에 의해서 그들의 원인들과 차이가 나기 때문에 저는 어떤 난점도 보지 못하겠습니다. 나아가 저는 『에티카』 1부 정리25의 주석과 따름 정리에서 어떤 의미에서 신이 사물들의 본질과 현존의 작용인인지를 충분히 설명했다고 생각합니다.

1부 정리10의 주석 끝부분에 언급된 공리는 세 개, 네 개 또는 더 많은 속성을 가진 존재들이 있거나 있을 수 있다는 사실이 아니라 절대적으로 무한한 존재에 대해 우리가 갖는 관념에서 도출됩니다.

마지막으로 선생님께서 요청하신 예에 관한 것입니다. 첫 번째 종류는 사유의 질서에서는 절대적으로 무한한 지성이며, 연장의 질서에서는 운동과 정지입니다. 두 번째 종류는 무한히 많은 방식으로 변화함에도 불구하고 항상 동일하게 존재하는 우주 전체의 얼굴(facies totius universi)입니다. 이에 대해서는 2부 정리14에 앞서는 보조 정리7의 주석을 참조하십시오.

선생님, 이로써 저는 선생님 및 선생님의 벗께서 제기하신 논박에 답을 드렸다고 생각합니다. 그럼에도 불구하고 의문이 남는다면 제가 할 수 있는 만큼 그 의문을 해소할 수 있도록 제게 알려주십시오. 건강하십시오.[235]

1675년 7월 29일
헤이그에서

○ 서신65. 에렌프리트 발터 폰 치른하우스가 스피노자에게―서신64에 대한 회신

매우 통찰력 있고 학식 있는 철학자 스피노자 선생님께

선생님, 정신이 연장과 사유 외에는 신의 다른 속성을 파악할 수 없다는 주장을 증명해주실 것을 요청합니다. 왜냐하면 비록 이 점을 제가 명확히 파악하기는 하지만, 그럼에도 불구하고 그 반대가 『에티카』 2부 정리7의 주석으로부터 연역될 수 있는 것처럼 보이기 때문입니다. 어쩌면 이는 제가 이 주석의 의미를 정확히 이해

---

235) (역주) "기타 등등"의 표현 삭제.

하지 못했기 때문일 수도 있습니다. 그래서 저는 어떤 추론을 통해 제가 이런 점에 이르게 되었는지를 설명하기로 했습니다. 저명한 선생님, 제가 선생님의 사유를 정확히 이해하지 못한 지점에서 선생님의 한결같은 호의로 저를 도와주시기를 진심으로 부탁드리는 바입니다.

문제가 어떻게 제시되는지는 다음과 같습니다. 제가 당연히 이해하는 바이지만, 세계가 전적으로 유일하다는 사실로 비추어볼 때, 그것이 무한히 많은 방식으로 표현되고, 따라서 각각의 개별적 사물이 무한히 많은 방식으로 표현된다는 것 역시 명확한 사실입니다. 제 정신을 구성하는 변용과 제 육체를 구성하는 변용은, 비록 그것들이 동일한 하나의 변용이라고 해도, 그로부터 무한히 많은 방식으로 표현될 것이라는 점이 도출되는 것 같습니다. 사유의 양태, 연장의 다른 양태, 제가 모르는 속성의 세 번째 양태, 그리고 이처럼 무한히 많은 방식으로 말입니다. 왜냐하면 무한히 많은 신의 속성들이 존재하며 변용들의 질서와 연쇄는 모든 것에서 동일하기 때문입니다. 이로부터 문제가 제기됩니다. 정신은 특정 변용을 표상하며 이 변용은 연장에 의해 표현될 뿐 아니라, 무한히 많은 다른 방식으로도 표현됩니다. 그렇다면 무슨 이유로 정신은 연장, 즉 인간 육체에 의해 표현되는 이 변용만을 지각하는 것이며, 다른 속성에 의해 이루어질 다른 표현을 전혀 지각하지 않는 것입니까? 그러나 세부적인 논의를 진행할 시간이 제게 부족합니다. 모든 난점은 어쩌면 계속된 성찰을 통해 해소될 것입니다.

○ 서신66. 스피노자가 에렌프리트 발터 폰 치른하우스에게 – 서신65에 대한 회신

선생님의 논박에 답하기 위해 저는 다음과 같이 말하겠습니다. 각 존재가 신의 무한한 지성 속에서 무한히 많은 방식으로 표현될지라도, 각 존재를 표현하는 무한히 많은 관념들이 한 개별 존재에 대하여 유일하고 동일한 정신을 구성할 수는 없습니다. 반대로 그 무한히 많은 관념들은 그 개별 존재에 대하여 무한히 많은 정신들을 구성합니다. 실제로 제가 『에티카』2부 정리7의 같은 주석에서 설명했고, 1부 정리10에서도 드러나듯이 이렇게 무한히 많은 관념들의 각각은 다른 관념들과 아무런 연결점이 없습니다. 선생님께서 이 모든 점에 대해 조금만 주의를 기울이신다면 아무런 난점도 선생님께 남지 않게 될 것입니다.[236]

1675년 8월 18일

헤이그에서

---

236) (역주) "기타 등등" 삭제.

○ 서신67. 알베르트 뷔르흐가 스피노자에게

매우 현명하고 통찰력 있는 스피노자 선생님께

조국을 떠나면서 저는 여행 중 생길 모든 중요한 일에 대해 선생님께 알려드리기로 약속했었습니다. 이제 제가 그 의무를 다할 기회가 왔습니다. 이는 정말로 중요한 일이므로 선생님께 알려드림으로써 빚을 갚고자 합니다. 즉 저는 신의 무한한 자비를 통해 가톨릭 교회로 회귀했고 그 회원 중 한 명이 되었습니다. 어떻게 일이 진행되었는지에 대해서 선생님께서는 매우 저명하고 명철한 레이던의 교수 크라넨 씨에게 제가 보낸 글에서 세부적으로 이해하실 수 있을 것입니다. 여기서는 선생님과 직접 관련이 있는 것을 간략하게 말씀 드리겠습니다.

과거에는 제가 선생님의 정신의 섬세함과 심오함을 경탄한 만큼 현재는 선생님께 항변하게 되고 또 선생님에 대해 가슴 아프게 생각하게 됩니다. 저는 선생님께서 위대한 재능이 있고 신으로부터 가장 탁월한 선물로 부여된 정신을 갖추고 계시며 진리를 사랑하시고 열렬히 아끼신다고 생각합니다. 그럼에도 불구하고 선생님께서는 가엾고 오만한 악령들의 왕에 의해 유혹받고 남용되도록 방임하고 계십니다. 진정 선생님의 철학 전체는 단순한 착각과 환상이 아니라면 무엇이겠습니까? 그러나 그런 철학을 통해 선생님께서는 현세에서의 영혼의 평온뿐 아니라 그 영원한 구원에 전념하고 계십니다. 그것이 바로 선생님의 믿음에 대한 빈약한 근거입니다. 선생님께서는 자신의 학설이 참된 철학이라고 주장하십니다. 선생님의 철학이 이미 정립된 철학들이나 언젠가 정립될 철학들을 능가한다는 확신은 어디서 오는 것입니까? 선생님께서 세상 전체에서, 이곳 또는 인도에서 가르치는 모든 철학을 다 검토하셨습니까? 미래에 가르치게 될 철학들은 언급하지 않겠습니다. 선생님께서 그렇게 하셨다고 가정한다고 해도 어떻게 선생님께서는 최선의 철학을 선택했다는 점을 아십니까? 선생님께서는 자신의 철학이 이성과 합치하는 반면 다른 철학들은 이성에 반한다고 말씀하십니다. 그러나 선생님의 제자들을 제외한 모든 철학자는 선생님의 관점과 대립되는 관점을 가지고 있고 그들 모두는 선생님께서 선생님의 학설에 대해 말하는 것을 동일한 권리와 함께 그들의 학설에 대해 말합니다. 그들은 선생님께서 그들의 오류와 거짓을 비난하듯이 선생님의 오류와 거짓을 비난합니다. 따라서 선생님께서는 선생님의 철학의 진리를 드러내기 위해 모든 학설에 공통되지 않고 오직 선생님의 학설에 대해서만 타당한 근거들을 제시하시는 것이거나 아니면 선생님의 학설 역시 다른 것들만큼 불확실하고 하찮다는 것을 인정하셔야 할 것입니다.

그러나 선생님께서 철학과 신학을 구별하지 않고 부여한 불경한 제목의 선생님 저작에 대해 다루고자 합니다. 선생님께서 악마적인 교활함으로 철학과 신학이 서로 분리되며 구분되는 원리들을 가진다는 점을 확립한다고 주장하신다고 해도, 실제로는 이 둘을 혼동하고 계시기 때문입니다. 그러면 계속 제 논의를 이어가겠습니다.

아마도 선생님께서는 다음과 같이 말씀하실 것입니다. 〈다른 사람들은 나만큼 많이 성서를 읽지 않았다. 성서의 권위를 인정하는지 여부에 따라 기독교인들과 다른 민족들이 구분되며 나는 내 주장을 성서 자체에 의해 입증한다. 어떻게 이를 입증하는가? 나는 명확한 텍스트와 모호한 부분들을 비교함으로써 성서를 설명한다. 그리고 이와 같은 해석에 근거하여 나는 교리들을 구성하거나 내 머릿속에 이미 형성되어 있던 것을 확인한다.〉 선생님께서 말씀하시는 것에 대해 부디 진지하게 성찰해보시기를 부탁 드립니다. 명확한 텍스트에 대해 선생님께서 행하시는 사용법이 정확한지 어떻게 아십니까? 그렇게 하면 성서의 해석으로 충분한 것이고 또 선생님께서 성서를 올바르게 해석하신다는 것을 어떻게 아십니까? 〈신의 말씀은 글을 통해 우리에게 전해진 것이 아니다.〉라고 가톨릭이 주장하는 진리에 의거한다면, 오직 성서만으로 성서를 설명한다는 것은 인간에게도 또 유일한 합법적 해석자인 교회로서도 불가능합니다. 성서와 교부들의 증언이 입증하는 바와 같이, 사도 전통을 또한 참작해야 합니다. 이는 또한 올바른 이성뿐 아니라 경험과도 일치하는 것입니다. 선생님의 원리만큼 그릇되고 위험한 것은 없습니다. 그릇된 기초 위에 세워지고 구성된 선생님의 학설에서 무엇이 남겠습니까?

선생님께서 십자가에 못 박힌 그리스도를 믿으신다면 선생님의 악한 이단을 인정하시고 타락한 본성을 바로잡으십시오. 그리고 교회와 화해하십시오.

실제로 선생님의 입증 방식과, 이단들 및 신의 교회에서 빠져나

왔거나 아직도 빠져나오고 있고 또 언젠가 빠져나올 모든 이단이 사용하고 또 사용해온 입증 방식의 차이가 무엇입니까? 그들 모두는 자신들의 교리를 형성하고 확증하기 위하여 선생님의 원리와 다르지 않은 원리, 즉 오직 성서의 원리를 적용했습니다.

칼뱅주의자들 또는 이른바 종교 개혁가들, 루터주의자들, 메노주의자들, 소치니주의자들 등이 선생님의 학설을 논파할 수 없다는 점으로 자부하지 마십시오. 제가 이미 언급한 것처럼, 그들 모두가 선생님만큼 불행하며 선생님처럼 죽음의 어둠에 갇혀 있기 때문입니다.

그러나 선생님께서 그리스도를 믿지 않으신다면 선생님께서는 제가 말할 수 있는 것보다 더 불행한 것입니다. 하지만 치유는 쉽습니다. 선생님 논변의 오만함, 위험, 빈약함을 인정하고 회개하십시오. 그리스도에 대한 신앙을 왜 갖지 않으십니까? 선생님께서는 다음과 같이 답하십니다. 〈그리스도의 학설과 삶은 기독교도들이 그로부터 이끌어내는 학설과 마찬가지로 나의 원리들과 일치하지 않는다.〉 그러나 저는 다시 말하겠습니다. 선생님께서는 신의 나라, 신의 교회에서 살아온 모든 사람, 즉 교부들, 선지자들, 사도들, 순교자들, 신학자들, 신앙 고백자들, 성모 마리아, 무수히 많은 성인(聖人)들을 능가한다고 주장하시는 것입니까? 선생님의 불경과 신성 모독으로써 우리의 구세주 예수 그리스도를 넘어선다고 생각하십니까? 선생님의 학설과 삶이 이들 모두의 위에 있다고 생각하십니까? 불행한 난쟁이, 천한 지렁이, 더 나쁘게는 먼지, 지렁이 먹이에 불과한 선생님께서 형언할 수 없는 신성 모독으로 우리의 영원한 성부의 무한하고 육화한 지혜를 넘어서기를 원하십니까? 세상의 시작부터 신의 교회에 속했으며, 그리스도의 강림을 믿었고 또 그것을 기다리며 그가 이미 강림했다고 믿는 모든 사람보다 선생님만이 더 현명하고 위대합니까? 어떤 사실이 이처럼 혐오스럽고 경솔하고 무분별한 오만함의 근거가 되는 것입니까?

선생님께서는 그리스도가 살아 있는 신의 아들이고 성부의 영원한 지혜가 살 속에 현현한 말씀이며, 그가 고통받았고 인류를 위해 십자가에 못 박혔다는 것을 부정하십니다. 왜일까요? 그것은 이 모든 것이 선생님의 원리들에 부합하지 않기 때문입니다. 그러나 선생님께서 참된 원리들에 의거하지 않으며 또 그 원리들은 거짓되고 경솔하고 부조리하다는 점이 이미 입증되었습니다. 이런 사실 외에도 이제 저는 다음과 같은 점을 덧붙이겠습니다. 즉 혹시 선생님께서 참된 원리들에 의거하고 또 그것들 위에 모든 것을 세운다고 해도 선생님께서는 세상에 발생하고 또 이미 발생한 모든 일을 그 원리들로써 설명할 수는 없으며, 어떤 것이 그 원리들에 대립된다고 해서 그것이 실제로 불가능하거나 거짓되다고 결정적으로 말할 권리가 없으십니다. 왜냐하면 자연에 확실하게 알 수 있는 것이 있다고 해도, 선생님께서 설명할 수 없는 것들은 매우 많이, 요컨대 무수히 많이 있기 때문입니다. 이런 설명할 수 없는 현상들과 선생님께서 확실하다고 간주하시는 설명들 사이에는 모순이 있게 되며, 선생님께서는 이런 모순을 제거할 수조차 없습니다. 선생님의 원리들로는 마법, 주술, 그리고 우리가 소리를 내거나 특정 물건에 글로 써서 몸에 지니는 몇몇 낱말들의 힘을 설명할 수 없습니다. 또한 악령에 사로잡힌 이들에게서 관찰되는 놀라운 현상들도 설명하지 못합니다. 그러나 저는 이 모든 현상의 여러 사례를 목격했고 무수히 많은 다른 사례에 관하여 믿을 만한 사람들이 만장일치로 확실하게 증언한 것들을 수집했습니다.

정신의 관념들 중 몇몇이 그것들이 표상하는 사물들의 본질들과 일치한다는 점을 인정함으로써 어떻게 선생님께서는 모든 피조물의 본질들을 알 수 있습니까? 선생님께서 그 관념들은 인간의 영혼에 자연적으로 형성되는지, 또는 모든 관념은 아닐지라도 많은 관념들이 외부 사물들에 의해, 또는 선한 정신들이나 악한 정신들, 혹은 신의 명백한 계시에 의해 산출될 수 있고 또 실제로 산출되는지 확실하게 아무것도 알 수 없으시면서 말입니다.

선생님의 판단을 신의 전능에 맡겨야 한다는 사실에 대해서는 제가 아무것도 말하지 않는다고 해도, 다른 사람들의 증언과 사물들에 대한 경험을 무시하고서 어떻게 선생님께서는 자신의 원리들로써 다음과 같은 것들의 현실적 현존이나 비현존, 그것들의 현존에 대한 가능성이나 불가능성을 정확히 정의하고 확실하게 확립하실 수 있습니까? 깊이 파묻힌 광석과 수맥을 탐지하는 지팡이, 연금술사들이 찾는 돌, 말과 비문(碑文)의 힘, 선하거나 악한 여러 혼령들의 환영(幻影), 연소 후에도 나타나는 유리병 속 꽃과 식물의 복원, 사이렌, 갱(坑)에서 자주 보이는 요정들, 많은 사물들의 조화와 부조화, 인간 육체의 불가입성 등 말입니다. 요컨대 이 모든 것이 실제로 존재하는지 존재하지 않는지, 존재할 수 있는지 또는 존재할 수 없는지를 선생님께서 밝힐 수 있습니까? 철학자 선생님, 선생님께서 자신이 가진 것보다 천배 더 섬세하고 심오한 정신을 갖춘다고 해도, 이들 중 그 무엇에 대해서도 선생님께서는 결정적인 것을 말하실 수는 없을 것입니다. 이런 문제들 및 이들과 유사한 문제들에 대해 판단을 내리기 위해 만일 선생님께서 단지 선생님의 지성만을 신뢰한다면, 선생님께서 알지 못하는 것이나 스스로 경험하지 못한 모든 것은 불가능한 것이라고 생각하실 것입니다. 비록 믿을 만한 아주 많은 사람들의 증언에 의해 선생님께서 설득되시기 전까지는 그것들을 단지 불확실한 것으로 간주해야 함에도 말입니다. 만일 누군가가 율리우스 카이사르에게 성(城), 도시 전체, 심지어 산까지도 폭파하고 놀라운 확산력으로 대기의 모든 장애물을 파괴할 힘이 있는 화약이 수 세기 후에 제작되고 통상적으로 사용될 것이라고 예언했다면 그도 역시 마찬가지 방식으로 판단했을 것이라고 저는 생각합니다. 그러나 만일 어떤 사람이 카이사르의 판단, 경험, 그리고 그의 뛰어난 군사 지식에 반대되는 사실로써 그를 설득하려 한다면, 카이사르는 그 모든 것을 믿지 않을 것이고 그 사람의 면전에서 파안대소할 것입니다.

그러나 저희의 주제를 다시 다루겠습니다. 선생님께서 제가 말하는 것을 알지 못하시고 그것에 대해 판단 내릴 수도 없다면, 불행하고 악마적인 오만으로 가득한 선생님께서 가톨릭 교부들 스스로도 불가해하다고 선언하는 그리스도의 수난과 삶의 어마어마한 신비에 대해 감히 어떤 경솔한 판단을 내릴 수 있겠습니까? 그리스도 이후에 사도들, 그들의 제자들, 그리고 이후에 수많은 성자들이 가톨릭 신앙과 그 진리에 대해 신적 전능의 덕을 통해 제시했고 또 신이 자신의 자비와 전능한 선으로써 오늘날까지도 온 세상에 다시 이루어지기를 바라는 수많은 기적, 징조, 모든 분명한 증언에 대해 어리석고 공허하게 내뱉는 장황하고 무분별한 말이 무슨 의미가 있겠습니까? 필경 선생님께서는 이에 대해 반대할 것이 아무것도 없는바, 무엇 때문에 아직도 고집을 피우십니까? 손을 내미십시오. 선생님의 오류와 잘못을 회개하시고 겸허한 삶이 되고 새사람으로 거듭나십시오.

그러나 실제로 기독교의 근본을 이루는 진리를 이제 다루도록 하겠습니다. 선생님께서 그 진리에 조금이라도 주의를 기울이신다면, 어떻게 감히 무수히 많은 사람들이 그것에 대해 탁월한 설득의 힘을 부여한다는 것을 부정하시겠습니까? 그 사람들 가운데는 선생님을 능가하는 수많은 이들이 있습니다. 그들의 학설, 지식, 그들의 정신의 섬세함과 깊이는 선생님에 비해 무수한 장점을 지닙니다. 그들 모두는 살아 있는 신의 아들 그리스도가 육화했고 십자가에서 고통받았다는 점을 한 목소리로 주장합니다. 그리스도가 우리의 죄를 위해 죽었고 부활하고 현성용(顯聖容)[237]하여 천국에서 신과 마찬가지로 성령과 결합한 성부의 곁에 군림함을 주장합니다. 그들은 또한 동일한 주제들과 관련된 다른 교리들에 대해서도 일치합니다. 지성을 넘어설 뿐 아니라 통상적인 이성에 대립되는 수많은 기적들이 행해지지 않았겠습니까? 그리고 이 기적

---

237) (역주) 예수가 팔레스타인의 다볼(Tabor)산에서 자신의 모습을 드러낸 일.

들은 동일한 구세주 예수와 그의 이름으로 이후 사도들과 다른 성자들을 통해 신적인 전능한 덕 덕분에 지금도 신의 교회에서 계속 이루어지지 않겠습니까? 이들 기적에 대한 무수한 물질적 증거들은 오늘날까지도 광대한 세상 모든 곳에 걸쳐 퍼져 드러나 있지 않겠습니까? 선생님을 따라 저 역시 고대 세계에 로마인들이 존재한 적이 있었고 율리우스 카이사르 황제가 공화국의 자유를 억누르면서 그의 통치를 전제군주제로 바꾸었다는 사실을 부정할 수 있을 것입니다. 물론 모두가 접근할 수 있고 오늘날까지도 로마인들의 힘을 입증하는 그토록 많은 유적들에 개의치 않고, 공화국의 역사와 로마 왕국의 역사, 특히 율리우스 카이사르의 행적들을 자신들의 글에서 이야기한 가장 중요한 역사가들뿐 아니라, 그런 유적들을 스스로 보았고 그것들에 대한 신빙성을 부여했고 아직도 부여하고 있는 (수많은 저자들은 그것들의 존재를 주장합니다.) 수많은 사람들의 판단에도 또 언급된 역사가들의 이야기들에도 신경 쓰지 않고서 말입니다. 제가 어젯밤 꿈꾼 원리에 의거하면서 과연 우리에게 남은 로마인들의 유적들이 실재하는 것이 아니라 단지 환상일 뿐이라고 믿을 수 있겠습니까? 마찬가지로 로마인들에 대해 이야기되는 것이 갈리아족의 아마디스 및 같은 종류의 다른 영웅들에 대해 책들이 유치하게 이야기하는 것과 유사한 것이라고 할 수 있겠습니까? 율리우스 카이사르는 이 세상에 존재한 적이 전혀 없거나, 아니면 그가 존재했었다면, 그는 미친 사람이었고 실제로 로마인들의 자유를 억압한 적이 없었으며, 황제의 권좌를 차지하지도 않았다고 할 수 있겠습니까? 그가 자신이 큰일들을

한 것을 정신 나간 상상이나 친구들의 아첨 때문에 믿었다고 할
수 있겠습니까? 중국이 타타르족에게 점령되었었고 터키의 황제
가 콘스탄티노플에 근거지를 두고 있다는 것 또 이와 유사한 무수
히 많은 일들을 제가 근본적으로 부정할 수 있지 않겠습니까? 그
러나 제가 이 모든 것을 부정한다면 누가 저에 대해 분별이 있는
사람이라고 믿겠으며 누가 이토록 한심한 무분별을 용인하겠습니
까? 무수히 많은 사람들의 공통된 동의가 이런 믿음과 그 확실성
의 자명함을 확립해줍니다. 왜냐하면 이런 사실들을 제시하는 모
든 사람 및 다수의 다른 사람들이 수세기에 걸쳐, 그리고 심지어
는 세상의 시작부터 지금에 이르는 내내 오류를 범했거나 타인들
을 속이고자 했다는 것은 불가능한 일이기 때문입니다.

두 번째로, 세상의 시작부터 지금까지 중단 없이 계속된 신의
교회는 안정적이고 견고한 반면, 이교적이거나 이단적인 다른 종
교들은 그것들이 이미 종식되지 않았다면, 인간의 왕국들이나 철
학자들의 견해들처럼 더 늦게 시작한 것들이라는 점을 생각하십
시오.

세 번째로는, 그리스도가 육화를 통해 강림함으로써 신의 교회
는 구약의 종교에서 신약의 종교로 이행했고 살아 있는 신의 아
들 그리스도 자체에 의해 확립되었다는 점을 생각하십시오. 그 이
후 신의 교회는 사도들 및 그들의 제자들과 계승자들에 의해 확산
되었고, 이들은 세상 사람들에게 무지하다고 간주되었지만 그럼
에도 불구하고 모든 철학자를 혼란케 했다는 점을 생각하십시오.
이들이 통념에 대립되고 모든 인간적 추론을 넘어서고 초월하는

기독교 학설을 설파했음에도 불구하고 말입니다. 이 사람들은 세상의 눈으로 볼 때 비참하고 비루하며 비천한 조건에 처한 이들로서 지상의 왕이나 군주들의 권능이 돌보지 않으며 오히려 모든 종류의 박해를 받고 이 세상의 모든 어려움에 직면한 이들입니다. 이들의 활동은 전능한 로마 황제들이 모든 종류의 수난을 통해 그들의 능력이 닿는 만큼 기독교도들을 살해함으로써 그 사람들의 활동을 방해하고 나아가 억압하려고 노력할수록 더욱 커졌습니다. 그래서 많지 않은 시간 동안 세계 전체에 걸쳐 그리스도의 교회는 확장되었고 결국 로마 황제 자신과 유럽의 왕들과 군주들이 개종함에 따라 성직 계급은 오늘날 우리가 감탄스럽게 볼 수 있는 막대한 힘에 도달한 것입니다. 이 모든 것은 (이 세상의 군주들이 그들의 영토를 확장하려고 하듯이 무기의 소란, 많은 사람들의 살인, 영토의 파괴에 의해 이루어진 것이 아니라) 자비, 호의, 인내, 신에 대한 신뢰 및 다른 기독교적 덕에 의해 이루어진바, 그리스도가 약속한 것처럼,[238] 교회에 반대하여 지옥의 문이 유혹할 것은 전혀 없습니다. 이와 관련해서도 유대인들을 극도의 불행과 비판에 빠뜨린 끔찍하고 가혹한 벌을 헤아리십시오. 그들은 그리스도를 십자가에 못 박은 주동자들이기 때문입니다. 모든 시대의 역사를 읽고 펼쳐보고 성찰해보십시오. 선생님께서는 그 어떤 사회에서도 이와 유사한 운명의 흔적을 꿈속에서조차 발견하지 못하실 것입니다.

네 번째로는 가톨릭 교회의 본질이 실제로 바로 이 교회와 분리

---

238) (역주) 『마태복음』 16: 18 참조.

될 수 없는 속성들을 포함한다는 점을 생각하십시오. **고대성을 통**해 가톨릭 교회는 당시에 참된 종교였던 유대교를 이어받음으로써 그 시작부터 그리스도의 강림에 이르기까지 12세기의 기간과 사제들의 중단 없는 승계 과정을 전개했습니다. 그래서 가톨릭 교회는 성스럽고 신적이며 순수하고 결함 없는 책들과 함께 역시 순수하고 확실한 신의 말씀에 대한 구전(口傳) 전통을 지닙니다. **불변성을** 통해 가톨릭 교회의 학설과 성사(聖事) 집행 기관은 손상되지 않은 채 남아 있고 모두가 인정하듯이 그리스도 자신과 사도들에 의해 확립된 모습 그대로 온전히 효력을 유지하고 있습니다. **무오류성**을 통해 가톨릭 교회는 신앙과 관련된 모든 것을 규정하고 결정함에 있어 이를 위해 그리스도가 가톨릭 교회에 부여한 권능에 의거한 최상의 권위, 확실성, 진리와 함께, 그리고 교회를 약혼자로 둔 성령의 방향에 따라 실행합니다. **개혁 불가능성**으로 인해 가톨릭 교회는 개혁을 전혀 필요로 하지 않습니다. 왜냐하면 가톨릭 교회는 타락할 수도 없고 틀릴 수도 없고 속일 수도 없기 때문입니다. 통일성을 통해 모든 가톨릭 교회 회원들은 동일한 것을 믿고 동일한 신앙을 가르치며 하나의 동일한 제단을 가지고 모든 성사(聖事)를 공유하며 동일한 하나의 목적을 향한 상호 복종 속에서 합심합니다. **가톨릭 교회에 대한 영혼의 분리 불가능성**으로 인해 그런 분리를 감행하는 영혼은 적어도 죽기 전에 회개를 통해 교회에 다시 합류하지 않는다면 반드시 영겁의 벌을 받게 됩니다. 사실 모든 이단은 교회에서 나간 반면 교회는 항상 동일하게 반석 위에 세워졌던 모습 그대로 견고하고 안정적으로 남아 있다는 것은 명확한 일입니다. **규모(extensionem)의 무한성**을 통해 가톨릭 교회는 우리가 확인할 수 있듯이 세상 전체로 확장됩니다. 이와 같은 점은 그 어떤 분리주의적, 이단적, 이교적 사회나 그 어떤 정치권력, 그 어떤 철학 이론에 대해서도 적용할 수 없는 특권인 것입니다. 앞서 나열한 가톨릭 교회의 속성들 중 그 어떤 것도 다른 어떤 사회에 부합하지 않는 것과 마찬가지로 말입니다. 끝으로, **세상의 마지막까지의 영속성**은 길, 진리, 생명에 의해 가톨릭 교회에 보장된 것으로서, 성령을 통해 그리스도 자신이 약속하고 부여한 상기 속성들의 경험이 또한 명백하게 증명하는 것입니다.

다섯 번째로, 교회의 광대한 단체를 지도하고 관리하는 질서와 보호의 감탄스러운 질서가 교회를 신의 섭리와 성령의 행동 자체에 연결시키는 결합이라는 것을 이해하십시오. 우리가 우주에서 지각하는 조화가 만물의 창조 및 보존에서 신의 능력과 지혜를 드러내는 것처럼 말입니다. 그 어떤 사회에서도 이토록 아름답고 견고하고 중단 없는 질서가 발견되지는 않습니다.

여섯 번째로, 다음과 같은 점을 생각하십시오. 즉 무수히 많은 남성과 여성 가톨릭 신도들(이들 중 많은 사람들이 아직 생존해 있고, 제가 직접 보고 만난 이들이 있습니다.)은 감탄스럽고 매우 성스러운 삶을 영위했고 예수 그리스도의 이름을 경배하면서 신의 전능한 덕을 통해 여러 기적을 행했습니다. 뿐만 아니라 매일 즉각적인 회심을 통해 매우 많은 사람들이 최악의 삶에서 진정 기독교적이고 성스러운 더 선한 삶으로 옮겨갔습니다. 일반적으로 모든 가톨릭 신도는 더 겸허할수록 또 그들 스스로가 자격이 없다고 생각하고 타인들의 삶을 더 성스럽다고 칭찬할수록 더 성스럽고 완전합니다. 가장 완강한 죄인들 스스로도 종교에 대한 존중을 간직하고 자신들의 악행을 고백하고 자신들의 부덕과 불완전성을 비난하며 그로부터 벗어나 스스로를 교정하고자 합니다. 그렇기 때문에 이단자나 덕의 수준이 가장 높은 철학자도 가장 불완전한 가톨릭 신도와 비교될 수 없는 것입니다. 바로 이런 점에서 가톨릭 학설의 지혜, 그 감탄스러운 깊이, 세상 전체의 학설들에 대한 우위가 선명히 드러나는 것입니다. 왜냐하면 가톨릭 학설은 다른 어떤 사회에 속한 모든 사람보다 더 가치 있는 사람들을 키워내고 현세에서 영혼의 평온에, 그리고 내세에서는 영원한 구원에 이르기 위한 확실한 길을 가르쳐주고 전해주기 때문입니다.

일곱 번째로는 여러 완강한 이단들과 중요한 철학자들의 공개적인 신앙 고백에 대해 진지하게 생각하십시오. 가톨릭 신앙을 받아들인 후 그들은 이전에 자신들이 불행하고 맹목적이며 무지하고 무분별했다는 것을 확인하고 알게 되었습니다. 왜냐하면 그들은 오만으로 가득 차고 교만에 들떠 자신들의 학설, 지식, 삶의 완전성으로 다른 모든 사람을 훨씬 능가한다는 그릇된 믿음을 가졌기 때문입니다. 이후 그들 중 몇몇은 매우 성스러운 삶을 영위했고 무수히 많은 기적의 추억을 그들 뒤에 남겼습니다. 또 다른 사람들은 열정과 가장 큰 기쁨으로 순교의 길을 따랐습니다. 성자 아우구스티누스를 포함한 다른 사람들은 매우 섬세하고 심오하고 현명한 교부가 되었고 결과적으로 매우 유용한 사람들이 되어 그들은 교회의 기둥과도 같습니다.

마지막으로 무신론자들의 비참하고 불안한 삶을 생각해보십시오. 비록 그들이 가끔씩 매우 유쾌하고 즐거운 정신을 보여주고 또 그들의 영혼의 가장 큰 내적 평화와 함께 삶을 영위하는 인상을 주고자 함에도 불구하고 말입니다. 특히 그들의 불행하고 끔찍한 죽음을 생각해보십시오. 제가 직접 본 사례들이 있고 아주 많은 사례들을 저는 알고 있습니다. 요컨대 다른 사람들의 이야기와 역사를 통해 볼 때 그런 사례는 무한히 많습니다. 이런 사례들을 통해 선생님께서는 적시에 현명해지는 법을 배우십시오.

제가 선생님께 바라는 바이지만, 이처럼 선생님의 두뇌가 만들어내는 견해에 대한 선생님의 신뢰가 얼마나 경솔한 것인지 확인하십시오.(매우 확실한 일이지만, 실제로 그리스도가 진정한 신인 동시에 인간이라면 선생님께서 어떤 조건에 처하게 되는지 보십시오. 선생님의 고약한 오류와 매우 심각한 죄를 고수할 때 선생님께서는 영겁의 벌 이외에 무엇을 희망할 수 있겠습니까? 이런 끔찍한 생각을 염두에 두십시오.) 또한 선생님의 가련한 숭배자들을 제외한다면 선생님께서 세상 전체를 조롱하는 데 쓰이는 논변이란 것은 얼마나 부족한 것입니까? 선생님께서 자신의 재능의 탁월성을 생각하고 매우 공허하고, 요컨대 선생님의 매우 그릇되고 불경한 학설을 감탄스러워하실 때 얼마나 어리석게 교만해지시는 것입니까? 선생님께서 의지의 자유를 스스로 박탈함으로써 짐승들처럼 비참해지는 것은 얼마나 부끄러운 일입니까? 선생님께서 의지의 자유를 경험하시지 않고 또 그것을 인정하시지 않는다고 해도, 어떻게 선생님의 사유가 가장 큰 칭찬의 대상이 될 가치가 있고 심지어 정확히 따라야 할 가치가 있다는 환상을 가질 수 있습니까?

선생님께서 신도 이웃도 선생님께 연민을 갖기를 원하지 않으신다면(이런 생각을 버리십시오.) 적어도 선생님 스스로는 현재보다 선생님을 더욱 비참하게 하는 자신의 불행에 대해 연민을 가지고 계십니다. 또는 선생님께서 계속 그렇게 하실 경우 불행하게 될 것보다는 덜 불행해지도록 노력하십시오.

철학자 선생님, 회개하십시오. 선생님의 지혜의 어리석음을 인정하고 그 지혜가 분별이 없다는 것을 인정하십시오. 오만함에서 겸허함으로 나아가면 치유될 것입니다. 매우 성스러운 삼위일체 속의 그리스도를 숭배하면 그는 선생님의 불행을 가엾게 여기고 선생님을 맞이할 것입니다. 교부들과 신학자들을 읽으십시오. 그들은 선생님께서 사멸하지 않고 영생을 갖기 위해 무엇을 하셔야 하는지 알려줄 것입니다. 자신들의 신앙과 올바른 삶을 깊이 인식하고 있는 가톨릭 신도들에게 자문을 구하십시오. 그들은 선생님께서 전혀 알지 못했고 선생님을 놀라게 할 많은 것을 말해줄 것입니다.

제가 선생님께 이와 같은 편지를 쓴 것은 진정 기독교적인 의도에서입니다. 우선은 비록 선생님께서 이교도이실지라도 선생님에 대한 제 사랑을 알려드리기 위해서이고, 다음으로는 선생님처럼 다른 사람들을 계속해서 타락시키지 말 것을 요청하기 위해서입니다.

그러므로 저는 다음과 같이 결론 내리겠습니다. 선생님께서 원하신다면 신은 선생님의 영혼을 영겁의 벌에서 구해내기를 원합니다. 구세주를 따를 것을 주저하지 마십시오. 구세주는 다른 사람들[239]을 통해 이미 매우 자주 선생님을 불렀고 이제 다시 한 번, 그리고 아마도 마지막으로 저를 통해 선생님을 부르고 있습니다. 신의 형용할 수 없는 자비를 통해 이와 같은 은총을 받고서 저는 온 마음으로 그 은총이 선생님께도 내려지기를 기도합니다. 그것을 거부하지 마십시오. 선생님을 부르는 신에게 귀 기울이지 않으시면, 구세주의 분노가 선생님을 향해 불타오를 것이고, 선생님께서 구세주의 무한한 자비로부터 버림받으면 모든 것을 분노로 태워버리는 신의 심판의 희생자가 될 위험이 있을 것입니다. 전능한 신이 당신의 이름의 가장 위대한 영광과 선생님의 영혼의 구원을 위해, 선생님을 따르는 불행한 많은 숭배자들이 따라야 할 유익한 사례로서 선생님을 그 위험에서 보호해주기를 기원합니다. 성부와 함께 살며 성령과 하나 되어 신 안에 거하는 우리의 구세주 예수 그리스도의 이름으로 아멘.

---

239) (역주) 덴마크의 해부학자 닐스 스텐센(Niels Stensen, 1638-1687)을 암시하고 있는 것으로 보인다. 닐스 스텐센은 1675년에 스피노자에게 편지를 보냈다. 이 편지는 『유고집』에도 네덜란드어 번역 전집에도 포함되지 않았다. 게브하르트가 편집한 서간집에 서신67의 속편(bis)으로 포함되었다. 스피노자는 철학적 가치가 없는 이 편지에 답하지 않았을 뿐 아니라 『유고집』의 출간을 위한 원고로 보존하지도 않았다. 아펜의 프랑스어 번역본 및 플레이아드 판본도 이 편지를 싣지 않았다. 역자의 국역 서간집에도 이 서신을 굳이 포함시킬 필요가 없다고 판단하여 옮기지 않았음을 밝혀둔다. 최근의 프랑스어 번역자인 막심 로베레는 이 서신뿐 아니라 여러 부수적인 서신들을 수집하여 옮겨놓았는데 이 문헌들에 대해서는 별도의 고찰이 필요할 것으로 보인다.

○ 서신68. 스피노자가 헨리 올덴부르크에게
─ 서신61에 대한 회신

매우 고귀하고 학식 있는 헨리 올덴부르크 선생님께

선생님의 7월 22일자 편지를 받았을 때는 제가 말씀 드린 책을 출판사에 맡길 목적으로 암스테르담으로 떠나던 순간이었습니다. 제가 이 일을 처리하는 동안 신이 존재하지 않는다는 것을 제시하려는 제 책이 출간될 것이라는 소문이 사방에 퍼졌습니다. 많은 사람들이 이런 소문을 사실로 믿었습니다. (아마도 이 소문을 주동한) 몇몇 신학자들은 이 기회를 활용하여 군주와 당국에 저를 고소하려고 합니다. 나아가 저에 대해 우호적이라고 의심받은 어리석은 데카르트주의자들은 그런 의심에서 벗어나려고 제 사유와 글에 대한 증오심을 사방에 표명하기를 멈추지 않았고 지금도 그렇게 하고 있습니다. 제가 이와 같은 소식을 믿을 만한 사람들에게서 수집했고 또 그들로부터 신학자들이 사방에서 제게 반대하여 음모를 꾸민다는 것을 또한 알게 된바, 상황이 어떻게 돌아가는지를 확인할 때까지는 제가 준비한 출간을 보류하기로 결정했습니다. 제가 취하게 될 결정을 선생님께 알려드리기로 했습니다.

하지만 이 일이 매일 더 심각해지고 있으며 그렇다고 제가 무엇을 해야 할지도 모르겠습니다.

그렇지만 저는 선생님의 편지에 대한 회신을 더 늦추지 않고자 했습니다. 우선 선생님의 애정 어린 주의 사항에 매우 감사 드립니다. 그러나 그와 관련하여 좀 더 상세한 설명을 해주셨으면 합니다. 선생님께서 생각하시기에 어떤 견해가 종교적 덕목들의 실행을 방해하는지 알 수 있겠습니까? 제가 보기에는 이성과 일치하는 것으로 보이는 것들은 덕에도 역시 유용하기 때문입니다. 다음으로, 괜찮으시다면, 학자들의 주저함을 야기한 『신학정치론』의 구절을 알려주셨으면 합니다. 가능하다면 저는 몇몇 주석을 통해 『신학정치론』을 해명하고 또 사람들이 이 논고에 대해 갖는 편견들을 없애고자 합니다. 건강하십시오.[240]

○ 서신69. 스피노자가 람베르트 판 벨튀센에게

매우 현명한 람베르트 판 벨튀센 선생님께

저희의 벗인 뉴슈타드[241] 씨가 제가 얼마 전 제 논고에 반대하

---

240) (역주) 1675년 8월 7~17일 사이에 작성된 것으로 추정.
241) (역주) 요아킴 뉴슈타드(Joachim Nieuwstad, 1662-1674)는 위트레흐트의 서기였다.

여 출간된 글들을 논박할 계획이 있고 여러 글 중 선생님의 원고를 논박하고자 했다고 말한 것은 놀라운 일입니다. 실제로 저는 제 적대자들 중 그 누구를 논박할 생각을 한 적이 전혀 없다는 것을 알고 있습니다. 그것들 중 어느 것도 답할 만한 가치가 없습니다. 제 논고의 몇몇 모호한 구절을 주석을 통해 해명하고, 선생님이 동의하신다면 거기에 선생님의 원고 및 제 대답을 첨부하겠다고 뉴슈타드 씨께 말한 것 말고는 아무 기억이 없습니다. 제 대답에 포함된 몇몇 신랄함 때문에 선생님께서 동의하시지 않는다면 선생님이 판단하시기에 부적절한 구절을 교정하시거나 삭제하셔도 무방하다는 점을 덧붙였습니다. 이것이 제가 선생님께 요청해 달라고 그에게 부탁한 일입니다.

그러므로 뉴슈타드 씨께 제가 불평을 하려는 것은 아닙니다. 다만 정확한 사실관계를 선생님께 알려드리기 위해서입니다. 따라서 제가 선생님께 요청한 허락을 받을 수 없다면 적어도 제가 결코 선생님의 뜻에 반하여 선생님의 원고를 출간하려고 하지 않았다는 것을 알려드리는 것입니다. 그 원고에 선생님의 성함이 드러나지 않을 경우 선생님의 평판에 위험을 초래하지 않고서 그것을 출간할 수 있다고 저는 생각하지만, 그럼에도 선생님께서 출간을 허락하지 않으신다면 저는 아무것도 하지 않겠습니다. 그러나 진심을 말하자면, 만일 선생님께서 제 논고를 논파할 수 있다고 생각하시는 논변을 글로써 표명해주시고 그것을 선생님의 원고에 첨부해주신다면 제게 큰 도움이 될 것입니다. 이것이 제가 간곡히 요청하는 것입니다. 사실 제가 그 근거들을 기꺼이 검토하고자 하는 사람은 아무도 없습니다. 선생님께서 오직 진리의 탐구에만 전념하신다는 것을 저는 알고 있습니다. 그리고 저는 선생님에게서 특별히 진실한 영혼을 확인합니다. 그러하니 부탁 드립니다. 이와 같은 작업에 착수해주시고 선생님께 매우 충실한 저를 믿어주시기를 다시 한 번 부탁 드립니다.

스피노자 올림[242]

○ 서신70. 슐러가 스피노자에게
─ 서신66에 대한 회신

매우 탁월하고 통찰력 있는 철학자 스피노자 선생님께

매우 학식 있고 탁월한 선생님, 가장 큰 존경을 받으실 스승님께

제 마지막 편지가 익명의 인물이 쓴 『절차』[243]와 함께 선생님께 제대로 전달되고 또 선생님께서 건강하시기를 바랍니다. 제 건강은 괜찮습니다. 석 달 동안 선생님의 벗 치른하우스의 소식이 전혀

---

242) (역주) 편지 말미에 네덜란드어로 "헤이그 유트레흐트 데 뉴 그라흐트 의학 박사 람베르트 벨튀센 선생님"이라는 문구가 삽입되어 있다. 본문의 서신 형식에 맞지 않아 각주에 옮겼다.
243) (역주) 연금술에 관한 저작으로서 슐러의 아버지가 집필한 것으로 알려져 있다.

없었습니다. 그의 소식이 없어서 영국에서 프랑스로의 여정 동안 그에게 안 좋은 일이 닥친 것은 아닌지 매우 걱정했습니다. 그러나 기쁘게도 그의 편지를 최근에 받았습니다. 그의 요구에 따라 저는 선생님께 편지의 내용을 알려드려야 하겠습니다. 또한 그의 정중한 안부 인사를 선생님께 전해드립니다. 그는 파리에 무사히 잘 도착했습니다. 저희가 조언한 대로 그는 호이겐스 선생님을 만났습니다. 그는 호이겐스 선생님에 대해 모든 점에서 동의했고, 그래서 그로부터 높은 평가를 받았습니다. 저희의 벗 치른하우스는 선생님께서 그를 만나볼 것을 권고했고 또 그를 매우 존경한다는 점을 호이겐스 선생님께 전했습니다. 호이겐스 선생님은 이에 대해 매우 기뻐했고 그 역시 선생님을 존경한다고 답했습니다. 그리고 최근에 그가 선생님으로부터 『신학정치론』을 받았다고 답했습니다. 여러 독자들이 이 책을 높이 평가하고 있다고 합니다. 호이겐스 선생님은 이 책의 저자의 다른 저작들이 출간되었는지 관심을 가지고 물었습니다. 치른하우스는 『데카르트의 철학의 원리』(1부, 2부)에 대한 설명만을 알고 있다고 답했습니다. 선생님에 대해 그가 말한 것은 이뿐이며 이 때문에 선생님께서 불쾌해하시지 않기를 바라고 있습니다.

최근에는 호이겐스 선생님께서 저희의 벗 치른하우스를 찾도록 했고 콜베르트 씨가 자기 아들에게 수학을 가르칠 사람을 구한다는 것을 그에게 알려주었습니다. 이 일에 치른하우스가 관심이 있다면 그렇게 조치하겠다고 합니다. 치른하우스는 생각할 시간을 달라고 요청했고 결국 그 일을 맡을 준비가 되었다고 말했습니다.

콜베르트 씨는 치른하우스가 프랑스어를 모르기 때문에 그의 학생에게 라틴어로 말하게 될 것인 만큼 더욱 기뻐했다고 호이겐스 선생님께서 다시 답해주셨습니다.

그가 최근 제기한 논박에 대해 말씀 드리자면, 선생님의 요청에 따라 제가 그에게 쓴 몇몇 글 덕분에 그는 선생님께서 말씀하시고자 하는 바를 더 정확히 이해할 수 있었으며 그는 이미 동일한 생각을 했었다(즉 그 생각이 설명의 두 가지 양태를 훌륭하게 허용합니다.)고 답하셨습니다. 그러나 두 가지 이유로 그는 논박을 계속 이어갑니다. "첫째, 그가 보기에 제2부의 정리5와 정리7은 서로 모순됩니다. 왜냐하면 정리5에서 관념의 대상들(ideata)은 관념들의 작용인이지만, 이는 제1부의 공리4를 인용하는 그 다음 증명에 의해 배제되는 것으로 보이기 때문입니다. 적어도 (제가 생각하기에 이것이 더 타당해 보입니다만) 제가 이 공리에 대해 저자의 의도와 반대되는 부정확한 적용을 하지 않는다면 말입니다. 저자가 그렇게 할 수 있다면 이 점을 제게 알려주시기를 매우 바라는 바입니다. 둘째, 저자가 제게 제시한 설명을 제가 받아들일 수 없는 까닭은 이런 관점에서 사유 속성은 다른 속성들보다 범위가 훨씬 넓기 때문입니다. 그러나 각 속성이 신의 본질을 구성하기 때문에, 저는 어떻게 이 같은 특권을 모순 없이 인정할 수 있을지 모르겠습니다. 적어도 저는 제 정신을 통해 다른 정신들을 판단하는 것이 허용된다면, 제2부의 정리7과 8은 매우 어렵게 이해될 것이라는 점을 첨언해야겠습니다. 왜냐하면 저자는 (그에게는 정리7과 8에 첨부된 증명들이 전적으로 명확해 보이리라는 것을 저는 의심하지는 않습니다만) 이 증명들을 상세한 설명 없이 극히 간결하게 요약하는 것이 좋다고 평가하기 때문입니다."

또한 치른하우스는 파리에서 대단히 박식하고 여러 학문에 매우 조예가 깊으며 신학의 통상적인 편견에서 자유로운 사람을 만났다고 이야기합니다. 그의 이름은 라이프니츠입니다. 치른하우스는 그와 가까운 관계를 맺었는데, 그 이유는 그가 지성을 완전하게 하려 노력하고 나아가 이보다 더 좋고 더 유용한 일은 전혀 없다고 생각하기 때문입니다. 라이프니츠는 도덕의 문제에 대해 특히 역량이 있고, 전혀 감정의 압박을 받지 않고서 오직 이성의 지도하에 도덕의 문제를 논합니다. 그는 또한 물리학 및 신과 영혼에 대한 형이상학적 문제에 대해 매우 능합니다. 끝으로 치른하우스가 결론 내리기를, 선생님께서 동의하신다면 라이프니츠는 선생님의 글을 전해 받을 만한 자격이 충분해 보인다고 합니다. 치른하우스의 생각에 선생님의 글을 라이프니츠에게 전하는 것은 선생님께 분명 유익할 것이라고 합니다. 그리고 선생님께서 동의하신다면 치른하우스는 이와 관련하여 더 상세하게 설명할 것을 약속합니다. 선생님께서 동의하지 않으신다면 전혀 걱정하지 마십시오. 그는 선생님의 글을 전적으로 자신만 간직하겠다는 약속을 지킬 것이며 지금까지 선생님의 글에 대해 아무 언급도 하지 않았습니다. 라이프니츠는 『신학정치론』을 매우 높이 평가하고 있으며 선생님께서 기억하신다면 이 저작에 대해 얼마 전에 그는 선생님께 편지[244]를 쓴 바 있습니다. 그러하니 심각한 이유가 없다면 허락해주시고, 저희의 벗 치른하우스에게 전할 수 있도록 선생님의 결정을 빠른 시일 내에 제게 알려주시기를 부탁 드립니다. 선생님께서 답을 늦추어야 할 중대한 일이 없다면, 선생님의 답을 받고서 제가 화요일 저녁에 치른하우스에게 회신하게 되기를 바라 마지 않습니다.

브레세르[245] 선생님께서는 클레베[246]에서 돌아오셨습니다. 그는 많은 양의 지역 맥주를 이곳으로 보내셨습니다. 저는 그가 선생님께 그중 반 톤을 보내도록 요청했고 그는 선생님께 우정 어린 안부 인사를 보내면서 그렇게 하겠다고 약속했습니다.

제 거친 문체와 성급한 글씨를 양해해주시기를 부탁 드리면서 편지를 마무리하고자 합니다. 제가 선생님께 매우 충실한 사람임을 보여드릴 실질적인 기회를 가질 수 있도록 주저하지 마시고 그어떤 도움이라도 제게 요청해주십시오.

1675년 11월 14일
암스테르담에서
의학 박사 슐러 올림

---

244) (역주) 이 편지는 분실되었다.
245) (역주) 이 인물에 대한 정보는 알려진 바 없다. 슐러 역시 클레브 출신이다.
246) (역주) 독일의 도시.

○ 서신71. 헨리 올덴부르크가 스피노자에게
─ 서신68에 대한 회신

저명한 스피노자 선생님께

선생님의 지난번 편지를 통해 제가 판단할 때, 선생님께서 대중을 대상으로 출간하시려고 하는 책은 위험합니다. 독자들과 충돌할 수 있는 『신학정치론』 구절들을 해명하고 완화하려는 선생님의 결정에 저는 동의할 수밖에 없습니다. 제가 생각하는 구절들은 우선 신과 자연에 대해 모호하게 다루어지는 부분입니다. 거의 모든 사람은 선생님께서 양자를 혼동한다고 생각합니다. 더욱이 선생님께서는 많은 사람들의 눈에 기적의 권위와 가치를 배척하는 것으로 보입니다. 모든 또는 대부분의 기독교인들은 기적이야말로 신적 계시의 확실성이 의거할 수 있는 유일한 것입니다. 또한 사람들은 선생님께서 인간들의 유일한 매개자이자 구세주인 예수 그리스도 및 그의 육화와 희생에 대한 입장을 감추고 있다고 말합니다. 이 세 가지 사항에 대한 선생님의 사유가 명확히 밝혀지기를 사람들은 요구합니다. 선생님께서 그렇게 해주시고 상식 있고 분별 있는 기독교인들을 만족시켜주신다면, 선생님의 사안은 위험에서 벗어나리라고 생각합니다. 이 정도가 선생님께 제가 간략하게 알려드리고자 한 점입니다. 선생님께 충실한 저입니다. 안녕히 계십시오.

* 추신: 이 편지가 선생님께 제대로 전달되었는지 알려주시기를 부탁
  드립니다.

○ 서신72. 스피노자가 슐러에게
— 서신70에 대한 회신

매우 학식 있고 사려 깊은 슐러 선생님께

매우 경애하는 벗께

오늘 선생님의 편지를 받고서 선생님께서 건강하시고 또 저희
의 벗 치른하우스가 유익한 프랑스 여행을 했다는 것을 알게 되어
매우 기쁩니다. 호이겐스 선생님과 나눈 대화에서 그는 저에 대한
주제와 관련하여 매우 사려 깊었다고 저는 생각합니다. 그가 자신
의 계획을 실현하기 위한 매우 좋은 기회를 찾은 것이 특히 기쁩
니다.

그러나 치른하우스의 논박과 관련하여 저는 무슨 이유로 그가
제1부의 공리4와 제2부의 정리5 사이에 모순이 있다고 하는지 이
해하지 못하겠습니다. 왜냐하면 이 정리5는 어떤 관념이든 간에
그것의 본질은 신이 사유하는 것으로 간주되는 한에서 신을 원인

으로 갖는다고 주장합니다. 그리고 공리4는 결과의 인식이나 관념은 원인의 인식이나 관념에 의존된다고 주장합니다. 그러나 고백건대 저는 선생님 편지의 의미를 잘 이해하지 못하겠습니다. 이 편지나 그 사본에 필사의 오류가 있다고 생각됩니다. 실제로 선생님께서는 정리5에서 관념 대상들은 관념들의 작용인이라고 언급되었다고 쓰십니다. 그러나 이는 정리5에서 명백하게 부정한 것입니다. 제 생각에는 이로부터 모든 혼란이 야기된 것 같습니다. 따라서 이 편지에서 관련 주제에 대해 상술할 필요가 없다고 봅니다. 저로서는 선생님께서 치른하우스의 생각을 더 명확히 설명해주시기를 기다리고 또 편지의 사본이 정확한지도 알아야 할 것입니다.

치른하우스가 그의 편지에서 말하는 라이프니츠를 저는 서신 교환을 통해 알고 있다고 생각합니다만, 프랑크푸르트의 고문이었던 그가 어떤 이유로 프랑스에 갔는지는 모르겠습니다. 그의 편지들을 통해 제가 추측할 수 있는 한에서 볼 때 그는 열린 정신을 가지고 있고 모든 학문에 조예가 깊은 사람인 것 같습니다. 그러나 그에게 제 글을 급히 전하는 것은 적절치 않다고 생각됩니다. 우선 그가 프랑스에서 무엇을 하는지 알았으면 하고 또 저희의 벗 치른하우스가 그와 더 오래 교제하고 그의 성격에 대해 더 깊이 알게 되었을 때 치른하우스가 그에 대해 가지게 될 판단을 알고 싶습니다. 그 밖에는 선생님께서 치른하우스에게 제 안부 인사를 전해주시기를 부탁 드리며 저는 그가 제게 요청할 모든 도움과 관련하여 전적으로 준비가 되어 있습니다.

저희의 친애하는 벗 브레세르 씨께서 도착하신 것, 더 정확히는 돌아오신 것에 대해 선생님을 위해 기쁘게 생각합니다. 그가 약속한 맥주에 대해 그에게 심심한 감사의 뜻을 전하며 제가 할 수 있는 모든 수단을 통해 그에게 사의를 표하겠습니다. 끝으로 선생님의 부친의『절차』에 대해서는 아직 실험을 시도해보지 않았습니다. 그렇게 할 수 없을 것 같습니다. 그 점에 대해 생각할수록, 저는 선생님께서 만들어낸 것이 금이 아니고, 안티몬에 감춰져 있는 소량의 금을 추출한 것이라는 확신이 들기 때문입니다. 이 부분에 대해서는 다음번에 선생님께 더 길게 이야기하도록 하겠습니다. 오늘은 시간이 부족합니다. 제가 선생님께 도움이 될 수 있다면 선생님께서는 언제든지 충실한 벗인 저를 믿으셔도 좋습니다.

1675년 11월 18일
헤이그에서
베네딕투스 데 스피노자 올림

○ 서신73. 스피노자가 헨리 올덴부르크에게
─ 서신71에 대한 회신

매우 고귀하고 학식 있는 헨리 올덴부르크 선생님께

지난주 토요일에야 선생님의 간략한 편지를 받았습니다. 거기서 선생님께서는 독자들에게 충격을 준『신학정치론』구절을 언급하기만 하셨습니다. 그러나 선생님께서 주의할 것을 일러주신 바와 같이 독자들이 보기에 종교적 덕목들의 실행을 동요하는 견해가 어떤 것인지 알고 싶습니다. 선생님께서 말씀해주신 세 가지 문제에 대한 제 생각을 명확히 전해드리기 위해 다음과 같이 말씀드리겠습니다.

첫째, 저는 신과 자연에 대해 새로운 기독교 학자들이 통상적으로 옹호하는 것과 매우 다른 견해를 가지고 있습니다. 저는 신이 만물의 이른바 내재적 원인이고 타동적 원인이 아니라고 생각합니다. 요컨대 저는 바울, 그리고 비록 다른 방식이긴 하지만 고대의 모든 철학자처럼 만물이 신 안에 존재하고 신 안에서 운동한다고 주장합니다. 나아가 저는 이것이, 비록 그것들이 겪은 변질에도 불구하고 제가 몇몇 전통들에 따라 가정할 수 있는 한에서 볼 때 모든 고대 히브리인의 사유라고 감히 첨언하겠습니다. 그러나 몇몇 사람들이 생각하듯이, 『신학정치론』이 신과 자연(그들은 자연을 일정한 물질 덩어리 또는 유형의 물질로 이해합니다.)의 동일성에 기초한다고 믿는 것은 전적으로 오류입니다.

다음으로 기적과 관련하여 말하자면, 저는 신적 계시의 확실성을 기적, 즉 무지가 아닌 오직 신적 계시에 대한 학설의 지혜(doctrinae sapientia)를 근거로 확립할 수 있다고 확신합니다. 이는 제가 (기적에 관한) 6장에서 충분히 설명한 것입니다. 이와 관련하여 종교와 미신 간의 핵심적 차이로서 저는 미신이 무지에 기초하고 종교는 지혜에 기초한다는 점을 인정한다고 기꺼이 첨언합니다. 바로 이런 이유로 제 생각에 기독교인들이 다른 사람들과 구별되는 것은 신앙, 자비, 성령의 다른 결실에 의해서가 아니라 단지 견해에 의해서입니다. 실제로 그들은 다른 모든 사람처럼 그들의 적대자들에게 기적, 즉 모든 악의의 근원인 무지를 내세울 뿐이며, 따라서 그들의 진정한 신앙 자체를 미신으로 바꾸어버립니다. 그렇지만 저는 왕들이 이런 악을 치유해주는 데 동의하리라고 생각하기는 힘듭니다.

끝으로, 세 번째 문제에 대해 선생님께 제 생각을 솔직하게 말씀 드리자면, 저는 구원을 위해서 그리스도를 육체로서 아는 것이 전혀 필요치 않다고 생각합니다. 그러나 신의 영원한 아들, 즉 만물에, 특히 인간의 영혼 속에, 더 특별하게는 예수 그리스도 안에 현현한 영원한 지혜와 관련해서는 사정이 전혀 다릅니다. 실제로 그 누구도 이 지혜 없이 지복의 상태에 이를 수 없습니다. 왜냐하면 오직 이 지혜만이 참과 거짓, 선과 악이 무엇인지 가르쳐주기 때문입니다. 제가 이미 말했듯이, 이 지혜는 예수 그리스도에 의해 가장 잘 드러났기 때문에 그의 제자들은 예수 그리스도가 그들에게 계시한 모습 그대로 그 지혜를 설파했고, 이와 같은 그리스도의 정신을 다른 사람들보다 더 소유함을 영광스러워할 수 있다는 점을 제시한 것입니다.

한편 이와 관련하여 몇몇 교회들이 신이 인간의 형상을 취했다고 덧붙인다면, 저는 그들이 말하고자 하는 것이 무엇인지 모르겠다는 것을 명백히 알려드립니다. 솔직히 말하자면, 그들의 말은 원이 사각형의 형태를 취했다고 말하는 것만큼 부조리해 보입니다. 이 정도면 세 가지 문제에 대한 제 생각을 설명하기에 충분하다고 봅니다. 이와 같은 설명을 선생님께서 알고 계시는 기독교인들이 수긍할지 여부는 선생님께서 더 잘 아실 것입니다. 안녕히 계십시오.[247)]

○ 서신74. 헨리 올덴부르크가 스피노자에게
─ 서신73에 대한 회신

스피노자 선생님께

제 편지가 너무 간략한 것을 선생님께서 지적하셨으니 오늘은 길게 씀으로써 제 잘못을 바로잡고자 합니다. 선생님의 견해들 중 독자들이 보기에 종교적 덕목의 실행을 가로막는 점을 제가 언급하기를 선생님께서는 바라십니다. 그들과 충돌하는 점을 선생님께 말씀 드리겠습니다. 선생님께서는 만물과 그 작용을 숙명적 필연성에 종속시키시는 듯합니다. 이런 점을 인정하고 주장하면, 모든 율법과 모든 덕, 그리고 종교의 힘을 이루는 것이 무너지며 보상과 벌은 헛된 것이 된다고 그들은 평가합니다. 달리 말하면 그들은 강제적이거나 필연성을 포함하는 것은 모두 용서 가능한 것이 된다고 생각합니다. 결과적으로 누구도 신 앞에서 용서받지 못할 자가 없는 셈입니다. 왜냐하면 우리가 운명에 의해 이끌리고,

---

247) (역주) 1675년 12월 1일경 헤이그에서 보낸 편지로 추정된다.

마치 거역할 수 없는 손의 압력이 우리에게 행사되듯이 사물의 진행이 전적으로 결정되고 불가피한 것이라면, 잘못과 벌의 여지가 있을 수 있겠습니까? 바로 이런 점이 그들이 파악하지 못하는 것입니다. 어떤 도구로써 이런 매듭을 끊을 수 있을지 말하기가 어렵습니다. 저는 선생님께서 이와 같은 난점을 완화할 수단을 찾으시고 저희에게 알려주시기를 바라마지 않습니다.

제가 언급한 세 가지 문제에 대해 선생님께서 제게 전해주신 의견에 관해서 몇몇 질문이 제기됩니다. 첫째, 선생님께서 지난번 편지에서 말씀하시는 것으로 보이듯이, 어떤 의미로 선생님께서는 기적과 무지를 유사하거나 동등한 것으로 간주하십니까? 사자(死者)들 가운데 문둥병자 나사로의 부활과 예수 그리스도의 부활은 창조된 본성의 존재들의 능력을 넘어서며 오직 신의 능력만이 그런 일을 실현할 수 있었던 것 같습니다. 유한하고 일정 한계에 갇힌 지성의 힘을 필연적으로 초월한다는 사실이 죄스러운 무지의 증거는 아닌 것입니다. 미약한 인간의 이성과 수단이 이해할 수 없고 설명할 수도 없는 것을 통찰하고 실현할 수 있는 지식과 능력을 창조되지 않은 정신, 최상의 신성에서 인정하는 것은 창조된 정신, 창조된 지식에게 적합한 일이라고 생각하지 않으십니까? 우리는 인간이며, 인간적인 그 어떤 것도 우리에게 낯설지 않음이 분명할 것 같습니다.

다음으로, 선생님께서는 신이 실제로 인간의 본성을 취했다는 점을 이해할 수 없다고 인정하시기 때문에, 저희의 복음서와 히브리서의 다음과 같은 구절들을 어떻게 이해하시는지 선생님께 여

쬡도 될 것 같습니다. 복음서는 "말씀이 육신이 되었다."[248]라고 말하며 『히브리서』는 "신의 아들은 천사들이 아닌 아브라함 후손의 본성을 취했다."[249]라고 말합니다. 제 생각에 복음서 전체는 신의 유일한 아들이 (신이자 신 안에 거하는) 말씀[250]으로서 인간의 형상으로 나타났고 우리의 죄를 위해 자신의 수난과 죽음으로써 우리의 대속(代贖)의 값을 치렀다는 것을 제시하고자 합니다. 복음서와 기독교(저는 선생님께서 기독교에 대해 우호적이라고 생각합니다.)의 진리가 유지될 수 있기 위해 이와 같은 교리 및 유사한 다른 것들에 대해 선생님께서 어떻게 말씀하실지 알고 싶습니다.

저는 더 길게 쓰려고 결심했었지만 벗들이 방문했고 환대의 의무를 저버리는 것은 무례한 일이 될 것입니다. 그러나 이 편지에서 제가 말씀 드린 것으로도 충분할 것이고 철학자이신 선생님께 그것은 분명 진부할 것입니다. 그러하니 건강하시고 제가 선생님의 교양과 지식에 대해 언제나 감탄하고 있다는 것을 믿어주십시오.

1675년 12월 16일
런던에서

---

248) (역주) 『요한복음』 1: 14.
249) (역주) 『히브리서』 2: 16.
250) (역주) 본문에는 '로고스'가 희랍어(λόγος)로 표기되어 있다.

○ 서신75. 스피노자가 헨리 올덴부르크에게
— 서신74에 대한 회신

매우 고귀하고 학식 있는 헨리 올덴부르크 선생님께

선생님, 이제야 선생님께서 공표하지 말라고 제게 요청하시는 것이 무엇인지 알게 되었습니다. 그러나 제가 출간하고자 하는 논고에 담긴 모든 것의 기초가 관건인 만큼, 어떤 의미에서 제가 만물의 숙명과 모든 작용(actionem)의 필연성을 주장하는지 간략하게 설명하고자 합니다.

어떤 경우에도 저는 신을 숙명에 종속시키지 않습니다. 그와 반대로 모든 사람의 견해처럼 저는 신의 본성으로부터 신이 스스로를 이해한다는 결론이 도출되는 것과 정확히 마찬가지로 신의 본성으로부터 만물이 불가피한 필연성을 따르는 것으로 봅니다. 절대적으로 그 누구도 이것이 신의 본성의 필연적 결과라는 것을 부정하지 않으며, 그렇다고 해서 그 누구도 신이 스스로를 인식할 때 숙명에 의해 강제된다고 생각하지 않습니다. 신은 필연적이지만 전적으로 자유롭게 스스로를 이해합니다.

다음으로, 사물들의 이런 불가피한 필연성은 신적인 법도 인간적인 법도 박탈하지 않습니다. 왜냐하면 도덕규범들은 그것들이 신으로부터 법적 형태를 받았든 아니면 받지 않았든지 간에 신적이지 않거나 구원에 이롭지 않은 것이 아니기 때문입니다. 덕과 신의 사랑에서 비롯하는 선은 우리가 그것을 판관으로 생각된 신에게서 받든 또는 그것이 신의 본성의 필연성으로부터 나오든지 간에 더 욕망하거나 덜 욕망할 만한 것이 아닙니다. 반대로 악한 행동과 정념에서 비롯하는 악은 그것이 필연적으로 나온다고 해서 덜 두려워해야 할 것이 아닌 것처럼 말입니다. 끝으로, 우리가 필연적인 방식이나 또는 우연적인 방식으로 행동한다고 해도 우리는 항상 희망과 불안에 의해 움직이게 되는 것입니다.

나아가 인간들은 찰흙이 도공의 재량에 맡겨지듯이 신의 힘 안에 있다는 이유만으로도 신 앞에서 항변(inexcusabiles)의 여지가 없습니다. 도공은 찰흙을 가지고 명예를 위한 꽃병을 만들거나 또는 치욕을 위한 꽃병을 만들기도 합니다. 이와 같은 설명에 선생님께서 어느 정도 주의를 기울이신다면, 저에 반대하여 습관적으로 제기되는 모든 논변에 답하실 수 있으리라고 의심치 않습니다. 저는 이미 여러 명과 그렇게 시도해본 적이 있습니다.

제가 기적과 무지를 동일한 차원에서 다룬 것은 신의 현존과 종교를 기적을 토대로 확립하려는 사람들이 모호한 것을 그들이 전혀 알지 못하는 더 모호한 다른 것을 통해 입증하려고 하기 때문입니다. 그런 식으로 그들은 새로운 종류의 논거를 만들어냈는데, 그것은 사람들이 흔히 말하는 불가능으로의 환원이 아닌 무지로의 환원입니다. 기적에 관한 제 학설의 나머지 부분은 『신학정치론』에서 충분히 설명했다고 생각합니다. 다음과 같은 점만 덧붙이겠습니다. 선생님께서, 그리스도가 원로원이나 빌라도, 또 그 어떤 이교도에게도 나타나지 않고 성자들에게 나타났다는 점, 신은 오른쪽도 왼쪽도 없고 그 어떤 장소에도 없고 본질상 모든 곳에 있다는 점, 물질은 모든 곳에서 동일한 물질 자체라는 점, 신은 사람들이 조각들을 합쳐 만들어내는 세계 바깥 상상적 공간에서 나타나지 않는다는 점, 끝으로 인간 육체의 조합은 오직 공기의 중량에 의해 일정한 한계 속에서 움직일 수밖에 없다는 점을 고찰하신다면, 그리스도의 그런 출현은 아브라함이 세 사람을 보고 그들을 식사에 초대했을 때처럼[251] 신이 아브라함에게 나타난 것과 다르지 않다는 것을 쉽게 아시게 될 것입니다. 그러나 선생님께서는 그리스도가 죽은 자들 가운데 부활했고 실제로 하늘로 올라갔음을 모든 사도가 주저 없이 믿었다고 말씀하실 것입니다. 이 점을 저는 부정하지 않습니다. 아브라함 역시 그의 집에서 신과 식사했다고 믿었고 모든 이스라엘인은 신이 불에 휩싸인 채 하늘에서 시나이산으로 내려왔고 그들과 직접 이야기했다고 믿었기 때문입니다. 이 모든 경우, 그리고 다른 여러 경우에도 인간들의 지성과 견해에 맞춘 출현과 계시에 불과하기 때문입니다. 신은 이와 같은 출현과 계시를 통해 그의 사유를 인간들에게 드러내고자 한 것입니다. 이 모든 점에 의거하여 저는 사자(死者)들 가운데 그리스도가 부활한 것이 실제로는 전적으로 정신적인 부활이었고 신도들에게 적합한 수단을 통해 그들에게 계시된 것일 뿐이라고 결론 내립니다. 이와 관련하여 제가 이해하는 것은 그리스도가 그의 삶과 죽음을 통해 유일한 신성의 사례를 제공했다는 사실을 통해 그리스도가 영원성을 획득했고 사자들(저는 죽음이라는 단어를 그리스도

---

251) (역주) 『창세기』 18: 1-2.

가 "죽은 자들이 그들의 죽음을 묻도록 하라."[252]고 말할 때 사용한 의미로 받아들입니다.) 가운데 일어났다는 것입니다. 그리고 그리스도는 사도들이 그의 삶과 죽음의 사례를 따르는 한에서 그들을 사자들 가운데서 구해내는 것입니다.

이와 같은 가설에 따르면, 복음서 전체를 설명하는 것은 어려운 일이 아닐 것입니다. 그러나 특히 이 가설은 『고린도전서』 15장을 설명할 수 있고 바울의 논변을 이해시킬 수 있는 유일한 가설입니다. 이 가설이 아닌 통상적인 가설을 따르게 되면 바울의 논변은 빈약한 것으로 드러나고 어려움 없이 논박될 수 있게 됩니다.[253] 이제 저는 유대인들이 육신에 따라 해석한 모든 것을 기독교인들은 정신적으로 해석한다는 사실에 대해 다루겠습니다.

저도 선생님처럼 인간의 나약함을 인정합니다. 하지만 질문을 통해 선생님께 답하도록 허락해주십시오. 우리 나약한 인간들은 자연의 힘과 능력이 어디까지 미치는지 결정할 수 있을 만큼 자연에 대한 지식을 가지고 있습니까? 그리고 자연의 힘을 넘어서는

---

252) (역주) 『마태복음』 8: 22.

253) (역주) 『고린도전서』에서 바울은 그리스도의 부활에 대해 다음과 같은 설명을 시도한다. "그리스도께서 살아나지 않으셨다면, 여러분의 믿음은 헛된 것이 되고, 여러분은 아직도 죄 가운데 있을 것입니다."(15: 17) "어리석은 사람이여! 그대가 뿌리는 씨는 죽지 않고서는 살아나지 못합니다."(15: 36) "모든 살이 똑같은 살이 아닙니다. 사람의 살도 있고, 짐승의 살도 있고, 새의 살도 있고, 물고기의 살도 있습니다. 하늘에 속한 몸도 있고, 땅에 속한 몸도 있습니다. 하늘에 속한 몸들의 영광과 땅에 속한 몸들의 영광이 저마다 다릅니다."(15: 39–40)

것은 어떤 것입니까? 그 누구도 이런 점에 대해 교만 없이 추정할 수 없습니다. 따라서 가능한 한 자연적 원인들을 통해 허황됨 없이 기적을 설명할 수 있습니다. 우리가 설명할 수 없고 또 그 부조리도 증명할 수 없는 것과 관련해서는 우리의 판단을 보류하고, 제가 언급했듯이, 종교의 근거는 오직 종교의 학설의 지혜에 두는 것으로 충분할 것입니다.

끝으로 선생님께서는 『요한복음』과 『히브리서』가 제 말과 대립된다고 생각하십니다. 왜냐하면 선생님께서는 동방 언어의 어법을 유럽식 어법의 척도로 헤아리시기 때문입니다. 비록 요한이 그의 복음서를 그리스어로 집필했을지라도 그는 히브리화합니다. 여하튼 선생님께서는 성서가 신이 구름 속에 나타났거나 성막과 신전에 거한다고 말할 때 신은 구름, 성막, 신전의 본성을 취했다고 생각하십니까? 그러나 그리스도가 자신에 대해 말한 가장 위대한 것은 당연히 자신이 신의 신전이라고 한 것입니다. 이전 편지들에서 제가 말씀 드렸듯이 신은 그리스도 안에서 최고의 수준으로 현현했기 때문입니다. 이 점을 보다 더 효과적으로 표현하기 위해 요한은 말씀이 육신이 되었다고 말한 것입니다.[254] 그러나 이 주제에 대해서는 이 정도로 충분합니다.[255]

---

254) (역주) 『요한복음』 1: 1.
255) (역주) 헤이그에서 1676년 1월 1일경에 작성된 편지로 추정된다.

○ 서신76. 스피노자가 알베르트 뷔르흐에게
— 서신67에 대한 회신

다른 사람들에게 전해 듣고 저로서는 믿기 힘들게 여겨진 것이 선생님의 편지를 보니 이해가 갑니다. 선생님께서는 로마 교회의 소속이 된 것뿐 아니라 로마 교회를 위해 싸우는 이들의 앞줄에 서 있습니다. 이미 선생님께서는 적대자들을 모욕하고 그들에 반대하여 무례하게 매도하는 법을 익혔습니다. 선생님께서 자신과 지인들에게 되돌아오려면 이성이 아닌 시간이 필요하다고 확신했기 때문에 저는 선생님께 답하지 않으려고 했습니다. (현재 선생님께서 그 자취를 따르고 있는) 스텐센[256] 씨에 대해 저희가 이야기를 나눴을 때 선생님께서 스스로 인정했던 다른 원인들은 언급하지 않겠습니다. 그러나 선생님의 뛰어난 능력에 저처럼 큰 기대를 걸었던 몇몇 벗들은 우정의 의무를 저버리지 말고 선생님의 현재 모습보다는 과거의 모습을 생각할 것을 강력하게 요구했습니다. 이와 같은 이유 및 비슷한 이유로 인해 저는 선생님께 이 몇 자를 쓰기로 했습니다. 부디 냉철함을 가지고 잘 읽어주시기를 부탁 드립니다.

로마 교회의 적대자들이 습관적으로 그렇게 하듯이 저는 선생님을 성직자들 및 교황들로부터 벗어나게 하려는 목적으로 그들

---

256) (역주) 스텐센(Stensen 또는 라틴어명 Steno)은 덴마크의 유명한 해부학자로서 가톨릭으로 개종하고 피렌체의 교수가 되었다. 각주 239) 참조.

의 악행을 이야기하지는 않겠습니다. 이런 종류의 공격을 유발하는 것은 적대적인 감정인 경우가 잦으며 이는 해명하는 것이라기보다는 격앙을 일으키는 것이기 때문입니다. 나아가 저는 다른 어떤 기독교 교회보다 로마 교회에 학식이 매우 높고 올바르게 사는 인물들이 더 많이 있다고 인정합니다. 실제로 로마 교회는 가장 많은 회원이 소속하고 있는바, 역시 모든 조건의 더 많은 사람들이 있는 것입니다. 그러나 선생님께서 이성과 함께 기억을 잃어버리지 않으셨다면, 모든 교회에는 정의와 자비로써 신을 섬기는 매우 정직한 사람들이 있다는 점을 부정할 수는 없을 것입니다. 선생님께서는 루터주의자들, 개혁가들, 메논파 신도들, 열성파 신도들[257] 가운데 그런 사람들을 알고 계시며, 다른 이들은 언급하지 않더라도, 알베 공작 시기에 굳건하고 자유로운 정신으로 그들의 종교를 위해 모든 종류의 고난을 견뎌낸 선생님의 부모님이 계시다는 것을 모르지 않으십니다. 따라서 선생님께서는 삶의 신성함은 로마 교회에 고유하게 속한 것이 아니라 모두에게 공통된다는 점을 인정하셔야 합니다.

따라서 (사도 요한을 인용하자면—『요한1서』 4: 13) 이로부터 우리

---

257) (역주) 스피노자는 당시의 개신교 종파들을 열거하고 있다. 루터주의자들은 마르틴 루터(Martin Luther, 1483-1546)의 학설을 추종하는 이들이고, 개혁가들은 장 칼뱅(Jean Calvin, 1509-1564)을 중심으로 하는 칼뱅주의자들을 가리킨다. 메논파는 메노 시몬스(Menno Simmons, 1496-1561)의 입장을 따르는 이들인데 메노 시몬스는 어른들에게만 세례를 허용하는 운동을 벌인 극단적 개혁가였다. 열성파는 계속적인 기도, 금욕의 실천, 명상을 주창한 4세기 시리아의 종파의 이름을 차용한 개신교 종파 사람들이다.

는 신이 우리 안에 거하고 우리는 신 안에 거한다는 것을 알고 있으므로, 로마 교회를 다른 교회들과 구별해주는 모든 것은 전적으로 불필요하며 결과적으로 그런 것은 단지 미신에 기초한다는 결론이 도출되는 것입니다. 진정한 보편적[258] 신앙의 유일하고 매우 확실한 징표는 요한이 말했듯이 정의와 자비인 것입니다. 우리가 정의와 자비를 발견하는 모든 곳에 그리스도가 실제로 존재하고, 정의와 자비가 없는 곳에 그리스도가 부재하는 것입니다. 오직 그리스도의 정신만이 실제로 우리를 정의와 자비의 사랑으로 인도할 수 있습니다. 이 모든 점에 대해 선생님께서 올바르게 검토하고자 한다면, 스스로를 잃지 않을 것이며, 현재 선생님께서 일어난 일에 대해 깊이 슬퍼하시는 선생님의 부모님을 끔찍한 절망에 빠뜨리지 않을 것입니다.

그러나 선생님의 편지 내용을 다루도록 하겠습니다. 선생님께서는 제가 악령들의 왕에게 유혹되었다는 사실을 안타까워하십니다. 부디 진정하시고 정신을 잃지 마십시오. 제가 틀리지 않다면, 선생님께서 아직 분별력을 갖추고 있었을 때는 자신의 덕으로써 만물이 존재하고 보존되도록 하는 무한한 신을 인정하셨습니다. 현재 선생님께서는 신의 적인 왕에 대해 꿈꾸십니다. 신의 뜻

---

258) (역주) 『신학정치론』의 입장이다. 스피노자는 성서에 대한 엄밀한 해석을 통해 성서 자체가 지닌 불변의 교리를 도출해내는데, 그것이 정의와 자비이다. 이 두 교리는 긴 세월 동안 성서가 여러 왜곡을 거치면서도 간직해온 골자이다. 이런 보편적 교리를 내포한 종교를 스피노자는 '가톨릭(Catholica)'의 본래적 의미인 '보편' 종교로 간주한다.

을 거슬러 대부분의 사람들(실제로 선한 사람들은 드뭅니다.)을 유혹하고 속이는 신의 적 말입니다. 이런 이유로 신이 그런 범죄의 수장에게 대부분을 내몰음으로써 영원한 고통을 당하게 한단 말입니까? 따라서 신의 정의는 악마가 아무 지장 없이 사람들을 속이는 일을 견디게 되는 것입니다. 그러나 신의 정의가 이 악마에 의해 불행하게 속고 유혹된 사람들을 벌주지 않고 그대로 둔단 말입니까?

선생님께서 플랑드르 사람들이 티에넨이라고 부르는 도시에서 샤티옹이 벌 받지 않고서 자기 말들에게 먹이로 준 신[259]이 아닌 무한하고 영원한 신을 숭배하신다면 이런 부조리들을 용인할 수도 있을 것입니다. 불행한 선생님, 선생님께서는 저에 대해 한탄하십니다. 선생님께서 이해하지도 못하시는 철학을 공상으로 간주하십니다. 무분별한 젊은이여, 도대체 누가 선생님을 유혹하여 최상의 영원한 존재를 삼켜서 창자 안에 지닌다고 믿게 할 수 있었단 말입니까?

그럼에도 불구하고 선생님께서는 이성을 사용하기를 원하시는 것으로 보이며 어떻게 제가 저의 철학이 이제껏 세상에서 가르친, 그리고 아직도 가르치고 있고 또 미래에 가르칠 모든 철학 가운데 최선의 철학이라는 것을 아느냐고 물으십니다. 오히려 제가

---

259) (역주) 30년 전쟁 시기에 프랑스 군대가 스페인 통치하의 네덜란드/플랑드르 지역을 침략했을 때의 일화에 대한 암시인 것 같다. 샤티옹(Châtillon)의 장군 부대가 티에넨 도시를 약탈하며 교회에 들어갔을 때, 성모 마리아 동상을 파괴했고 성체의 빵을 말들에게 던져줬다.

선생님께 묻고 싶은 질문입니다. 저는 최선의 철학을 찾았다고 주장하지 않습니다. 다만 저는 제가 이해하고 있는 철학이 참되다는 것을 알 따름입니다. 그것을 제가 어떻게 아느냐고 선생님께서는 물으십니다. 같은 방식으로 저는 선생님께 답하겠습니다. 선생님께서는 세 각의 합이 두 직각과 같다는 것을 알고 계시다고 말입니다. 이것으로 충분하다는 것은 누구도 부정하지 않을 것입니다. 건강한 뇌를 가지고 있고, 참된 관념들과 유사한 거짓 관념들을 우리에게 부추기는 불순한 정신들을 꿈꾸지만 않는다면 말입니다. 참은 그 자체로 참과 거짓의 증거이기 때문입니다.

그러나 선생님께서는 최선의 종교, 더 정확히는 선생님의 믿음을 맡길 수 있는 최선의 사람들을 마침내 찾았다고 주장하시는데, 다른 종교들을 가르쳤고 지금도 가르치고 있고 미래에도 가르칠 모든 사람 가운데 그들이 최선임을 어떻게 아십니까? 선생님께서는 이곳에서, 그리고 인도에서, 그리고 세상 모든 곳에서 가르치는 고대와 최근의 모든 종교를 검토하셨습니까? 선생님께서 최선의 종교를 선택했다는 것을 어떻게 아십니까? 선생님께서는 자신의 신앙에 대해 이성적 근거를 제시할 수 없습니다. 그러나 선생님께서는 신의 정신의 내적 증언을 따르는 반면 다른 사람들은 악령들의 왕에 의해 유혹되고 속았다고 말씀하실 것입니다. 그런데 로마 교회 바깥에 있는 모든 사람은 선생님만큼의 권리를 가지고서 그들 자신과 그들의 교회에 대해 선생님께서 선생님의 교회에 대해 말씀하시는 것을 주장합니다.

또 선생님께서는 수많은 사람의 만장일치와 교회의 중단 없는 승계 등에 대해 말씀하십니다. 이는 정확히 바리새인[260]들이 늘 되풀이하는 말입니다. 실제로 바리새인들은 로마 교회의 신봉자들만큼의 확신으로 무수한 증인들을 원용(援用)하며 기독교도 증인들만큼의 파렴치함으로 그들이 들은 말을 마치 스스로 경험한 듯이 전합니다. 다음으로 그들은 자신들의 계보의 기원을 아담에 둡니다. 또한 그들의 교회가 이교도들 및 기독교도들의 극렬한 증오에도 불구하고 오늘날까지 안정적이고 견고하게 발전해왔다고 동일한 교만함으로 주장합니다. 무엇보다도 그들은 자신들의 오래됨을 통해 스스로를 옹호합니다. 그들은 신으로부터 그들의 전통을 부여받았고 그들만이 신의 문자화되거나 문자화되지 않은 말씀을 보존하고 있다고 한 목소리로 외칩니다. 모든 이교는 그들에게서 비롯되었으며 그들이 서로에게 충실한 것은 정치적 강제가 아니라 오로지 미신의 효과에 의한 것임을 그 누구도 부정할 수 없습니다. 그들이 이야기하는 기적들은 수많은 수다쟁이들을 지치게 할 정도입니다. 그러나 그들을 가장 오만하게 하는 것은 그들이 그 어떤 민족보다 훨씬 더 많은 순교자들을 포함한다는 것이고 그들이 자기들의 신앙을 위해 영혼의 비범한 힘과 함께 견뎌내는 그들의 수가 날마다 늘고 있다는 것입니다. 이는 거짓이 아닙니다. 다른 많은 사람들 가운데 제가 알았던 사람이 있습니다. 그는 '신실한 자'로 불리는 유다[261]라는 사람으로서, 이미 불더미 속

---

260) (역주) 문자 그대로의 법에 얽매인 유대인들을 예수는 비판했고 신약에서 이들을 가리키기 위해 사용된 용어이다.

에서 죽었다고 여겨졌음에도 그 안에서 "신이시여, 제 영혼을 당신께 바칩니다."로 시작하는 「시편」[262]을 노래하기 시작했고 노래를 부르면서 죽었습니다.

선생님께서 그토록 강하게 예찬하는 교회 조직의 정치적 질서가 갖는 모든 장점을 저는 인정합니다. 이슬람 교회가 없었다면 저는 대중을 속이고 인간의 영혼을 지배하는 데 더 적합한 조직을 알지 못했을 것입니다. 이와 관련하여 이슬람 교회는 다른 모든 교회보다 월등히 뛰어납니다. 이와 같은 미신이 시작된 시기 이후로 아무런 분열도 이슬람 교회에 생겨나지 않았습니다.

따라서 선생님께서 제대로 헤아려보신다면, 선생님의 세 번째 논변만이 기독교인들에게 해당되는 논변입니다. 무지하고 열악한 조건의 사람들이 거의 세상 전체를 그리스도에 대한 신앙으로 개종시킬 수 있었다는 것 말입니다. 그러나 이 논변은 단지 로마 교회가 아니라 그리스도의 이름을 원용하는 모든 사람에게도 작용하는 것입니다.

하지만 선생님께서 내세우시는 근거들이 오직 로마 교회에만 해당된다고 인정해보겠습니다. 그렇다고 해서 선생님께서는 로마

---

261) (역주) '신실한 유다'로 불리는 산 클레멘테의 돈 로페 데 베라 이 알라르콘(Don Lope de Vera y Alarcon de San Clemente)은 1644년 7월 25일 발라돌리드 (Valladolid)에서 화형당했다. 그는 유대교를 위해 가톨릭을 공개적으로 배척했다가 순교했다. 스피노자가 그를 직접 알았다기보다는 메나세 벤 이스라엘(Menasseh ben Israel, 1604-1657)의 이야기를 통해 관련 일화를 들었을 가능성이 크다.

262) (역주) 「시편」 31: 6.

교회의 권위를 수학적으로 증명할 수 있다고 생각하십니까? 선생님의 근거들은 이런 증명과는 거리가 멉니다. 그런데 무슨 이유로 선생님께서는 제가 제 증명들이 악령들의 왕에게 영감을 받은 것이라고 믿고 선생님의 증명들은 신에게 영감을 받은 것이라고 주장하시는 것입니까? 나아가 제가 확인하는 바이고 선생님의 편지가 명확히 보여주는 점이 있습니다. 즉 선생님께서 로마 교회의 노예인 것은 신에 대한 사랑에 의해 인도되어서가 아니라, 미신의 유일한 원인인 지옥에 대한 공포에 의해 인도되었기 때문입니다. 선생님께서는 자기 자신에 대한 신뢰가 전혀 없고 전적으로 타인들에게 의거할 정도이기 때문에 겸허함이 그만큼 큰 것입니까? 그러나 타인들에게도 그들을 정죄하는 적대자들이 있습니다. 제가 이성을 사용하고, 영혼에 존재하고 결코 변질될 수도 부패할 수도 없는 신의 진정한 말씀에 의거하기 때문에 저를 오만하고 교만하다고 비난하시겠습니까? 이런 유해한 미신은 버리십시오. 신이 선생님께 부여한 이성을 인정하고 그것을 키우십시오. 적어도 어리석은 자들 가운데 속하기를 원치 않는다면 말입니다. 부디 부조리한 오류들을 신비라고 부르는 일을 멈춰주십시오. 우리가 알지 못하는 것 또는 아직 발견하지 못한 것을, 올바른 이성과 모순되는 만큼 지성을 초월한다고 선생님께서 생각하시는, 그 부조리가 증명된 것들과 혼동하지 마십시오.

또한 『신학정치론』의 기초, 즉 성서가 오직 성서에 의해서만 설명되어야 한다는 것은 선생님께서 소란스러운 만큼 근거 없이 잘못되었다고 주장하는 점이지만 단지 가설적인 것이 아닙니다. 그것의 진리는 그에 대한 적대자들의 견해를 논파하는 7장에서 특히 논리적인 정합성과 함께 참으로서 증명되었습니다. 또한 15장 끝부분의 증명을 첨가하십시오. 만일 선생님께서 그 증명들을 제대로 고찰하고 특히 (선생님께서 잘 모르고 계시는) 교회의 역사를 잘 검토하심으로써 교황 관련 저작들에 얼마나 많은 거짓이 담겨 있고 어떤 우연과 작위에 의해 로마 교황이 그리스도의 탄생 이후 600년간 교회에서 결국 최고의 자리를 차지하게 되었는지 알게 되신다면, 저는 선생님께서 자신의 잘못을 깨닫게 되리라고 의심치 않습니다. 그렇게 되기를 온 마음으로 바라는 바입니다. 안녕히 계십시오.[263]

○ 서신77. 헨리 올덴부르크가 스피노자에게
─ 서신75에 대한 회신

저명한 스피노자 선생님께

선행을 위하여[264]

선생님께서 정확한 부분을 지적하셨습니다. 만물의 숙명적 필연

---

263) (역주) 1675년 말~1676년 초 헤이그에서 작성된 편지로 추정된다.
264) (역주) '훌륭한 삶' 정도의 의미를 갖는 희랍어 ευ πραττειν으로 인사말을 대신하고 있다. 당시에 정중한 인사말로 자주 사용된 표현이다.

성이 대중에 의해 받아들여지기를 제가 원하지 않은 이유는 그것이 덕의 실행을 가로막고 보상과 벌의 가치를 박탈할 것이기 때문입니다. 이 주제와 관련하여 선생님의 마지막 편지에 담긴 설명은 제가 보기에 아직 확정적이지 않으며 의문을 가라앉히지 못하는 것 같습니다. 실제로 만일 우리의 모든 도덕적이고 자연적인 행동들에서 우리가 도공 손의 찰흙처럼 신의 힘에 달려 있다면, 어떻게 우리 중의 누군가가 이런 방식이나 다른 방식으로 행동했다고 비난받을 수 있겠습니까? 다르게 행동하는 것이 절대적으로 불가능함에도 말입니다. 그 모든 죄를 다음과 같이 신에게 돌릴 수 있지 않겠습니까? 〈우리로 하여금 이런 것을 하도록 강제한 것은 당신의 단호한 운명이고 당신의 거역할 수 없는 힘입니다. 우리는 다르게 행동할 수 없는 것입니다. 그렇다면 무슨 이유로 또 무슨 권리로 당신은 우리가 결코 피할 수 없는 일에 대해 끔찍한 벌을 우리에게 내리는 것입니까? 최상의 필연성에 의해 당신의 의지에 따라 또 당신의 마음대로 모든 것을 행하고 지배하는 것은 당신이니 말입니다.〉 인간들이 신의 권능에 달려 있다는 이유만으로 선생님께서는 그들이 신 앞에서 자신들에 대해 의인(義認)할 수 없다고 말씀하십니다. 저는 선생님의 논변을 전적으로 뒤집겠습니다. 오히려 인간들이 신의 권능에 달려 있기 때문에 그들이 전적으로 자신들에 대해 의인할 수 있다는 것이 이성에 부합하는 것 같다고 말하겠습니다. 다음과 같이 논박하는 것은 모든 사람에게 쉬운 일입니다. 〈신이시여, 당신의 권능은 피할 수 없는 것입니다. 그렇기 때문에 제가 다른 방식으로 행동하지 않았다는 점을 용서받을

만한 것 같습니다.〉

　다음으로 선생님께서는 기적과 무지를 동일한 것으로 간주하시기 때문에 신의 능력과 가장 통찰력이 뛰어난 사람들의 지식조차도 동일한 한계 속에 두시는 것 같습니다. 마치 신이 인간들이 그들 정신의 모든 힘을 다해서도 설명할 수 없는 것은 아무것도 행하지 않거나 산출할 수 없는 것처럼 말입니다. 나아가 그리스도의 수난, 죽음, 매장, 부활에 대한 이야기는 지극히 생생한 모습으로 묘사되는 것 같기 때문에 저는 감히 선생님의 양심에 호소하며 여쭙겠습니다. 선생님께서 그 이야기의 진실성을 믿으시는바, 과연 그것을 우화로 간주하시는지 아니면 문자 그대로 믿으시는지 여쭙겠습니다. 이 주제와 관련하여 복음서의 저자들이 그토록 명료하게 전한 정황을 볼 때 우리는 이 이야기가 문자 그대로 받아들여져야 한다고 믿어야 할 것으로 보입니다.

　이 정도가 저희의 토론에 대해 제가 첨언하고자 한 간략한 설명입니다. 그렇게 행동한 저를 부디 너그럽게 여겨주시고 이에 대해 터놓고 답변하시는 친절을 베풀어주십시오. 보일 선생님께서 진심 어린 안부 인사를 선생님께 전하셨습니다. 왕립학술원의 현재 활동에 대해서는 다음번에 설명 드리겠습니다. 건강하시고 저를 계속 아껴주십시오.

1676년 1월 14일
런던에서
헨리 올덴부르크 올림

○ 서신78. 스피노자가 헨리 올덴부르크에게
─ 서신77에 대한 회신

매우 고귀하고 학식 있는 헨리 올덴부르크 선생님께

선생님, 도공의 손에 있는 찰흙처럼 우리는 신의 권능에 달려 있기 때문에 신에게 항변할 수 없다고 제가 지난번 편지에서 말씀 드린 것은 그 누구도 신이 자신에게 약한 본성이나 무능력한 영혼을 주었다고 비난할 수 없다는 의미에서였습니다. 실제로 원(圓)이 신으로부터 구(球)의 속성들을 받지 않았다고 불평하거나 요로 결석으로 고통받는 아이가 건강한 몸을 받지 못했다고 불평하는 것은 부조리한 일일 것입니다. 마찬가지로 무능력한 영혼을 가진 사람은 신이 그에게 단호함, 신에 대한 참된 인식과 사랑을 제공하기를 거부하고 이와 반대로 그가 자신의 정념을 막을 수도 없고 절제할 수도 없도록 약한 본성을 부여했다고 불평할 수 없는 것입니다. 왜냐하면 한 사물의 본성에는 그것의 원인으로부터 필연적으로 나오는 것 외에는 아무것도 속하지 않기 때문입니다. 그런데 각각의 인간이 굳건한 영혼을 갖추는 것은 그의 본성에 속하는 일이 아니며 우리가 건강한 영혼이나 건강한 육체를 갖는 것도 우리의 힘에 달려 있는 것이 아닙니다. 이런 점은 경험과 마찬가지로 이성을 부정하고자 하지 않는다면 그 누구도 부정할 수 없습니다.

그러나 선생님께서는 말씀하시기를, 만일 사람들이 본성의 필연성에 의해 죄를 짓는다면, 그들은 항변이 가능하다고 하십니다.

하지만 선생님께서는 이로부터 결론 내리고자 하시는 것을 설명하지 않으십니다. 신이 그들에게 분노할 수 없거나 그들이 행복, 즉 신에 대한 인식과 사랑에 걸맞다고 말씀하시는 것입니까? 선생님께서 첫 번째 주장을 말씀하시는 것이라면 저는 전적으로 동의합니다. 신은 분노하지 않으며 모든 것은 그의 결정에 따라 일어납니다. 그러나 저는 이 때문에 그들이 행복을 누려야 한다는 것은 부정합니다. 실제로 사람들은 용서될 수 있지만 그렇다고 해서 행복을 누릴 수는 없으며 여러 방식으로 고통을 받습니다. 실제로 말은 그것이 말이라는 사실로 용서될 수 있는 것이지 사람이라는 사실로 용서될 수 있는 것이 아닙니다. 말은 말이어야 하지 사람일 수는 없는 것입니다. 개에게 물려서 광분한 사람은 당연히 용서될 수 있지만 그럼에도 불구하고 우리는 개를 목 졸라 죽일 권리가 있습니다. 끝으로, 자신의 욕망을 법에 대한 공포를 통해 통제하지 못하고 억제하지도 못하는 사람은 비록 그가 자신의 취약함에 대해 용서될 수 있다고 해도 영혼의 만족, 그리고 신에 대한 인식과 사랑을 누릴 수는 없습니다. 그는 필연적으로 사멸합니다. 생각건대 성서가 신이 죄인들에게 분노한다고 말할 때 또는 신이 인간들의 행동을 인식하고 평가하고 판단하는 판관이라고 말할 때, 이는 인간적인 방식으로, 그리고 일반 대중이 받아들인 견해에 맞추어 말하는 것입니다. 왜냐하면 성서의 의도는 철학을 가르치는 것도 아니고 학식 있는 사람들을 만드는 것도 아니기 때문입니다. 성서의 의도는 순종하는 사람들을 만드는 것입니다.

선생님께서 보시기에 제가 기적과 무지를 동일한 것으로 간주함으로써 신의 능력과 사람들의 지식을 동일한 한계 속에 둔다고 하는데 어떻게 그러한지 저는 알지 못하겠습니다.

나아가 저는 그리스도의 수난, 죽음, 매장을 선생님과 마찬가지로 문자 그대로 읽습니다. 다만 부활에 대해서는 우화적인 방식으로 읽습니다. 그러나 복음서 저자들이 이 이야기를 매우 상세하게 전하기 때문에 우리는 그들 스스로도 그리스도의 몸이 부활했고 승천하여 신의 오른편에 앉았으며, 이는 신앙이 없는 이들도 만일 그들이 그리스도가 그의 제자들에게 나타났던 곳에 있었더라면 역시 확인할 수 있는 일이라는 점을 의심할 수 없다고 저도 인정합니다. 그럼에도 불구하고 복음서의 저자들은 비록 그들이 복음서의 학설을 손상하지는 않는다고 해도, 제가 지난번 편지에서 말씀 드린 사례들과 같이 다른 선지자들에게 일어날 수 있었던 것처럼, 그들은 이 점에 대해 틀릴 수 있었습니다. 그리스도는 바울에게 나중에 나타났는데, 반대로 그는 그리스도를 살이 아닌 정신에 의해 인식함을 자부합니다.

보일 선생님의 저작들 목록에 대해 선생님께 깊이 감사 드립니다. 기회가 되는대로 선생님께 왕립학술원의 소식을 듣고 싶습니다. 안녕히 계십시오. 제 애정과 충실함을 믿어주십시오.

1676년 2월 7일
헤이그에서

○ 서신79. 헨리 올덴부르크가 스피노자에게
─서신78에 대한 회신

스피노자 선생님께,

선생님의 2월 7일자 편지에는 제가 보기에 엄밀한 검토를 요하는 점이 여럿 있습니다. 한 사물의 본성은 그것의 원인으로부터 필연적으로 나오는 것만을 포함하기 때문에, 신이 어떤 사람에게 신에 대한 참된 인식과 죄를 피하기 위한 충분한 힘을 제공하기를 거부했다는 점에 대해 그 사람은 불평할 수 없다고 선생님께서는 말씀하십니다. 그러나 저로서는 다음과 같이 말하겠습니다. 인간들의 창조자인 신이 그들을 자신의 형상에 따라 만들었고 그 형상의 개념은 지혜, 선, 능력을 포함하기 때문에, 이로부터 건강한 정신을 갖는 것은 건강한 육체를 갖는 것보다 더 인간의 힘에 달려 있다는 사실이 완벽하게 도출되는 것 같습니다. 왜냐하면 육체의 물리적 건강은 기계적 원리에 의존하고 반대로 정신의 건강은 숙고와 선택에 달려 있기 때문입니다.

사람들은 항변이 가능하지만 그럼에도 불구하고 여러 방식으로 고통을 받는다고 선생님께서는 덧붙여 말씀하십니다. 언뜻 보면 이는 매우 냉혹해 보입니다. 이 점에 대해 선생님께서 첨가하신 논거, 즉 개에 물려 광분한 사람이 용서될 만하며 그럼에도 불구하고 우리는 개를 죽일 권리가 있다는 것은 문제를 해결해주지 않습니다. 왜냐하면 미친개를 죽이는 것은 그것이 다른 개들이나 다른 동물들, 그리고 사람들을 그 개에게 물려 역시 미치게 되는 일로부터 보호하기 위해 필요한 것이 아니라면, 단지 우리의 잔인함만을 입증할 따름이기 때문입니다. 그러나 신이 인간들에게 건강한 정신을 갖추도록 해줄 능력이 있어서 그렇게 했다면, 그 어떤 악덕의 전염에 대해서도 걱정할 것이 없습니다. 인간들이 어떤 경우에도 피할 수 없었던 죄 때문에 신이 그들을 영원한 고문을 당하도록 하거나 적어도 일정 기간 동안 끔찍한 고문을 당하도록 한다면 이는 진정 그저 잔인한 일일 것입니다. 나아가 성서의 모든 내용은 인간들이 죄를 삼갈 수 있다는 점을 가정하고 또 내포하는 것 같습니다. 왜냐하면 그야말로 성서는 위협과 약속으로 넘치며 보상과 벌이 있다는 것을 선포하기 때문입니다. 이 모든 것은 죄의 필연성에 반하는 근거가 되며 벌을 피할 수 있는 가능성을 내포하는 것 같습니다. 이를 부정한다면, 인간의 정신은 그의 육체보다 덜 기계적으로 행동하는 것이 아니라고 말해야 할 것입니다.

또한 선생님께서 일관되게 유지하시는 기적과 무지의 동등성은 피조물이 창조자의 무한한 지혜와 능력에 대한 지각을 가질 수 있고 또 가져야 한다는 사실에 의거하는 것으로 보입니다. 저는 이런 것이 불가능하다고 확신합니다.[265]

끝으로 선생님께서는 그리스도의 수난, 죽음, 매장은 당연히 문

---

265) (역주) 올덴부르크는 "인간 정신이 신의 영원하고 무한한 본질에 대한 적합한 인식을 갖는다."는 정리(『에티카』 2부, 정리47)를 배척하고 있다.

자 그대로 받아들여져야 하지만 부활은 우화적인 방식으로 받아들여져야 한다고 주장하십니다. 제가 보기에 선생님께서는 아무 논거도 제시하지 않으십니다. 그리스도의 부활은 복음서에서 나머지 일들과 마찬가지로 문자 그대로 전해지는 것 같습니다. 그리고 부활에 대한 이 교리는 기독교 전체 및 기독교의 모든 진리의 기초입니다. 만일 이 교리를 제거한다면 그리스도의 소명과 그의 천상의 학설이 파괴되는 것입니다. 죽은 자들 가운데서 부활한 그리스도가 모든 수단을 통해 그의 제자들에게 본래적 의미의 자신의 부활의 진리를 확신시키고자 노력했다는 것을 선생님께서는 모르실 수 없습니다. 이 모든 것을 우화로 변형하는 것은 복음서가 전한 이야기의 모든 진리를 박탈하는 것입니다.

이 정도가 철학의 자유를 근거로 제시하고자 한 몇몇 논박입니다. 부디 좋게 생각하여 주시기를 바랍니다.

1676년 2월 11일
런던에서

＊추신: 신께서 제게 건강과 삶을 부여해주시는 한, 왕립학술원의 연구 성과와 현재 진행 중인 활동에 대해 상술하겠습니다.

○ 서신80. 에렌프리트 발터 폰 치른하우스가 스피노자에게 — 서신72에 대한 회신

매우 통찰력 있고 현명한 철학자 스피노자 선생님께

선생님,

우선 저는 운동과 형태를 갖는 물체의 현존을 선험적으로 증명할 수단을 여전히 파악하지 못하겠습니다. 이런 것은 절대적으로 고찰된 연장에는 전혀 나타나지 않기 때문입니다.

다음으로 저는 선생님께서 〈무한에 관한 편지〉에서 말씀하신 다음 구절의 의미를 설명해주셨으면 합니다. 〈그렇다고 해서 수학자들은 그런 크기들이 그 부분들의 다수성 때문에 모든 수를 넘어선다고 결론 내리지 않습니다.〉 실제로 제가 보기에 모든 수학자는 이런 종류의 무한한 것들과 관련하여 부분들의 수가 설정 가능한 모든 수를 넘어선다는 것을 증명하며, 선생님께서는 이 편지에서 제시하는 두 원의 예에서 선생님께서 약속하신 것을 확립하시는 것 같지 않습니다. 실제로 선생님께서는 수학자들이 사이에 낀 공간의 크기가 너무 크다는 사실 또는 '우리가 이 경우에 최대치와 최소치가 없다는 사실'로부터 결론을 이끌어내지 않는다는 점만을 제시하십니다. 그러나 선생님께서 말씀하신 것처럼 그들이 부분들의 다수성에서 결론을 이끌어내지 않는다는 것을 증명하시지 않습니다.

프랑스 황태자의 가정 교사로서 위에[266]라고 불리는 대단히 박식한 사람이 종교의 진리에 대해 글을 쓸 것이고 선생님의 『신학 정치론』을 논박할 것임을 라이프니츠 씨로부터 알게 되었습니다. 안녕히 계십시오.

1676년 5월 2일

○ 서신81. 스피노자가 에렌프리트 발터 폰 치른하우스에게 – 서신80에 대한 회신

매우 고귀하고 학식 있는 에렌프리트 발터 폰 치른하우스 선생님께

선생님,

〈무한에 관한 편지〉에서 제가 말한 것, 즉 수학자들이 부분들의 다수성으로부터 부분들의 무한성을 결론 내리지 않는다는 점은, 만일 그들이 그런 식으로 결론을 내렸다면 우리가 부분들의 더 큰

---

266) (역주) 피에르 다니엘 위에(Pierre Daniel Huet, 1630-1721)는 후에 아브랑슈(Avranches)의 주교가 된다. 그는 1679년에 출간한 『복음의 증명(Demonstratio Evanglica)』에서 데카르트, 홉스, 스피노자를 모두 비판했다.

다수성을 생각할 수 없을 것이라는 사실로부터 명백합니다. 그 부분들의 다수성은 다른 어떤 다수성보다도 커야 할 텐데, 이는 틀립니다. 왜냐하면 서로 다른 중심을 가진 두 원 사이에 포함된 공간 전체에서 우리는 이 공간의 절반에서보다 두 배 많은 부분을 파악하지만, 그럼에도 불구하고 이 공간 전체에서나 그 절반에서나 부분들의 수는 모든 설정 가능한 수보다 더 크기 때문입니다.

다음으로, 데카르트가 생각하는 바 그대로의, 즉 정지 상태의 물질 덩어리로서의 연장으로부터 우리는 선생님께서 말씀하시듯 이 물체들의 현존을 증명하는 것은 단지 어려운 것이 아니라 완전히 불가능한 일입니다. 실제로 정지 상태의 물질은 정지되어 있는 한 계속 정지 상태를 고수할 것이며 그보다 강한 외부 원인에 의해서가 아니라면 운동하지 않을 것입니다. 이런 이유로 이전에 저는 데카르트가 인정한 자연물들의 원리가 부조리하지는 않더라도 무용하다고 주장하기를 꺼리지 않았던 것입니다.

1676년 5월 5일
헤이그에서

○ 서신82. 에렌프리트 발터 폰 치른하우스가
　　스피노자에게 — 서신81에 대한 회신

매우 통찰력 있고 학식 있는 철학자 스피노자 선생님께

선생님,

선생님의 성찰에 부합하는 방식으로 파악된 연장으로부터 어떻게 사물들의 다양성이 선험적으로 연역될 수 있는지 선생님께서 기꺼이 설명해주신다면 감사하겠습니다.[267] 왜냐하면 선생님께서는 데카르트에 따르면 이 결과는 신에 의해 창조된 운동을 가정함으로써만 연장 안에 산출될 수 있다는 것을 제게 상기시켜주시기 때문입니다. 제 생각에 데카르트는 정지 상태의 물질로부터 물체들의 현존을 연역하는 것이 아닙니다. 적어도 선생님께서 운동을 주는 신에 대한 가정을 아무것도 아닌 것으로 간주하시지 않는다면 말입니다. 이 같은 다양성이 어떻게 필연적으로 또 선험적으로 신의 본질로부터 나올 수 있습니까? 선생님께서는 이 점을 설명하지 않으십니다. 이 점을 데카르트는 밝혀야 하지만 그는 그것이 인간의 범위를 넘어선다고 생각했습니다. 그렇기 때문에 저는 선생님께서 다른 의견을 가지고 계신 것을 아는바, 선생님께 같은

---

267) (역주) 치른하우스는 서신59와 80에서 동일한 질문을 했으나 스피노자의 답이 없자 세 번째로 같은 질문을 제기하고 있다.

질문을 드리는 것입니다. 그러나 선생님께서 혹시 다른 중요한 이유 때문에 이 점을 명확히 제시하기를 원치 않으시는 것입니까? 저는 그럴 것이라고 믿어 의심치 않습니다. 그렇지 않다면 선생님께서 그토록 모호한 방식으로 설명하지 않으셨을 것입니다. 그러나 선생님께서 제게 터놓고 모든 설명을 해주시든지 아니면 설명을 삼가야 한다고 생각하시든지 간에 선생님에 대한 제 애정은 변하지 않음을 굳게 믿으셔야 합니다.

이 점에 대한 설명을 제가 특별히 요청하는 것은 다음과 같은 이유 때문입니다. 수학에서 저는 그 자체로 고찰된 불특정의 어떤 것, 즉 아무런 사물의 정의에서 출발할 때 우리는 단 하나의 속성만을 연역해낼 수 있을 것이라는 점을 항상 주목했습니다. 우리가 여러 속성들을 알고자 한다면 정의된 것을 다른 것들과 관계시키면 됩니다. 그러면 이 정의들의 결합으로부터 여러 새로운 속성들이 도출됩니다. 예를 들어 제가 원에서 원주만을 고찰한다면, 저는 원주가 모든 원에서 서로 닮은꼴이거나 동형이며, 다른 모든 곡선과 본질적으로 구분되는 속성이라는 점만을 결론 내릴 수 있습니다. 이로부터 다른 어떤 속성도 연역해낼 수 없는 것입니다. 그러나 원주를 다른 속성들, 예를 들어 중심에서부터 그어진 선들이나 또는 서로 교차하는 두 선분, 또는 다른 여러 속성들과 관계시킬 경우 이로부터 저는 다수의 속성들을 연역해낼 수 있을 것입니다.

그런데 이런 점은 아마도 선생님의 저작 『에티카』 제1부에서 가장 중요한 정리인 정리16과 어떻게 보면 대립되는 것 같습니다.

이 정리에서 선생님께서는 어떤 사물에 대해 주어진 정의로부터 여러 속성들을 연역해낼 수 있다는 것을 기정사실로 간주하십니다. 제가 보기에 이는 우리가 정의된 사물을 다른 것들과 관계시키지 않는 한 불가능한 일 같습니다. 이에 대한 귀결로서 저는 단하나의 속성, 예를 들어 연장에 대한 고찰로부터, 어떻게 물체들의 무한한 다양성을 도출해낼 수 있는지를 파악하지 못하겠습니다. 아니면 선생님께서는 단 하나의 유일한 속성이 아니라 속성들모두를 동시에 고찰함으로써 이런 점을 결론 내릴 수 있다고 판단하시는지 저는 알고 싶습니다. 또 이와 같은 연역을 어떤 방식으로 파악해야 하는지를 알고 싶습니다. 안녕히 계십시오.

1676년 6월 23일
파리에서

○ 서신83. 스피노자가 에렌프리트 발터 폰 치른하우스에게 — 서신82에 대한 회신

매우 고귀하고 학식 있는 에렌프리트 발터 폰 치른하우스 선생님께

선생님,

선생님께서는 사물들의 다양성이 오직 연장 개념으로부터 선험적으로 증명될 수 있는지 묻습니다. 저는 그것이 불가능하다는 점을 충분히 명료하게 보여주었다고 생각합니다. 그렇기 때문에 제가 보기에 물질을 연장으로 보는 데카르트적 정의는 좋지 않습니다. 그와 반대로, 영원하고 무한한 본질을 표현하는 속성을 통하여 필연적으로 물질을 설명해야 합니다. 하지만 이 모든 점에 관하여 다음번에 보다 명확하게 말씀 드리겠습니다. 저는 이 주제에 관하여 아직 아무것도 정리하지 못했습니다.[268]

다음으로 선생님께서는 그 자체로 고찰된 사물의 정의로부터 우리는 하나의 속성만을 연역해낼 수 있다고 첨언하십니다. 이는 어쩌면 가장 단순한 것들, 달리 말하면 사유 안의 존재들(저는 이들에 도형들을 포함시킵니다.)에는 적용되겠지만 실재적인 것들에는 적용되지 않습니다. 실제로 제가 신을 그 현존이 본질에 속하는 존재로 정의한다는 사실만으로도 저는 이로부터 신이 필연적으로 현존하고 유일하고 불변이고 무한하다는 등의 다수의 특성들을 결론 내립니다. 이와 같은 방식으로 선생님께 여러 다른 사례를 제시할 수 있지만, 지금은 그대로 두겠습니다.

끝으로, 청컨대 선생님께서 이전에 말씀하신 (『신학정치론』에 반대

---

268) (역주) 연장은 자력으로 움직일 수 없는 것이 아니며, 반대로 무한하고 영원한 본질을 가지기 때문에 물체들의 현존에 대한 연역이 가능하다고 스피노자는 밝힌다. 그러나 생애 말년에 그는 물질의 다양성을 완전히 정리하지 못했다고 고백한다. 스피노자는 이 주제에 관한 설명을 제공하지 못한 채 생을 마감한다.

하는) 위에(Huet) 선생님의 논고가 이미 출간되었는지, 그리고 제게 한 부를 보내주실 수 있는지 여쭙겠습니다. 그리고 최근에 굴절에 대한 새로운 발견이 있는지도 여쭙겠습니다. 선생님, 계속해서 저에 대한 우정을 지켜주시고 안녕히 계십시오.

1676년 7월 15일
헤이그
선생님의 벗 스피노자 올림

○ 서신84. 스피노자가 벗에게

『정치론』에 관하여 벗에게

친애하는 벗에게[269]

어제 선생님의 편지를 기쁘게 받았습니다. 제게 너그럽게 주의를 기울여주시는 점에 대해 온 마음으로 감사 드립니다. 만일 제가 유용하다고 판단되는 어떤 일에 전념하고 있지 않았더라면 이같은 기회를 놓치지 않을 것입니다. 그 일은 선생님을 상당히 만족

---

269) (역주) 프로이에티(Proietti)와 미그니니(Mignini) 같은 연구자들은 수신자가 야리그 옐레스일 것으로 판단한다.

시킬 것이라고 저는 믿습니다. 그것은 선생님의 조언으로 얼마 전에 시작한 『정치론』의 집필입니다. 이 논고의 여섯 장(章)은 이미 마무리되었습니다. 1장은 저작에 대한 일종의 서론을 담고 있습니다. 2장은 자연권을 다룹니다. 3장은 최고 주권자의 권리를 다룹니다. 4장은 최고 주권자의 통치에 의존하는 정치적 문제들을 검토합니다. 5장은 한 사회가 추구할 수 있는 최고 및 최대의 선이 무엇인지 검토합니다. 6장은 군주제가 폭정으로 퇴화하지 않기 위해서는 어떤 방식으로 확립되어야 하는지를 검토합니다. 현재 저는 7장을 집필하고 있습니다. 여기서 저는 질서가 제대로 잡힌 군주제와 관련해 앞의 여섯 장의 모든 요소를 방법론적으로 증명합니다. 다음으로 저는 귀족제와 민주제를 다룰 것이고 법, 그리고 정치와 관련된 특수한 문제들을 다룰 것입니다. 안녕히 계십시오.

스피노자

1. 서간집의 의미

본서는 스피노자 서간집의 완역이다. 1925년 카를 게브하르트 (Carl Gebhardt)가 편집한 『스피노자 전집(*SPINOZA OPERA*)』의 제4권 『서간집(*EPISTOLAE*)』에 포함된 84통의 서신들을 번역했다.

17세기의 철학자들이 주고받은 서신들은 오늘날의 논문집과 유사한 역할을 담당했었다. 동시에 서신들이 단지 익명적인 것은 아니기 때문에 서신들을 통해 당시 철학자들의 구체적인 태도를 엿볼 수 있다. 서신은 한 철학 안에서 제시된 세계관과 인간관이 그 철학을 산출한 철학자의 삶에서 실질적으로 표현되고 있는지의 여부를 판단하게 해주는 독보적인 문헌이다. 따라서 철학자들의 서신을 통해 우리는 그들의 철학 체계를 단지 이론 체계로 보는 한계를 벗어나 철학적 이해에 구체성을 부여할 수 있다. 스피노자의 서신도 역시 같은 모습을 보여주며 자신의 철학 체계에 대한 직접적인 해설과 함께 그의 실천적 태도를 보여주는 1차 문헌이다.

스피노자의 서간집을 완역함으로써 국내 학계의 견고하고 풍성한 스피노자 연구에 조금이나마 도움이 되었으면 한다. 스피노자 서간집의 완역은 나머지 스피노자 저작들의 국역과 함께 '한국판 스피노자 전집'의 계기가 될 것이다.

모든 커다란 철학이 다양한 해석을 낳는 것은 주지의 사실이지만 스피노자의 철학만큼 상반된 해석 대상이 되어온 철학 체계는 드물 것이다. 그의 사후(1677)부터 현대까지 스피노자의 철학은 끊임없이 다양한 관점에서 해석되어왔다. 스피노자는 18세기에는 무신론적 이성론의 원형으로, 19세기에는 특히 독일에서 신비적 범신론적 종교적 철학의 이미지로 나타났다. 1993년 파리1대학에서 35명의 스피노자 전문가들이 발표한 논문집『20세기의 스피노자』는 스피노자를 "혁명적" 철학자로서 "모든 사유 체계의 변천의 매개자"로 소개하고 있다. 이 저작에 실린 논문들은 스피노자와 베르그손, 브런슈빅, 바슐라르, 들뢰즈, 레비나스, 칼 포퍼, 하이데거, 러셀, 한나 아렌트 등 다른 철학자들의 비교에서부터 시작하여 문학, 마르크스 사상, 프로이트와 라캉의 정신분석학 등과의 관계를 조명함으로써 스피노자 철학이 지닌 의미의 함축성과 다양성을 폭넓게 제시하고 있다. 이런 연구는 스피노자 철학에 대한 연구가 세계적으로 얼마나 활발히 진행되고 있는지를 상징적으로 보여준다.

스피노자 철학의 중요성이 부각되면서 최근 20여 년간 국내에서도 스피노자에 관한 연구는 활발히 진행되어왔다. 스피노자의 사상은 한편으로는『소론』,『지성개선론』,『데카르트의 철학원리』

등의 초기 저작들 및 『에티카』에서 전개되는 존재론, 인식론, 감정론, 윤리학, 다른 한편으로는 『신학정치론』과 『정치론』에서 중점적으로 다루어지는 신학 및 정치철학으로 크게 구분될 수 있다. 이미 『에티카』나 『신학정치론』 등의 완결된 주저는 여러 연구자들에 의해 번역 출간되었고 초기의 미완성 저작들도 부분적으로나마 번역되어 소개되고 있다. 또한 프랑스 철학자 질 들뢰즈의 열풍과 함께 그의 사상적 계보인 스피노자 철학의 의미를 밝혀보려는 차원에서 들뢰즈의 스피노자 연구서 두 권이 번역되었고 다수의 스피노자 관련 연구서 및 교양 저작들도 발간되었다. 그러나 정작 영미, 유럽권의 모든 스피노자 전문가들이 1차 문헌으로서 적극적으로 활용해왔으며 스피노자 전집에 당당히 포함되어 있는 서간집은 국내에 전혀 소개되지 않고 있다. 단지 외국어를 읽는 몇몇 연구자들에 의해서 전문 논문에서 다루어질 뿐이다. 본서를 통해 국내 스피노자 연구의 이 같은 공백이 메워졌으면 한다.

스피노자가 주고받은 서신들은 총 84편이며, 이 중 스피노자 자신의 것은 48편이다. 편지들은 안부나 일상의 문제에 관한 것도 있으나 대부분 철학적 내용을 담고 있다. 신, 세계, 인간, 자유, 윤리, 종교, 정치 등 서양 근대 철학의 핵심 문제들이 서신에서 다루어지고 있으며, 이는 또한 스피노자 자신의 철학적 문제들이기도 하다. 84편의 편지, 그것도 스피노자 자신의 것이 48편뿐이라면, 이는 결코 많은 양이 아니다. 분실된 편지들, 그리고 스피노자의 짧은 생애(1632-1677)를 고려한다고 해도 상당히 적은 양의 편지를 쓴 셈이다. 그러나 스피노자는 자신이나 타인들의 일상에 대해 길게 늘어놓는 사람이 아니며 그의 대부분의 편지에서 서두나 말미에서 흔히 나타나는 안부 인사는 지극히 짧고 형식적이다. 즉 비록 적은 양의 편지들일지라도 그 내용에 있어서는 철학적 토론이 주를 이루고 있기 때문에, 스피노자의 편지들은 그의 사상을 이해하기 위한 주요 문헌이다.

철학자들의 서신은 그들 철학 체계에 대한 직접적 표현인 동시에 해석의 권위가 보장된 1차 문헌이다. 나아가 서신이라는 형식 때문에 철학자들은 상대방의 언어를 사용하는 경우가 많으므로 서간집은 비교적 쉬운 언어로 그들의 사상이 표현된 값진 자료를 제공해준다. 또한 서신들을 통해 우리는 철학 사상의 진화 과정 및 시대적 배경 등을 확인할 수 있기 때문에, 서간집과 함께 철학 작품을 고찰할 경우 철학 체계에 대한 이해도를 극대화할 수 있다. 실제로 스피노자의 서간집은 철학적 토론 외에도 집필 과정, 용어 변화, 출판 현황, 시대 배경 등을 구체적으로 알려주기 때문에 그의 사상을 재구성하는 데 필수적인 역할을 한다.

철학자의 사상을 이해하기 위해 그의 주저들을 해독해야 함은 물론이다. 그러나 철학 저작들은 주요 개념이나 체계에 대한 구체적 예를 제시하지 않는 경우가 많다. 우리는 철학자의 서신을 통해 주요 개념의 풍부한 예시를 획득함으로써 이론 체계를 깊이 이해할 수 있을 뿐 아니라 이론 체계의 확장성을 확인할 수 있다. 실제로 스피노자의 서간집이 없었다면, 그의 존재론에서 매우 난해하고도 중요한 개념인 속성이나 무한 양태에 대한 구체적 이해는 불가능했을 것이다. 또한 '예수의 부활' 같은 민감한 사안은 그의 신학 저작에서도 잘 다루어지지 않고 있지만, 서신에서는 적극적 설명의 대상이 되고 있다. 따라서 스피노자의 서간집은 후대의 연구자들에게 보조적 역할을 넘어서 그의 철학 체계를 온전히 재정립하기 위한 독보적 문헌이다.

물론 서신은 상황의 산물이다. 예를 들어 스피노자는 여러 인물들로부터 서신을 통해 질문을 받고, 그들의 언어에 맞춰 답변을 만들어나간다. 예정된 일정에 따라 질문과 답변이 오가는 것이 아니기 때문에, 스피노자는 상황에 따라 타인의 언어로 자신의 철학을 표현해야 했다. 서신의 이런 측면은 철학 체계의 실천적 특성, 또는 '사유의 실천'을 보여준다. 스피노자는 데카르트, 로크, 라이프니츠 등의 다른 근대 철학자들에 비해 적은 양의 편지를 썼으며, 또한 각 편지도 꽤 간결한 편이다. 스피노자가 남긴 적은 양의 서신, 그리고 그 간결성은 그가 자신을 드러내는 것을 꺼리는 사람임을 보여주는 것이 사실이다. 그러나 이런 점을 그의 타고난 성격이라고 생각해서는 안 된다. 스피노자의 신중함은 깊은 반성과 숙고의 결실이며 그의 사상 체계로부터 도출되는 윤리적 귀결이라고 할 수 있다. 스피노자는 철학적 주제를 다룰 때 보편적 이성을 수단으로 논의를 전개해나가면서도, 동시에 자신이 누구와 서신을 교환하고 있는지 정확히 알고 있다. 그는 상대방의 태도에 따라 자신의 태도를 규정함으로써 소모적인 논쟁에 휘말리지 않는다. 스피노자에게 있어 이런 점이 어떤 세속적인 처세술이나 수동적인 모방이 아님은 당연한 것이다. 이는 자기 자신에서 이탈하지 않는 가운데 타인을 이해하는 독특한 방식으로서 깊이 숙고된 철학적 태도이다. 철학자에게 이런 종류의 '사유 실천'은 자신의 체계를 재성찰하도록 이끌고 때때로 자기 교정을 촉발한다. 요컨대 스피노자의 서간집은 그의 철학을 깊이 이해하기 위해 그의 주저들과 같은 수준에서 읽히고 연구되어야 한다.

2. 번역 대본

『스피노자 서간집』의 국역을 위해 선택한 라틴어 번역 대본은 1925년에 독일의 카를 게브하르트가 편집한 스피노자 전집 중 제4권이다: *SPINOZA OPERA IV. EPISTOLAE*(Heidelberg, Winter, 1925). 스피노자의 『유고집(*OPERA POSTHUMA*)』은 72통의 서신을 포함하고 있고, 나머지 12통의 서신은 19세기에 다시 발견되었는데, 게브하르트 편집본은 이것들까지 수록했기 때문에 현재로서는 가장 적합한 판본이라 할 수 있다. 라틴어 원본 외에도 자연스러운 국역과 역주 및 해제를 위하여 다음과 같은 영어, 프랑스어 판본들도 활용했다.

영역본:

COMPLETE WORKS, Samuel Shirley 번역, Hackett Publishing Co., Inc., 2003.

불역본:

Oeuvres/ Spinoza Baruch, 4, Charles Appuhn 번역, Paris, Flammarion, 1966.

Spinoza OEuvres complète, Roland Caillois, Madeleine Francès, Robert Misrahi 번역, Paris, Gallimard, La Pléiade, 1954.

Spinoza Correspondance, Maxime Rovere 번역, Paris, Flammarion, 2010.

3. 스피노자의 삶과 사상

스피노자의 서간집을 보다 의미 있게 읽으려면 스피노자의 삶과 사상에 대한 기본적 이해가 필요할 것이다. 그의 삶과 사상을 소략하면 아래와 같다.

1) 스피노자의 삶

서양의 종교 및 형이상학의 전통을 이루는 신 개념은 최상의 지혜, 능력, 선의 속성으로 구성되며 이런 신 개념은 우리가 살고 있는 세계가 최선의 세계라는 관점의 기초가 된다. 서양 고전 철학의 큰 기둥이라고 할 수 있는 유신론적 관점이 바로 이런 신 개념에 기반을 두고 있다. 스피노자보다 후배이지만, 전통적 관점을 정당화했던 라이프니츠에게 신의 지성은 모든 것을 조율하고 최선의 조화를 계획하는 신의 본질로서 이 세계를 넘어서 존재하며 모든 것을 주관하는 초월적 원리이다. 스피노자는 신의 초월성을 정면으로 부정하면서 서구 전통 철학의 근간을 무너뜨리려 시도했다. 스피노자에 따르면 서구에서 전통적으로 인정되어온 초월적 신은 자신이 자유롭다고 믿는 인간의 환상에 기인한 것이며, 진정한 행복은 초월적 신의 미신에서 탈피하여 자신을 보편적 자연 체계의 일부로서 인식하는 데 있다. 게다가 이런 자연주의적 관점은 단순한 견해 이상의 것으로 엄밀한 이성적 증명을 통해 정당화되고 있다. 스피노자의 다음과 같은 지적은 라이프니츠가 계승해온 전통 형이상학의 관점에 대한 직접적인 반박이라 할 수 있다.

"모든 것을 신의 자의적 의지에 종속시키며, 모든 것을 신의 재량에 의존하게끔 하는 이 의견은, 모든 것을 선의 근거에서 행한다고 주장하는 사람들의 의견보다는 진리에 좀 더 가까움을 나 역시 인정한다."(『에티카』, 1부, 정리33, 주석2)

스피노자는 지성을 통해 창조할 세계를 구상하고 의지와 능력을 통해 세계를 창조하는 인격신 개념, 그리고 이 개념에 근거하는 창조론을 정면으로 부정한다. 스피노자는 인격신 개념에서 신 안에서의 간극과 결여, 그리고 불완전성을 보고 있기 때문에 세계가 지성에 의해 미리 구상되고 의지나 능력에 의해 논리적으로든 존재론적으로든 나중에 실현되는 방식을 받아들일 수 없다. 달리 말하면 그가 인정하는 신은 지성이나 의지를 본질로 갖는 신이 아니다. 이 세계는 여러 세계들 가운데 선택된 세계가 아니다. 이 세계는 어떤 지성에 의해 미리 생각되고 창조된 것이 아니라, 계획과 실현 간의 어떤 간극도 없이 그 자체로 필연적으로 존재하는 것이다. 스피노자의 신은 인격적 존재가 아니며 자기 본성의 필연성에 따라 존재하고 작용하는 자연 전체이다. 다음의 편지에서 스피노자의 입장은 선명하게 드러난다.

"오늘날의 신학자들이 제 저작으로 불쾌해하고 그들의 습관적인 적개심으로 저를 비난할까 걱정이 됩니다. 저는 논쟁을 매우 싫어합니다. 그러나 이 문제에 대한 선생님의 견해를 고려해보겠습니다. 이 저작이 설교자들을 다소 불쾌하게 할 수 있는 내용을 선생님께 알려드린다면 다음과 같습니다. 저는 그들이 신에게 귀속시키는 신의 여러 속성들을 피조물들로서 간주하며, 그들이 편견 때문에 피조물로 간주하는 다른 것들을 신의 속성들로 간주합니다. 저는 그들이 신의 속성들을 제대로 이해하고 있지 못하다는 것을 제시하려고 합니다. 나아가 저는 제가 알고 있는 저자들이 그렇게 하듯이 신과 자연을 분리하지 않습니다."(서신6)

스피노자의 사상은 요컨대 철학적 논의에 막대한 양분을 제공하는 유신론과 무신론의 논쟁이라는 맥락에서 파악해야 한다. 이 논쟁은 형이상학과 더불어 윤리학, 즉 삶의 구체적 방향을 결정지을 수 있기 때문에 피상적으로 접근해서는 안 될 것이다. 특히 유대인인 스피노자는 종교와 관련한 문제 때문에 자신의 동족으로부터 파문을 당한 인물이기 때문에, 그의 삶의 굴곡을 간략하게나마 살펴볼 필요가 있다.

스피노자는 포르투갈계 유대인으로서 1632년에 네덜란드의 암스테르담에서 출생했다. 스피노자의 삶과 사상을 이야기할 때 빼놓을 수 없는 것은 유대인 동족으로부터 파문당한 사건이다. 어릴 때부터 총명했던 스피노자는 위대한 랍비가 될 것이라는 희망을 안겨줬다. 그는 유대 공동체가 설립한 학교에서 철저하게 유대적인 교육을 받고 종교적 관념과 신학적 이론으로 가득 찬 사상과 친숙해진다. 이에 따라 스피노자는 그의 사유와 삶의 모든 국면에 근본적으로 신이 존재한다는 유대인의 관습을 체화했지만 당시의 학문 용어인 라틴어를 습득하면서 새로운 사상적 흐름에 매료된다. 라틴어를 통해 과학과 스콜라 철학, 데카르트의 철학을 알게 된다. 특히 데카르트의 철학을 접한 것은 스피노자의 사유 체계 확립과 관련하여 결정적인 계기가 된다.

새로운 사상 조류를 접하고 그의 이성적 정신으로 인해 종교에 의문을 품으면서 스피노자는 유대 신앙과 멀어지기 시작한다. 특히 성서에서 말하는 신인 동형론을 문자 그대로 믿는 경향과 형식적 절차들에 의문을 품는다. 이러던 차에 몇몇 기독교 종파와 가까워지기도 한다. 신앙의 독단적 형식과 외형적 표현을 최소화하고 신과 이웃에 대한 순수한 사랑에서 신앙을 추구할 것을 가르친 그리스도의 막대한 역할을 보기도 한다. 스피노자는 기독교도가

된 것은 아니었지만 그리스도를 통해 내면 종교로서의 기독교의 우월성을 느끼게 된다. 실제로 그의 주저 중 하나인 『신학정치론』에서 그는 그리스도가 신과 직접적으로 소통한 유일한 존재라는 점을 강조한다.

유대교를 멀리하고 기독교도들을 가까이하는 스피노자의 태도는 벌써부터 동족에게 심어주었던 불안을 확인시켜줄 뿐이었다. 유대인들이 무엇보다 걱정한 것은 위대한 랍비가 될 것이라 믿었던 젊은 유대인이 유대교를 저버렸다는 소식이 퍼져나가는 일이었다. 그들은 스피노자에게 연금 제공 등의 타협책을 통하여 최소한 유대 교회에 모습이라도 나타내라고 요구했으나, 스피노자는 단호하게 위선과 타협을 거부했다. 협박도 스피노자의 마음을 돌리는 데 실패했다. 타협도 협박도 실패하자 유대인들은 교회 재판권에 의거했다. 스피노자는 랍비회에 출두하여 신문을 받아야 했으며 이를 통해 그의 자인뿐 아니라 부인할 수 없는 증거들로 인해 유대교의 핵심 교리들을 믿기를 거부한 사실과 모세 율법의 여러 명령을 위반한 사실이 입증되었다. 유대 교회의 압박에 순응할 생각이 없었던 스피노자는 30일간 공동체에서 제외되는 소파문에 선고된다. 소파문은 유대 신앙으로의 회귀를 위해 주어진 예비 기간이었다. 이 기한이 지나고도 스피노자의 태도는 변하지 않았기 때문에 결국 1656년 7월 26일, 암스테르담의 유대 교회당에 공동체가 모여 스피노자에게 대파문을 선포한다. 대파문 직후 그는 광신자에게 살해당할 뻔한 위기도 겪었다. 대파문으로 스피노자는 동족으로부터 철저하게 배척받았고 도시를 떠나게 되었다.

그 이후로는 레인스뷔르흐, 보르뷔르흐 등 여러 도시를 옮겨 다니며 하숙 생활을 하게 된다.

스피노자는 생계를 위해 과학적 지식을 활용하여 렌즈를 연마하는 기술을 배운다. 렌즈를 가공하는 기술에 능숙해지면서 많은 구매자가 생겼고 생계에 필요한 것을 충분히 가질 수 있었다. 그가 필요로 한 것은 연구와 집필을 위한 체제였다. 그는 자신의 사상을 창출하고 집필하는 데 대부분의 시간을 보냈다. 자신의 철학 체계의 정립과 함께 친구들도 생기고 제자들도 따르게 되면서 스피노자의 명성은 학계에 널리 퍼져나갔고, 하이델베르크 대학의 정교수직을 제안받기도 했으나 그는 자유를 누리기 위해 이 제안을 거절한다. 스피노자는 자유와 사색을 보장해주었던 반 고독의 삶을 살았다. 그의 삶은 짧았다. 여위고 허약했으며 일찌감치 폐결핵에 걸린 그는 절제된 생활로 간신히 삶을 보호했다. 미세한 유리 가루를 끊임없이 삼키게 한 직업, 운동 부족, 그리고 극도의 긴장과 함께 수행된 지적 활동 등이 병을 악화시켰다. 결국 1677년 2월 20일 의사가 보는 가운데 스피노자는 숨을 거두었다.

2) 신과 자연

스피노자에게 이성은 가장 소중한 자산이었다. 스피노자의 파문 사건에서 나타나듯이 그의 문제의식은 모든 것을 절대적 존재인 신에게 의존되게 하면서도 미신이나 비합리적인 세계관에 빠지지 않는 것이었다. 그는 유대인으로서 유대교를 따르지 않은 이유로 동족에게 파문을 당했고 기독교 같은 특정 종교를 따르지도 않았다. 서구 문명권에서 계시 종교의 역할은 막대한 것이고 모든 사상가는 어떤 방식으로든 기존 종교에 대한 입장 표명이 필요했다. 스피노자가 살던 시대는 현대의 우리가 흔히 말하는 "근대성"으로 인한 전환기라고 할 수 있다. 고중세를 통해 그리스 철학과 기독교가 확립해온 세계관이 근대 과학의 발전과 함께 의심되고 파괴되기 시작한 사상적 갈등의 시기라고 할 수 있겠다. 전통적으로 그리스 철학과 기독교의 만남은 이 세계가 계획과 목적에 의해 조직되었다는 목적론을 더욱 살찌웠다. 근대의 사상가들은 목적론의 뿌리인 아리스토텔레스의 관점을 해체하기 시작했고 결국 물질 세계를 철저하게 기계론적으로 보는 데카르트에 이르렀다.

스피노자는 데카르트보다 한 발 더 나아갔다. 가톨릭 신자였던 데카르트는 우주의 일반적 목적성에 대해 불가지론적인 입장을 고수하면서도 초월적인 신의 존재를 인정했다. 그러나 스피노자는 신을 자연과 동일시한다. 신은 자연의 광대한 힘이다. 자연은 스스로 산출되며 그런 자기 산출 외에 다른 어떤 목적도 가지고 있지 않다. 따라서 스피노자는 자신 이후에도 라이프니츠가 계승해온 서구 전통 철학의 관점, 즉 여러 다른 세계들 가운데 한 세계를 선택하는, 또는 인간을 위해 세계를 실현하는 창조신의 개념을 선명하게 공격한 것이다.

창조론에 따르면 신은 이성에 포착될 수 없는 방식으로 세계를 창조하고 움직이는 초자연적인 존재를 의미한다. 그래서 유한한 인간은 초월적 신과 분리되어 있지만, 신으로부터 부여받은 특권인 자유 의지를 통해, 신이 정해놓은 목적에 따라 행동하고 신을 경배하면 구원에 이를 수 있다. 즉 초월자인 신은 모든 것을 섭리와 목적에 따라, 자연은 인간을 위해서, 그리고 인간은 신을 숭배하도록 창조한 것이다. 이성은 이런 초월적 존재를 받아들일 수 있는가? 초월적 세계관은 대중을 지배하려고 무지로 몰고 가는 고도로 조작된 체계는 아닐까? 스피노자는 초월적 세계관이야말로 근원적 환상에 기인하는 악의 근원이라 보고 초월적 세계관을 지지하는 목적론자들에 대한 세밀한 분석을 실행한다. 다음은 『에티카』(1부, 부록)에 제시된 유명한 목적론 비판이다. 깊이 되새길 만한 문헌이다.

"여기에서는 모든 사람이 인정하지 않으면 안 되는 것, 곧 모든 인간은 날 때부터 사물의 원인을 모른다는 것, 모든 인간은 자신의 이익을 추구하려는 충동을 지니며 동시에 이것을 의식한다는 것 등을 기초로 삼는다는 것만으로 충분하다. 왜냐하면 그로부터 다음과 같은 사실이 따라 나오기 때문이다. 즉 첫째로 인간은 자신이 자유롭다고 여긴다. 왜냐하면 사람들은 자신의 의욕과 충동을 의식하지만 그들로 하여금 충동이나 의욕에 사로잡히게끔 하는 원인을 모르기 때문에 그것에 관해서는 꿈에도 생각하지 않기 때문이다. 두 번째로 다음과 같은 결론이 나온다. 즉 인간은 목적을 위하여, 곧 그들이 요구하는 이익을 위하여 행동한다. 그러므로 인간은 성취된 것에 관하여 항상 목적인만을 알려고 하며, 그것을 경험하면 그것으로 만족한다.

(……) 나아가서 그들은 자기들의 이익 획득에 적지 않게 도움이 되는 수많은 수단들, 예컨대 보기 위한 눈, 씹기 위한 이, 영양을 위한 식물과 동물, 비추기 위한 태양, 물고기를 기르기 위한 바다 등을 자신의 안팎에서 고찰하므로, 이로부터 그들은 모든 자연물을 자기들의 이익을 위한 수단으로만 고찰하였다. 그리고 그들은 자기들이 그러한 수단을 발견하기는 했지만 공급한 것은 아니라는 점을 알기 때문에, 이로 인하여 그들은 그러한 수단을 자기들의 사용을 위하여 마련해준 어떤 다른 것이 있다고 믿게 되었다. 왜냐하면 사물을 수단으로 고찰한 다음에는, 그들은 그것이 스스로 만들어졌다고 믿을 수 없어서 그들이 자신들에게 수단을 마련해준 경우로 미루어 보아, 인간의 자유를 부여받은 한 사람 또는 약간의 자연의 지배자가 존재하여 이것이 그들을 위하여 모든 것을 배려하며 그들이 사용하게끔 모든 것을 만들었다고 결론 내리지 않으면 안 되었다. 또한 그들은 이러한 지배자의 성품에 관하여 전혀 듣지 못했기 때문에 자기들의 성품으로 그것을 판단하지 않으면 안 되었다. 그리고 여기에서부터 그들은, 신들은 인간에게 의무를 지우고 인간에게서 최대로 존경받기 위해서 모든 것을 인간이 사용하게끔 한다고 확신한다. 그리하여 각자는 신이 자기를 다른 사람들보다 더 총애하며 자연 전체로 하여금 자기의 맹목적 욕구와 끝없는 탐욕을 만족시키게끔 여러 가지 양식의 신에 관한 경배를 자기들의 성품에 따라 생각해내었다.

그리하여 이 편견은 미신으로 타락되고 사람들의 마음속에 깊이 뿌리박았다. 이로 인하여 모든 사람은 만물에 대하여 목적인을 인식하고 설명하는 데 최대한의 노력을 기울였다. 그러나 그들은, 자연이

쓸모없는 일(곧 인간에게 도움 되지 않는 것)을 행하지 않음을 제시하려고 하지만, 그들은 자연과 신들이란 인간과 마찬가지로 착란에 빠져 있음을 제시한 데 지나지 않았다고 생각한다.

사태가 결국 어디에 도달했는지를 주목하라! 자연의 그렇게도 많은 유용한 것 사이에 적지 않은 해로운 것들, 곧 폭풍우, 지진, 질병 등을 그들은 주의하지 않으면 안 되었다. 그리고 그들의 주장에 의하면, 이것들은 인간이 신들에게 가한 모욕으로 인하여 또는 인간이 신을 경배함에서 범한 죄과로 인하여 신들이 분노했기 때문에 생겼다. 그리고 비록 일상적인 경험은 이와 모순되며 또한 유용한 것과 유해한 것이 경건한 사람과 경건하지 못한 사람에게 똑같이 생기는 사실을 수많은 예를 통하여 보여준다고 할지라도, 그렇다고 해서 그들은 뿌리 깊은 편견에서 벗어나려고 하지 않았다. 왜냐하면 그들에게는 이것을 그들이 사용할 줄 모르는 다른 알 수 없는 것들 사이에 집어넣고, 그렇게 하여 현재 그들의 내재적인 무지의 상태를 유지하는 쪽이 앞에서 말한 전체 구조를 파괴하고 새로운 구조를 생각해내는 것보다 쉬웠기 때문이다. 그러므로 그들은 신의 판단이 인간의 파악력을 훨씬 능가한다고 확신하였다. 그리고 만일 목적에 관해서가 아니라 단지 도형의 본질과 성질에만 관계하는 수학이 인간에게 진리의 다른 규범을 제시하지 않았더라면 진리는 인류에게 영원히 은폐되었을 것이다."

목적론은 주관적 경향에 따라 판단하는 인간적 상상에서 비롯되는 착각일 뿐이다. 더 정확히 말하면, 사람들은 신에게 자신의 절대적 본성의 필연성에 따라, 즉 자기 고유의 내적 법칙에 따라 전개되는 최고 능력을 귀속시키기는커녕, 마치 신이 판사나 왕인 것처럼 인간의 의지와 유사한 의지를 귀속시키는 것이다.

무슨 이유로 사람들은 목적에 따라 행동하는 신 개념을 설정하는가? 우선 인간의 원초적 조건을 고려해야 한다. 인간이 무지한 채로 태어나고 생존을 위하여 자신에게 유용한 것을 욕망하며 이런 상황에 대하여 의식하고 있다는 것은 명백한 사실이다. 그러나 인간이 자신의 욕망에 대하여 갖는 의식은 그의 욕망을 온전히 설명해주지 못한다. 인간은 자신의 욕망을 확인할 뿐 그 원인을 모르기 때문이다. 이런 무지 때문에 인간은 자신이 선천적으로 자유롭다고 믿는 것이다. 그래서 자연물에 대한 원인의 탐구는 무지에 기초한 자유와 목적 개념에 의거함으로써 이루어질 수밖에 없다. 그가 자유롭게 욕망하는 목적은 자연물의 인식을 위한 유일한 원천이 된다. 이로부터 인간은 자신의 욕망이 도달하고자 하는 목적을 유일한 원인으로 간주하며, 반면 자연물은 자신의 목적을 위한 수단으로서만 생각할 뿐이다. 그런데 욕망의 원인에 대한 무지에도 불구하고, 적어도 그는 자연물을 산출하고 배치해놓은 것이 자기 자신이 아니라는 점은 안다. 자연물을 목적을 위한 수단으로 간주하지만 그 원인이 자신은 아니라고 생각하는 상황에서 결국 무지인은 자연을 지배하는 존재가 있어서 자신의 유용성을 위하여 자연물을 창조했다고 결론 내리게 된다.

이런 추론을 자세히 살펴보면 암묵적 타협이 발견된다. 원초적인 무지가 간과되고 있기 때문이다. 그럼에도 불구하고 목적성을 고수한다는 것은 신의 의지를 인간의 의지에 은밀하게 종속시키는 것 아닌가? 게다가 자연에는 수많은 불편이 경건한 사람이나 불경건한 사람에게 무차별적으로 발생한다는 점이 쉽게 관찰되는 바, 모든 것은 신의 의지에 의하여 이루어진다는 것이 전제되어 있으므로, 신의 계획에서 변덕이나 불안정성을 발견하게 되지 않는가? 목적론의 논리를 간단히 정리하면 인간이 이런저런 것을 욕망하기 때문에 신은 그것들에 상응하는 것을 행했다고 하는 셈이다. 이로부터 자연 질서 전체가 전도된다. 원인과 선행하는 것이 결과와 후속적인 것의 자리에 놓인다.

또한 신의 행동에 목적성을 귀속시킬 경우 완전과 불완전의 질서가 전도된다. 왜냐하면 신이 목적을 위하여 행동한다면, 그가 최초로 산출하는 것은 최종으로 산출하는 것보다 덜 완전하게 될 것이기 때문이다. 달리 말하면 최종적인 산출 결과는 최초의 것에 비하여 신의 힘을 더 필요로 할 것이기 때문이다. 근본적으로 볼 때, 목적성을 인정하는 논리는 신의 행동에 목적을 설정함으로써 시작부터 내적인 모순을 함축한다. 신에게서 목적을 인정하는 것은 신 안에 보충해야 할 결여나 공백이 있음을 인정하는 것이기 때문이다. 그러나 절대적으로 완전하고 절대적으로 충만한 존재인 신에게 균열이나 간극이 있다는 것은 부조리하다.

사실 목적론은 취약한 추론, 즉 무한정한 역진(逆進, regression)에 의거하는 학설일 뿐이다. 무한정한 역진에 의거할 경우 모든 논의는 한 사건의 원인을 탐구하기 위하여 원인의 원인을 묻고 또 제3, 제4의 원인을 묻는 식으로 무한정하게 진행될 것이다. 사건의 원인을 제일 원인의 질서, 즉 신의 필연성을 통하여 파악하기보다는 불가해한 신의 의지에 의거하여 설명하게 되는 것이다. 그러나 신의 의지라는 관념은 모든 것을 유용성에 따라 설명하고자하는 인간적 경향성의 투사이며 "무지의 피난처"에 빠지는 길이다. 스피노자가 목적론의 추종자들에게 태형을 가하는 구절을 그대로 인용해보자.

"예컨대 만일 지붕 위의 돌이 머리에 떨어져서 어떤 사람이 죽었다면, 그들은 돌이 그 사람을 죽이기 위해 떨어졌다고 여기고 다음과 같이 증명할 것이다. 만일 돌이 신의 의지에 따라서 그러한 목적을 위하여 떨어진 것이 아니라면, 어떻게 그렇게 많은 사정이(왜냐하면 주변의 많은 사정이 흔히 동시에 일어나기 때문에) 우연히 일치할 수 있는가? 바람이 불었기 때문에, 그리고 그 사람이 그곳을 지나갔기 때문에 그렇게 되었다고 대답한다면 그들은 다음처럼 반박할 것이다. 왜 바람이 바로 그때 불었는가? 왜 그 사람은 바로 그때 그곳을 지나갔는가? 만일 여기에 대하여, 전날까지도 날씨가 좋았지만 갑자기 날씨가 거칠어지고 그때 바람이 불었으며 그 사람은 벗의 초대를 받았다고 답한다면 물음은 끝이 없기 때문에 그들은 다음과 같이 논박할 것이다. 왜 바다가 거칠어졌는가? 그 사람은 왜 그때 초대를 받았는가? 이처럼 그들은 계속하여 원인의 원인을 물어서 끝내는 신의 의지, 곧 무지의 피난처에 도피할 때까지 그렇게 끊임없이 물을 것이다."

무지를 통한 지식의 조작은 미신의 폐해와 곧바로 연결된다.

호의를 얻어내야 하는 신을 상상하도록 인간을 이끄는 목적론적 환상은 인간의 근원적 무능력에 속한다. 이 무능력은 인간이 애초에 처하는 상황이며 인간들 사이에 공포를 낳는다. 인간은 아무 도움도 없는 곳에서 도움을 찾는다. 즉 이성에 의거하는 대신에, 꿈, 닭의 창자, 광인들의 착란 속에서 신의 의지를 찾으려 한다. 인간들은 이런 식으로 스스로 예속을 준비한다. 미신이 정치권력과 결합될 때 대중의 예속은 매우 불건전한 양상으로 변한다. 특히 군주의 권력은 종교의 이름으로 공포를 가장하고 이런 수단을 통하여 신민을 억압하려는 성향이 있기 때문이다.

스피노자의 분석에 따르면, 초자연적 존재의 개념은 인간이 자유롭다는 환상, 그리고 자유의 환상에서 유래하는 목적론의 환상에서 나온 것이다. 자유 의지에 대한 믿음 때문에 인간은 희망과 불안의 논리에 빠지고 온갖 부정적 감정들의 노예가 된다. 잘못된 결과를 낳은 행동에 대한 후회는 배가되고 잘된 행동에서 오는 자기만족은 쉽게 오만과 자기중심적인 환상으로 변질된다.

자유 의지와 초자연적 존재의 개념을 환상과 악의 근원으로 간주해야 한다면, 결국 인간은 아무런 질서도 원인도 없는 익명적인 세계의 노리개에 지나지 않는 것인가? 그렇지는 않다. 스피노자는 목적론적 환상의 열매인 초자연적 섭리의 신을 이성적 탐구를 통해 자연신으로 대체하고 철학과 종교를 분리함으로써 이성을 통한 구원을 제시한다. 자연신은 인간적인 자유를 가지고 세계를 창조하고 운영하는 인격신(人格神)이 아니라 절대적인 필연성에 따라 자신 안에 만물을 산출하는 내재적이고 비인격적인 신이다. 따라서 모든 것은 신의 필연적 본성에 따라 규정되어 있기 때문에 인간의 자유 의지는 환상이며 필연에 의한 자유, 또는 "자유로운 필연"으로 대체된다.

　그렇다면 스피노자가 인정하는 신의 개념은 어떠한 것인가? 그의 신은 인격신이 아니다. 목적성을 가진 창조, 혹은 무로부터의 창조(creatio ex nihilo)는 인격신을 통해 이루어지는 것이다. 즉 지성을 통해 창조할 세계를 구상하고 의지와 힘을 통해 세계를 현존케 하는 신 개념을 필요로 하는 것이 창조이다. 그러나 스피노자는 인격신 개념에서 신 안에서의 간극과 결여 및 불완전성을 보고 있기 때문에 세계가 지성에 의해 미리 구상되고 의지나 힘에 의해 나중에 실현되는 방식을 받아들일 수 없다. 달리 말하면 그가 인정하는 신은 지성이나 의지를 본질로 갖는 신이 아니다. 이 세계는 여러 세계들 가운데 선택된 세계가 아니라 유일한 전체일 뿐이다. 이 세계는 어떤 지성에 의해 미리 생각되고 창조된 것이 아니라, 계획과 실현 간의 그 어떠한 간극도 없이 그 자체로 영원으로부터 존재하는 것이다. 신이 바로 이 세계이다. 스피노자 철학의 핵심을 표현하는 "신 즉 자연(Deus sive Natura)"이 바로 이런 의미이다. 신은 곧 자연이라는 자연주의적 존재론을 확립하고 인간이 행복에 이르는 길을 이 존재론의 토대 위에 그리는 것이 스피노자 윤리학의 골자이다.

3) 욕망과 행복

스피노자의 자연주의적 존재론에 따르면 신은 스스로 산출되는 자연이며 본성상 스스로를 긍정하고 확보하는 힘이다. 따라서 신에 의해 산출된 개별 존재들도 본성상 긍정 자체인 신의 힘을 표현하기 때문에 스스로를 파괴할 수 있는 그 어떤 것도 자신 안에 포함할 수 없다. 모든 존재는 자신을 보존하려는 성향을 가지고 있다. 존재하기 위한 근본적 욕망은 가장 어두운 부정에 의해서도 고갈될 수 없다. 근본적 욕망이 존재의 긍정을 향한 힘을 구성한다. 각각의 존재는 존재하기 위해 생겨난 것이지 스스로를 파괴하기 위해 생겨난 것이 아니다. 각 존재자에게는 자신의 근원에 뿌리를 둔 힘이 주어져 있기 때문에 그것이 자신의 외부와 갖는 관계들에서 생겨나는 양상들을 고려하지 않을 때 각 존재자는 자신의 파괴보다는 자신의 존재를 충만하게 긍정하려는 성향을 자신 안에 가지며, 따라서 만일 이러한 성향이 파괴될 수 있다면 그것은 오로지 외부 원인들에 의해서만 가능할 것이다.

모든 개별 존재가 보유한 이런 근원적 활력을 인간도 똑같이 신으로부터 나누어 갖는다. 인간의 본질은 자신의 존재를 보존하려는 욕망이다. 스피노자의 윤리학은 욕망의 윤리학이다. 존재를 보존하고 완전한 자기 자신이 되는 것이 현존자의 유일한 규범이고 목표이다. 원초적 힘과 욕망이 인간의 근본을 이룬다. 이런 근원적 존재 보존 노력이, 스피노자가 코나투스(conatus)라 명명하는 인간의 본질이다. 욕망은 본질적으로 힘의 증진, 더 큰 완전성의 획득, 즉 기쁨으로 향한다. 긍정적 감정만이 욕망의 진전을 표현해준다. 긍정적 감정에 기여하는 것은 기쁨의 원인, 선, 사랑과 환대의 대상이며, 긍정적 감정에 장애가 되는 것은 슬픔의 원인, 악, 증오와 배척의 대상이다. 엄격한 힘의 논리가 욕망의 삶을 지배한다.

힘의 논리를 혼란하게 하는 것은 욕망의 흐름을 부자연스럽게 만드는 요소가 된다. 가장 위험한 것은 추상적인 일반 관념들이다. 데카르트는 희랍의 논리인 개념의 논리를 부정함으로써 종(種)이나 유(類), 이데아, 형상 등의 일반 개념들의 역할을 과학에서 철저하게 배제했다. 희랍 철학에 따르면 자연 세계는 플라톤의 이데아들이나 아리스토텔레스의 형상들과 같은 관념성이나 전형 또는 모델을 모방하며 운행된다. 데카르트에 따르면 이런 관념성의 작용은 마술적인 정신의 잔재이다. 자연은 물질 자체를 의미할 뿐이다. 데카르트가 모든 종류의 일반 관념을 자연과학에서 배제했다면, 스피노자는 모든 종류의 일반 관념을 윤리학, 즉 욕망의 실현 과정에서 배제한다. 선, 모범적 완전성, 도덕규범 등의 내용 없는 빈 틀에 욕망을 가두려는 것은 폭정이고 기만이다. 어떤 것이 선하기 때문에 욕망의 대상이 되는 것이 아니라, 그것이 욕망의 대상이기 때문에 선한 것이다.

욕망의 척도는 법이나 규범이 아니라 욕망 자체이다. 욕망 주체는 욕망의 법칙들을 따르는 것이 아니라 욕망의 법칙들을 만들어 나간다. 욕망의 지도는 기하학이다. 기하학은 일반적 전형들에 증명들을 종속시키지 않는다. 기하학이 다루는 관념은 명석판명함과 동시에 개체적이다. 각각의 기하학적 관념들을 외적으로 통제하는 규범이 없는 것처럼 욕망도 추상적인 도덕 공식이나 선과 악의 초월적 구분을 인정하지 않는다. 따라서 욕망 주체인 인간은 자신을 인간이게 한다거나 도덕의 근원이 된다고 하는 자유 의지, 영혼 등의 일반적 능력(facultas)을 본질로 갖지 않는다. 인간의 정신은 개별적 관념들로 구성될 뿐이며 그 관념들은 육체의 여러 국면들을 표현할 뿐이다.

욕망이 아무 장애물도 만나지 않고 자신의 여정을 완수하는 것은 아니다. 세계는 막대한 재료들을 내보이며, 무지를 타고난 욕망 주체에게 사물들과 사건들의 판단은 대부분의 경우 주관적 상태와 관련하여 이루어지게 된다. 욕망은 최대한의 실현을 위해 최대한의 다양성을 가진 최대한의 대상들과 관계를 맺으려 하게 마련이며, 자의적인 것일지라도 선별이 없는 감정의 평가는 불가능하게 된다. 수많은 욕망 대상들 간의 우연적 결합과 다양한 이미지들의 체계 속에서 욕망 주체는 즉각적이고 이질적인 지각들과 기계적인 연상에 따라 무한정하게 변화하며 확장되는 막대한 실재와 타협할 수밖에 없는 것이다. 욕망은 현존하지 않는 것을 현존하는 것으로 상상하고 이미지들의 기계적 작용에 수동적으로 휘둘림으로써 정념(patio)과 예속 상태에 빠지게 된다.

그러나 예속의 원인을 도덕규범의 위반이나 자유 의지의 오류로 돌리는 것은 사태를 악화시킬 뿐이다. 오히려 욕망은 도덕을 부정해야 한다. 추상적 규범들은 해답을 주지 못한다. 외적인 규범들은 계약을 통한 사회의 구성과 함께 등장한 일반 관념들일 뿐이다. 물론 사회규범들은 폭력과 야만의 자연 상태로부터 인류를 빠져나오게 해준 합리적 산물이다. 그리고 사회적 제재와 승인에 의거하는 것은 유용하며, 진정한 욕망의 실현을 위한 필수적 단계이다. 특히 사회구성원들의 전체적 힘을 최상권으로 인정하는 민주주의는 이성적으로 확립된 사회를 보장하며 노예 상태의 개체들을 시민들로 변형시켜주는 기제이다. 그러나 사회규범은 벌, 죄, 공포, 불안 등의 정념에 의거하기 때문에 진정한 윤리가 될 수 없다. 사회규범을 적극적으로 수용하고 활용하되, 반성을 통해 욕망의 힘을 보다 내적인 차원에서 극대화함으로써 욕망의 여정을 완수해야 한다.

우리의 삶에서 현재 마주치는 이미지들이 무작위로 연상되고 결합되어 욕망을 부정적 감정들의 연쇄로 이끄는지의 여부를 성찰하고, 욕망을 응고시키는 이미지들의 고착성을 경계해야 한다. 이미지들이 기계적으로 결합되어 회고적 감정으로 욕망을 이끌 때, 과거 사건의 현존을 감정 상태의 원인으로 보는 환상을 겪지 말고, 현재 이미지들의 결합 상황을 분석할 줄 알아야 한다. 그리고 이미지들의 결합 질서를 온전하게 정립하고 그것을 새로운 감정 상태의 원인으로 규정해야 한다. 이런 반성적 대체 작업은 외부에 대한 욕망의 면역력을 증대시켜주며 견고한 이해 가능성의 영역을 부분적으로라도 확보해준다.

감정 상태의 인과성이 재정립되기 시작하면, 자유 의지, 초월적 규범 등의 일반성들은 욕망의 이정표가 되지 못한다. 자신의 내부와 외부가 공통적 특성들을 통해 연결되고 그것들의 적합한 인식이 감정의 원인들로 작용할 때, 욕망 주체는 세계를 이해 가능한 체계로 볼 수 있다. 세계의 존재론적 질서를 인식하기 시작한 반성적 욕망 주체는 자신의 확장을 통해 자연 질서 전체를 자신의 내부에 농축시켜 들여놓으며, 자연은 반성적 욕망 주체의 농축을 통해 그 내부에서 확장된다. 상상과 정념의 대상이었던 외부 사물들이 지성의 이해 대상이 된다. 주체도 객체도 견고한 존재론적 기반을 공유하므로 욕망의 힘은 강화된다. 욕망의 윤리학은 유용성의 궁극적 근거를 제시하지 못하는 공리주의가 아니다.

욕망 주체는 한 걸음 더 나아갈 수 있다. 정념으로부터의 해방을 통해 존재의 원리들을 추적하고 명석판명한 관념들을 조직했다면, 이제는 존재론적 원리 자체로부터 모든 것을 규정할 수 있다. 반성은 분석적 절차에서 종합적 절차로의 전환을 이루어낼 수 있다. 육체는 이미지들의 수동적 조합과 수동적 감정들, 그리고 욕망의 변질의 진원지였지만, 이미지들의 공통적 특성들을 통한 명석판명한 이해와 능동적 감정의 요소가 되었다. 그러나 육체와 외부의 공통성을 조직하는 차원을 넘어서 그 공통성의 원리 자체를 통해 육체를 규정해야 한다. 나의 육체는 더 이상 개별적 사건들의 차원에서 외부와 관계하는 것이 아니다. 육체의 진정한 본질은 자연의 물질적 원리를 따르는 육체성 자체이다. 육체는 자연의 견고한 한 부분이다. 그리고 존재론적 원리를 통해 육체를 인식하는 지성은 모든 명석판명한 관념들의 주체로 부활한다. 육체가 외부와 갖는 관계 속에서 드러나는 공통적 특성들의 적합한 관념들은 이제 지성이라는 진리 자체를 구성하는 부분들이 된다. 욕망 주체는 자신의 모든 행위를 자기 자신을 원인으로 하여 생겨나는 결과들로서 간주할 수 있다. 자기 자신이 본질이고 행위들은 자신의 본질의 필연적 양태들이나 특성들이 되는 것이다. 욕망 주체는 자신의 행위들을 오로지 자신에 의해 이해하기 때문에 자기 자신의 타당한 원인이며, 따라서 능동적이고 자율적인 존재이다. 어떠한 외적 규범도 욕망의 척도가 될 수 없다. 나 자신이 욕망의 원인이고 내 힘의 증가 원인이므로, 나 자신이 기쁨의 원인이며 사랑의 대상이다. 나는 나 자신의 규범이고 기준이다. 죽음도 불안의 대상이 되지 않는다. 혈액 순환의 중지와 육체의 분산은 불가피하므로, 내세에서 개별적 육체에 대한 의식은 있을 수 없다. 그러나 그것이 현재 내가 향유하는 완전성을 침해하지는 못한다. 죽음은 적합하지 않은 인식이고 현재 내가 누리는 인식은 적합한 것이므로, 욕망은 죽음에 영향받을 이유가 없다. 영원은 현재 속의 존재론적 체험이다. 욕망의 여정은 현세에서의 인식과 기쁨에서 완성된다.

스피노자의 욕망의 윤리학은 실존적이고 행복주의이다. 욕망의 윤리학은 인식이고 여정이며, 구조이고 지혜이며, 엄격함이고 기쁨이다. 욕망의 완성은 완전한 기쁨이며 극도의 존재 의식이다. 이런 욕망의 여정은 지극히 험준하지만 도달할 수 있는 길이다. 그러나 모든 고귀한 것은 드문 만큼 어려운 것이다.(Sed omnia praeclara tam difficilia, quam rara sunt.)

4. 스피노자의 서신 교환자들

『스피노자 서간집』에 등장하는 서신 교환자들의 인물 정보를 매번 각주로 설명하기보다는 여기서 전체적으로 소개하는 것이 효율적인 독서에 도움이 될 것이라고 본다. 2010년 출간된 스피노자 서간집의 프랑스어 번역자 막심 로베레(Maxime Rovere)는 스피노자의 서신 교환자들을 다음과 같이 적절하게 분류해놓았다. 그의 분류 및 설명에 따라 스피노자의 서신 교환자들을 소개하고 조명하고자 한다.

1) 친구 및 자유 신앙인들

스피노자의 부친 미카엘 데스피노사(Michael Despinosa)의 사망 후에 두 형제 벤토(Bento, 스피노자)와 가브리엘(Gabriel)은 부친의 수입 회사를 이어받았다. 이 일로 인해 그들은 암스테르담의 증권거래소를 주기적으로 출입해야 했다. 이런 상황에서 스피노자는 종교적 관용에 열려 있고 데카르트 사상의 영향을 강하게 받은 자유로운 개신교도들과 교류한다. 이들은 "제2의 종교 개혁"으로 알려진 운동에 동참하면서 특히 암스테르담에서 페트루스 보렐(Petrus Boreel)이 조직한 조합에 가담한다. 이 조합에서 여러 개신교 분파들은 정통 칼뱅주의와 차별화된 더 내밀한 형태의 종교성을 추구했다. 이 자유로운 개신교도들은 대학 교육을 받지 않은 경우도 많았고 일반적으로 데카르트 사상을 잘 알고 있던 이들로서 '자유 신앙가'들로 불릴 수 있다. 이들은 강력한 섭정 계급과 노동자 계급 사이에 위치한 상인 중산층에 속했다.

○ 야리그 옐레스(Jarig Jelles, 1620-1683)
　—서신39~41, 44, 48-2, 50, 84(추정)

야리그 옐레스는 향신료와 과일을 취급하는 중요한 도매상이었다. 그는 스피노자 부친의 고객들 중 한 명이었던 것으로 추정된다. 스피노자의 가장 오래된 친구들 중 한 명이다. 그의 가족은 암스테르담의 메논파 공동체에 속했다. 메논파는 메노 시몬스(Menno Simmons, 1496-1561)의 입장을 따르는 이들인데 메노 시몬스는 어른들에게만 세례를 허용하는 운동을 벌인 극단적 개혁가였다. 야리그 옐레스는 고전 언어를 잘 알지 못했으며 정식적인 철학 교육을 받지 않은 것으로 보인다. 당시 신학과 철학 연구는 찬조금을 받고 진행되는 경우가 많았으며 일반 대중 계층에서 신학과 철학 공부를 많이 한 반면 부유층은 법학을 주로 공부했다. 야리그 옐레스는 진리 탐구에 매진하기 위해 일찌감치 상업을 그만두었다. 그는 데카르트 철학을 연구하여 잘 알게 되었고 스피노자의 『데카르트의 철학의 원리』 출간 및 네덜란드어 번역을 재정적으로 지원했다. 『신학정치론』의 출간에도 기여한 것으로 추정된다. 스피노자에 대한 이런 호의 때문에 그는 곤란을 겪기도 했다. 자신을 비난하는 사람들에 맞서기 위해 그는 1673년에 『기독교적이고 보편적인 신앙의 고백』을 집필했다. 야리그 옐레스는 스피노자의 네덜란드어 번역 유고집(*De Nagelate Schriften*)의 편집자들 중 한 명이었다.

○ 피터르 발링(Pieter Balling, ?-1664)

　—서신17

피터르 발링은 상인이었고 라틴어, 그리스어, 스페인어를 할 줄
알았다. 그는 스피노자의 데카르트 철학 입문에 기여한 사람들 중
한 명으로 추정된다. 그는 『촛대 위의 빛』이란 책을 익명으로 출간
했고 여기서 자연적 경험을 통해 신을 인식할 수 있다는 것을 주
장했다. 친구인 야리그 옐레스보다 신비주의적이었던 피터르 발
링은 각 인간의 지성에 진리에 대한 명석판명한 인식이 깃들어 있
음을 인정했다. 그러나 신의 현존은 경험에 의해 알 수 있을 뿐 그
것을 입증할 수는 없다고 보았다. 그는 탁월한 번역가이기도 해서
『데카르트의 철학의 원리』뿐 아니라 『에티카』 1-2부를 네덜란드어
로 번역한 것으로 알려져 있다. 페스트가 퍼졌을 때 그는 아들을
잃었고 스피노자가 우려했듯이 다음 해에 그도 사망했다.

○ 시몬 데 브리스(Simon Joosten De Vries, 1634-1667)

　—서신8~10

시몬 데 브리스는 야리그 옐레스와 피터르 발링의 친구로서 특
히 스피노자와 가까웠다. 유복한 상인 가정 출신이고 암스테르담
에서 살았다. 정식 교육을 받은 것은 분명해 보이나 대학 교육을
받았는지는 확실치 않다. 서신8에서 드러나듯이 데 브리스는 다른
몇몇 친구들과 함께 스피노자의 철학을 연구하는 모임을 조직했
고 초기의 모든 회합에 참가했던 것으로 보인다. 페스트가 퍼졌을
때 그는 스피노자에게 스키담(Schiedam) 마을 근처에 그의 여성

형제 트레인체(Trijntje)의 남편 가족 소유의 거처를 제공했다. 그래서 스피노자는 피터르 발링의 사망 후에 1664년 12월부터 1665년 2월까지 데 브리스 가족의 거처에서 전염병을 피해 머물렀다. 시몬 데 브리스가 (아마도 야리그 옐레스와 함께) 스피노자에게 경제적 지원을 했을 가능성이 있다. 1667년 시몬 데 브리스는 때 이르게 죽었고 스피노자에게 연 500굴덴의 연금을 지불하도록 했다. 스피노자는 500굴덴을 300굴덴으로 줄이도록 했다. 스피노자의 전기를 쓴 내들러(S. Nadler)에 따르면, 트레인체와 그녀의 남편이 이 일을 맡았다. 스피노자가 시몬 데 브리스에게 보낸 서신9는 정의(definition)의 본성을 이해하는 데 유용한 내용이 담겨 있다.

2) 대학의 친구들

1654년에서 1656년 사이에 스피노자는 인문 고전 연구에 착수했다. 그의 상인 친구들이 인문 고전 연구의 방향으로 그를 안내했을 가능성이 있다. 우선 스피노자는 자유사상가인 판 덴 엔덴(Van den Enden)에게 라틴어를 배웠고 레이던 대학을 드나들었다. 여기서 그는 논리학 교수이자 열렬한 데카르트주의자인 아드리안 헤르보르드(Adriaan Heerebord, 1614-1661)의 강의, 데카르트가 자기 사상을 가장 잘 가르친다고 평가한 요하네스 데 래이(Johannes De Raey, 1622-1707)의 강의, 그리고 자신과 유사한 몇몇 생각을 지녔던 아르놀드 겔린크스(Arnold Gueulincx, 1623-1669)의 강의를 들었을 가능성이 있다. 아마도 1660년 전에 레이던에서 스피노자는 뤼도웨이크 메이어르와 요하네스 바우와메스테르 등을 만났을 것이다. 이 몇 년의 공부 기간 후에 이미 스피노자는 데카르트 철학에 대한 최고의 전문가들 중 한 명으로 꼽혔다.

○ 뤼도웨이크 메이어르(Ludowijk Meyer, 1629-1681)
  —서신12, 15

뤼도웨이크 메이어르는 인문적 소양을 갖춘 인물로서 의사, 철학자, 시인이었다. 그는 루터교도 집안 출신으로서 시를 쓰면서 1651년부터 이름을 알리기 시작했다. 1651년에 그는 레이던 대학의 철학과 및 의학과에 등록했다. 아마도 이곳에서 그는 요하네스 바우와메스테르, 그리고 스피노자를 알게 되었을 것이다. 1660년 3월 19일 메이어르는 철학 학위 논문(「물질과 그 변용에 관한 논문: 운동과 정지」)을 제출했다. 여기서 그는 데카르트의 물리학과 관련이 있고 스피노자의 입장과 매우 가까운 물리학 이론을 제시했다. 1663년에 메이어르는 스피노자의 『데카르트의 철학의 원리』 발행을 맡았다. 그는 스피노자의 라틴어 향상을 도왔고 이 저작의 서문을 작성했다. 1666년에는 『성서의 해석자로서의 철학, 역설적 논고』를 스피노자, 야리그 옐레스, 피터르 발링, 시몬 데 브리스의 공동 친구이자 출판인인 얀 리유웨르츠(Jan Rieuwertsz, 1617-1685)를 통해서 출간했다. 이 저작으로 그에게 '역설적 신학자'라는 별칭이 생겼다. 이 저작에서 그는 이성적 명확성의 데카르트적 기준을 성서 해석에 적용하고자 했다. 1673년에 리유웨르츠는 메이어르의 저작과 『신학정치론』을 묶어 의학 서적인 것처럼 다른 제목을 붙여 한 권으로 출간했다. 1674년 이 책은 금지되었다. 1669년 메이어르는 바우와메스테르 및 안드레스 피엘스(Andres Piels)와 함께 "용맹한 자에게 불가능은 없다(Nil volentibus arduum)"라는 이름의 문학 협회를 설립했으나 스피노자와 멀어지지는 않았다. 그는 스피노자의 건강을 돌보았고 그의 임종을 지켰다. 메이어르는 스피노자의 『유고집(Opera Posthuma)』 편집 및 발행에 참여했고 야리그 옐레스가 쓴 『유고집』 서문을 라틴어로 번역했다. 스피노자가 메이어르에게 보낸 서신12는 보통 "무한에 관한 편지"로 불리는 것으로 영원, 시간, 지속 등의 시간성 개념, 지성과 상상의 관계를 통해 스피노자의 이론 체계 전반을 체계적이고 종합적으로 설명하는 매우 중요한 문헌이다.

○ 요하네스 바우와메스테르(Johannes Bouwmeester, 1630-1680)
　　―서신28, 37

요하네스 바우와메스테르는 암스테르담에서 출생했다. 뤼도웨이크 메이어르는 그를 "가장 신실한 최고의 벗"으로 일컬었다. 바우와메스테르는 1651년 레이던 대학에서 철학과 의학을 시작했고 1658년 늑막염에 관한 논문을 제출하고 학위를 받았다. 그는 스피노자를 위해 『데카르트의 철학의 원리』 서두에 실린 시를 짓기도 했다. 그는 철학 연구를 더 깊이 진행한 것 같지는 않다. 서신28에서 나타나듯이 스피노자의 격려와 권고에도 불구하고 그는 『에티카』의 네덜란드어 번역에 참가하지 않았다. 그는 자연과학에 폭넓은 관심이 있었고 특히 문학 이론 및 관련 글을 남겼다. 메이어르와 함께 문학 협회 "용맹한 자에게 불가능은 없다"를 설립했다. 바우와메스테르에게 보낸 서신37은 철학적 방법론에 관한 논의를 통해 초기 저작인 『지성개선론』과 『에티카』의 관계를 확립할 수 있는 문헌이다.

현재까지 언급된 서신 교환자들, 즉 1) 친구 및 자유 신앙인들 및 2) 대학의 친구들은 일종의 독서 또는 학술 단체를 만들었으며 이들은 스피노자의 글에 대한 첫 번째 독자들로 분류될 수 있다. 물론 이들은 스피노자의 사유뿐 아니라 성경, 수학, 의학, 문학 등 다양한 분야에 관심을 두는 단체였다.

3) 문인들

르네상스 시기에 이탈리아에서 발전된 서신 네트워크는 일종의 문인 협회라고 할 수 있다. 문인 협회는 여러 지식인들에 의해 기능하게 되었는데, 그중 가장 왕성한 활동을 보인 사람들 중 한 명이 헨리 올덴부르크이다. 스피노자는 네덜란드를 방문 중인 올덴부르크를 만났고 그와 가장 지속적인 서신 교환을 이어갔다. 그러나 올덴부르크 외에 다른 철학자들, 신학자들 또는 수학자들도 이 문인들에 속한다. 이들과의 서신 교환 과정에서 스피노자는 확률의 문제에서부터 유령의 문제에 이르기까지 극히 다양한 주제들에 관해 질문을 받았고 때로는 논쟁을 벌이기도 했다.

○ 헨리 올덴부르크(Henry Oldenburg, 1619-1677)

　ー서신1~7, 11, 13, 14, 16, 25~26, 29~33, 61~62, 68, 71, 73~75, 77~79

헨리 올덴부르크는 '위대한 중재자'로 불릴 정도로 유럽에서 사상의 유포를 위해 중요한 역할을 했던 지식인이다. 독일 출신인 올덴부르크는 부친이 가르쳤던 브레멘 대학에서 신학을 공부했다. 그는 영국에 처음으로 거주한 이후 1653년에 영국과 네덜란드의 제1차 전쟁 때 크롬웰과 브레멘의 중립을 협상하는 외교 임무를 맡았다. 결국 그는 영국에 정착했다. 그는 로버트 보일 등이 속한 젊은 자연학자들이 조직한 회합에 참가했고 1660년 11월 28일 이들의 모임이 왕립학술원으로 구성되었을 때 초대 사무총장직을 맡았다. 이런 상황에서 올덴부르크는 왕립학술원 사무총장직을 맡기 얼마 전에 스피노자를 알게 되었다. 물리학자 크리스티안 호이겐스(Christiaan Huygens)를 만나기 위해 네덜란드를 방문했다가 레인스뷔르흐(Rijnsburg)에서 데카르트의 계승자로 알려져 있던 스피노자를 만나게 된 것이다. 이 만남을 계기로 스피노자는 올덴부르크가 이미 핵심적 역할을 맡았던 유럽 사상계에 알려졌다. 1665년 올덴부르크는 『왕립학술원의 철학적 합의』를 창간했다. 영국과 네덜란드의 제2차 전쟁 때 그는 프랑스의 서신 교환자에게 비밀 정보를 누설했다는 혐의로 1667년에 잠시 투옥되기도 했다. 『신학정치론』의 출간과 『에티카』 원고의 독서 후에 그는 스피노자에 대해 매우 조심스러운 태도를 보였지만 치른하우스의 개입으로 완화된 입장을 유지했다. 1665년에서 1675년까지 10년 동안 올덴부르크와 스피노자의 서신 교환은 중단되었었다. 올덴부르크는 1677년 사망했다.

스피노자와 올덴부르크 사이에 오간 편지들은 27통으로 서간집의 가장 많은 부분을 차지한다. 이들의 주요 주제는 신의 문제이다. 이 편지들에서 우리는 스피노자의 형이상학 체계가 수립되어가는 과정, 그리고 그의 신 개념과 전통적 신 개념의 차이를 볼 수 있다. 언뜻 보면, 이 두 서신 교환자들의 관계는 지극히 우호적인 것 같지만, 그들 사이에는 긴장이 흐르고 있다. 스피노자는 유대 종교의 원리를 거부했다는 이유로 유대 공동체로부터 소파문을 거쳐 대파문을 당한 사람이다. 그리고 그의 범신론적 신 개념은 기독교의 신 개념을 정면으로 부정하는 것이다. 기독교의 시대라 할 수 있는 17세기에 스피노자가 진행하는 신에 관한 논의는 당연히 신중한 것일 수밖에 없는 것이다. 기독교인인 올덴부르크는 범신론이 위험한 것이라고 말하면서도 종교적 갈등이나 신학자들의 반응에 개의치 말라며 스피노자가 글을 출간하도록 자주 유도하곤 한다. 우리는 이 편지들에서 스피노자가 어떤 방식으로 자신의 신 개념과 그에 따른 윤리관을 유지하면서도 상대방의 유도에 휘말리지 않는지를 살펴볼 수 있다. 몇몇 주요 서신들만을 언급하자면 다음과 같다.

• 서신2, 4: 스피노자의 세계관에서 핵심을 이루고 있는 신의 속성들의 문제를 다루고 있다. 스피노자의 속성 개념은 전통적 신 개념과 정면으로 대립하는 것으로서 철학의 해석에서 가장 중요하면서도 까다로운 논쟁점이다. 속성의 문제를 설명할 수 있는 단서

들이 스피노자의 서신들에서 발견된다는 것을 잊어서는 안 된다.

• 서신32: 자유 의지의 확립의 토대가 되는 섭리론적 세계관을 비판하고 전체와 부분의 관계를 흥미로운 예를 통해 설명한다. 스피노자의 결정론적 세계관을 이해하기 위해 유익한 문헌이다.

• 서신68: 올덴부르크에게 보낸 여러 편지들은 『에티카』의 완성 과정을 엿볼 수 있는 주요 문헌인데, 특히 1675년의 서신68에서 스피노자는 『에티카』의 출판을 결심했었으나 신학자들의 악의적 태도에 대한 소문을 듣고 출판을 보류하겠다는 내용을 전한다.

• 서신73, 78: 인격신의 개념, 기독교적 신관, 그리스도의 육화에 대해 신랄한 비판을 가하는 내용이다.

○ 요하네스 후드(Johan Hudde, 1628-1704)
  —서신34~36

요하네스 후드는 암스테르담의 시장이자 수학자였고 광학 물리학 전문가였다. 레이던 대학의 프란츠 판 슈텐(Franz Van Schooten)의 제자로서 그는 데카르트의 『기하학』의 두 번째 라틴어 번역에 참여했다. 함께 의학을 공부했던 뤼도웨이크 메이어르 또는 수학자들의 모임을 통해 스피노자를 만났을 것으로 추정된다. 후드는 『광학 개요』의 저자였고 직접 렌즈를 갈기도 했으며 스피노자 및 크리스티안 호이겐스와 의견을 나누었다. 섭정파 가문 출신으로서 그는 1672년에 암스테르담의 시장이 되었고 1703년까지 시장 직을 역임했다. 라이프니츠는 후드를 수학자로서 매우 높이 평가했고 1676년 11월 18일에 암스테르담에 왔을 때 그를 방문했다.

후드는 시장으로서 자신의 이름이 무신론자 스피노자의 서신 교환자 목록에 포함되는 것을 꺼렸다. 후드의 편지들은 호이겐스의 것들로 여겨지기도 했으나 후드의 것임이 판명되었다. 후드는 뉴턴 및 라이프니츠와도 서신을 교환했다. 스피노자가 후드에게 보낸 편지들은 신의 유일성과 무규정성에 관한 중요한 설명을 포함하고 있다.

○ 요하네스 판 데르 메르(Johannes Van der Meer, 1639-1686)
　　—서신38

요하네스 판 데르 메르는 레이던의 수학자였다. 섭정파 가문 출신으로서 금융가, 보험업자이기도 했다. 1670년에 그는 레이던의 세리(稅吏)로 임명되었다. 그는 수학적 도구를 실제 업무에 적용하는 데 관심을 기울였다. 그는 국가 재정 문제와 관련하여 얀 드 위트(Jan De Witt) 재상과 서신을 교환하기도 했다.

○ 야콥 오스텐스(Jacob Ostens, 1625-1678)
　　—서신42~43

야콥 오스텐스는 자유주의 설교사였다. 위트레흐트에서 의학을 공부한 후 로테르담에 정착해서 외과 의사로 활동했다. 1651년에 신학 저작을 출간하기도 했다. 그는 평화주의에 기초하여 원시 기독교로의 회귀를 주장한 콜레지안트파 사람들에 의해 스피노자를 알게 되었을 것으로 추정된다. 아래에 소개할 람베르트 판 벨튀센에게 『신학정치론』의 평가를 요청한 것도 오스텐스였다.

스피노자 유고집에 서신42의 수신자는 I.O.로 표기되어 있을 뿐이었다. 슐러는 라이프니츠에게 보낸 편지에서 편지 수신자가 로테르담의 외과 의사 요하네스 오스텐스(Johannes Ostens)라고 주장했으나 요하네스가 아니라 야콥(Jacob)임이 밝혀졌다. 오스텐스는 스피노자와 우정 관계가 있었고 역시 위트레흐트 출신의 벨튀센이 그를 알고서 편지를 보낸 것이다.

○ 람베르트 판 벨튀센(Lambert Van Velthuysen, 1622-1685)
　ー서신42, 69

람베르트 판 벨튀센은 의사이자 열렬한 데카르트주의 철학자였다. 위트레흐트 대학에서 철학, 신학, 의학을 공부한 후 코페르니쿠스 체계를 네덜란드어로 정리했고 정통 칼뱅주의자들과 대립하는 여러 글을 집필했다. 그는 종교의 간섭에 반대하여 진보적인 입장에서 국가의 권리를 옹호했으나, 『신학정치론』에서의 스피노자의 대범한 주장에 충격을 받고 비판적으로 맞섰다. 오스텐스에게 보낸 그의 편지는 『신학정치론』에 대한 데카르트주의자들의 부정적인 견해를 보여준다. 1673년 스투프(Stouppe) 대령이 진보적인 지식인들로 하여금 프랑스의 콩데(Condé) 왕자를 맞이하도록 했을 때 그는 스피노자와 가까이 지냈고, 서로의 의견 차이에도 불구하고 우정 관계를 맺었다. 그러나 벨튀센은 스피노자 『유고집』 출간 후에 『에티카』에 대한 논박을 집필했다.

○ 요하네스 게오르기우스 그래비우스(Johannes Georgius Graevius,
1632-1703)—서신49

요하네스 게오르기우스 그래비우스는 1661년부터 위트레흐트 대학의 수사학 교수였다. 그는 독일 출신이지만 네덜란드에서 학업을 마쳤고 1656년부터 네덜란드 뒤스뷔르흐에서 교수로 임명되었다. 그가 1660년대에 레이던에서 스피노자를 만난 것인지 또는 1673년 스투프 대령 관련 일로 공동생활을 할 때 스피노자와 교류한 것인지는 확실치 않다. 편지에서 나타나는 스피노자의 어조를 볼 때 그가 스피노자의 가까운 친구들 중 한 명이었을 가능성이 크다.

○ 요한 루트비히 파브리키우스(J. Ludwig Fabricius, 1632-1697)
—서신47~48

요한 루트비히 파브리키우스는 하이델베르크 대학의 신학 교수였다. 그는 팔츠 선제후 카를 루트비히의 명령으로 스피노자에게 편지를 썼다. 카를 루트비히는 데카르트주의자에게 교수직을 제공하기를 원했는데, 『데카르트의 철학의 원리』만을 읽었던 프랑스 작가 위르뱅 슈브로(Urbain Chevreau)가 이 저작의 저자인 스피노자를 추천했던 것이다. 이미 3년 전에 출간된 『신학정치론』의 저자로서의 스피노자를 몰랐던 이 사람들의 제안은 사실 시의적절한 것이 아니었다. 슈브로에 따르면 카를 루트비히가 단지 원한 것은 이념화하지 않는, 즉 신학을 다루지 않고 자연 철학만을 다루는 새로운 교수였던 것이다. 그러나 『신학정치론』을 알고 있었던 파브리키우스는 스피노자의 사양을 유도하려고 문장을 비틀었던 것으로 보인다. 여하튼 이듬해에 프랑스 군대가 하이델베르크를 점령했을 때 대학을 폐쇄했고 모든 교수가 추방되었다.

○ 휘호 복셀(Hugo Boxel, 1607 또는 1612-?)
　─서신51~56

휘호 복셀은 법률가였다. 그는 1624년에서 1626년 사이에 레이던에서 철학을 공부했고 1673년 결혼한 후에 고르쿰에 정착했다. 1670년에는 네오슈타디우스(Neostadius)와 함께 법률 저서를 집필하기도 했다. 그는 네덜란드 재상인 얀 드 위트를 칭송했고 이 때문에 기욤3세에 의해 파면당한 일도 겪었다. 1673년에 위트레흐트에 머물 때 스피노자를 만난 것으로 추정되며 두 사람은 농담을 주고받을 정도로 친분이 깊었던 것으로 보인다. 그러나 복셀은 스피노자의 철학에 대해서는 잘 알지 못했다. 복셀과 나눈 상상과 착시 현상에 관한 서신들은 스피노자의 상상 이론을 이해하는 데 도움이 되는 문헌이다.

○ 빌럼 판 블리엔베르그(Willem Van Blyenbergh, 연도 미상)
　─서신18~24, 27

빌럼 판 블리엔베르그는 상인이었고 신학 저작들을 저술했다. 많은 연구자들이 블리엔베르그의 지나치게 장황하고 때로는 감정적인 편지 때문에 그를 미숙한 철학 초보자로 간주하는 경우가 많다. 예를 들어 내들러(S. Nadler)는 "곡물 중개인"과 "스피노자 같은 지식인"으로 평하며 이들을 대립시킨다. 그러나 이는 스피노자의 많은 데카르트주의자 친구들이 상인이었고 또 스피노자 자신도 직업 교수가 아니었음을 잊는 일이다. 실제로 블리엔베르그는 스피노자와 접촉할 때 이미 무신론에 반대하는 저작(『무신론자들의 회피에 반대하여 주장된 신의 인식과 도움』)을 출간한 상태였다. 그는 처음에는 철학적 탐구자의 태도를 보이다가 서서히 자신의 종교적인 개인적 신념을 일방적으로 전개하기 시작하며 스피노자에게 무례할 정도의 언사를 사용하기도 한다. 스피노자 역시 처음에는 우호적인 태도를 보이다가 결국 차갑게 서신 교환 중단을 요구하고 답장을 중지한다. 이 편지들에서 블리엔베르그는 자유와 종교에 관한 스피노자의 견해를 구체적으로 알려주는 역설적인 역할을 한다. 직설적인 질문들을 스피노자에게 끊임없이 던짐으로써, 스피노자가 여러 가지 구체적 예를 통해 자신의 철학을 설명하게 되기 때문이다. 이 편지들은 자유 의지를 자아의 핵심적 요소로 보는 이들의 논거를 파괴하고 자유 의지를 "자유로운 필연" 또는 지성으로 대체하는 스피노자의 관점을 드러내는 문헌들이다. 실제로 블리엔베르그는 무지한 사람과는 거리가 멀고 오히려 논쟁적인 작가였다. 이렇게 볼 때 그의 서신은 스피노자의 초기 저작들(『데카르트의 철학의 원리』, 『형이상학적 사유』)에 대해 칼뱅주의 신학자들이 나타낸 첫 번째 비판적 대응이었다고 볼 수 있다. 스피노자에게 서신 교환을 중단당한 이후에 블리엔베르그는 『신학정치론』 및 『에티카』의 비판을 통해 계속적으로 스피노자 철학을 공격하는 저작들을 남겼다.

4) 새로운 세대

젊은 시절 스피노자는 데카르트 철학 연구를 대표하는 인물이었다. 1660년경 자연철학의 기초는 아직 견고하게 다져지지 않았었다. 스피노자가 알았던 인물들만을 꼽자면, 물리학에서 호이겐스, 화학에서 보일, 의학에서 스텐센 등은 자연과학의 기초를 다지기 위해 전력을 다했다. 15년 후 이들의 작업은 결국 과학자들이 제기했던 문제의 지평을 변화시켰다. 새로운 세대의 연구자들에게 더 이상 데카르트에 대한 동의 또는 반대 여부가 관건이 아니었다. 데카르트의 유산을 가지고 무엇을 해야 하는가 또는 데카르트의 모순들을 어떻게 넘어서는가가 관건이었다. 이런 맥락에서 스피노자는 더 이상 데카르트주의자로 활동하지 않았고, 젊은 연구자들이 열정적으로 관심을 둔 심신 이원론의 극복 등의 문제들을 오랫동안 홀로 탐구한 여백의 철학자였다. 바로 이 지점에서 1673년에서 1674년 사이에 '스피노자주의'라고 명명할 수 있는 사상이 탄생한 것이다. 스피노자는 그의 사상을 일종의 준거로 삼았던 젊은 연구자들과 교류했다. 그는 특히 자유사상가들을 매혹시켰지만 동시에 다른 이들에게는 그의 위험한 사유로 인해 공격의 대상이 되었다. '스피노자주의'는 태생적으로 논쟁적이었다.

○ 게오르크 헤르만 슐러(Georg Hermann Schuller, 1651-?)
　─서신58, 63~64, 70, 72
게오르크 헤르만 슐러는 스피노자의 마지막 제자들 중 한 명이었다. 그는 독일 출신으로서 레이턴에서 의학을 공부했다. 암스테르담에 정착했고 특히 연금술 실험에 관심이 많았다. 그러나 스피노자의 글을 접하고서 스피노자와 상당한 친분을 맺은 것으로 보인다. 슐러는 스피노자를 치른하우스에게 소개했고 그를 통해 라이프니츠를 알게 되어 서신을 교환하기도 했다. 그는 스피노자 생애의 마지막 시기를 지켜봤고 『유고집』의 편집에 참여했다. 『유고집』에서 그가 맡은 부분은 『지성개선론』, 서신6, 『정치론』, 그리고 특히 라이프니츠의 것들을 포함한 몇몇 편지들이었다. 그는 『유고집』 원고의 판매에 열의를 보인 이유로 스피노자의 친구들로부터 반감을 샀다. 스피노자가 슐러에게 보낸 서신64는 스피노자의 형이상학적 체계에서 그의 철학적 주저들만으로는 구체적으로 이해하기 어려운 부분, 특히 무한 양태를 예를 통해 설명하고 해명해주는 중요한 문헌이다.

○ 에렌프리트 발터 폰 치른하우스(Ehrenfried Walther von Tschirnhaus, 1651-1708)—서신57, 59~60, 65~66, 80~83
에렌프리트 발터 폰 치른하우스는 수학자, 물리학자, 철학자였다. 레이턴에서 공부하던 시기에 슐러를 만났다. 1672년에는 프랑스에 맞선 네덜란드의 전쟁에 참여했다가 다시 학업을 이어갔다. 그는 1674년에 슐러를 통해서 스피노자를 알게 되었다. 대단한 지성적 능력을 갖췄던 치른하우스는 스피노자에게 매우 타당하고 예리한 질문을 던졌다. 1675년 5월에 그는 런던에 머물렀고 올덴부르크 및 보일과 교제했다. 같은 해 가을에 프랑스에 정착했고 거기서 호이겐스와 라이프니츠를 만났다. 이탈리아에 머문 후 1682년에 파리로 돌아와서 프랑스 과학아카데미의 회원이 되었다. 그는 스피노자 사상에 대한 최고의 해석자로 간주되기도 했다. 『육체의 의학』(1686) 및 『정신의 의학』(1687)을 집필했고, 이 두 저작을 루이 14세에게 헌정했으나 큰 반향은 없었다. 독일로 돌아와서는 제련소와 렌즈 및 거울 공장을 설립하기도 했다. 치른하우스는 서신65에서 스피노자의 속성 개념의 문제에 관해 상당히 깊은 의미의 질문을 던진다. 이에 대한 스피노자의 답변이 실린 서신66은 속성의 문제에 관한 커다란 논쟁의 씨앗이 될 수 있는 문헌이다.

○ 알베르트 뷔르흐(Albert Burgh, 1651년경 -?)
　—서신67, 76

　알베르트 뷔르흐는 암스테르담 출신으로 판 덴 엔덴의 수업에서 스피노자를 복습 교사로서 만났을 것으로 추정된다. 스피노자는 레인스뷔르흐에 정착하기 전 1656년에서 1661년 사이에 얼마간 그의 집에서 유숙했던 것 같다. 알베르트 뷔르흐는 1668년에 레이던 대학 철학 학부에 등록했고 스피노자의 사유와 친숙해졌다. 1673년 이탈리아를 여행했고 베네치아의 한 신부와 대화를 나누면서 자신의 데카르트적 사유가 흔들렸다. 결국 그는 가톨릭으로 개종했다. 그는 누더기를 걸치고 맨발로 네덜란드로 돌아오면서 그의 가족에게 충격을 주었다. 아마도 스피노자가 그에게 쓴 편지는 그의 부친의 요구에 의한 것이다. 몇 달 후에 그는 프란체스코 수도회에 가입했고 다시 로마로 돌아갔다.

○ 고트프리트 빌헬름 라이프니츠(1646-1716)

─서신45∼46

라이프치히에서 학업 중이던 젊은 라이프니츠는 스피노자가 데카르트에 대해 쓴 저작을 살펴보았지만 흥미를 갖지 못했다. 1671년 5월에 그는 『신학정치론』을 읽었다. 라이프니츠는 이 저작의 내용을 부정하면서도 그에 대해 감탄했다. 레이던의 그래비우스 교수와의 교류 후에 그는 스피노자가 "지식이 아주 높고 무엇보다도 탁월한 광학자이자 매우 대단한 렌즈를 제작하는 사람"이라고 인정한다. 그는 광학에 대한 생각을 나누겠다는 명목으로 스피노자를 접촉했지만, 한 번의 서신 교환만으로 그친 것 같다. 1672년에서 1676년 사이에 라이프니츠는 외교 임무 때문에 파리에 거주했다. 여기서 그는 치른하우스를 만났다. 치른하우스와 교류하면서 그는 스피노자에 대해 더 알고 싶어졌다. 라이프니츠는 1676년에 파리를 떠나 하노버로 돌아가는 길에 런던에 들러 며칠간 올덴부르크, 보일, 뉴턴 등을 다시 만났다. 여기서 그는 올덴부르크와 스피노자 사이에 오간 서신들을 필사했다. 그 이후 두 달 동안 그는 네덜란드에 머물렀고 암스테르담에서 4주를 보낸다. 여기서 그는 메이어르, 바우와메스테르, 옐레스, 그리고 마침내 스피노자를 만났다. 두 철학자는 운동 법칙, 신의 현존 증명을 포함한 여러 철학적 문제들에 대해 토론했다. 스피노자는 『에티카』를 라이프니츠에게 보여주었지만 라이프니츠는 원고를 필사할 시간이 없었다. 서신72에서 나타나듯이 스피노자는 라이프니츠에 대해 경계했었지만 그를 만나면서 태도가 변한 것 같다. 이들은 분명 진지하고 서로를 높이 평가하는 우정 관계를 맺었지만, 동시에 라이프니츠는 일종의 경계심을 가지고 있었다. 스피노자와 라이프니츠 사이에 남겨진 두 통의 서신은 비록 중요한 철학적 논의를 담고 있지 않지만, 두 천재의 만남으로서 사상사에서 회자되어온 유명한 문헌이다.

5. 번역에 대하여

1) 번역의 방법

일반적으로 번역의 방법은 원문에 충실한 '원문 중심의 번역'과 번역문의 가독성을 중시하는 '번역문 중심의 번역'으로 구분된다. 번역 대상이 고전에 속하는 일차 자료일 경우 원문 중심의 번역이 강조되며 연구서나 해설서일 경우 번역문 중심의 번역이 중시된다. 『스피노자 서간집』은 전자에 속하므로 원칙적으로 원문에 충실한 번역을 시도했다. 그러나 스피노자가 활동한 것은 17세기이고 긴 문장들도 상당히 많다. 이런 문장들은 원문에 충실하게 번역할 경우 가독성이 현저히 떨어지게 된다. 이런 부분들에서는 문장을 끊고 다시 연결하는 등 불가피하게 번역문의 가독성을 중시하는 방법을 사용했다. 따라서 비록 원문 중심의 번역과 번역문 중심의 번역, 두 유형을 이상적으로 조화시킬 수는 없겠으나 최대한 두 방법을 근접시키려 노력했다. 특히 앞에서 언급한 프랑스어 판본

세 권을 전체적으로 비교하고 대조함으로써 의미의 통일성을 꾀하고자 했다.

2) 역주의 방법

역주는 기본적으로 번역문의 이해를 돕기 위하여 첨가했다. 특히 『스피노자 서간집』을 번역하면서는 다음의 두 측면에서 역주를 첨가했다. 첫째, 『서간집』에는 많은 인물들과 저작들이 논의 대상으로서 언급된다. 일반적으로 서양 사상사에 알려진 이들도 많지만 낯선 이름들과 저작들이 상당히 등장한다. 이런 부분에 관해서는 관련 자료들을 참고한 후 역주를 통하여 충분한 보충 설명을 함으로써 독자들의 이해를 높이고자 했다. 둘째, 『서간집』은 편지이며, 특히 스피노자는 간명한 글쓰기를 하는 사람이기 때문에 많은 부분에서 자신의 철학 체계에 대한 구체적 설명은 아끼고 있다. 또한 그가 창안해낸 많은 개념들을 지시하는 용어들에 대한 설명이 없는 가운데 논의가 진행되는 경우도 있는데, 이런 부분은 스피노자의 관련 저작들을 토대로 역주를 첨가함으로써 독자들의 이해를 돕고자 했다. 원칙적으로 역주는 번역문의 이해를 돕기 위한 것으로 역자의 입장보다는 가능한 한 독자의 입장을 고려하면서 작업을 진행했다.

연구물을 내놓을 때마다 느끼는 일이지만 특히 이번 작업을 마무리하면서 많은 빚을 졌다는 생각이 든다. 우선 4세기 전의 고전 문헌 번역을 지원하고 모든 관련 절차를 효율적으로 진행해준 대우재단과 아카넷 출판사에 사의를 표한다. 역자가 30여 년 전 경희대학교 철학과에서 스피노자 사상을 접하고 형이상학 공부를 시작한 것은 남기영 선생님의 지도를 받으면서부터이다. 선생님의 지도하에 스피노자 연구 논문을 준비하다가 연구 주제를 모리스 블롱델(Maurice Blondel)의 행동철학으로 바꾸었고 선생님의 조언과 추천으로 벨기에 루뱅 대학교에 가서 스피노자와 블롱델 연구를 계속했다. 역자의 학비 지원을 문의하시려고 루뱅 대학교 철학과 사무실 문을 두드리시던 선생님의 모습이 생생하다. 그동안 찾아뵙지 못해 죄송스럽다. 출간된 책을 들고 찾아뵙기를 약속드리며 이 자리를 빌려 선생님께 깊이 감사 드린다. 루뱅 대학교의 블롱델 아카이브 설립자이자 역자의 은사이신 클로드 트로아퐁텐느(Claude Troisfontaines) 선생님께서는 스피노자 서간집의 중요성을 일찍부터 알려주셨고 엄정한 텍스트 분석법을 가르쳐주셨다. 선생님의 학문은 여전히 넘보기 어렵다. 어느새 연로하셔서 걸음걸이가 많이 불편해지셨다. 선생님께 감사 드린다. 10여 년 전 서양근대철학회의 김용환, 김성호, 이경희, 원석영 선생님 등과 함께 주요 근대 철학자들의 서신 번역을 기획한 것이 이번 작업의 구체적인 계기가 되었다. 선생님들께 감사의 마음을 전한다. 항상 역자를 아껴주시는 한양대학교 이현복 선생님께서는 라틴어 능력이 부족한 역자의 번역에 대해 값진 조언을 해주셨다. 이번 『스피노자 서간집』 국역본이 출간되기까지 큰 도움을 주신 이현복 선생님께 깊이 감사 드린다. 어머니께서 읽어보고 싶다고 하시면서 이번 작업에 큰 관심을 보여주셨고 아낌없이 응원해주셨다. 하루하루 기력이 약해지시지만 다 읽으셨으면 좋겠다. 어머니께 이 책을 바친다.

■ 찾아보기

이근세

경희대학교 철학과를 졸업하고 벨기에 루뱅 대학교 철학고등연구소(ISP)에서 스피노자 철학과 모리스 블롱델의 철학 연구로 박사학위를 취득했다. 브뤼셀 통·번역 대학교(ISTI) 강사를 역임하고 귀국했다. 현재 국민대학교 교양대학 교수로 재직하고 있다. 주요 연구 분야는 서양근대철학, 프랑스철학이다. 점차 연구의 초점을 동서비교담론으로 이동시키고 있다.

주요 저서로 「효율성, 문명의 편견」(2014), 「철학의 물음들」(2017) 등이 있고, 역서로 「스피노자와 도덕의 문제」(2003), 「변신론」(2014), 「전략: 고대 그리스에서 현대 중국까지」(2015), 「데카르트, 이성과 의심의 계보」(2017) 등이 있다. 연구 논문으로는 「스피노자의 존재론 기초」(2003), 「스피노자의 철학에 있어서 시간성과 윤리」(2006), 「블롱델의 행동철학과 라이프니츠의 실체적 연결고리 가설」(2011), 「프랑수아 줄리앙의 비교철학에서 중국과 서양의 효율성 개념 비교」(2012), 「야코비의 사유구조와 스피노자의 영향」(2013), 「스피노자의 정치철학에서 개인의 자유와 정치적 복종의 관계」(2014), 「모리스 블롱델의 행동철학에서 과학과 기술의 의미」(2014), 「이념의 문제와 글쓰기 전략」(2014), 「동아시아적 이념의 가능성」(2014), 「블롱델의 철학에서 방법론과 실천의 문제」(2015), 「모리스 블롱델의 현상학적 방법론」(2015), 「데카르트와 코기토 논쟁」(2016), 「조선 천주교 박해와 관용의 원리」(2016), 「프랑수아 줄리앙의 중국회화론」(2017), 「로고스와 노장」(2017), 「조선 천주교와 미시정치학」(2018) 외 다수가 있다.

스피노자 서간집

대우고전총서 048

1판 1쇄 펴냄 | 2018년 12월 27일
1판 3쇄 펴냄 | 2024년 7월 22일

지은이 | 스피노자
옮긴이 | 이근세
펴낸이 | 김정호
펴낸곳 | 아카넷

출판등록 2000년 1월 24일(제406-2000-000012호)
10881 경기도 파주시 회동길 445-3
전화 031-955-9510(편집) · 031-955-9514(주문) | 팩스 031-955-9519
책임편집 | 이하심
www.acanet.co.kr

ⓒ 이근세, 2018

Printed in Seoul, Korea

ISBN 978-89-5733-618-2 94160
ISBN 978-89-89103-56-1 (세트)

이 도서의 국립중앙도서관 출판시도서목록(CIP)은
서지정보유통지원시스템 홈페이지(http://seoji.nl.go.kr)와
국가자료공동목록시스템(http://www.nl.go.kr/kolisnet)에서 이용하실 수 있습니다.
(CIP제어번호: CIP2018038159)